국역 통감절요증손교주

國譯 通鑑節要 增損校註

국립중앙도서관 출판예정도서목록(CIP)

국역 통감절요증손교주. 2
편저자 · 역자: 시습학사.
서울 : 다운샘, 2014. 383p. ; 25.7 × 18.8cm.

원표제: 通鑑節要增損校註
참고문헌 수록
중국어 원작을 한국어로 번역
ISBN 978-89-5817-335-9 94910 : ₩32000
ISBN 978-89-5817-310-6 (세트) 94910

중국 고대사〔中國古代史〕

912.03-KDC6
951.01-DDC23
CIP2015015836

국역 통감절요증손교주
國譯 通鑑節要增損校註

2

제7권~제15권

사단법인 시습학사 편저
사단법인 시습학사 역

도서출판 다운샘

목 차

통감절요증손교주(通鑑節要增損校註) 15권

한기(漢紀)

부록

범례(凡例)

1. 본서는 ≪통감절요증손교주(通鑑節要增損校註)≫(시습학사 편저, 도서출판 다운샘 발행. 2014.)를 대본으로 국역(國譯) 주해(註解)한 것이다.
2. 원문을 번역문과 대조하기 위하여 두 가지를 함께 제시하였다. 습독의 편의를 위하여 원문을 앞에 큰 활자로 제시한 뒤, 역문을 작은 활자로 제시하였다.
3. 번역의 방식은 직역을 원칙으로 하고, 경우에 따라 의역도 섞었다.
4. 본문 중에 '온공왈(溫公曰)'은 ≪자치통감(資治通鑑)≫의 '신광왈(臣光曰)'을 바꾸어 쓴 것이므로, 그 이하 내용은 황제에게 올리는 존칭으로 번역하였다. 예컨대 무인(戊寅 : 前403, 威烈王 23年)의 "臣光曰, '臣聞天子之職莫大於禮.'", 신미(辛未 : 前170, 文帝 10年)의 '臣愚以爲法者天下之公器.'에서 사마광 자신을 '신(臣)'으로 표현하였기 때문에 그 서술 내용은 존칭이 되는 것이다.
5. 구결(口訣)은 구두처(口讀處)에 다는 것을 원칙으로 하고, 경우에 따라 가감하였다. 표기는 현대표기를 하여, 중세표기 예컨대 'ㅣ'는 '가'로, 'ᄒᆞ야'는 '하여' 등으로 하였다.
6. 난해구 및 보충설명이 필요한 곳에는 각주를 달아 이해를 돕게 하였다.
7. 지도(地圖) 등을 간간이 삽입하여 전개되는 상황의 이해를 돕게 하였다.
8. 체제상 기존의 ≪소미통감절요(少微通鑑節要)≫와 특히 다르게 한 점은 ≪통감절요증손교주≫를 대본으로 하여 국역한 것이다. 그리하여 문단이 긴 것은 분단하여 변별하게 하고, 각 문단에 소제목(小題目)을 제시하여 요약하였으며, 이 소제목 그리고 주요 사건과 문구(文句)를 각 면의 좌측에 제시하여 살펴보거나 구송(口誦)하기에 편리하도록 하였다. 각 문단에는 앞에 ○표를 표시하여 구분하였고, 문단이 길어 분단한 곳에는 표시하지 않아 위의 ○표에 속하게 하였다.
9. 부록으로 주요기사일람표를 연도순으로 요약 정리하여 각 책의 뒤에 제시함으로써 일별(一瞥)하기에 편리하도록 하였다.

10. 증손교주(增損校註)의 실례(實例)를 한 가지씩 들면 다음과 같다.

增補 : "葬始皇於驪山, 下⁋錮三泉.¶"(【辛卯(前210) 始皇帝 37年】)

<신주(新注)>에 이르기를, "下錮는 구리를 녹여 부어 막게 한다[下錮, 灌熔銅使錮塞.]"라고 하였으니 '下錮三泉'은 '구리 용액을 쏟아 부어 깊은 샘물을 막는다[灌注銅液以塞深泉之水也]'를 뜻한다. 그러나 대본에는 '葬始皇於驪山下'라고 쓰였으니, '下'는 '驪山之下'를 뜻하여 글의 뜻이 맞지 않는다. 이에 ≪통감≫ 등 책에서 증보하여 그 글을 완전하게 하지 않을 수 없는 것이다.

刪削 : "皇°˙子弗陵生."(【丁亥(前94) 太始 3年】)

대본에는 '皇太子弗陵生'이라고 쓰여서, '太' 한 글자가 더 있다. 이 때 황태자는 바로 위태자(衛太子 : 戾太子) 유거(劉據)이다. 불릉(弗陵 : 위태자의 배다른 아우, 뒷날 昭帝)이 황태자가 된 것은 갑오년(甲午年 : 前87 後元二年)에 결정되었으니, '太' 글자는 더 들어간 글자이어서 삭제해야 한다.

校勘(오자의 예만 들음) : "… 徙而從者七°千˙餘家."(【丙寅(前355) 顯王 14年】)

대본에는 '徙而從者七十餘家'라고 쓰였으니 '十'은 '千'의 잘못이어서 고쳐야 한다.

集註 : "諸生傳相告引, 乃自除犯禁者四百六十餘人, 皆坑之咸陽."(【己丑 (前212) 始皇帝 35年】)

<신주(新注)>에 이르기를, "自는 '시황이 친히'이다. 除는 판결함이다.[自, 始皇親自. 除, 判決.]"라고 하였으니 '乃自除犯禁者四百六十餘人'은 '이에 시황제가 친히 범법한 사람 460여 명을 판결하다[于是始皇親自判決犯法之人四百六十餘名]'를 뜻함이지, '이에 여러 선비들이 친히 범법한 사람 460여 명 중에서 탈출하다[于是諸生親自脫出於犯法之人四百六十餘名也]'를 뜻함이 아니다.

기타 또 구두(口讀)를 정리한 것이 자주 있는데 역시 한 가지를 들면 다음과 같다.

"以司徒掾潁川韓韶爲嬴長. … 韶曰, '長活溝壑之人, 而以此伏罪, 含笑入地矣.'"(【丙申(156) 桓帝 永壽 2年】)

≪한어대사전(漢語大詞典)≫에 "長活은 생존케 하다[長活, 使生存.]"라고 하였으니

‘長活溝壑之人’은 ‘죽어가는 사람을 생존케 하다[使生存瀕死之人]’를 뜻하므로 ‘長’은 ‘縣長(縣의 수령)의 長’을 뜻하는 것이 아니다. 그러나 ≪언해(諺解)≫의 구결(口訣)과 번역(飜譯)에는 “長이 活溝壑之人ᄒᆞ고/長이 溝壑의 人을 活ᄒᆞ고”라고 하였으니 ‘長’은 ‘縣長의 長’을 뜻하여 글의 뜻이 맞지 않는다. 이에 그 주석 ‘使生存’을 제시하고 그것을 따라 해석하여 ‘현장이 죽어가는 사람을 생존케 하다[縣長使生存瀕死之人]’를 뜻하지 않게 하였다.

11. 본서는 6책 50권으로 편성하였는바, 이 책은 제2책으로 7권에서 15권까지 모두 9개권이다. 한(漢) 문제(文帝) 원년(기원전179)에서 한(漢) 회양왕(淮陽王) 경시(更始) 2년(기원후24)까지 203년간의 기사를 수록하였다.

참고문헌(參考文獻)

≪通鑑節要≫(3冊), 學民文化社, 春坊藏板, 1999. 影印本.(底本)

≪少微家塾點校附音通鑑節要≫(15冊), 江贄 編, 史炤 音譯, 王逢輯義, 劉剡 增校. 古活字本(戊申字), 刊寫者未詳[1674~1720 추정], 고서, 국립중앙도서관고전운영실(보존). 청구기호 한古朝50~163.

≪少微家塾點校附音通鑑節要≫, 江贄 編, 國立中央圖書館所藏本, 刊寫者未詳, 刊寫者未詳. 청구기호 한古鮮50~171.(此本間或有所缺漏處, 則以同種古書代用之.)

≪集註通鑑節要≫(2冊), 金都鍊 編著 亞細亞文化社, 1986.

≪通鑑要解≫, 學民文化社, 1994.

≪標點索引 少微通鑑節要≫, 뿌리문화사, 1999.

≪註釋通鑑諺解≫, 池松旭, 唯一書館, 京城, 大正7.(學民文化社, 大田, 1992, 影印本, 3冊)

≪通鑑節要≫, 李忠九 譯註, 뿌리문화사, 1993.

≪懸吐完譯通鑑節要≫1, 金都鍊・鄭珉 譯註, 傳統文化研究會, 1997.

≪譯註通鑑節要≫(9冊), 成百曉 譯註, 傳統文化研究會, 2011.

≪資治通鑑≫(3冊), 金忠烈 譯解, 三省出版社, 1987.

≪新譯通鑑≫, 趙洙翼 譯解, 홍신문화사, 1991.

≪資治通鑑≫(11冊), 司馬光 編撰, 胡三省 音注, 洪氏出版社, 臺北, 民國69.

≪資治通鑑今註≫(15冊), 司馬光 著作, 李宗侗等 校註, 臺灣商務印書官, 臺北, 民國74.

≪資治通鑑新註≫(10冊), 資治通鑑新註編纂委員會, 陝西人民出版社, 西安, 1998.

≪資治通鑑綱目≫(4冊), 朱熹 撰(思政殿訓義), 保景文化社, 1987.

≪資治通鑑綱目≫(4冊), 朱熹 撰, 朱子全書(共27冊, 8・9・10・11冊. 標點本), 新華書店上海發行所, 2002.

≪歷代通鑑輯覽≫(4冊), 臺灣商務印書館股份有限公司, 民國61.

≪綱鑑易知錄≫(10冊), 吳楚材 編纂, 新興書局, 臺北, 民國44.

≪綱鑑合編≫(4冊), 北京市新華書店, 1985.

≪白話資治通鑑≫(20冊), 沈志華・張宏儒 主編, 中華書局, 北京, 1997.

≪傳世經典文白對照 資治通鑑≫(18冊), 沈志華・張宏儒 主編, 中華書局, 北京, 2012.

≪白話資治通鑑≫(5冊), 周國林・顧志華 主編, 岳麓書社, 湖南省 長沙市, 2005.

≪資治通鑑≫(36冊), 白楊 譯(白楊白話版), 北岳文藝出版社, 太原市, 2006.

≪通鑑故事全集≫(4冊), 尹黎雲 主編, 崑崙出版社, 北京, 2006.

≪國譯資治通鑑≫(4冊), 加藤繁・公田連太郎 譯幷註, 景仁文化社, 1996.

≪二十四史全譯≫(88冊), 世紀出版集團・漢語大詞典出版社, 上海, 2004.1.

≪資治通鑑大辭典≫, 施丁・沈志華 主編, 吉林人民出版社, 1994.

≪大漢和辭典≫(13冊), 諸橋轍次, 大修館書店, 東京, 昭和43年. 縮寫版 第2刷.

≪中文大辭典≫(10冊), 中文大辭典編纂委員會, 中國文化學院 華岡出版有限公司, 臺北市, 民國 68年. 4版.

≪漢語大詞典≫(13冊), 漢語大詞典編輯委員會 漢語大詞典編纂處, 漢語大詞典出版社, 上海, 1993. 1版.

≪漢語大字典(9冊), 漢語大字典編輯委員會, 湖北辭書出版社・四川辭書出版社, 湖北省・四川省, 1990. 1版.

≪中華字海≫(1冊), 冷玉龍 等, 中國友誼出版公司, 北京. 1994.

≪漢韓大辭典≫(16冊), 檀國大學校 東洋學研究所, 檀國大學校出版部, 서울, 2008. 初版.

≪正中形音義綜合大字典≫, 高樹藩, 正中書局, 臺北市, 民國18年, 增訂3版.

≪中國歷代人名大辭典≫(2冊), 張撝之・沈起煒・劉德重 主編, 上海古籍出版社, 2006.

≪重篇國語辭典修訂本≫, 中華民國 教育部.1994.(http://dict.revised.moe.edu.tw/)

百度百科 : http://www.baidu.com/

어학사전, http://www.naver.com/

어학사전, http://www.daum.net/

통감절요증손교주(通鑑節要增損校註) 7권

한기(漢紀)

▪ 태종효문황제(太宗孝文皇帝) 상(上)

在位二十三年이요 壽四十六이라

재위 23년이고, 수명 46세이다.

名恒이요 高祖中子라

漢興掃除煩苛하고 與民休息이러니 至于孝文하여 加之以恭儉하여 專務以德化民이라 是以海內富庶하고 興於禮義하여 斷獄數百하니 幾致刑措로되 至於制度禮樂하여는 則謙讓而未遑이라하다

이름이 항(恒)이고 고조(高祖)의 중간 아들이다.

한(漢)나라가 일어나서 <진(秦)나라의> 번거롭고 가혹한 법령을 제거하고 백성들과 더불어 휴식하였는데, 효문황제에 이르러 더욱 공손하고 검소하여 오로지 덕(德)으로 백성을 교화하는 데에 힘썼다. 그러므로 천하가 부유하고 인구가 많았으며 예절과 의리를 일으켜 옥사를 재판하는 것이 겨우 수백 건 뿐이어서 거의 형벌을 버려두고 사용하지 않는 지경에 이르렀으나, 제도와 예악(禮樂)에 있어서는 겸양하여 시행할 겨를이 없다고 하였다.

【임술(壬戌 B.C.179) 문제(文帝) 원년】

○ 【文帝蚤建太子】

文帝蚤建太子 有司請蚤建太子曰 豫建太子는 所以重宗廟社稷하고 不忘天下也라 古者殷周有國에 治安皆千餘歲는 用此道也니이다 子啓最長하고 純厚慈仁하니 請建以爲太子하노이다하니 乃許之하다

【문제가 태자를 미리 세우다】

담당관이 태자(太子)를 미리 세울 것을 요청하여 말하기를,

"태자를 미리 세우는 것은 종묘(宗廟)와 사직(社稷)을 소중히 하며 천하를 잊지 않는 것입니다. 옛날에 은(殷)나라와 주(周)나라가 나라를 소유하여 잘 다스려져 편함이 모두 천여 년이었던 것은 이러한 방법을 사용했기 때문입니다. 아들 유계(劉啓)가 가장 나이가 많고 순후하며 인자하니, 세워서 태자로 삼으십시오."

하니, 마침내 허락하였다.

三月에 立太子母竇氏爲皇后하다

3월에 태자의 어머니 두씨(竇氏)를 세워서 황후(皇后)로 삼았다.

○ **【文帝振貸】**

文帝振貸 除收帑相坐律令 漢書本紀曰 元年 十二月에 盡除收帑相坐律令하다 三月에 詔曰 方春和時에 草木羣生之物皆有以自樂하되 而吾百姓鰥寡孤獨困窮之人或阽於死亡이라도 而莫之省憂하니 爲民父母將何如오 其議所以振貸之하라하다 又曰 老者非帛不煖이요 非肉不飽라 今歲首니 不時使人存問長老하되 八十已上은 賜米肉하고 九十已上은 賜帛各二匹絮三斤하라하다

【문제가 구휼하다】

≪한서(漢書)≫ <문제본기(文帝本紀)>에 말하였다.

원년 12월에 수노상좌율령(收帑相坐律令 : 처자까지 연루시키는 율령)을 모두 제거하였다. 3월에 조서를 내리기를, '한창 봄이 화창한 때에 초목과 여러 생물들이 모두 스스로 즐거워함이 있으나, 우리 백성 중에 홀아비·과부·고아·독신자와 곤궁한 사람은 혹 죽음에 이르러도 보살피고 근심해 주는 자가 없다. 내가 백성의 부모가 되어 장차 어떻게 해야 하겠는가? 그들을 구제할 방법을 논의하라.' 하였다. 또 조서에, '늙은 사람은 비단이 아니면 따뜻하지 않고, 고기가 아니면 배부르지 않다. 지금은 연초이니, 연중(年中)에 수시로 사람을 시켜 연장자와 노인들을 살펴보고 위문하되 80살 이상은 쌀과 고기를 내려주고, 90살 이상은 비단 각 2필과 솜 3근씩을 내려 주어라.' 하였다.

○ 【文帝不受千里馬】

文帝不受千里馬

時有獻千里馬者어늘 帝曰 鸞旗在前하고 屬車在後하여 吉行日五十里요 師行三十里니 朕乘千里馬하고 獨先安之리오하고 下詔曰 朕不受獻也하리니 其令四方毋求來獻하라하다

【문제가 천리마를 받지 않다】

당시에 천리마(千里馬)를 바친 자가 있었는데, 문제(文帝)가 말하기를,

"난기(鸞旗)1)가 앞에 있고 천자를 수행하는 수레가 뒤에 있어, 길한 일의 행진은 하루 50리이고 군대의 행진은 30리이다. 내가 천리마를 타고 홀로 앞장선들 어디를 갈 수 있겠는가?"

하고, 조서를 내리기를,

"나는 헌납하는 것을 받지 않겠다. 사방에 명령하여 헌납하지 말게 하라."

하였다.

○ 【陳平專爲丞相】

1) 난기(鸞旗) : 천자의 수레에 꽂는 깃발. 난새를 수놓고 깃털을 엮어 만들었다.

陳平專爲丞相 帝益明習國家事하여 朝而問右丞相勃曰 天下一歲決獄幾何오한대 勃謝不知라하여늘 又問 一歲錢穀出入幾何오하니 勃又謝不知하고 汗出沾背러라 上問左丞相平한대 平曰 有主者하니 陛下卽問

陳平不對決獄錢穀之問 決獄인댄 責廷尉하시고 問錢穀인댄 責治粟內史하소서하니 上曰 君所主者何事也오하니 平謝曰 陛下不知其駑下하시고 使待罪宰相하시니 宰相은 上佐天子하여 理陰陽하고 順四時하며 下遂萬物之宜하여 外鎭撫四夷諸侯하고 內親附百姓하며 使卿大夫各得任其職

周勃請歸相印 焉이니이다하니 帝稱善하다 於是絳侯自知其能不如平하고 乃謝病하여 請歸相印이어늘 上許之하니 平專爲丞相하다

【진평이 단독으로 승상이 되다】

문제(文帝)는 더욱 국가 정사를 밝게 익혔다. 조회에서 우승상(右丞相) 주발(周勃)에게 묻기를,

"천하에서 1년 동안 소송을 판결함이 얼마나 되오?"

하니, 주발은 알지 못한다고 사죄하였다. 또 묻기를,

"1년 동안 돈과 곡식의 출입이 얼마나 되오?"

하니, 주발은 또 알지 못한다고 사죄하였는데 땀이 흘러 등을 적셨다. 문제가 좌승상(左丞相) 진평(陳平)에게 물었는데, 진평이 말하기를,

"주관하는 사람이 있습니다. 폐하께서 곧 소송 판결에 대해 물으시려면 정위(廷尉)에게 물으시고, 돈과 곡식에 대해 물으시려면 치속내사(治粟內史)에게 물으십시오."

하였다. 문제가 말하기를,

"그대가 주관하는 일은 무슨 일이오?"

하자, 진평이 사죄하기를,

"폐하께서 저의 노둔함을 알지 못하시고 저에게 재상의 직임을 맡겨 주셨으

니, 재상(宰相)은 위로는 천자(天子)를 도와 음양(陰陽)을 다스려 사시(四時)를 순응(順應)하게 하며 아래로는 만물의 마땅함을 펴게 하고, 밖으로는 사방 오랑캐와 제후들을 진정시켜 어루만지고 안으로는 백성을 친하게 따르도록 하여 경(卿)·대부(大夫)들에게 각각 그 직책을 맡을 수 있도록 하는 것입니다."

하니, 문제가 훌륭하다고 칭찬하였다. 이에 강후(絳侯 : 주발)는 스스로 능력이 진평만 못하다는 것을 알고 이에 병을 핑계하여 승상(丞相)의 도장을 반납할 것을 청하자, 문제가 허락하였다. 진평이 단독으로 승상이 되었다.

○【吳公薦賈誼】

吳公薦賈誼 上聞河南守吳公治平爲天下第一하고 召以爲廷尉러니 吳公薦洛陽人賈誼어늘 帝召以爲博士하니 賈誼超遷 是時賈生年二十餘라 帝愛其辭博하여 一歲中에 超遷至太中大夫하다 賈誼請改正朔 文帝謙讓未遑 賈生請改正朔하고 易服色하며 定官名하고 興禮樂하여 以立漢制하고 更秦法하나 帝謙讓未遑也하다

【오공이 가의를 추천하다】

문제(文帝)가 하남 태수(河南太守) 오공(吳公)의 치적이 천하(天下)에 제일(第一)이라는 말을 듣고 불러들여 정위(廷尉)로 삼았다. 오공이 낙양(洛陽)사람 가의(賈誼)를 추천하자 문제가 불러 박사(博士)로 삼으니, 이때 가의의 나이가 20여 세였다.

문제는 그의 문학과 박식함을 아껴서 1년 안에 특별 승진시키니 태중대부(太中大夫)에 이르렀다. 가생(賈生 : 가의)이 정삭(正朔 : 책력)을 변경하고 의복 색깔을 바꾸며 관직 이름을 개정하고 예절과 음악을 일으켜서 한나라 제도를 확립하고 진(秦)나라 법을 고치자고 요청하였으나, 문제가 겸양하여 겨를이 없다고 하였다.[2)]

---

2) 문제가 겸양하여 … 하였다 : 문제는 겸양하여 창제(創制)한 임금의 일을 감당하지 못하기에 요청을 받아들일 겨를이 없다고 거절하였다.

【계해(癸亥 B.C.178) 문제(文帝) 2년】

○【文帝求言】

文帝求言 冬十一月癸卯晦에 日有食之어늘 詔호대 羣臣悉思朕之過失하여 匄以啓告朕하노라 及擧賢良方正能直言極諫者하여 以匡朕之不逮하라하다

【문제가 좋은 언론을 구하다】

겨울 11월 계묘일 그믐날에 일식이 있었다. 조서를 내리기를,

"여러 신하들은 나의 과실을 다 생각해서, 나에게 모두 고해주기를 바라노라. 현량(賢良)·방정(方正)으로서 능히 바른 말을 하며 지극하게 간언할 수 있는 자를 뽑아서 내 생각이 미치지 못한 것을 바로 잡으라."

하였다.

○【賈山至言】

賈山至言 賈山上書言治亂之道할새 借秦爲喩하니 名曰至言이라 其辭曰 臣聞雷霆之所擊에 無不摧折者요 萬鈞之所壓에 無不糜滅者라하니 今人主之威는 非特雷霆也요 埶重이 非特萬鈞也라 開道而求諫하고 和顔色而受之하여 用其言而顯其身이라도 士猶恐懼而不敢自盡이어든 又況於縱欲恣暴惡聞其過乎잇가 震之以威하고 壓之以重이면 雖有堯舜之智와 孟賁之勇이나 豈有不摧折者哉잇가 如此면 人主不得聞其過하여 社稷危矣리이다

昔者周蓋千八百國이니 以九州之民養千八百國之君하되 君有餘財하고 民有餘力하여 而頌聲作이러니 秦皇帝以千八百國之民自

養하되 力罷不能勝其役하고 財盡不能勝其求하니 一君之身耳어늘 所自養者馳騁弋獵之娛를 天下弗能供也니이다

今陛下使天下擧賢良方正之士하시니 天下皆訢訢焉曰 將興堯舜之道三王之功矣라하여 天下之士가 莫不精白以承休德이어늘 今選其賢者하여 與之馳驅射獵하여 一日再三出하시니 臣恐朝廷之懈弛也하노이다 陛下卽位에 親自勉以厚天下하사 節用愛民하시고 平獄緩刑하시니 天下莫不說喜니이다 臣聞山東吏布詔令에 民雖老羸癃疾이나 扶杖而往聽之하고 願少須臾毋死하여 思見德化之成也라하니이다 今豪俊之臣과 方正之士로 直與之日日獵射하여 擊兎伐狐하여 以傷大業하여 絶天下之望하시니 臣竊悼之하노이다 夫士가 脩之於家而壞之於天子之廷하니 臣竊愍之하노이다하니 上嘉納其言하다

【가산이 지언을 올리다】

가산(賈山)이 글을 올려 치란(治亂)의 도리를 말할 때 진(秦)나라에 빗대어 비유하였는데 '지언(至言)'이라고 이름 하였다. 그 글에 이르기를,

"신이 들으니 우레와 벼락이 치는 곳에는 부러지거나 꺾이지 않는 것이 없고, 만균(萬鈞)[3]이 누르는 곳에는 으깨지지 않는 것이 없다고 합니다. 지금 임금의 위엄은 다만 우레와 벼락일 뿐만이 아니며, 위세의 엄중함은 단지 만균일 뿐만이 아닙니다. 길을 열어 간언을 구하고 얼굴빛을 온화하게 하여 받아들이며 그 말을 채택하고 그 몸을 귀하게 해주더라도 선비가 오히려 두려워하며 감히 스스로 말을 다하지 못하거늘, 또 하물며 임금이 욕심을 방종하게 하며 포악함을 부려서 자기의 과실을 듣기 싫어하는 경우에 있어서

---

3) 만균(萬鈞) : 30만근 정도로 매우 무겁다는 것을 말한다. '鈞'은 30근으로 무게 단위이다. 조선 선조(宣祖)의 처음 이름〔初名〕이 '鈞'이었으므로 피휘하여, '斤'(근)으로 읽거나 '勻'(균)으로 대신하였다.

이겠습니까! 위엄으로 떨게 하고 엄중함으로 누른다면 비록 요순(堯舜)의 지혜와 맹분(孟賁 : 고대의 용사)의 용맹이 있다 하더라도 어찌 꺾이지 않는 자가 있겠습니까! 이와 같이 한다면 임금은 자기의 과실을 들을 수가 없어서 국가가 위태로워질 것입니다.

옛날 주(周)나라에는 대개 1천 8백개의 제후국이 있었는데 구주(九州 : 천하)의 백성으로 1천 8백개 제후국의 임금을 봉양하였으나, 임금에게는 남는 재물이 있고 백성에게는 남는 힘이 있어 칭송하는 소리가 일어났습니다. 진(秦)나라 황제는 1천 8백개 국가의 백성을 소유하고 자신만을 봉양하였으나, 백성은 힘이 피폐하여 그 부역(赴役)을 감당하지 못하고 재물이 다해 그 요구를 감당할 수가 없었습니다. 임금 한 명일 뿐인데도, 그가 즐겁게 말달리고 사냥하면서 혼자 누리는 것을 천하 사람들이 제공하지 못했습니다.

지금 폐하께서 천하 사람들에게 현량(賢良)·방정(方正)의 선비를 천거하도록 하시니 천하 사람들이 모두 기뻐하여 말하기를, '장차 요순(堯舜)의 도(道)와 삼왕(三王)의 공을 일으킬 것이다.' 하여, 천하의 선비들이 청백하게 하여 아름다운 덕을 받들지 않는 사람이 없습니다.

그러나 지금 현명한 사람들을 선발하여 그들과 함께 말을 달리고 활을 쏘고 사냥을 하여 하루에도 두 세 번이나 나가시니 저는 조정이 해이해질까 두렵습니다. 폐하께서 즉위하시고 친히 힘써 천하를 부유하게 하시고 재용을 절약하여고 백성을 사랑하시며, 소송을 공평히 하고 형벌을 너그럽게 하시니 천하 사람들 중에 기뻐하지 않는 자가 없습니다.

제가 들으니, 산동(山東)의 관리가 조령(詔令)을 반포하자, 백성들이 비록 늙고 병들어 쇠잔해졌을지라도 지팡이를 짚고 가서 듣고는, 죽지 말고 잠시라도 더 살아서 도덕의 교화가 이루어지는 것을 보기를 원한다고 합니다. 지금 호걸스럽고 준수한 신하들과 방정(方正)의 선비들과 다만 함께 날마다 사냥을 하고 활을 쏘아 토끼와 여우만을 잡아 대업(大業)을 해쳐 천하의 소망을 단절하시니, 제가 마음으로 서글프게 여기는 바입니다. 선비가 가정에서 수양하여 천자의 조정에서 그것을 무너뜨리니, 신은 마음으로 안타깝게 여깁니다."

하였다. 문제가 그 말을 가상히 여겨 받아들였다.

○【止輦受言】

止輦受言 上每朝에 郎從官上書疏어든 未嘗不止輦受其言하여 言不可用置之하고 言可用采之하다

【수레를 멈추어 진언을 받아들이다】

문제(文帝)는 조회 때마다 낭관(郎官)과 종관(從官)이 상소를 써서 올리면 수레를 멈추어 그 말을 받아들이지 않은 적이 없었다. 말이 쓸 만하지 않으면 버리고, 말이 쓸 만하면 채택하였다.

○【袁盎諫馳峻阪】

袁盎諫馳峻阪 帝從霸陵上欲西馳下峻阪이어늘 袁盎曰 有如馬驚車敗면 陛下縱自輕이나 奈高廟太后何리잇고하니 上乃止하다

【원앙이 가파른 비탈을 달리는 것에 대해 간하다】

문제(文帝)가 패릉(霸陵)에서 서쪽으로 가파른 비탈을 달려 내려가려 하자 원앙(袁盎)이 말하기를,

"만일 말이 놀라 수레가 부서지면 폐하께서 비록 자신을 가벼이 여기신다 하더라도 고조(高祖) 사당과 태후(太后)께 어찌하시겠습니까?"

하자, 문제가 마침내 중지하였다.

○【袁盎引卻愼夫人】

袁盎引卻愼夫人 上所幸愼夫人이 在禁中常與皇后同席坐어늘 袁盎引卻愼夫人한대 夫人怒하고 上亦怒하다 盎曰 臣聞尊卑有序면 則上下和라하니

妾主豈可與同坐 今旣已立后하시니 愼夫人乃妾이니 妾主豈可與同坐哉리잇고 陛下獨不見人彘乎잇가하니 上說하여 乃召語愼夫人한대 夫人賜盎金五

十斤하다

【원앙이 신부인을 끌어당겨 뒤로 물러나게 하다】

문제(文帝)가 총애하는 신부인(愼夫人)은 대궐 안에 머물면서 항상 황후(皇后)와 자리를 함께하여 앉았다. 원앙이 신부인을 끌어당겨 뒤로 물러나게 하니, 부인이 노여워하고 문제 역시 화를 내자, 원앙이 말하기를,

> "신이 들으니 '높고 낮음에 서열이 있으면 위와 아래가 화목하다.'고 하였습니다. 지금 이미 황후를 세우셨으니, 신부인은 바로 첩입니다. 첩과 주인이 어찌 함께 앉을 수 있겠습니까! 폐하께서만 홀로 인체(人彘 : 척부인)를 보지 못하셨습니까!"

하였다. 문제가 기뻐하면서 마침내 신부인을 불러 말해주니 부인이 원앙에게 황금 50근을 하사하였다.

○ 【賈誼說上積貯】

賈誼說上積貯 / 倉廩實而知禮節 衣食足而知榮辱

賈誼說上曰 管子曰 倉廩實而知禮節하고 衣食足而知榮辱이라하니 民不足而可治者는 自古及今히 未之嘗聞이니이다 漢之爲漢이 幾四十年이로되 公私之積이 猶可哀痛하니 世之有饑穰은 天之行也라 禹湯被之矣시니 卽不幸有方二三千里之旱이면 國胡以相恤이며 卒然邊境有急이면 數十百萬之衆을 國胡以餽之리잇고 夫積貯者는 天下之大命也라 苟粟多而財有餘면 何爲而不成이리오 以攻則取하고 以守則固하고 以戰則勝이니 懷敵附遠에 何招而不至리잇고 今毆民而歸之農하여 使天下各食其力하고 末技游食之民 轉而緣南晦면 則蓄積足而人樂其所矣리이다하다

積貯者天下之大命

文帝親耕

上感誼言하여 春正月 丁亥에 詔開藉田하고 上親耕以率天下之民하다

【가의가 문제에게 저축하라고 설득하다】

가의(賈誼)가 문제(文帝)에게 유세하기를,

"≪관자(管子)≫에 이르기를, '창고가 차야 예절을 알고, 의식이 풍부하여야 영욕을 안다.' 하였으니, 백성이 풍족하지 못한데도 다스릴 수 있다는 말은 예로부터 지금까지 들어 본 적이 없습니다. 한(漢)나라가 한나라가 된 지 거의 40년이나 되었지만 국가와 개인의 저축은 오히려 애통해할 만합니다. 세상에 기근과 풍년이 있는 것은 천기(天氣)의 영향이니 우(禹)・탕(湯)도 기근과 풍년을 당했습니다. 만일 불행하게도 사방 2~3천리에 가뭄이 들게 되면 국가는 무엇으로 구휼해 주며, 갑작스레 변경에 위급한 일이 있으면 수십만 명에서 백만 명의 군사를 국가가 무엇으로 먹이겠습니까? 저축은 천하의 중요한 문제입니다. 만일 곡식이 많고 재물이 충분하면 무슨 일을 한들 이루지 못하겠습니까! 공격하면 빼앗고, 지키면 견고하고, 싸우면 승리할 것이니 적을 회유하고 먼 지방 사람들을 귀속하려고 하면 누구를 부른 듯 오지 않겠습니까! 지금 백성을 몰아 농사에 돌려보내어 천하 사람들에게 각각 자기 힘대로 먹고 살게 하고, 말단 기술(末技 : 상공업)에 종사하거나 유랑하며 먹고 사는 백성들을 옮겨서 농토에 안착하게 하면 저축이 풍족하여 사람들은 자신이 사는 곳을 즐거워 할 것입니다."

하였다. 문제(文帝)는 가의(賈誼)의 말에 감동하여, 봄 정월 정해일(15일)에 조서를 내려 적전(藉田)을 열고, 문제가 친히 밭을 갈아서 천하의 백성들에게 시범을 보였다.

○ 【除誹謗訞言之罪】

除誹謗訞言之罪 進善之旌 誹謗之木

五月에 詔曰 古之治天下에 朝有進善之旌과 誹謗之木은 所以通治道而來諫也어늘 今法有誹謗訞言之罪하니 是使衆臣不敢盡情而上無由聞過失也라 將何以來遠方之賢良이리오 其除之하라하다

【비방과 요언의 죄를 없애다】

5월에 조서를 내리기를,

"옛날 천하를 다스릴 적에 조정에 진선정(進善旌 : 착함을 진언하기 위한 기)과 비방목(誹謗木 : 비판하기 위한 나무)을 둔 것은, 치도(治道)를 통하게 하여 간언하는 사람을 오도록 하기 위한 것이었다. 지금 법에는 비방죄(誹謗罪)와 요언죄(訞言罪)가 있으니, 이는 여러 신하들에게 감히 제 뜻을 다하지 못하게 하여, 임금이 과실을 들을 길이 없게 하는 것이다. 장차 무엇으로 먼 지방의 현량(賢良)들을 오게 하겠는가! 그 법령을 없애도록 하라!"

하였다.

○ 【賜民田租之半】

賜民田租之半 / 農天下之大本

九月에 詔曰 農은 天下之大本也라 民所恃以生也어늘 而民或不務本而事末이라 故生不遂하니 今玆親率羣臣農以勸之하노니 其賜民今年田租之半하라하다

【농지 조세의 반을 경감해주다】

9월에 조서를 내리기를,

"농사는 천하의 큰 근본인지라 백성이 믿고 살아가는 것인데, 백성 중에 간혹 농사에 힘쓰지 않고 상공업에 종사함으로 생활이 순조롭지 못하니, 지금 친히 여러 신하를 데리고 농사를 지어 권장하고자 하니, 백성들에게 금년 농지에 부과한 조세(租稅)의 반을 경감해주도록 하라!"

하였다.

【갑자(甲子 B.C.177) 문제(文帝) 3년】

○ 【袁盎薦張釋之】

袁盎薦張釋之

初에 南陽張釋之爲騎郎하여 十年不得調하고 欲免歸어늘 袁盎知其賢而薦之하여 爲謁者僕射하다

【원앙이 장석지를 추천하다】

과거에 남양(南陽)의 장석지(張釋之)가 기랑(騎郎)이 되어 10년 동안 발탁되지 못하자 사직하고 돌아가려 하였다. 원앙(袁盎)이 장석지의 현명함을 알고 추천하여 알자복야(謁者僕射)로 삼았다.[4)]

○ 【文帝以張釋之之諫 不拜嗇夫】

文帝以張釋之之諫不拜嗇夫

釋之從行하여 登虎圈이러니 上問上林尉諸禽獸簿한대 尉左右視하고 不能對어늘 虎圈嗇夫從旁代尉對어늘 甚悉이라 帝曰 吏不當若是邪아하고 詔釋之拜嗇夫爲上林令하다 釋之曰 周勃張相如稱爲長者로되 兩人言事曾不出口하니 豈效此嗇夫喋喋利口捷給哉잇가 以嗇夫口辨而超遷之면 恐天下隨風而靡하여 爭爲口辯而無其實하노이다하니 帝曰 善타하고 乃不拜嗇夫하다

【문제가 장석지의 간언으로 색부를 승진 임용하지 않다】

장석지(張釋之)가 문제(文帝)를 수행하여 호권(虎圈 : 호랑이 목장)에 올랐는데, 문제가 상림위(上林尉 : 상림원 주관 관원)에게 짐승들의 현황을 묻자, 상림위는 좌우를 보며 대답하지 못하였다. 호권의 색부(嗇夫 : 하급 관리)가 곁에서 상림위를 대신하여 대답하기를 매우 자세하게 하니, 문제가 말하기를,

"관리는 마땅히 이와 같아야 하지 않겠는가!"

하고, 장석지에게 조서를 내려 색부를 임명하여 상림령(上林令)으로 삼게 하였다. 장석지가 말하기를,

"주발(周勃)과 장상여(張相如)는 장자(長者 : 후덕한 사람)라고 일컬어졌으나

4) 장석지(張釋之)가 … 알자복야(謁者僕射)로 삼았다 : 원앙(袁盎)이 장석지의 현명함을 알고 그가 떠나감을 애석해하여 마침내 장석지를 옮겨 알자(謁者)에 임명하도록 요청하였다. 장석지가 문제(文帝)를 뵙고 나서 이어서 편의한 일을 말씀드리자, 문제가 말하기를, "쉽게 말하고 지나치게 고차원적인 논의가 아니니 지금 시행할 수 있겠구나" 하였다. 이에 장석지가 진(秦)·한(漢) 무렵의 일을 말하자, 문제는 훌륭하다고 일컫고 이에 장석지를 임명하여 알자복야로 삼았다.

두 사람은 일을 말할 때에 일찍이 입에서 영리한 말을 한 적이 없었으니, 어찌 이 색부가 재잘거리며 영리한 말솜씨로 민첩하게 대답하는 것을 본받을 것입니까! 색부의 말재주를 가지고 서열을 뛰어넘어 승진시키시면 천하 사람들이 이 풍조를 따라 휩쓸려서 말재주만을 다투어 그 실속이 없을까 두렵습니다."

하니, 문제가 말하기를,

"좋소!"

하고, 마침내 색부를 상림령으로 임명하지 않았다.

○【張釋之守法】

張釋之守法

釋之爲廷尉에 上行出中渭橋할새 有一人從橋下走하여 乘輿馬驚이라 於是使騎捕之하여 屬廷尉한대 釋之奏當호되 此人犯蹕하니 當罰金이니이다하니 上怒曰 此人親驚吾馬하니 馬賴和柔어니와 令他馬런들 固不敗傷我乎아 而廷尉乃當之罰金이온여하니 釋之曰 法者는 天下公共也라 今法如是어늘 更重之하시면 是法不信於民也니이다 且方其時하여 上使使誅之則已어니와 今已下廷尉하시니 廷尉는 天下之平也라 壹傾이면 天下用法皆爲之輕重하리니 民安所錯其手足이리잇고하니 上曰 廷尉當是也라하다

法者天下公共

廷尉天下之平

其後人有盜高廟坐前玉環이어늘 得하여 下廷尉治한대 釋之奏當棄市니이다하니 上大怒曰 人無道하여 盜先帝器온여 吾欲致之族이어늘 而君以法奏之하니 非吾所以共承宗廟意也로다하다 釋之免冠頓首謝曰 法如是면 足也니이다 今盜宗廟器而族之인댄 假令愚民取長陵一抔土면 陛下且何以加其法乎잇가하니 帝乃白太后許之하다

【장석지가 법을 지키다】

장석지가 정위(廷尉)가 되었는데, 문제가 중위교(中渭橋)로 행차하여 나갈 적에 한 사람이 다리 아래에서 뛰쳐나와 황제가 탄 수레의 말이 놀랐다. 이에 기사(騎士)를 시켜 체포하고는 정위에게 넘겼다. 장석지가 판결을 아뢰기를,

"이 사람은 임금 행차 때에 통행금지를 어겼으니 벌금형으로 판결해야 합니다."

하니, 문제가 노하여 말하기를,

"이 사람은 직접 나의 말을 놀라게 하였는데, 말이 온순하고 길들여졌으니 다행이지, 만일 다른 말이었다면 진실로 나를 다치게 하지 않았겠는가? 그런데도 정위는 벌금형으로 판결하다니!"

하였다. 장석지가 말하기를,

"법은 천하 사람에게 똑같이 공평한 것입니다. 지금 법이 이와 같은데 법보다 더욱 무겁게 한다면 이러한 법은 백성들에게 신뢰받지 못합니다. 또 그때 황제께서 사자를 시켜 목을 베었으면 그만이지만 지금 이미 정위에게 넘기셨습니다. 정위는 천하의 공평한 존재인데 한 번 기울어지면 천하 사람이 법 적용을 모두 가볍거나 무겁게 할 것이니, 백성들이 어느 곳에 그 손발을 두겠습니까?"

하니, 문제가 말하기를,

"정위의 판결이 옳다."

하였다. 그 후에 어떤 사람이 고조(高祖 : 유방) 사당의 신위(神位) 앞에 있는 옥고리를 훔쳐갔는데, 그를 잡아서 정위(廷尉)에게 넘겨 처리하도록 하였다. 장석지(張釋之)가 기시형(棄市刑 : 시체를 시가에 버리는 형벌)에 해당한다고 아뢰자, 문제가 크게 노하여 말하기를,

"무도한 사람이 고조의 기물을 훔쳐가서, 내가 멸족시키려 하는데, 그대는 법대로만 아뢰니 내가 종묘를 공손히 받드는 뜻이 아니다."

하였다. 장석지가 관을 벗고 머리를 조아리며 사죄하기를,

"법은 이대로도 충분합니다. 지금 종묘(宗廟)의 기물을 훔쳤다고 멸족시키신다면 가령 어리석은 백성이 장릉(長陵 : 유방의 능)의 흙 한 줌을 가져가면

폐하께서는 장차 무엇으로 그 법에 더하여 처벌하시겠습니까?"

하자, 문제는 태후(太后 : 문제의 어머니 박씨(薄氏))께 아뢰고 그렇게 하라고 허락하였다.

【을축(乙丑 B.C.176) 문제(文帝) 4년】

○【文帝召季布】

文帝召季布 上召河東守季布하여 欲以爲御史大夫러니 有言其勇使酒難近者어늘 至하여 留邸一月에 見罷하다 季布因進曰 臣無功하여 待罪河東이러니 陛下無故召臣하시니 此人必有以臣欺陛下者요 今臣至에 無所受事하고 罷去하니 此人必有毁臣者라 陛下以一人之譽而召臣하시고 以一人之毁而去臣하시니 恐天下有以闚陛下之淺深也일까하노이다하니 上良久曰 河東은 吾股肱郡이라 故特召君耳로라하다

【문제가 계포를 부르다】

문제(文帝)가 하동태수(河東太守) 계포(季布)를 불러 어사대부(御史大夫)로 삼으려 하였다. 그가 만용을 부려 술주정을 하여 가까이 하기 어렵다고 말하는 자가 있었으므로, 계포는 도착하여 여관에 머문 지 한 달 만에 버림을 당하였다. 계포가 나아가 말하기를,

"제가 공로가 없이 하동(河東)에서 근무하였는데 폐하께서 이유 없이 저를 부르셨으니 이는 사람들 중에 반드시 저를 가지고 폐하를 속인 자가 있는 것이고, 지금 제가 도착하였으나 일을 주신 것이 없이 버려서 떠나가게 하시니 이는 사람들 중에 반드시 저를 비방한 자가 있는 것입니다. 폐하께서는 한 사람이 칭찬하였다 하여 저를 부르시고, 한 사람이 비방하였다 하여 저를 버리시니, 천하 사람들이 폐하의 깊이를 엿보게 될까 두렵습니다."

하였다. 문제가 한참 만에 말하기를,

"하동은 나의 팔다리와 같은 고을이기 때문에 특별히 그대를 불렀을 뿐이오."

하였다.

○ 【賈誼爲長沙王太傅】

賈誼爲長沙王太傅

大臣多短賈誼

上議以賈誼任公卿之位러니 大臣多短之曰 洛陽之人이 年少初學으로 專欲擅權하여 紛亂諸事라한대 於是天子後亦疏之하여 不用其議하고 以爲長沙王太傅하다

【가의가 장사왕 태부가 되다】

문제가 가의(賈誼)를 공경(公卿)의 지위에 임명하는 것을 의논하였는데, 대신들이 그를 많이 비난하기를,

"낙양(洛陽) 사람이 나이가 젊은 초학자로서 오로지 권력을 독점하려 하여 여러 가지 일을 어지럽힙니다."

하자, 이에 문제도 그 후로 그를 멀리 하여 그의 의견을 쓰지 않고 장사왕(長沙王 : 오차(吳差))의 태부(太傅)로 삼았다.

○ 【賈誼爲梁懷王太傅】

賈誼爲梁懷王太傅

宣室問鬼神

文帝前席

後帝思誼하여 召至入見할새 上方受釐하여 坐宣室이러니 因感鬼神事하여 而問鬼神之本한대 誼具道其所以然之故라 至夜半하여 帝前席이러니 旣罷에 曰 吾久不見賈生하고 自以爲過之러니 今不及也라하고 乃拜爲梁懷王太傅하다 梁懷王은 上少子라 愛러니 而好書하여 故令誼傅之하다

【가의가 양회왕 태부가 되다】

뒤에 문제가 가의를 그리워하여 불러들였는데 그가 대궐에 들어와 뵐 적에 문제가 막 제사의 복을 받으려고 선실(宣室)[5)]에 앉았다가, 그것으로 인하여 귀신의 일을 느끼고 귀신의 본질에 대해 물었다. 가의가 그 까닭을 갖추어 말하였다. 한밤중에 이르러 문제는 가의의 자리로 점차 다가갔고, 말이 끝난 후에 말하기를,

"내가 오랫동안 가생(賈生 : 가의)을 만나 보지 않고서 내가 더 낫다고 생각하였는데 지금 보니 따라가지 못하겠다."

하고, 마침내 임명하여 양회왕(梁懷王 : 유읍(劉揖))의 태부(太傅)로 삼았다. 양회왕은 문제의 작은 아들로 사랑을 받았는데 책을 좋아하였으므로 가의를 양회왕의 태부가 되게 하였다.

○【下周勃廷尉】

下周勃廷尉 絳侯周勃就國하여 每河東守尉行縣至絳에 勃自畏恐誅하여 常被甲하고 令家人持兵以見之라 人有上書告勃欲反이어늘 下廷尉하여 逮捕勃하고 治之러니 薄太后曰 絳侯始誅諸呂하고 綰皇帝璽하여 將兵於北軍하여 不以此時反이어늘 今居一小縣하여 顧欲反邪잇가

周勃知獄吏之貴 하니 帝乃使使持節赦絳侯하여 復爵邑하다 絳侯旣出曰 吾嘗將百萬軍이나 然安知獄吏之貴乎리오하다

【주발을 정위에게 회부하다】

강후(絳侯) 주발(周勃)이 책봉된 나라로 갔는데 하동군(河東郡)의 군수(郡守)·군위(郡尉)가 현(縣)을 순찰하여 강현(絳縣 : 주발의 봉읍)에 이를 적마다, 주발은 스스로 겁을 먹고 죽임을 당할까 두려워하여 항상 갑옷을 입고 집안사람들에게 무기를 잡게 하고서야 그들을 만나 보았다. 어떤 사람이 글을 올려 주발이 배반하려 한다고 고하자, 정위(庭尉)에게 회부하여 주발을 체포하여 다스리게 하였다. 박태후(薄太后 : 문제의 어머니)가 말하기를,

---

5) 선실(宣室) : 미앙궁(未央宮) 전전(前殿) 정실(正室). 전전(前殿)은 정전(正殿)을 말한다.

"강후는 과거에 여러 여씨(呂氏)들을 죽이고 황제(皇帝)의 옥새(玉璽)를 인끈으로 꿰어 차고서 북군(北軍)에서 군대를 거느렸을 때에 배반하지 않았는데, 지금 일개 작은 현(縣)에 있으면서 배반하려 하겠소!"

하였다. 문제는 마침내 사자에게 부절을 가지고 가서 강후를 사면하고 작위와 봉읍을 회복하도록 하였다. 강후가 풀려 나온 후에 말하기를,

"내가 일찍이 1백만 군사를 거느렸지만 어찌 감옥 관리의 존귀한 것을 알았겠는가!"

하였다.

【병인(丙寅 B.C.175) 문제(文帝) 5년】

○ 【除盜鑄錢令 使民得自鑄】

除盜鑄錢令使民得自鑄 初에 秦用半兩錢이러니 高祖嫌其重하여 難用하고 更鑄莢錢하니 於是物價騰踊하여 米至石萬錢이라 夏四月에 更造四銖錢하고 除盜鑄錢令하여 使民得自鑄하다

【도주전령을 없애고 백성들이 스스로 주조할 수 있게 하다】

과거에 진(秦)나라는 반량전(半兩錢 : 무게 1/2냥의 돈)을 사용하였는데, 고조(高祖)가 그것이 무거운 것을 못마땅히 여겨 사용하기 불편하다고 하고는 협전(莢錢 : 느릅나무 꼬투리처럼 얇은 돈)으로 바꾸어 주조(鑄造)하게 하였다.

이에 물가가 폭등하여 쌀 1석이 1만전(錢)에 이르렀다. 여름 4월에 사수전(四銖錢)[6]으로 바꾸어 만들고 도주전령(盜鑄錢令 : 돈을 몰래 주조하는 것을 금지하는 법령)을 없애고 백성들 스스로 주조할 수 있게 하였다.

○ 【賈誼諫令民鑄錢】

6) 사수전(四銖錢) : 무게가 4수(銖)이며, '반량(半兩)'이라고 표기한 돈. 24수가 1량(兩)이므로, 4수로 반량(12수)의 가치, 즉 3배의 가치를 지니게 한 돈이다.

賈誼諫令民鑄錢

賈誼諫曰 法使天下公得雇租鑄銅錫爲錢호되 敢雜以鉛鐵爲他巧者는 其罪黥이라 然鑄錢之情이 非殽雜爲巧면 則不可得贏이요

事有召禍而法有起姦

而殽之甚微나 爲利甚厚라 夫事有召禍而法有起姦하니 今令細民人操造幣之埶하여 各隱屛而鑄作하고 因欲禁其厚利微姦이면 雖黥罪日報나 其勢不止라 故不如收之니이다하다 賈山亦上書諫하여

錢者亡用器

以爲錢者는 亡用器也로되 而可以易富貴니 富貴者는 人主之操柄也라 令民爲之면 是與人主共操柄이니 不可長也니이다한대 上不聽하다

【가의가 백성들이 돈을 주조하는 것에 대해 간언하다】

가의(賈誼)가 간언하기를,

"법에 천하 사람들에게 공개적으로 품삯을 주고 구리와 주석으로 주조하여 돈을 만들게 하되 감히 납이나 쇠를 섞어 여타의 기교를 부리는 자는 그 죄를 묵형(墨刑 : 얼굴에 먹물먹이는 형벌)으로 처벌합니다. 그러나 돈을 주조하는 일은 다른 물건을 섞어서 기교를 부리지 않으면 이익을 남길 수가 없고, 아주 조금만 섞으면 이익이 아주 많게 됩니다. 일에는 화를 부르는 것이 있고 법에는 간사함을 일으키는 것이 있습니다. 지금 영세한 백성들에게 화폐를 만들 수 있는 권리를 지니게 하여 각각 숨어서 돈을 주조하도록 해놓고, 이어서 그 많은 이익을 취하는 것을 금하고 간교함이 없게 하고자 한다면, 비록 묵형으로 날마다 판결하더라도 그 기세는 중지되지 않을 것입니다. 그러므로 이것을 거두는 것만 못합니다."

하였다. 가산(賈山)도 글을 올려 간언하기를,

"돈은 쓸데없는 물건이지만 부귀를 바꿀 수 있습니다. 부귀는 임금이 권력을 장악하는 것인데, 백성들에게 그것을 만들게 하면 이는 임금과 공동으로 권력을 장악하는 것이니 조장해서는 안 됩니다."

하였으나, 문제는 따르지 않았다.

【정묘(丁卯 B.C.174) 문제(文帝) 6년】

○【淮南厲王長謀反】

淮南厲王長謀反

淮南厲王長謀反이어늘 廢處蜀郡한대 憤恚不食死하다

本傳云 民有作歌하여 歌之曰 一尺布尙可縫이요 一斗粟尙可舂이어늘 兄弟二人不相容가하다

【회남여왕 유장이 반란을 도모하다】

회남여왕(淮南厲王) 유장(劉長)이 반란을 도모하였는데, 폐위하여 촉군(蜀郡)에 살게 하자 분하여 밥을 먹지 않고 죽었다.

≪한서(漢書)≫ <회남왕열전(淮南王列傳)>에 백성들이 노래를 지어 불렀다고 하였다.

한 자되는 베도 꿰매 함께 입을 수 있고	一尺布尙可縫
한 말되는 곡식도 방아 찧어 함께 먹을 수 있거늘	一斗粟尙可舂
형제 두 사람은 서로 용납하지 않는가!	兄弟二人不能相容

○【賈誼上疏】

賈誼上疏

梁太傅賈誼上疏曰 臣竊惟今之事勢컨대 可爲痛哭者一이요 可爲流涕者二요 可爲長太息者六이로소니 若其他背理而傷道者는 難徧以疏擧로소이다 進言者皆曰 天下已安已治矣라호대 臣獨以爲未也라하노이다 夫抱火厝之積薪之下而寢其上하여 火未及然이어든 因謂之安이라하나니 方今之勢가 何以異此리잇고 陛下何不壹令臣得熟數之於前하시고 因陳治安之策하여 試詳擇焉이니잇고

【가의 상소】

양(梁)나라 태부(太傅) 가의(賈誼)가 상소하기를,7)

"신이 삼가 지금의 형세를 생각해보니 통곡할 만한 것이 한 가지이고, 눈물을 흘릴 만한 것이 두 가지이고, 길게 탄식할 만한 것이 여섯 가지이며, 기타 이치를 어기고 도리를 해치는 것은 조목으로 열거하기가 어렵습니다. 말씀을 아뢰는 자들이 모두 말하기를, '천하가 이미 편안해졌고 이미 다스려졌다.'고 합니다만 신은 아직 그렇지 않다고 생각합니다. 불을 가져다가 쌓아 놓은 나무 섶 아래에 놓아두고 그 위에서 자면서 미처 불이 붙어 타오르지 않았다고 해서 그것이 편안하다고 말하는 것과 같으니 지금의 형세가 어찌 이와 다르겠습니까! 폐하께서는 어찌하여 한 번 폐하 앞에 저를 불러 자세히 따져보게 하지 않고 이어서 치안책(治安策 : 다스려 안정시킬 책략)을 아뢰도록 하여 자세히 선택하지 않으십니까!

夫建久安之勢하고 成長治之業하여 以幸天下하고 以育群生하여 立經陳紀하여 輕重同得이면 後可以爲萬世法程이 至明也니이다 以陛下之明達로 因使少知治體者得佐下風이시면 致此非難也리이다

오래 편안할 형세를 세우고 길이 다스려질 업적을 이루어서 천하를 행복하게 하고 여러 백성들을 교육하여 떳떳함을 세우고 기강을 펴서 일의 경중이 모두 마땅함을 얻으면 후에 만대(萬代)의 법칙이 될 수 있을 것이 지극히 분명합니다. 폐하의 총명함과 통달한 지혜를 가지고 정치의 요체를 조금 아는 사람에게 아래에서 보좌할 수 있게 한다면, 이것을 이루기는 어렵지 않습니다.

---

7) 가의(賈誼)가 상소하기를 : 이 때 흉노(匈奴)는 강하여 변경을 침략하고 제후왕(諸侯王)들은 참람하게 천자처럼 행세하였다. 회남왕(淮南王)·제북왕(濟北王)이 모두 반역으로 주살되자, 가의가 마침내 상소한 것이다. 가의의 이 상소를 '진정사소(陳政事疏)' 또는 '치안책(治安策)'이라고 일컫는다.

屠牛坦解牛

夫樹國固必相疑之勢니 下數被其殃하고 上數爽其憂하니 甚非所以安上而全下也라 今或親弟謀爲東帝하고 親兄之子西鄕而擊하고 今吳又見告矣라 天子春秋鼎盛하사 行義未過하시고 德澤有加焉이사도 猶尙如是어든 況莫大諸侯는 權力且十此者乎잇가 屠牛坦一朝解十二牛로되 而芒刃不鈍者는 所排擊剝割皆衆理解也요 至於髖髀之所하여는 非斤則斧니 夫仁義恩厚는 人主之芒刃也요 權勢法制는 人主之斤斧也라 今諸侯王皆衆髖髀也어늘 釋斤斧之用하고 而欲嬰以芒刃이면 臣以爲不缺則折이라하노이다

제후국을 세워주는 것은 본래 서로 대립하는 형세로, 백성은 자주 재앙을 입고 제왕(帝王)은 자주 근심을 하니, 제왕을 편안하게 하거나 백성을 온전하게 하는 방법이 결코 아닙니다.
지금 폐하의 친아우 회남여왕(淮南厲王) 유장(劉長)이 동쪽에서 황제되기를 도모하였고, 폐하 친형의 아들 제북왕(濟北王) 유흥거(劉興居)가 서쪽을 향하여 공격하였는데, 이번에 고조(高祖)의 조카 오왕(吳王) 유비(柳濞)가 또 고발당했습니다. 폐하께서는 연세가 한창이시고 행실과 도의에 과실이 없으시며 덕화의 은택이 그들에게 더해져도 오히려 이와 같거늘, 하물며 막강한 제후들 중에 권력이 이보다 10배나 되는 자는 어떻겠습니까!
소 잡는 백정인 탄(坦)[8]이 하루아침에 열두 마리의 소를 해체해도 날카로운 칼날이 무뎌지지 않는 것은 밀어 치고 가죽을 벗기는 것을 모두 다 결대로 해체해서입니다. 넓적다리뼈가 있는 곳에 이르러서는 도끼가 아니면 자귀라야 합니다. 어짊과 의리, 은혜와 후덕함은 임금의 칼날이고 권세와 법제는 임금의 자귀와 도끼입니다.
지금 제후왕(諸侯王)들은 모두 여러 넓적다리뼈들인데, 자귀와 도끼를 쓰지 않고 날카로운 칼날을 대고자 하시니, 제 생각에 날이 빠지지 않으면 부러질 것입니다.

8) 탄(坦) : 공자(孔子) 시대의 사람으로, 소를 잡는 사람의 이름이다.

欲天下之治安인댄 莫若衆建諸侯而少其力이니 力少則易使以義요 國小則亡邪心이라 令海內之勢로 如身之使臂와 臂之使指하여 莫不制從이면 諸侯之君不敢有異心하여 輻湊並進而歸命天子하리이다 割地定制하여 地制一定이면 宗室子孫莫慮不王이니 下無背畔之心하고 上無誅伐之志하여 法立而不犯하고 令行而不逆하여 臥赤子天下之上而安하고 植遺腹하여 朝委裘而天下不亂하리니 陛下誰憚而久不爲此시니잇고

植遺腹 朝委裘

천하가 다스려지고 편안하기를 바란다면 제후들을 많이 세워서 그 힘을 적게 하는 것만 한 것이 없습니다. 힘이 적으면 의리로 부리기가 쉽고, 나라가 작으면 사악한 마음을 품지 않게 됩니다. 천하의 형세를 마치 몸이 팔뚝을 부리며 팔뚝이 손가락을 부리는 경우처럼 하여 제어하여 따르지 않음이 없도록 한다면, 제후인 군주들이 감히 다른 마음을 가지지 못하고, 바퀴살이 바퀴통으로 모이듯 함께 나아와 천자의 명령을 따를 것입니다. 땅을 분할하고 제도를 확정하여 땅의 제도가 한가지로 정해지면 종실(宗室)의 자손들이 왕이 되지 못함을 우려하는 자가 없을 것입니다. 아래에서는 배반할 마음이 없고 위에서는 주벌하려는 뜻이 없어서, 법이 확립되어도 저촉되지 않고 명령이 시행되어 거역하지 않아, 갓난아이를 황제로 세워서 천하의 위에 눕혀 놓더라도 편안하며, 유복자(遺腹子)를 세워서 선제(先帝)가 남긴 갖옷에 조회하게 하더라도 천하가 어지럽지 않을 것인데, 폐하께서는 누구를 꺼려 오래도록 제후 세우기를 시행하지 않으십니까!

一脛之大幾如要 一指之大幾如股

天下之勢方病大瘇하여 一脛之大幾如要하고 一指之大幾如股하여 平居不可屈伸하니 失今不治면 必爲痼疾이니이다 後雖有扁鵲이나 不能爲已니 可爲痛哭者此也로소이다

천하의 형세는 한창 큰 종기를 앓아서 다리 하나의 크기가 거의 허리와 같고 손가락 하나의 크기가 거의 다리와 같아 평소에 생활하면서 굽히거나 펼 수가 없으니, 지금 때를 놓쳐 치료하지 않으면 반드시 고질병이 될 것입니다. 뒤에 비록 편작(扁鵲) 같은 명의(名醫)가 있다 하더라도 치료할 수 없을 것이니, 통곡할 만하다고 한 것이 이것입니다.

天下之勢方倒縣하니 天子者는 天下之首니 何也잇고 上也니이다 蠻夷者는 天下之足이니 何也잇고 下也니이다 今匈奴嫚侮侵掠하여 至不敬也어늘 而漢歲致金絮采繒以奉之하여 足反居上하고 首顧居下니이다 倒縣如此로되 莫之能解하니 猶爲國有人乎잇가 可爲流涕者此也로소이다

足反居上 首顧居下

천하의 형세가 바야흐로 거꾸로 매달려 있습니다. 천자는 천하의 머리이니, 어째서입니까? 위이기 때문입니다. 오랑캐는 천하의 발이니, 어째서입니까? 아래이기 때문입니다. 지금 흉노(匈奴)가 거만하게 모욕하며 침범하여 약탈하고 지극히 불경스러운데도 한나라는 해마다 금과 솜 그리고 채색 비단을 보내 그들을 받들어서, 발이 반대로 위에 있고 머리가 도리어 아래에 있습니다. 거꾸로 매달려 있음이 이와 같은데도 해결하는 자가 없으니, 이러고도 나라에 사람이 있다고 하겠습니까? 눈물을 흘릴 만하다고 한 것이 이것입니다.

匈奴不過漢一大縣

臣竊料匈奴之衆컨대 不過漢一大縣이어늘 以天下之大困於一縣之衆하니 甚爲執事者羞之하노이다 陛下何不試以臣爲屬國之官而主匈奴시니잇고 行臣之計인댄 請必繫單于之頸而制其命하고 伏中行說而笞其背하고 擧匈奴之衆하여 唯上所令호리이다

신이 삼가 흉노(匈奴)의 무리를 헤아려 보니 한나라의 큰 현(縣) 하나 정도에 불과합니다. 천하의 거대함으로 한개 현의 무리에게 곤욕을 당하니 담당자(황제를 가리킴)에게는 아주 부끄러운 일입니다. 폐하께서는 어찌하여 시험 삼아 저를 속국관(屬國官 : 귀순한 오랑캐를 담당하는 관원)으로 삼아 흉노를 주관하게 하지 않으십니까? 저의 계획대로 실행하신다면 반드시 선우(單于 : 흉노의 천자)의 목을 묶어 그 목숨을 제압하고, 중항열(中行說)[9]을 굴복시켜 그의 등에 매질을 하며 흉노의 무리를 들어 오직 폐하께서 명령하시는 대로 따르게 하겠습니다.

今不獵猛敵而獵田彘하고 不搏反寇而搏畜菟하여 翫細娛而不圖大患하여 德可遠施요 威可遠加로되 而直數百里外에 威令不伸하니 可爲流涕者此也로소이다

지금 사나운 적을 사냥하지 않고 멧돼지를 사냥하며 반란한 도적을 치지 않고 기르는 토끼를 쳐서, 작은 즐거움을 탐하고 큰 환난을 염두에 두지 아니하여, 덕을 멀리까지 시행할 수 있으며 위엄을 멀리까지 더해지게 할 수 있는데 겨우 수백 리 밖에도 위엄과 명령이 시행되지 않으니, 눈물을 흘릴 만하다고 한 것이 이것입니다.

庶人屋壁得爲帝服

今庶人屋壁得爲帝服하고 倡優下賤得爲后飾하고 且帝之身自衣皂綈어늘 而富民牆屋被紋繡하고 天子之后以緣其領이어늘 庶人孽妾以緣其履하니 此臣所謂舛也니이다 夫百人作之不能衣一人이면 欲天下亡寒이나 胡可得也며 一人耕之하여 十人聚而食之면 欲天下亡飢나 不可得也라 飢寒切於民之肌膚면 欲其亡爲姦邪나

9) 중항열(中行說) : 한나라 환관으로 흉노에 한나라 공주를 시집보낼 때, 공주를 모시고 사신 가서 귀순하고 한나라 실정을 알려준 사람이다.

不可得也니 可爲長太息者此也로소이다

지금 서민의 집과 벽에는 황제의 복식(服飾)을 쓰고 광대나 미천한 자들은 황후의 치장을 하며, 게다가 황제의 몸은 스스로 검은 비단을 입고 계신데 부유한 백성의 담장과 집에는 무늬 있는 비단을 걸치고, 천자의 황후는 옷깃에 선을 두르는데 서민의 첩들은 신에 선을 둘렀으니, 이것이 제가 어그러졌다고 말하는 것입니다.
백 사람이 일하여 한 사람도 입힐 수 없다면 천하에 추위로 떠는 자가 없기를 바란들 어떻게 가능하겠으며, 한 사람이 농사지어 열 사람이 모여 먹는다면 천하에 굶주리는 자가 없기를 바라더라도 불가능할 것입니다. 굶주림과 추위가 백성의 살에 절박하다면 간사한 짓을 하지 않기를 바래야 하지만 불가능하니, 길게 탄식할 만하다고 한 것이 이것입니다.

商君遺禮義 棄仁恩 借父耰鉏 慮有德色 母取箕箒 立而誶語 抱哺其子 與公併倨

商君遺禮義하고 棄仁恩하며 幷心於進取하니 行之二歲에 秦俗日敗라 故秦人家富子壯則出分하고 家貧子壯則出贅하여 借父耰鉏에 慮有德色하고 母取箕箒에 立而誶語하고 抱哺其子하여 與公併倨하고 婦姑不相說이면 則反脣而相稽하니 其慈子耆利가 不同禽獸者亡幾耳라 今其遺風餘俗이 猶尙未改하여 棄禮義하며 捐廉恥日甚하니 可謂月異而歲不同矣라 今之盜者剟寢戶之簾하고 搴兩廟之器하고 白晝大都之中에 剽吏而奪之金하니 此其無行義之尤至者也어늘 而大臣特以簿書不報期會之間以爲大故하고 至於俗流失하며 世壞敗하여는 因恬而不知怪하여 慮不動於耳目하여 以爲是適然耳라하니 夫移風易俗하여 使天下回心而鄕道는 類非俗吏之所能爲也라 俗吏之所務는 在於刀筆筐篋하여 而不知大體하니 竊爲陛下惜之하노이다

상군(商君 : 상앙(商鞅))이 예절과 의리를 버리고 인애와 은혜를 내버리며 모두 앞으로 나아가는 것에만 마음을 두니, 시행한 지 2년 만에 진(秦)나라 풍속이 날이 갈수록 무너졌습니다. 그러므로 진나라 사람들은 부유한 집에서는 자식이 장성하면 분가하여 내보내며 가난한 집에서는 자식이 장성하면 데릴사위를 보내고, 아버지에게 곰방메와 호미를 빌려주면서도 자식이 은덕을 베푸는 기색이 있고 어머니가 키와 비를 가져가는 데에 자식이 서서 힐문하며, 며느리가 그 자식을 안아 젖먹이면서 시아버지와 나란히 다리 뻗어 앉고 며느리와 시어머니가 서로 좋아하지 않으면 입술을 삐죽거리고 서로 따지니, 제 자식만 사랑하고 이익을 좋아함이 금수(禽獸)와 다른 점이 거의 없습니다. 지금 그 남은 풍습과 습속이 아직도 고쳐지지 않아 예절과 의리를 버리며 청렴과 수치를 내버림이 날로 심해져 달이 지날수록 달라지며 해가 갈수록 같지 않다고 말할 수 있습니다. 지금의 도둑은 능침(陵寢 : 임금이나 왕비의 무덤) 문의 발을 떼어가고 고조(高祖)·혜제(惠帝) 두 사당의 기물을 가져가고 대낮에 큰 도시 안에서 관리를 겁주며 금품을 빼앗습니다. 이는 행실과 의리가 없는 것 중에서 더욱 심한 것인데도, 대신들은 다만 문서가 약정된 기한에 보고되지 않는 것만을 큰일이라 여기고 심지어 풍속이 휩쓸려 잘못되며 세상이 무너져도 그대로 편안히 여기고 변괴로 알지 않아, 대개 귀와 눈을 동요하지 않아 이를 당연하다고 여깁니다. 풍속을 바꾸고 변화시켜 천하 사람들에게 마음을 돌려 도의로 향하도록 하는 것은 대체로 보통의 관리들이 할 수 있는 것이 아닙니다. 보통의 관리가 힘쓰는 것은 글씨나 쓰고 문서만 보관하는 데에만[10] 있어 대체를 알지 못하니, 제가 폐하를 위하여 안타깝게 여기는 바입니다.

禮義廉恥 是謂四維 四維不張 國乃滅亡

管子曰 禮義廉恥는 是謂四維니 四維不張이면 國乃滅亡이라하니 使筦子愚人也則可커니와 筦子而少知治體면 則是豈可不爲寒心哉잇가

---

10) 글씨나 쓰고 … 보관하는 데에만 : '도필(刀筆)'은 글을 쓰는 도구이고 '광협(筐篋)'은 문서나 재물을 담아두는 기구이다. 곧 관리들이 도필로 문서를 작성하고 광협에 그 문서를 보관하는 데만 힘씀을 말한다.

≪관자(管子)≫에 말하기를, '예절 · 의리 · 청렴성 · 수치심은 사유(四維 : 4가지 강령)라고 하니, 사유가 시행되지 않으면 국가는 마침내 멸망한다.' 하였습니다. 만일 관자가 어리석은 사람이라면 괜찮지만, 관자가 조금이라도 정치의 요체를 안다면 이 어찌 한심하지 않을 수 있겠습니까!

今四維猶未備也라 故姦人幾幸하며 而衆心疑惑하니 豈如今定經制하여 令君君臣臣하여 上下有差하고 父子六親各得其宜리잇고 姦人亡所幾幸하고 而羣臣衆信하면 上不疑惑하리이다 此業壹定이면 世世常安하여 而後有所持循矣리이다 若夫經制不定이면 是猶渡江河亡維楫이라 中流而遇風波면 船必覆矣리니 可爲長太息者此也로소이다

지금 사유(四維)가 아직 갖추어지지 못하였으므로 간사한 사람들이 요행을 바라며 대중의 마음에 의혹이 생기는 것이니 어찌 지금 일정한 제도를 정착시켜 임금은 임금답고 신하는 신하답게 하여 상하에 차등을 두고 부자(父子) · 형제 · 부부의 6친속이 각각 그 마땅함을 얻게 하는 것만 같겠습니까! 간사한 사람들이 요행을 바라는 것이 없고 많은 신하들이 모두 신의를 지닌다면 임금이 의혹에 빠지지 않게 됩니다. 이 일이 한번 확정되면 대대로 항상 편안하여 이후에 유지하여 따르는 것이 있겠지마는, 만일 일정한 제도로 정착되지 않으면 이는 강수 · 하수를 건너면서 닻줄과 노가 없는 것과 같아 중류에서 풍파를 만나면 배가 반드시 전복될 것이니, 길게 탄식할 만하다고 한 것이 이것입니다.

夏殷周爲天子皆數十世하고 秦爲天子二世而亡하니 人性不甚相遠也어늘 何三代之君有道之長而秦無道之暴也오 其故可知也니이다 古之王者는 太子乃生이어든 固擧以禮하여 有司齊肅端冕하여

見之南郊하며 過闕則下하고 過廟則趨라 故自爲赤子而教固已行矣요 孩提有識이어든 三公三少固明孝仁禮義以道習之하고 逐去邪人하여 不使見惡行이라 於是皆選天下之端士孝悌博聞有道術者以衛翼之하여 使與太子居處出入이라 故太子乃生而見正事하며 聞正言하며 行正道하여 左右前後皆正人也라 夫三代之所以長久者는 以其輔翼太子有此具也러니 及秦而不然하여 使趙高傅胡亥而教之獄하여 所習者非斬劓人이면 則夷人之三族也라 故胡亥今日卽位而明日射人하고 忠諫者謂之誹謗이라하고 深計者謂之妖言이라하여 其視殺人若艾草菅然하니 豈惟胡亥之性惡哉잇가 彼其所以道之者非其理故也니이다

하(夏)·은(殷)·주(周)는 천자를 지낸 것이 모두 수십 대(代)였지만, 진(秦)나라는 천자를 지낸지 2대 만에 망하였습니다. 사람의 성품은 서로 크게 다르지 않은데, 어찌하여 3대의 임금들은 도(道)가 있어 장구하였고 진나라는 도가 없어 단명(短命)하였습니까? 그 이유를 알 수 있습니다.
옛날의 왕은 태자가 처음 태어나면 진실로 예를 거행하여 담당관리가 재계하고 엄숙히 하며 의관을 단정히 차려 입고 남쪽 교외에서 태자를 하늘에 알현하게 하였으며, 대궐 문을 지날 때는 수레에서 내리고 사당을 지나면 경건히 종종걸음으로 걷게 하였습니다. 그러므로 갓난아이 때부터 이미 교육을 시행하였습니다. 어린아이가 지각이 있게 되면 삼공(三公)과 삼소(三少)[11]가 효도·어짊·예절·의리를 밝히고 인도해 익히게 하고 간사한 사람을 쫓아버려 악독한 행실을 보지 못하게 하였습니다. 이에 천하의 단정한 선비로서 효성스럽고 공경하며 넓은 견문에다 학덕이 있는 사람만을 뽑아서 태자를 호위하며 보좌하게 하여 태자와 함께 거처하고 출입하게 하였습니

11) 삼공(三公)과 삼소(三少) : 태사(太師)·태부(太傅)·태보(太保)와 소사(少師)·소부(小傅)·소보(少保)를 말한다.

다. 그러므로 태자가 처음 태어나서 바른 일을 보고 바른 말을 들으며 바른 도리를 실행하여, 좌·우·전·후가 모두 바른 사람이었습니다. 삼대(三代: 하·은·주)가 오래갔던 이유는 그 태자를 보좌함에 이러한 갖춤이 있었기 때문입니다.

진(秦)나라에 와서는 그렇지 아니하여 조고(趙高)를 호해(胡亥)의 스승으로 삼아 형벌을 가르쳐, 학습한 것이 사람을 베고 코를 베는 것이 아니면 사람의 3족을 멸하는 것이었습니다. 그러므로 호해는 오늘 즉위하고서 다음날 사람을 활로 겨냥하여 쏘고 충성으로 간언하는 자를 비방한다고 말하고, 깊이 계획하는 자를 요망한 말이라고 하여, 사람 죽이는 것을 보기를 마치 풀을 베는 것처럼 여겼으니, 어찌 다만 호해의 성품이 악해서이겠습니까! 저들이 그를 인도한 방법이 올바른 도리가 아니었기 때문입니다.

凡人之智 能見已然 不能見將然

凡人之智는 能見已然하나 不能見將然하나니 夫禮者禁於將然之前이요 而法者禁於已然之後라 是故法之所爲用易見而禮之所爲生難知也니이다 若夫慶賞以勸善하고 刑罰以懲惡은 先王執此之政을 堅如金石하고 行此之令을 信如四時하고 據此之公을 無私如天地하니 豈顧不用哉잇가 然而曰禮云禮云者는 貴絶惡於未萌而起教於微眇하여 使民日遷善遠辠而不自知也니이다 孔子曰 聽訟이 吾猶人也나 必也使無訟乎인저하시니 爲人主計者컨대 莫如先審取舍니 取舍之極定於內而安危之萌應於外矣리이다

무릇 사람의 지혜는 지나간 일은 잘 보지만, 미래의 일은 잘 보지 못합니다. 예(禮)는 장차 그렇게 되기 전에 금지시키지만, 법(法)은 이미 그렇게 된 뒤에야 금지시킵니다. 그러므로 법을 사용하는 까닭은 알기 쉽지만, 예를 만든 까닭은 알기 어렵습니다. 그런데 포상으로 선을 권장하고 형벌로 악을 징계하는 것은 선왕께서 이러한 정치를 집행하기를 쇠나 돌과 같이 견고하게 하였고, 이러한 법령을 시행할 적에는 사계절이 순환하듯 미덥게 하

였으며, 이러한 공정함을 지키기를 천지와 같이 사사로움이 없게 하였으니 어찌 선왕의 상벌을 쓰지 않습니까! 그런데 '예(禮)는… 예는…' 하는 것은, 악을 싹트기 전에 끊고 가르침을 미세할 때에 일으켜 백성들에게 날마다 선으로 옮겨 가며 죄를 멀리하도록 하면서도 스스로 인식하지 못하는 것을 귀하게 여겼기 때문입니다.
공자가 말하기를, '송사(訟事)를 처리하는 것은 내가 남과 같지만, 반드시 송사가 없어지게 하겠다.' 하였는데, 임금을 위한 계책으로는 먼저 취할 것과 버릴 것을 명백히 하는 것만 못하니, 취할 것과 버릴 것의 표준이 안에서 정해지면 안정과 위기의 조짐이 밖에서 호응하게 됩니다.

秦王之欲尊宗廟而安子孫이 與湯武同이나 然而湯武廣大其德行하여 六七百歲而弗失하시고 秦王治天下十餘歲則大敗하니 此亡他故矣라 湯武之定取舍審而秦王之定取舍不審矣일새니이다 夫天下는 大器也라 今人之置器에 置諸安處則安하고 置諸危處則危하나니 天下之情이 與器無以異하여 在天子之所置之니이다 湯武置天下於仁義禮樂하여 累子孫數十世하니 此天下所共聞也요 秦王置天下於法令刑罰하여 禍幾及身하고 子孫誅絶하니 此天下之所共見也라 是非其明效大驗邪니잇가

진왕(秦王 : 시황제)이 종묘를 높이고 자손을 편안히 하고자 함은 탕왕(湯王)·무왕(武王)과 같았습니다. 그러나 탕왕과 무왕은 그 덕행을 넓게 베풀어서 6~7백년을 시행하여도 실추하지 않았고 진왕은 천하를 다스린 지 10년 만에 크게 패망하였습니다. 이는 다른 이유가 없습니다. 탕왕·무왕은 취할 것과 버릴 것을 확정함이 신중했었고, 진왕은 취할 것과 버릴 것을 확정함이 신중하지 못했기 때문입니다.
국가는 큰 그릇입니다. 지금 사람들이 그릇을 놓는데 안전한 곳에 두면 안전하고 위태로운 곳에 두면 위태롭습니다. 천하의 정세는 그릇과 다를 것이

없어, 천자가 두는 바에 달려 있습니다. 탕왕·무왕은 천하를 인의(仁義)와 예악(禮樂)에 두어서 자손이 수십 대를 이어갔으니 이는 천하가 함께 들은 것입니다. 진왕은 천하를 법령(法令)과 형벌(刑罰)에 두어서 재앙이 거의 자신에게 미쳤고 자손이 죽임을 당해 끊어졌으니 이는 천하가 함께 본 것입니다. 이것이 명백하게 드러난 효과와 큰 증험이 아니겠습니까!

人之言曰 聽言之道는 必以其事觀之니 則言者莫敢妄言이라하니 今或言禮義之不如法令하며 敎化之不如刑罰이어든 人主胡不引殷周秦事以觀之也잇고 人主之尊譬如堂하고 群臣如陛하고 衆庶如地라 故陛九級上에 廉遠地면 則堂高하고 陛無級하여 廉近地면 則堂卑하니 高者難攀이요 卑者易陵이니 理勢然也라 故古者聖王制爲等列하여 內有公卿大夫士하고 外有公侯伯子男하고 然後有官師小吏하고 延及庶人하여 等級分明而天子加焉이라 故其尊不可及也니이다

사람들이 말하기를, '말을 잘 들어 이해하는 방법은 반드시 사실을 살펴보는 것이니 그렇게 하면 말하는 사람이 감히 망언을 못한다.' 하였습니다. 지금 혹 말하기를, 예절·의리가 법령(法令)만 같지 못하고 교화(敎化)가 형벌(刑罰)만 같지 못하다고 하거든, 임금께서는 어찌 은나라·주나라·진나라의 일을 끌어다가 살펴보지 않으십니까! 임금의 존귀함은 비유하자면 전당(殿堂)과 같고 여러 신하들은 계단과 같고 많은 서민들은 땅과 같습니다. 그러므로 계단이 아홉 층계 위에 있어 전당터의 모서리가 땅바닥에서 멀면 전당이 높고, 계단에 층계가 없으면 전당터의 모서리가 땅바닥에서 가까워서 전당이 낮게 됩니다. 높은 것은 오르기 어렵고 낮은 것은 타 넘어가기 쉬우니, 이치의 형세가 그러합니다. 그러므로 옛날 성스러운 왕이 등급을 제정하여 조정 안으로는 공(公)·경(卿)·대부(大夫)·사(士)를 두었고 조정 밖으로는 공(公)·후(侯)·백(伯)·자(子)·남(男)을 두었으며, 그런 뒤에

장관(長官)과 낮은 관리를 두어 서인(庶人)에 미쳐서도 등급이 분명했고 천자(天子)가 그 위에 더해졌습니다. 그러므로 그 존엄함을 미칠 수 없었던 것입니다.

欲投鼠而忌器

里諺曰 欲投鼠而忌器라하니 此善諭也라 鼠近於器라도 尙憚不投는 恐傷其器어든 況於貴臣之近主乎잇가 廉恥節禮以治君子라 故有賜死而亡戮辱하니 是以黥劓之罪不及大夫는 以其離主上不遠也니이다 臣聞之하니 履雖鮮不加於枕하고 冠雖敝不以苴履라하니 夫嘗已在貴寵之位하여 天子改容而禮貌之矣요 吏民嘗俯伏以敬畏之矣니 今而有過어든 帝令廢之可也며 退之可也며 賜之死可也며 滅之可也어늘 若夫束縛之係緤之하여 輸之司寇하며 編之徒官하여 司寇小吏詈罵而搒笞之하니 殆非所以令衆庶見也니이다 夫卑賤者習知尊貴者之一旦吾亦乃可以加此也라하나니 非所以尊尊貴貴之化也니이다

黥劓之罪不及大夫

속담에 이르기를, '쥐에게 물건을 던지고자 하나 그릇을 깨뜨릴까 꺼린다.' 하였는데, 이것이 좋은 비유입니다. 쥐가 그릇에 가까이 있어도 꺼려하여서 물건을 던지지 않는 것은 그 그릇이 상할까 우려해서이거늘, 하물며 귀한 신하가 임금에게 가까이 있는 경우이겠습니까! 염치와 예절로 군자를 다스렸기 때문에 죽음을 내림은 있어도 욕보임은 없었습니다. 그러므로 문신(文身)으로 형벌하거나 코를 베는 죄를 대부에게 미치지 않게 한 것이니, 임금과의 거리가 멀지 않기 때문입니다.

신이 들으니 신발이 곱더라도 베개에 올려놓지 않고, 관이 해어졌더라도 신발에 깔지 않는다고 합니다. 일찍이 이미 존귀하고 총애 받는 지위에 있어서 천자가 용모를 고쳐 예모(禮貌)로 대하였고, 관리와 백성들이 일찍이 엎드려 경외하였습니다. 지금에 죄과가 있으면 황제께서는 버리시는 것도 괜

찮고 물러나게 하는 것도 괜찮으며, 죽음을 내리는 것도 괜찮고 멸족시켜도 괜찮습니다. 그런데 결박하고 묶어 매어 사구(司寇 : 법관)에게 보내며 도관(徒官 : 노역형 담당자)에게 편입시켜, 사구와 낮은 관리들이 꾸짖으며 매질을 하니 이것은 아마도 여러 서민들에게 보게 할 만한 것이 아닐 것 입니다. 낮고 비천한 사람들이 '존귀한 사람이라도 하루아침에 죄지으면 내가 또한 매질을 가할 수 있다'는 것을 잘 알게 되니, 이것은 높은 사람을 존중하고 귀한 사람을 귀하게 대우하는 교화가 아닙니다.

簠簋不飾 帷薄不脩 下官不職

古者大臣有坐不廉而廢者를 不謂不廉이라하고 曰 簠簋不飾이라하고 坐汚穢淫亂男女無別者를 不曰汚穢라하고 曰 帷薄不脩라하고 坐罷軟不勝任者를 不謂罷軟이라하고 曰 下官不職이라하니 故貴大臣定有其辜矣라도 猶未斥然正以呼之也니이다

옛날에 대신(大臣)이 청렴하지 못한 죄에 연루되어 버려지는 사람을 '청렴하지 못하다〔不廉〕'고 말하지 않고 '제사 그릇이 청결하지 못하다〔簠簋不飾〕'고 말하며, 지저분하고 음란하여 남녀 간에 분별이 없는 죄에 연루 되어 버려지는 사람을 '더럽고 지저분하다〔汚穢〕'고 말하지 않고 '휘장과 발을 잘 다루지 못했다〔帷薄不脩〕'고 말하며, 연약하고 무능하여 임무를 감당하지 못하는 죄에 연루된 사람을 '연약하고 무능하다〔罷軟〕'고 말하지 않고 '부하 관원이 직책을 잘 하지 못했다〔下官不職〕'고 말하였습니다. 그러므로 고귀한 대신은 확실히 그 죄가 있더라도 꾸짖어 사실 그대로 선포하지 않았습니다.

上設廉恥禮義以遇其臣하되 而臣不以節行報其上者는 則非人類也라 故化成俗定이면 則爲人臣者皆顧行而忘利하고 守節而仗義라 故可以託不御之權하며 可以寄六尺之孤니 此厲廉恥行禮義之所致也어늘 此之不爲而顧彼之久行하니 故曰可爲長太息者此也

로소이다하다

임금이 염치와 예의를 베풀어 자신의 신하를 대우하는데도 신하로서 충절의 행위로 자신의 임금에게 보답하지 않는 자는 사람의 부류가 아닙니다. 그러므로 교화가 이루어지고 풍속이 정해지면 신하된 자가 모두 행실을 돌아보아 이익을 잊고, 절개를 지키며 정의에 의거하기 때문에 제어하지 못할 큰 권력을 맡길 수 있으며 6척(尺)의 어린 임금을 부탁할 수 있는 것입니다. 이는 염치를 가다듬고 예의를 시행함으로 이르는 것인데도 이를 시행하지 않고 도리어 사형과 모욕만을 오랫동안 시행하였습니다. 그러므로 길게 탄식할 만하다고 한 것이 이것입니다."

하였다.

○ 【大臣有罪 皆自殺 不受刑】

大臣有罪 皆自殺不受刑 誼以絳侯前逮繫獄에 卒無事라 故以此譏上이러니 上深納其言하여 養臣下有節하니 是後大臣有罪면 皆自殺하고 不受刑하다

【대신들이 죄가 있으면 모두 자살하여 형벌을 받지 않다】

가의(賈誼)는 강후(絳侯 : 주발(周勃))가 이전에 체포되어 감옥에 갇혔으나 결국 죄지은 사실이 없었으므로 이 일을 가지고 문제(文帝)에게 넌지시 나무랐는데, 문제가 그 말을 깊이 받아들여 신하를 양성하는 데에 절도가 있었다. 이 이후로 대신들은 죄가 있으면 모두 자살하여 형벌을 받지 않았다.

【신미(辛未 B.C.170) 문제(文帝) 10년】

○ 【文帝誅薄昭】

文帝誅薄昭 將軍薄昭殺漢使者어늘 帝不忍加誅하고 使公卿從之飮酒하고 欲

薄昭自殺 令自引分이러니 昭不肯이어늘 使群臣喪服往哭之하니 乃自殺하다

【문제가 박소를 죽이다】

태후(太后)의 아우인 장군(將軍) 박소(薄昭)가 한(漢)나라 황제의 사신을 죽였다. 문제(文帝)가 차마 죽이지 못하고 공(公)·경(卿)들에게 그를 따라 술을 마시도록 하고 자결하도록 하였는데, 박소가 기꺼이 하지 않았다. 여러 신하들을 시켜 상복을 입고 가서 곡을 하게 하자 마침내 자살하였다.

○【欲慰母心者 將愼之於始】

欲慰母心者將愼之於始

溫公曰 李德裕以爲호대 漢文帝誅薄昭하니 斷則明矣나 於義則未安也라 秦康送晉文에 興如存之感이라하니 況太后尙存에 唯一弟薄昭를 斷之不疑는 非所以慰母氏之心也라하니 臣愚以爲法者天下之公器니 惟善持法者가 親疏如一하여 無所不行이면 則人莫敢有所恃而犯之也라 夫昭雖素稱長者나 文帝不爲置賢師傅而用之典兵하여 驕而犯上하고 至於殺漢使者하니 非有恃而然乎아 若又從而赦之면 則與成哀之世何異哉아 魏文帝嘗稱漢文帝之美하되 而不取其殺昭하고 曰 舅后之家는 但當養育以恩而不當假借以權하니 旣觸罪法이면 又不得不害라하여 譏文帝之始不防閑昭也하니 斯言得之矣니이다 然則欲慰母心者는 將愼之於始乎인저

【어머니의 마음을 위로하려는 사람은 처음에 신중해야 한다】

온공이 말하였다.

이덕유(李德裕)가 말하기를, '한(漢)나라 문제(文帝)가 박소(薄昭)를 죽였는데, 결단은 명백하였으나 의리에 있어서는 편하지 못하였다. 진(秦)나라 강공(康公)이 외숙인 진(晉)나라 문공(文公)을 전송할 적에 어머니가 살아계신 듯한 감회를 일으켰는데, 하물며 태후(太后 : 두태후(竇太后) 박소의 누이)가 아직 생존해 있는데도 오직 하나뿐인 동생 박소를 단죄할 것을 의심하지 않은 것은 어머니의 마

음을 위로하는 방법이 아니었다.' 하였습니다.

제가 생각해보니 법(法)은 천하가 공동으로 준수하는 척도이니, 오직 법을 잘 지키는 사람이 친한 자와 소원한 자를 똑같이 처리하여야 사람들이 믿는 바가 있어도 감히 법을 침범하는 일이 없게 됩니다. 박소가 비록 평소에 장자(長者 : 근후한 사람)라고 일컬어졌으나, 문제가 그를 위하여 어진 사부(師傅)를 두지 않고 등용하여 병권을 맡기자 교만해져서 임금을 침해하고 심지어 한나라 사신을 죽이기까지 하였으니, 믿는 바가 있어서 그러한 것이 아니겠습니까! 만약 또 따라서 그를 사면해 준다면 춘추(春秋) 노(魯)나라 성공(成公)·애공(哀公)의 어지러운 시대와 무엇이 다르겠습니까?

위(魏)나라 문제(文帝 : 조비(曹丕))가 일찍이 한(漢)나라 문제(文帝)의 아름다움을 칭찬하였으나, 박소를 죽인 것은 동의하지 않고 말하기를, '외삼촌과 후비(后妃)의 집안은 다만 은혜로 양육하여야 할 것이요 권력을 빌려주어서는 안 되니, 이미 죄와 법을 저촉하였으면 또 처치하지 않을 수가 없다.' 하였는데, 문제가 애초부터 박소를 단속하지 않음을 나무란 것이니, 이 말이 맞습니다. 그렇다면 어머니의 마음을 위로하려는 사람은 처음에 신중해야 할 것입니다.

통감절요증손교주(通鑑節要增損校註) 8권

한기(漢紀)

▪ 태종효문황제(太宗孝文皇帝) 하(下)

【임신(壬申 B.C.169) 문제(文帝) 11년】

○ 【鼂錯上言兵事】

鼂錯上言兵事 匈奴數爲邊患이어늘 鼂錯上言兵事曰 臣聞호대 用兵臨戰合刃之急者三하니 一曰得地形이요 二曰卒服習이요 三曰器用利라 故兵法曰 器械不利면 以其卒予敵也요 卒不可用이면 以其將予敵也요 將不知兵이면 以其主予敵也요 君不擇將이면 以其國予敵也라하니 四者는 兵之至要也니이다 臣又聞한대 以蠻夷攻蠻夷는 中國之形也라하니 今匈奴地形技藝與中國異하니 上下山阪하며 出入溪澗은 中國之馬弗與也요 險道傾仄에 且馳且射는 中國之騎弗與也요 風雨罷勞하고 飢渴不困은 中國之人弗與也니 此匈奴之長技也요 若夫平原易地輕車突騎하면 則匈奴之衆易撓亂也요 勁弩長戟射疏及遠하면 則匈奴之弓弗能格也요 堅甲利刃으로 長短相雜하며 遊弩往來하여 什伍俱前하면 則匈奴之兵弗能當也요 材官騶發에 矢道同的하면 則匈奴之革笥木薦弗能支也요下馬地鬪에 劍戟相

接하여 去就相薄하면 則匈奴之足弗能給也니 此中國之長技也라 以此觀之컨대 匈奴之長技三이요 中國之長技五니이다 帝王之道는 出於萬全하니 今降胡義渠來歸義者가 數千이라 長技與匈奴同하니 可賜之堅甲利矢하고 益以邊郡之良騎하여 平地通道어든 則以輕車材官制之하여 兩軍相爲表裏면 此萬全之術이니이다하다 帝嘉之하고 賜書하여 寵答焉하다

帝王之道出於萬全

【조조가 군대 일로 상소를 올리다】

흉노(匈奴)가 자주 변방의 근심이 되자, 조조(鼂錯)가 군대 일로 글을 올리기를,

"신이 들으니, 군대를 움직여 전쟁에 임해 칼날이 부딪칠 때 긴요한 것이 세 가지라고 하니, 첫째는 땅의 형세를 얻는 것이고, 둘째는 병졸이 훈련된 것이고, 셋째는 병기가 예리한 것입니다. 그러므로 병법(兵法)에 말하기를, '무기가 날카롭지 않으면 그 병졸들을 적에게 주는 것이고, 병졸들이 쓸 만하지 않으면 그 장군을 적에게 주는 것이고, 장군이 병법을 알지 못하면 그 임금을 적에게 주는 것이고, 임금이 장군을 가려 뽑지 않으면 그 나라를 적에게 주는 것이다.'라고 하니, 이 네 가지는 용병의 요체입니다.

제가 또 들으니, 오랑캐로 오랑캐를 공격하는 것은 중국(中國)의 형세라 합니다. 지금 흉노(匈奴)의 지형(地形)과 기예(技藝)는 중국과 차이나서 산비탈을 오르내리며 계곡을 드나드는 것은 중국의 말이 미치지 못하고, 험한 길과 경사진 곳에서 달리면서 활을 쏘는 것은 중국의 기병이 미치지 못하고, 비바람을 맞고 피곤하며 굶주리고 갈증나도 지치지 않는 것은 중국 사람들이 미치지 못하니, 이것은 흉노의 장기(長技)입니다.

그런데 평평하여 편안한 땅에서 가벼운 수레와 돌격하는 기마병을 쓰면 흉노의 무리가 쉽게 어지러워지고, 굳센 쇠뇌와 긴 창으로 멀리 쏘아 먼 곳까지 나아가게 하면 흉노의 활이 대항할 수 없고, 견고한 갑옷과 날카로운 칼날로 길고 짧은 병기가 서로 섞이며 유격대(遊擊隊) 궁수가 왕래하면서 대오가 함께 전진하면 흉노의 군대가 감당할 수 없고, 재관(材官 : 쇠뇌를 쏘

는 궁수)이 예리한 화살을 쏘아 동일 목표를 향해 맞추면 흉노의 가죽 갑옷과 나무 방패가 지탱하지 못하고, 말에서 내려 땅에서 싸울 때에 칼과 창으로 서로 접전하여 맞닥뜨리게 하면 흉노의 발놀림으로는 대응할 수 없을 것이니, 이것이 중국의 장기입니다. 이렇게 보면 흉노의 장기는 세 가지이고, 중국의 장기는 다섯 가지가 됩니다.

제왕(帝王)의 도(道)는 만전을 기하는 데서 나옵니다. 지금 항복한 오랑캐인 의거(義渠)족이 와서 귀순한 사람들이 수천 명인데 그들의 장기가 흉노와 같습니다. 그들에게 견고한 갑옷과 날카로운 화살을 주고 변방의 훌륭한 기병을 더해주며, 평지와 사방이 통하는 도로에는 가벼운 수레와 재관으로 적을 제어하게 하여 두 군대가 서로 안팎이 되게 하면 이는 만전의 방법이 됩니다."

하였다. 문제는 그것을 가상히 여기고 글을 내려 후하게 회답하였다.

○【募民徙塞下】

募民徙塞下 錯又上言曰 胡貉之人은 其性耐寒하고 揚粵之人은 其性耐暑하니 秦之戍卒不耐其水土하여 戍者死於邊하고 輸者僨於道하니 秦民見行을 如往棄市하니이다 因以謫發之하고 名曰謫戍라하니이다 陳勝先倡에 天下從之者는 秦以威劫而行之之敝也라 不如選常居者하여 爲室屋하여 具田器하고 乃募民하여 免罪하고 拜爵하여 復其家하고 予冬夏衣廩食하되 胡人入驅而能止所驅者를 以其半予之니이다 如是하면 則邑里相救助하여 赴胡不避死하리니 非以德上也라 欲全親戚而利其財也니 此與東方之戍卒不習地勢而心畏胡者 功相萬也니이다하다 上從其言하여 募民徙塞下하다

【백성을 모집하여 북방 변경으로 이주시키다】

조조가 또 글을 올리기를,

"북방의 호인(胡人)과 맥인(貉人)들은 그 습성이 추위를 잘 견디고 남방의 양인(揚人)과 월인(粤人)들은 그 습성이 더위를 잘 견디는데, 진(秦)나라의 수비하는 군졸들은 수토(水土 : 풍토)를 견디지 못해서 수비하는 자들은 변방에서 죽고 수송자들이 길에서 쓰러져 죽으니, 진나라 백성들은 징발 당하는 것을 시가에서 사형당해 버려지는 것과 같이 여겼습니다. 이어서 범죄자를 보내려고 징발하였는데, 명칭을 '적수(讁戍 : 죄수 수비자)'라고 하였습니다. 진승(陳勝)이 앞장서서 대의(大義)를 선창하자 천하사람들이 그를 따른 것은 진나라가 위협으로 시행했던 폐단 때문이었습니다. 정착할 백성들을 선발하여 집을 짓게 하며 농기구를 갖추어 주고 백성을 모집하여 죄를 사면하며 벼슬을 주고 그 집에 부여된 부역(賦役)을 면제해주고 겨울·여름옷과 음식을 주고, 오랑캐 사람들이 침입하여 사람과 가축을 몰아갈 적에 몰아가는 것을 저지시키는 자에게는 그 침탈물의 절반을 주게 하는 것만 못합니다. 이와 같이 하면 읍(邑)과 이(里)가 서로 구조하여 오랑캐에 달려가 죽는 것을 겁내지 않을 것이니, 이는 덕을 가지고 임금에게 보답하려는 것이 아니라 친척을 온전히 하며 그 재물로 이익을 얻으려고 하기 때문입니다. 이것은 동방 출신 수비 군졸[1)]이 지세에 익숙하지 않아 마음으로 오랑캐를 두려워하는 것보다는 공적이 만 배나 많을 것입니다."

하였다. 문제(文帝)가 조조의 말을 따라 백성을 모집하여 북방 변경으로 이주시켰다.

○ 【鼂錯智囊】

鼂錯
智囊

錯爲人陗直刻深하여 以其辯得幸太子하니 號曰 智囊이라하다

【조조는 꾀주머니】

조조(鼂錯)는 사람됨이 강직하고 각박하였는데도 언변으로서 태자에게 총애를 받았으니, "지낭(智囊 : 꾀주머니)"이라고 불렸다.

---

1) 동방 출신 수비 군졸 : 동방 여러 군의 백성들로서 전투를 익히지 않고 변방 수비를 하러 온 사람을 말한다.

【계유(癸酉 B.C.168) 문제(文帝) 12년】

○【入粟受爵免罪】

入粟受爵免罪

錯復言於上曰 堯有九年之水하고 湯有七年之旱이나 而國亡捐瘠者는 以蓄積多而備先具也라 今海內爲一하여 土地人民之衆不減湯禹하고 加以無天災數年之水旱이로되 而蓄積未及者는 何也오 地有遺利하고 民有餘力하여 生穀之土未盡墾하고 山澤之利未盡出하고 游食之民未盡歸農也니이다

堯有九年之水 湯有七年之旱

飢寒至身 不顧廉恥

夫寒之於衣에 不待輕暖하고 飢之於食에 不待甘旨니 飢寒至身이면 不顧廉恥라 人情이 一日不再食則飢하고 終歲不製衣則寒하나니 夫腹飢不得食하고 膚寒不得衣면 雖慈父不能保其子어든 君安能以有其民哉리잇고 是故明君貴五穀而賤金玉하나니 方今之務는 莫若使民務農而已라 欲民務農인대 在於貴粟이요 貴粟之道는 在於使民以粟爲賞罰이니 今募天下入粟縣官하여 得以拜爵하고 得以除罪하소서 如此면 富人有爵하고 農民有錢하고 粟有所渫이리이다 爵者는 上之所擅이니 出於口而无窮이요 粟者는 民之所種이니 生於地而不乏하나니 夫得高爵與免罪는 人之所甚欲也니 使天下人入粟於邊以受爵免罪면 不過三歲에 塞下之粟必多矣리이다하다

明君貴五穀而賤金玉

欲民務農 在於貴粟

爵者上之所擅

帝從之하여 令民入粟邊하고 拜爵各以多少級數爲差하다

【곡식을 바쳐 벼슬을 받고 죄를 면제받다】

조조(鼂錯)가 다시 문제에게 아뢰기를,

"요(堯)임금의 시대엔 9년의 홍수가 있었고 탕(湯) 임금의 시대엔 7년의 가뭄이 있었으나, 나라에 굶어 죽어 버려진 사람이 없었던 것은 저축이 많았

고 대책이 미리 갖추어졌기 때문입니다. 지금 천하가 크게 하나로 통일되어 토지와 백성들의 많음이 탕임금과 우임금의 때보다 못하지 않고, 게다가 수년 동안 홍수와 가뭄의 자연 재해도 없는데 저축이 그때에 미치지 못한것은 무엇 때문입니까? 토지는 이용하지 못해 버려지고 백성은 이용할 힘이 남아도는데 곡식을 생산할 땅을 다 개간하지는 않고 산과 연못의 이로움을 다 이용하지도 않고 놀며 먹는 백성들을 전부 농사로 돌려보내지 않기 때문입니다.

추울 때는 옷이 가볍거나 따뜻하기를 구하지 않고 굶주릴 때는 음식이 달거나 맛있기를 구하지 않으니, 굶주림과 추위가 몸에 절박하면 염치(廉恥)를 돌아보지 않습니다. 사람의 실정은 하루에 두 끼를 먹지 못하면 배가 고프고 한 해 동안 옷을 만들어 입지 못하면 춥습니다. 배가 고픈데 음식을 얻지 못하고, 살갗이 추운데 옷을 얻지 못하면 자애로운 부모라 하더라도 그 아들을 보호할 수 없거늘 임금이 어찌 그 백성을 보전할 수 있겠습니까! 이런 이유 때문에 현명한 임금은 오곡(五穀)을 귀중히 여기고 금(金)과 옥(玉)을 천시합니다.

지금 급선무는 백성들에게 농사를 힘쓰게 하는 것 만한 것이 없습니다. 백성들이 농사에 힘쓰도록 하는 것은 곡식을 귀중히 여기게 하는 데에 있고, 곡식을 귀중히 여기게 하는 방법은 백성들에게 곡식을 가지고 상과 벌을 주는 데에 있습니다. 지금 천하 사람들을 모집하되, 곡식을 관청에 납입하여 관작을 임명받거나 죄를 면제받게 하십시오. 이와 같이 하면 부자들은 관작을 갖게 되고 농민들은 돈을 갖게 되고 곡식은 유통될 것입니다. 관작은 임금이 독점하는 것으로 말만 하면 끝이 없고, 곡식은 백성이 심는 것으로 땅에서 생산되어 모자람이 없습니다. 높은 관작을 얻거나 죄를 면제받는 것은 사람들이 매우 바라는 것이니, 천하 사람들이 곡식을 변방에 내게 하여 관작을 받고 죄를 면제받게 한다면 3년이 지나지 않아 변방의 곡식이 반드시 많아질 것입니다."

하니, 문제(文帝)가 그 말을 따라 백성들에게 곡식을 변방에 내게 하고 관작을 임명하는 데는 각각 곡식의 많고 적음으로 급수에 차등을 두었다.

○ 【賜農民租稅之半】

賜農民租稅之半 錯復奏호대 陛下幸使天下入粟以拜爵하시니 甚大惠也라 邊食足以支五歲어든 可令入粟郡縣하고 郡縣足支一歲以上이어든 可時

鼂錯請入粟拜爵 赦하여 勿收農民租하소서 如此면 德澤加於萬民하고 民愈勤農하여 大富樂矣리이다하다 上復從其言하여 詔曰 其賜農民今年租稅之半하라하다

【농민에게 조세의 절반을 감면해주다】

조조가 다시 아뢰기를,

"폐하께서 다행히 천하 사람들이 곡식을 바쳐 관작을 제수 받게 하시니 매우 큰 은혜입니다. 변방의 곡식이 5년을 지탱하기에 충분하면 군현에 곡식을 바치게 하고, 군현의 곡식이 1년 이상을 지탱하기에 충분하면 때로 사면하여 농민들에게 조세를 거두지 마소서. 이와 같이 하면 덕택이 만민에게 가해지고 백성들이 더욱 농사에 부지런히 힘써서 크게 부유해지고 즐거울 것입니다."

하니, 문제가 다시 그의 말을 따라 조서를 내리기를,

"농민들에게 금년 조세의 절반을 감면해 주도록 하라"

하였다.

【갑술(甲戌 B.C.167) 문제(文帝) 13년】

○ 【除肉刑】

除肉刑 齊太倉令淳于意有罪하여 當刑이어늘 詔獄逮繫長安이러니 其少女

緹縈上書 緹縈上書曰 妾父爲吏에 齊中皆稱其廉平이러니 今坐法當刑하니

刑者不可復屬 妾傷夫死者不可復生이요 刑者不可復屬이니 雖後欲改過自新이나 其道無繇也니이다 妾願沒入爲官婢하여 以贖父刑罪하여 使得

自新하노이다하니 天子憐悲其意하여 詔除肉刑하다

【체형을 없애다】

제(齊)나라 태창령(太倉令) 순우의(淳于意)가 죄가 있어 육형[2]으로 판결이 나서, 잡아다가 장안(長安)에 있는 조옥(詔獄 : 황제가 직할하는 옥사)에 가두게 하였는데, 그의 어린 딸 순우제영(淳于緹縈)이 상소하기를,

"제 아비가 관리였을 때에 제(齊) 나라 사람들이 모두 청렴하고 공평하다고 칭찬하였는데, 지금 법을 저촉하여 육형을 받게 되었습니다. 죽은 자는 다시 살아날 수 없고 처형된 몸은 다시 이어붙일 수 없으니, 매우 슬픕니다. 비록 뒷날 과실을 고쳐서 스스로 새로워지고자 하나 방법이 없습니다. 저를 잡아다가 관청에 들여 넣어 관비(官婢)로 만들고서 아비가 받은 형벌을 속죄하여 스스로 새롭게 할 수 있도록 해 주십시오."

하였다. 천자가 그녀의 뜻을 가련하게 여겨, 조서를 내려 육형(肉刑)을 없애게 하였다.

○【玄默化民】

玄默化民 上旣躬修玄默하고 而將相皆舊功臣이라 少文多質하니 懲惡亡秦之政하여 論議務在寬厚하고 恥言人之過失하니 化行天下하여 告訐之俗易이라 吏安其官하고 民樂其業하여 畜積歲增하고 戶口寖息하다 風流篤厚하고 禁罔疏闊하여 罪疑者予民하니 是以刑罰大省하여 至於斷獄四百하여 有刑錯之風焉하다

(有刑錯之風)

【과묵함으로 백성을 교화하다】

문제(文帝)는 스스로 수양하여 매우 말이 적었고, 장수와 재상들은 모두가 옛 공신(功臣)들이어서 꾸밈이 적고 질박함이 많았다. 그리하여 망한 진(秦)나라의

---

2) 육형(肉刑) : 육체에 받게 하는 형벌로 묵(墨 : 먹물들이기)·의(劓 : 코 베기)·비(剕 : 발뒤꿈치 베기)·궁(宮 : 거세하기)·대벽(大闢 : 사형)을 말한다.

정치를 경계하고 싫어하여, 논의는 관대하도록 하는데 힘쓰고 남의 과실을 말하는 것을 부끄러워하였으니, 교화가 천하에 시행되어 고발하는 습속이 바뀌었다. 관리들은 자신의 관직을 편안하게 여기고 백성들은 자신의 생업을 즐거워하여 저축은 해마다 증가하고 호구도 점점 불어났다. 풍속은 온후해지고 금지하는 법조문은 줄어들어 의혹스로운 죄는 백성들에게 맡겨 가볍게 처단하게 하였다. 이 때문에 형벌이 크게 줄어들어 심지어 사형 처결이 4백 건뿐으로, 형벌을 버려두고 쓰지 않는 기풍이 있게 되었다.

○ 【除田稅】

除田稅 農天下之本

六月에 詔曰 農은 天下之本이니 務莫大焉이어늘 今勤身從事而有租稅之賦하니 是爲本末者無以異也라 其於勸農之道未備하니 其除田之租稅하라하다

【농지세를 면제하다】

6월에 조서를 내리기를,

"농사는 천하의 근본이라, 일에서 이보다 큰 것은 없다. 지금 몸을 부지런히 하여 농업에 종사하여도 토지세의 부세가 있으니, 이는 본(本 : 농사)과 말(末 : 장사)의 차이가 없는 것이다. 이것은 농사를 권장하는 방법이 미비한 것이니, 농지의 조세를 면제해 주도록 하라."

하였다.

【을해(乙亥 B.C.166) 문제(文帝) 14년】

○ 【征匈奴】

征匈奴

冬에 匈奴老上單于十四萬騎入朝那蕭關하여 殺北地都尉하고 遂至彭陽이어늘 上親勞軍하고 自欲征匈奴러니 皇太后固要한대 乃止

하다 於是以張相如爲大將軍하여 擊之하니 逐出塞卽還하다

【흉노를 정벌하다】

겨울에 흉노(匈奴) 노상선우(老上單于)가 14만 기병으로 조나(朝那)와 소관(蕭關)에 침입하여 북지군(北地郡)의 도위(都尉) 손앙(孫卬)을 죽이고 마침내 팽양(彭陽)에 이르렀다. 문제(文帝)가 친히 군대를 위로하고 스스로 흉노를 정벌하려 하였는데, 황태후(皇太后)가 강력하게 저지하자 마침내 중지하였다. 이에 장상여(張相如)를 대장군(大將軍)으로 삼아 공격하게 하니, 흉노를 변경으로 쫓아내고 즉시 돌아왔다.

○ 【文帝雖得頗牧 弗能用】

文帝雖得頗牧弗能用 上輦過郎署할새 問馮唐曰 父家安在오하니 對曰 臣大父趙人이러니 父徙代이니이다하다 上曰 吾居代時에 吾尙食監高祛數爲我言趙將李齊之賢하여 戰於鉅鹿下라 今吾每飯意未嘗不在鉅鹿也라하니 唐對曰 尙不如廉頗李牧之爲將也리이다하다 上拊髀曰 嗟乎라 拊髀思頗牧 吾獨不得廉頗李牧爲將이로다 吾豈憂匈奴哉리오하니 唐曰 陛下雖得廉頗李牧이라도 弗能用也리이다하다

【문제는 비록 염파와 이목을 얻더라도 등용하지 못할 것이다】

문제가 연(輦 : 가마)을 타고 낭서(郎署 : 낭관(郎官)의 관청)를 지나다가 낭중서장(郎中署長)인 풍당(馮唐)에게 묻기를,

"그대의 집은 어디에 있소?"

하니, 대답하기를,

"저의 할아버지는 조(趙)나라 사람인데 아버지가 대(代)나라로 이사했습니다."

하였다. 문제가 말하기를,

"내가 대나라 국왕(國王)으로 있을 때에 나의 상식감(尙食監 : 요리사)인 고거(高祛)가 자주 나를 위하여 조나라 장군 이제(李齊)가 현명하여 거록성(鉅鹿城)에서 전투했었다고 이야기 하였소. 지금 내가 밥을 먹을 때마다 뜻이 거록에 있지 않은 적이 없소."

하니, 풍당이 대답하기를,

"염파(廉頗)와 이목(李牧)이 장수가 되었던 것만 못합니다."

하였다. 문제가 넓적다리를 치면서 말하기를,

"아! 내가 다만 염파와 이목 같은 사람을 얻어 장군으로 삼지 못했구려! 그런 이들만 있다면 내가 어찌 흉노를 근심하겠소!"

하자, 풍당이 말하기를,

"폐하께서는 비록 염파와 이목을 얻더라도 등용하지 못하실 것입니다."

하였다.

○【魏尙復爲雲中守】

魏尙復爲雲中守

推轂遣將

閫以內寡人制之 閫以外將軍制之

賞太輕罰太重

上怒讓唐한대 唐曰 上古王者之遣將也에 跪而推轂하며 曰 閫以內는 寡人制之하고 閫以外는 將軍制之라하고 軍功爵賞皆決於外라 李牧是以北逐單于하고 破東胡하며 滅澹林하고 西抑强秦하고 南支韓魏하니이다 今魏尙爲雲中守에 其軍市租盡以饗士卒하니 匈奴遠避하여 不近雲中之塞하니이다 虜曾一入에 尙率車騎擊之하여 所殺甚衆이러니 上功幕府에 一言不相應이라하여 文吏以法繩之하여 其賞不行하니 陛下賞太輕하고 罰太重이라 魏尙坐上功首虜差六級이어늘 陛下下之吏하사 削其爵하고 罰作之하시니 由此言之컨대 陛下雖得廉頗李牧이나 弗能用也시리이다하니 上說하여 是日에 令唐持節赦魏尙하여 復以爲雲中守하고 而拜唐爲車騎都尉하다

【위상을 다시 운중군수로 삼다】

문제가 노하여 풍당을 꾸짖으니, 풍당이 말하기를,

“상고(上古)시대에 왕이 장군을 파견할 때 무릎을 꿇고 수레바퀴통을 밀면서 ‘성곽 문지방 안은 내가 다스리고 문지방 밖은 장군이 다스린다!’하고, 군대의 공로·벼슬·포상을 모두 밖에서 결정하게 하였습니다. 이목이 이 때문에 북쪽으로는 흉노(匈奴)의 선우(單于)를 축출하고 동호(東胡)를 격파하며 담림(澹林)을 멸망시키고, 서쪽으로는 막강한 진(秦)나라를 억누르고 남쪽으로는 한(韓)나라와 위(魏)나라에 대항하였습니다. 지금 위상(魏尙)이 운중군수(雲中郡守)가 되어 군중(軍中) 시장의 조세[3]를 모두 써서 사졸들을 먹이니, 흉노가 멀리 피하여 운중의 변경에 접근하지 못하였습니다. 오랑캐가 한 번 침입한 적이 있어 위상이 전차와 기병을 이끌고 공격하여 죽인 자가 매우 많았는데, 공로를 막부(幕府 : 장군부(將軍府))에 보고할 적에 한마디 말이 서로 맞지 않는다고 하여 담당관이 법으로 제재하여 상을 주지 않았으니, 폐하께서는 포상을 지나치게 가볍게 하시고 벌은 지나치게 무겁게 하셨습니다. 위상이 흉노의 수급과 포로 등의 공로를 보고할 적에 수급 수에서 6급(級) 차이나자 폐하께서 담당 관리에게 회부하고 그 작위(爵位)를 삭탈하고 벌을 주었습니다. 이로 말미암아 말해보면 폐하께서는 비록 염파와 이목을 얻더라도 등용하지 못하실 것입니다.”

하니, 문제가 기뻐하여 이날로 풍당에게 부절을 가지고 가서 위상을 사면하여 다시 운중군수로 삼도록 하고, 풍당을 임명하여 거기도위(車騎都尉)로 삼았다.

○ **【增諸祀壇場珪幣】**

增諸祀壇場珪幣

春에 詔廣增諸祀壇場珪幣하고 且曰 吾聞祠官祝釐에 皆歸福於朕躬하고 不爲百姓이라하니 朕甚愧之하노라 夫以朕之不德으로 而專饗獨美其福하고 百姓不與焉하니 是重吾不德也라 其令祠官致敬하고 無有所祈하라하다

---

3) 군중(軍中) 시장의 조세 : 군대 안에 시장을 설치하였는데, 그 시장 안에서 교역하는 데에 따른 조세를 말한다.

【제사의 단장과 규폐를 늘리다】

봄에 조서를 내려 제사의 단장(壇場 : 제단과 마당)과 규폐(珪幣 : 옥과 비단)를 널리 늘리게 하고, 또 말하기를,

"내가 듣건대 제관(祭官)이 복을 빌 때 복을 모두 나에게만 돌리고 백성을 위해서 복을 돌리지 않는다고 하니, 나는 매우 부끄럽다. 나의 부덕(不德)함으로 그 복을 혼자 누리며 아름다워 하고 백성들은 그 복을 함께 하지 못하니, 이는 나의 부덕함을 가중시키는 것이다. 제관에게 제사를 지낼 때 지극히 공경하도록 하고 나만을 위해서 기도하는 바가 없게 하라!"

하였다.

【정축(丁丑 B.C.164) 문제(文帝) 16년】

○ 得玉杯한대 刻曰 人主延壽라하다 於是始更以十七年爲元年하다

옥배(玉杯 : 옥 술잔)를 얻었는데,

"임금의 수명을 연장한다(人主延壽)."

라고 새겨져 있었다. 이에 처음으로 17년을 고쳐 원년(元年)으로 하였다.

【무인(戊寅 B.C.163) 문제(文帝) 후(後) 원년】[4)]

○【求直言】

求直言 詔曰 間者數年不登하고 又有水旱疾疫之災하니 朕甚憂之호대 愚而不明하여 未達其咎하노니 意者朕之政有所失而行有過與아 乃天道有不順하며 地利或不得하며 人事多失和하며 鬼神廢不享與

4) 후(後) 원년 : 옥배(玉杯)를 얻은 기념으로 연도를 새로 시작하여 '元年'이라고 하였는데, 반고(班固)가 후한서(後漢書)를 지을 적에 이전의 원〔初元〕과 구별하기 위하여 '後' 글자를 써 넣어 '後元年'이 되었다.

아 何以致此오 將百官之奉養或廢하고 無用之事或多與아 何其民食之寡乏也오 夫度田非益寡요 而計民未加益이라 以口量地하니 其於古猶有餘로대 而食之甚不足者는 其咎安在오 無乃百姓之從事於末以害農者蕃하고 爲酒醪以靡穀者多하며 六畜之食焉者衆與아 細大之義를 吾未得其中하니 其與丞相列侯吏二千石博士議之하여 有可以佐百姓者어든 率意遠思하여 無有所隱하라하다

【바른 말을 구하다】

조서를 내리기를,

"요즘 수년 동안 풍년이 들지 않고, 또 홍수·가뭄·전염병의 재앙이 있어 내가 매우 근심하였는데 어리석고 명철하지 못하여 그 잘못을 알지 못한다. 생각해보니 나의 정치에 잘못이 있고 행실에 과실이 있어서인가? 천도(天道)에 순응하지 않음이 있으며 지리(地利 : 땅의 이익)에 간혹 얻지 못한 것이 있고, 인사(人事)에 조화를 잃음이 많고 귀신(鬼神)을 폐하여 제사하지 않아서인가? 어찌하여 이런 상황에 이르렀는가? 또한 백관(百官)에 대한 대우가 혹 폐기되고 쓸데없는 일이 혹 많아서인가? 어찌하여 백성들의 양식이 부족한가?

농토를 헤아려 보면 더 적어지지도 않았고 백성을 헤아려보면 더 늘어나지도 않았으니, 인구를 가지고 농토를 헤아려보면 옛날보다 오히려 여유가 있어야 하는데 양식이 매우 부족한 것은 그 잘못이 어디에 있는가? 바로 백성들이 상업에 종사하여 농사를 해치는 것이 많고 술을 만들어 곡식을 낭비하는 것이 많고, 육축(六畜)[5]이 먹는 것이 많아서 그런 것이 아니겠는가? 작고 큰 원인을 두고 나는 그 요체를 알지 못하겠으니, 승상(丞相)·열후(列侯)·이천석(二千石)·박사(博士)들이 함께 논의하여 백성을 도울 수 있는 것이 있거든 뜻에 따라 깊이 생각하여 숨기는 것이 없게 하라!"

하였다.

---

5) 육축(六畜) : 여섯 종류의 가축으로 말·소·양·닭·개·돼지를 말한다.

【기묘(己卯 B.C.162) 문제(文帝) 후(後) 2년】

○ 【匈奴和親】

匈奴和親 本紀曰 二年에 匈奴和親하고 詔曰 朕旣不明이라 不能遠德하여 使方外之國或不寧息하고 憂苦萬民하니 爲之惻怛不安이로다 故遣使者冠蓋相望하고 結轍於道하여 以諭朕志於單于러니 今單于는 單于棄過 新與朕俱棄細過하고 偕之大道하여 以全天下元元之民하니 和親已定하여 始於今年하노라하다

【흉노와 화친하다】

<본기(本紀)>[6]에서 말하였다.

"2년에 흉노(匈奴)와 화친하고 조서를 내리기를, '내 이미 명철하지 못하여 공덕을 멀리 펴지 못해서 외방(外方)의 나라들을 혹 편안히 쉬지 못하게 하고 많은 백성들을 근심하며 고생하게 하니, 이 때문에 근심스럽고 불안하였다. 그러므로 사자(使者)들을 시켜 서로의 모자와 일산(日傘)을 바라보게 하고 그 수레 바퀴자국이 길에 엉킬 만큼 많이 가서 나의 뜻을 선우(單于)에게 알아듣도록 일러 주었다. 이제 선우가 새로이 짐과 더불어 사소한 과실을 다 버리고 함께 대도(大道)를 걸어 천하의 선량한 백성들을 보전시키기로 하였다. 화친(和親)이 이미 결정되어 금년부터 시작한다.' 하였다."

○ 【申屠嘉辱鄧通】

申屠嘉辱鄧通 帝以皇后弟竇廣國賢有行이라하여 欲相之라가 曰 恐天下以吾私廣國이라 久念不可라하고 乃以申屠嘉爲相한대 嘉爲人廉直하여 門不受私謁이라 是時에 鄧通方愛幸하여 賞賜累鉅萬이요 寵幸無比

6) 〈본기(本紀)〉 : ≪한서(漢書)≫ 〈문제기(文帝紀)〉를 말한다.

러니 嘉嘗入朝하여 而通居上旁하여 有怠慢之禮어늘 嘉奏事畢하고 因言曰 陛下幸愛群臣인댄 則富貴之어니와 至於朝廷之禮하여는 不可以不肅이니이다하다 罷朝에 嘉坐府中하여 爲檄召通詣丞相府한대 不來하니 且斬通하다 通恐하여 入言上하니 上曰 汝第往하라 吾令使人召若하리라하다 通詣丞相府하여 免冠徒跣하고 頓首謝어늘 嘉坐自如하여 弗爲禮하고 責曰 夫朝廷者는 高帝之朝廷也어늘 通小臣으로 戱殿上하니 大不敬하여 當斬이라 吏는 今行斬之하라하다

鄧通頓首出血 通頓首出血호대 不解라 上度丞相已困通하고 使使持節召通而謝

鄧通文帝弄臣 丞相호대 曰 此吾弄臣이니 君釋之하라하다 鄧通旣至에 爲上泣曰 丞相幾殺臣이러이다하다

【신도가가 등통을 욕보이다】

문제(文帝)는 황후(皇后)의 아우 두광국(竇廣國)이 현명하며 품행이 단정하다고 하여 정승(政丞)으로 삼으려 하다가 말하기를,

"천하의 사람들이 내가 두광국을 편애한다고 할까 염려되어 오래 생각해보았지만 안 되겠다."

하고, 마침내 신도가(申屠嘉)를 정승으로 삼았는데 신도가는 사람됨이 청렴하고 정직하여 집에서 사적인 청탁을 받지 않았다. 이 때에 등통(鄧通)이 한창 총애를 받아서 포상으로 하사 받은 것이 거만(鉅萬 : 몇 만금)이었고, 총애 받는 것으로는 견줄 자가 없었다. 신도가가 일찍이 조회에 들어갔을 적에 등통이 문제 곁에 있으면서 예(禮)를 태만히 하자, 신도가가 일을 아뢰어 마치고 이어서 말하기를,

"폐하께서 여러 신하들을 총애하시면 그들을 부귀(富貴)하게 해 줄 것이지만 조정의 예에 있어서는 엄숙하게 하지 않을 수 없습니다."

하였다. 조회를 마치고 신도가가 부중(府中 : 승상부 안)에 앉아 격문(檄文 : 나무쪽 문서)을 만들어 등통을 승상부로 오라고 불렀는데, 오지 않자 장차 등통을

참수하려 하였다. 등통이 겁을 내어 들어가 문제에게 아뢰니 문제가 말하기를,

"너는 다만 가기만 하라. 내가 사자를 시켜서 너를 부르겠다."

하니, 등통이 승상부(丞相府)로 가서 모자를 벗고 맨발로 머리를 조아리며 사죄하였다. 신도가는 태연히 앉아서 예(禮)로 대우하지 않고 꾸짖어 말하기를,

"조정(朝廷)은 고제(高帝 : 유방)의 조정이다. 등통은 보잘것없는 신하로 전각(殿閣) 위에서 장난을 쳤으니, 크게 불경하여 참수형에 해당한다. 형리(刑吏)는 당장 등통을 참형하라!"

하였다. 등통이 머리를 조아려 피가 났으나 석방해 주지 않았다. 문제는 승상이 이미 등통에게 곤욕을 치르게 하였을 것이라 짐작하고 사자에게 부절을 가지고 가서 등통을 불러오게 하고 승상에게 사과하기를,

"이 사람은 내가 데리고 노는 신하이니, 그대는 등통을 석방하라!"

하였다. 등통이 이르고 나서 문제에게 울면서 말하기를,

"승상이 거의 저를 죽일 뻔 하였습니다!"

하였다.

【계미(癸未 B.C.158) 문제(文帝) 후(後) 6년】

○【文帝勞軍細柳】

文帝勞軍細柳

冬에 匈奴三萬騎入上郡하고 三萬騎入雲中하니 烽火通於甘泉長安이라 以周亞夫爲將軍하여 次細柳하고 劉禮爲將軍하여 次霸上하고 徐厲爲將軍하여 次棘門하여 以備胡하다 上自勞軍할새 至霸上及棘門軍하여 直馳入하니 將以下騎送迎이러니 已而之細柳軍한대 軍士吏被甲하고 銳兵刃하며 彀弓弩持滿하여 天子先驅至어늘 不得入이라 先驅曰 天子且至라하니 軍門都尉曰 將軍令曰 軍中聞將軍令이요 不聞天子之詔라하다 上至어늘 又不得入이라 於是上乃

匈奴入上郡雲中

軍中聞將軍令不聞天子之詔

使使持節詔將軍호대 吾欲入營勞軍하노라하니 亞夫乃傳言호대 開壁門이라하다 壁門士請車騎曰 將軍約호대 軍中不得馳驅라하니 於

介冑之士不拜

是天子乃按轡徐行하여 至營하다 將軍亞夫持兵揖曰 介冑之士不拜하니 請以軍禮見하노이다하니 天子改容하여 式車하고 使人稱謝호대 皇帝敬勞將軍이라하고 成禮而去하다 旣出軍門에 群臣皆驚이어

眞將軍

늘 上曰 嗟乎라 此眞將軍矣로다 曩者霸上棘門軍若兒戲爾라 其將固可襲而虜也어니와 至於亞夫하여는 可得而犯耶아하고 稱善者久之하다 月餘에 漢兵至邊하니 匈奴亦遠塞어늘 漢兵亦罷하고 乃拜周亞夫爲中尉하다

【문제가 세류영의 군대를 위로하다】

겨울에 흉노의 3만 기병(騎兵)은 상군(上郡)에 침입하고, 3만 기병은 운중군(雲中郡)에 침입하니, 봉화가 감천산(甘泉山)과 장안(長安)에 곧바로 전달되었다. 주아부(周亞夫)를 장군으로 삼아 세류(細柳)에 주둔시키고 유례(劉禮)를 장군으로 삼아 패상(霸上)에 주둔시키고 서려(徐厲)를 장군으로 삼아 극문(棘門)에 주둔시켜서 흉노의 침입에 대비하였다. 문제(文帝)가 몸소 군대를 위로하기 위해 패상과 극문의 군영에 도착하여 곧장 달려 들어가니, 장군(將軍) 이하가 말을 타고서 영접하고 전송하였다. 이윽고 세류의 군영으로 갔는데, 군사(軍士)와 관리가 갑옷을 입고 무기 날을 예리하게 곧두세우고 쇠뇌를 한껏 잡아당긴 채 천자의 선발대가 이르러도 들어가게 하지 않았다. 선발대가 말하기를,

"천자(天子)가 장차 이르실 것이다!"

하니, 군문도위(軍門都尉)가 말하기를,

"장군(將軍)이 명령하기를, '진영 안에서는 장군의 명령을 듣는 것이지 천자의 명령을 듣는 것이 아니다'라고 하였소."

하였다. 문제가 이르렀는데도 들어가게 하지 않았다. 이에 문제가 사신을 시켜 부절을 가지고 장군에게 조서를 내리기를,

"내가 군영에 들어가 군대를 위로하고자 하오."

하니, 주아부가 이에 군령(軍令)을 전달하여 말하기를,

"성벽 문을 열라!"

하였다. 성벽 문을 지키는 군사가 문제의 수레와 말을 모는 자에게 요청하기를,

"장군이 규약하기를, '진영 안에서 말을 달려서는 안 된다.'라고 하였습니다."

하니, 이에 천자는 마침내 고삐를 잡고 느긋이 가서 군영에 이르렀다. 장군 주아부가 무기를 잡고 읍례(揖禮)를 하며 말하기를,

"갑옷 입고 투구 쓴 군사는 절을 하지 않으니, 군대 예법으로 뵙겠습니다."

하니, 천자가 용모를 가다듬고 엄숙히 변하여 수레에서 답례하고 사람을 보내 주아부에게 답변하기를,

"황제가 경건히 장군을 위로한다."

하고, 예(禮)를 마치고 떠났다. 군문을 나오고 난 뒤에 여러 신하들이 모두 놀라니, 문제가 말하기를,

"아! 이 사람은 진정한 장군이로다. 지난번에 패상과 극문의 군영은 마치 애들 장난과 같을 뿐이었다. 그 장군들은 진실로 습격하여 사로잡을 수 있겠지만 주아부는 침범할 수 있겠는가!"

하고는, 오랫동안 훌륭하다고 칭찬하였다. 한 달 남짓하여 한나라의 군대가 변경에 도착하자 흉노도 변방에서 멀어져 갔고, 한나라의 군대도 해산하였다. 마침내 주아부를 임명하여 중위(中尉)로 삼았다.

【갑신(甲申 B.C.157) 문제(文帝) 후(後) 7년】

○ 夏六月에 帝崩하다

여름 6월에 문제(文帝)가 서거하였다.

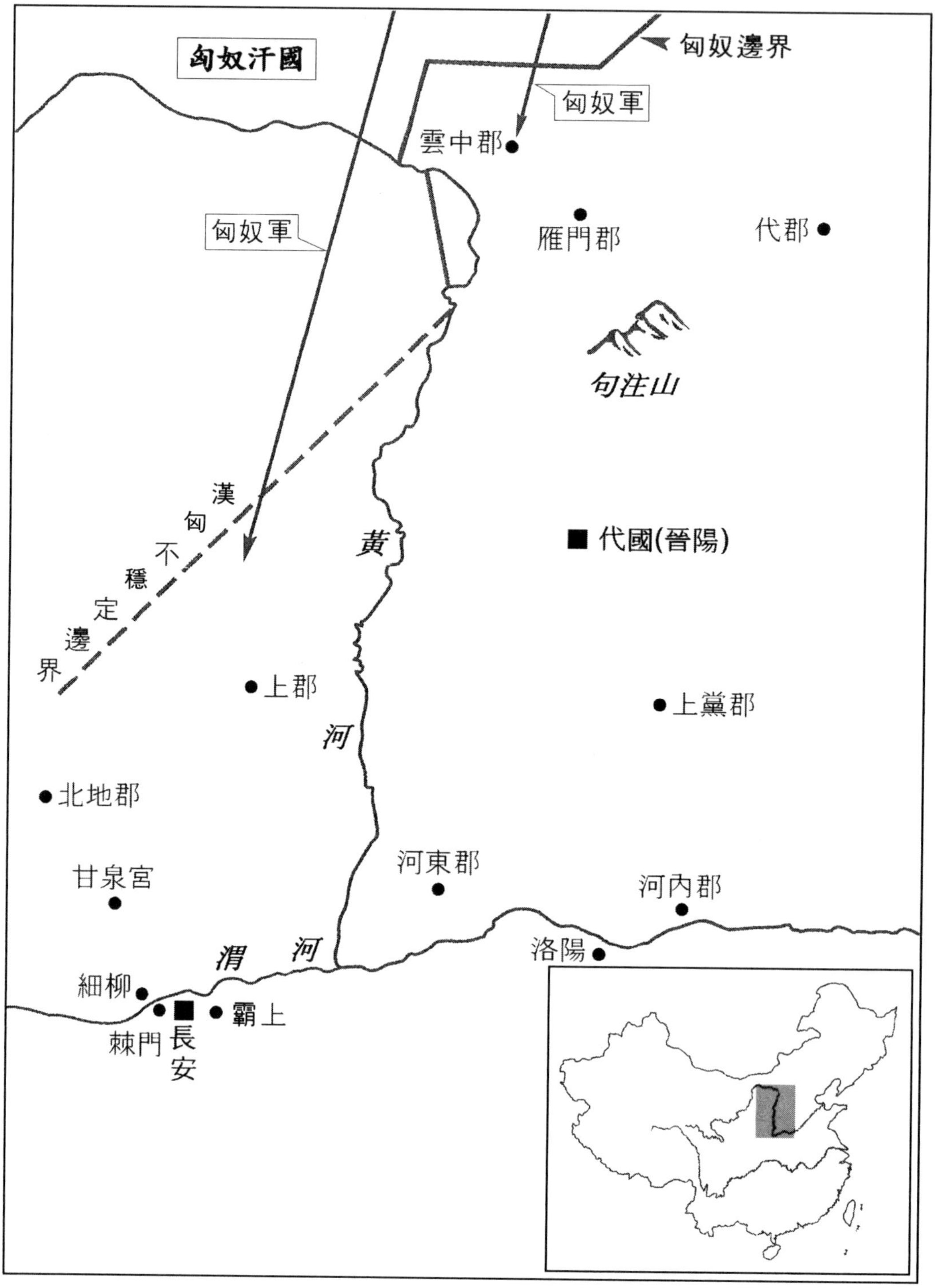

〈지도 01〉 흉노(匈奴)의 침입 (B.C.158년 겨울)

▪ 효경황제(孝景皇帝)

在位十六年이요 壽四十八이라

재위 16년이고, 수명 48세이다.

名啓요 文帝之子라

漢興하여 掃除煩苛하고 與民休息한대 至于孝文하여 加之以恭儉하고 孝景遵業하여 五六十載之間에 至於移風易俗하고 黎民醇厚하다 周云成康하고 漢言文景하니 美矣라 然稽古禮文之事은 猶多闕焉하다

이름이 계(啓)이고 문제(文帝)의 아들이다.

한(漢)나라가 일어나서 번잡한 것을 쓸어내고 백성들과 휴식하였는데, 효문황제(孝文皇帝) 때에 이르러 공손함과 검소함을 더하였고, 효경황제 때에 이르러서는 유업(遺業)을 따라 50~60년 사이에 풍속이 바뀌고 백성들이 순후(醇厚)하게 되었다. 주(周)나라에서는 성왕(成王)과 강왕(康王)을 일컫고, 한(漢)나라에서는 문제(文帝)와 경제(景帝)를 일컬으니, 아름답다! 그러나 옛날 예문(禮文)을 상고하는 일은 여전히 결여된 것이 많았다.

【을유(乙酉 B.C.156) 경제(景帝) 원년】

○ 【復收民田半租】

復收民田半租 五月에 復收民田半租한대 三十而稅一하다

【백성들의 토지세 1/2을 회복하여 거두다】

5월에 백성들의 토지세를 1/2로 했었던 것을 회복하여 거두었는데 세율은 1/30로 하였다.[7)]

○ 【減笞法】

減笞法 初에 文帝除肉刑한대 外有輕刑之名이나 內實殺人이라 斬右趾者

文帝除肉刑 又當死하고 斬左趾者笞五百하고 當劓者笞三百하니 率多死하다

是歲에 下詔曰 加笞與重罪無異하니 幸而不死라도 不可爲人이니

其定律하여 笞五百曰三百이라하고 笞三百曰二百이라하라하다

【매질하는 형벌을 줄이다】

과거에 문제가 육형(肉刑 : 육체를 상해하는 형벌)을 없앴는데, 겉으로는 형벌을 가볍게 한다는 명분이 있었으나 안으로는 사실상 살인과 다름없었다.[8)]

오른발을 벨 자는 사형으로 판결하고, 왼발을 벨 자는 태형(笞刑 : 매질 형벌) 500대를 치고, 코를 베는 것으로 판결할 자는 태형 300대를 쳤는데 대부분 죽는 자가 많았다. 이 해에 조서를 내리기를,

"태형을 더하는 것은 중죄(重罪 : 사형)와 다름이 없으니, 요행히 죽지 않더라도 사람 노릇을 할 수 없으므로 그 법률을 정하여 태형 500대를 300대로 하고, 300대를 200대로 하라!"

하였다.

【병술(丙戌 B.C.155) 경제(景帝) 2년】

○ 秋에 與匈奴和親하다

가을에 흉노(匈奴)와 화친하였다.

○ 梁孝王以竇太后少子故로 有寵하여 王四十餘城하여 居天下膏

7) 백성들의 … 세율은 1/30로 하였다 : 원문의 '三十而稅一'은 '처음으로 1/30 세금을 받았다(始三十稅一)'로 해야 하고, '復收半租'는 삭제해야 한다는 견해가 있다.(≪강목속린(綱目續麟)≫ 권3)

8) 겉으로는 … 다름없었다 : 육형인 발・코를 베는 형벌을 없애고 그 대신 사형・태형을 받게 하였으나 매 맞아 죽는 자가 많게 되어 형벌을 가볍게 했다는 조치에 효과가 없었던 것이다.

腴地하고 賞賜不可勝道하다

양효왕(梁孝王 : 문제의 아들 유무(劉武))은 두태후(竇太后)의 작은 아들이라는 이유로 총애를 받아서 40여 성(城)의 왕이 되어 천하의 기름진 땅을 차지하였다. 상으로 내려준 것이 이루 다 말할 수 없었다.

【정해(丁亥 B.C.154) 경제(景帝) 3년】

○ 【梁孝王益驕】

梁孝王益驕 梁孝王來朝하다 時上未置太子러니 與王宴飮이라가 從容言曰 千秋萬歲後傳於王하리라한대 王辭謝나 雖知非至言이라도 然心內喜하고 太后亦然之러니 竇嬰諫傳梁王 詹事竇嬰引巵酒進上曰 天下者는 高祖之天下오 父子相傳漢之約 父子相傳은 漢之約也어늘 上何以得傳梁王이니잇고하니 太后由此憎嬰하고 王以此益驕하다

【양효왕이 더욱 교만해지다】

양효왕(梁孝王)이 와서 조회하였다.

당시에 경제(景帝)가 아직 태자를 세우지 않았는데, 양왕(梁王 : 양효왕)과 연회하며 술을 마시다가 조용히 말하기를,

"내가 죽을 때 그대에게 자리를 물려주겠다."

하였다. 양왕은 사양하였으나 비록 진담이 아닌 줄 알면서도 마음으로 기뻐하였고, 태후 또한 그렇게 여겼다. 첨사(詹事 : 황후와 태자를 담당하는 관리) 두영(竇嬰)이 벌주 잔을 올리며 말하기를,

"천하는 고조(高祖 : 유방)의 천하이고, 아버지가 아들에게 전하는 것은 한(漢)나라의 약속인데, 황상(皇上)께서 어찌 양왕에게 물려주실 수 있겠습니까?"

하였다. 태후(太后)가 이로 말미암아 두영을 미워하였고, 양왕은 이로 인해 더

욱 교만해졌다.

○ 【吳王有反謀】

吳王有反謀 飮博爭道 博局提殺吳太子

初에 孝文時에 吳太子入見하고 得侍皇太子飮博할새 吳太子博爭道에 不恭하니 皇太子引博局提하여 殺之라 吳王由此稍失藩臣之禮하여 稱疾不朝하다 京師知其以子故로 繫治驗問吳使者어늘 吳王恐하여 始有反謀라 文帝賜吳王几杖하고 老하여 不朝라하니 吳得釋其罪하고 謀亦益解라 然其居國이 以銅鹽故로 百姓無賦하고 佗郡國吏欲來捕亡人者어든 公共禁弗予하니 如此者四十餘年하다

【오왕이 배반할 계획을 가지다】

과거 효문제(孝文帝) 때 오(吳)나라 태자(太子 : 유현(劉賢))가 들어와 알현하고 황태자(皇太子 : 유계(劉啓). 경제(景帝))를 모시고서 술을 마시며 바둑을 두었는데, 오나라 태자가 바둑을 두면서 수를 다투며 공손하지 않자 황태자가 바둑판을 들어 쳐서 죽였다.

오왕(吳王 : 유비(劉濞))이 이로 말미암아 점차 번신(藩臣 : 울타리 노릇하는 신하)의 예를 잃어 병을 핑계대고 조회오지 않았다. 조정에서는 오왕이 아들이 죽었기 때문으로 알고 오나라 사신을 결박하여 취조하자, 오왕은 두려워하여 비로소 배반할 계획을 하였다. 문제가 오왕에게 안석과 지팡이를 하사하고 늙었다하여 조회오지 말라고 하니, 오나라는 그 죄를 사면 받았고 모반 계획도 더욱 느슨해졌다.

그러나 오왕이 사는 나라는 구리와 소금 때문에 부유하여 백성들에게는 부세가 없었고, 다른 군국(郡國)의 관리가 와서 도망자들을 체포하고자 하면 공공연히 금지하고 내주지 않았는데, 이와 같이 한 지가 40여 년이었다.

○ 【鼂錯請削諸侯國】

鼂錯請削諸侯國

鼂錯數上書言吳過하니 可削이라호대 文帝寬하여 不忍罰하니 以此吳日益橫이러라 及帝卽位에 錯說上曰 昔高帝初定天下에 昆弟少하고 諸子弱이라하사 大封同姓하시니 齊七十餘城이요 楚四十餘城이요 吳五十餘城이라 封三庶孼하사 分天下半이러시니 今吳王前有太子之郤하여 詐稱病不朝하니 於古法當誅어늘 文帝不忍하사 因賜几杖하시니 德至厚也라 當改過自新이어늘 反益驕溢하여 卽山鑄錢하고 煮海爲鹽하며 誘天下亡人謀作亂하니 今削之亦反이요 不削亦反이어니와 削之면 反亟이나 禍小하고 不削하면 反遲나 禍大하리이다하다 上令公卿列侯宗室雜議하니 莫敢難하다

【조조가 제후국의 영토를 삭감할 것을 청하다】

조조(鼂錯)는 자주 글을 올려 오(吳)나라가 잘못하였으니 영토를 줄일 만하다고 말하였으나 문제가 관대하여 차마 벌을 주지 않자 이것으로 오나라는 날로 더욱 교만해졌다. 지금의 황제인 경제(景帝)가 즉위하자 조조가 경제를 설득하기를,

"옛날 고조(高祖)께서 처음으로 천하를 평정했을 때에 형제가 적고 여러 아들들이 나이가 어리다고 생각하셔서 동성(同姓)을 크게 봉작하시니, 제왕(齊王 : 유비(劉肥))은 70여 성(城), 초왕(楚王 : 유교(劉交))은 40여 성, 오왕(吳王 : 유비(劉濞))은 50여 성이어서, 이 세 서자(庶子 : 제왕·초왕·오왕)에게 봉작하여 천하의 반을 나누어 주었습니다. 지금 오왕은 이전에 태자의 일로 틈이 생겨서 거짓으로 병을 핑계 대고 조회오지 않았으니, 옛 법에 마땅히 죽여야 했습니다. 문제(文帝)께서 차마 벌하지 못하시고 이어서 안석과 지팡이를 하사하시어 덕이 지극히 두터우셨으니, 마땅히 과실을 고치고 스스로 새로워져야 하는데 도리어 더욱 교만하고 자만하여 산에 가서 구리를 캐어 돈을 주조하고 바닷물을 달여 소금을 만들며 천하의 도망한 사람들을 유인하여 난을 일으킬 것을 도모합니다. 지금 땅을 삭감하더라도 반란하고 삭감하지 않더라도 또한 반란할 것이나, 땅을 삭감하면 반란은 빠르지만 화가

작고, 삭감하지 않으면 반란은 더디나 화는 클 것입니다."

하였다. 경제(景帝)가 공(公)·경(卿)·열후(列侯)·종실(宗室)들에게 다 같이 논의하게 하니, 감히 조조를 힐난하는 사람이 없었다.

○【七國反】

七國反 楚王戊來朝어늘 錯因言호대 戊往年爲薄太后服할새 私奸服舍하니이다하여 削東海郡하고 前年趙王有罪라하여 削其常山郡하고 膠西王卬以賣爵事有奸이라하여 削其六縣하다 廷臣方議削吳러니 吳王恐削地無已하여 因發謀擧事하고 乃身自爲使者하여 至膠西面約之하다 膠西羣臣或聞王謀하고 諫이어늘 王不聽하고 遂發使約齊菑川膠東濟南하니 皆許諾하다

【일곱 나라가 반란하다】

초왕(楚王) 유무(劉戊 : 유교(劉交)의 손자)가 와서 조회하자 조조가 이어서 말하기를,

"유무는 지난해에 박태후(薄太后 : 문제(文帝) 유항(劉恒)의 어머니)를 위하여 상복을 입었을 때 상을 치르는 집에서 사사로이 간통하였습니다."

하자, 동해군(東海郡)을 삭감하고 지난해에 조왕(趙王)은 죄가 있다고 하여 상산군(常山郡)을 삭감하고, 교서왕(膠西王) 유앙(劉卬)은 관작을 팔아먹은 일로 간사함이 있다고 하여 그의 여섯 현(縣)을 삭감하였다. 조정의 신하들이 막 오나라의 땅을 삭감할 것을 논의하자, 오왕은 삭감되는 땅이 끝이 없을까 두려워하여 이어서 계책을 세워 모반을 일으키고 오왕 자신은 사자가 되어 교서왕에게 가서 직접 조약하였다. 교서왕의 여러 신하들 중에 교서왕의 계책을 듣고 간언한 사람이 있었는데, 교서왕이 듣지 않고 마침내 사신을 보내서 제왕(齊王)·치천왕(菑川王)·교동왕(膠東王)·제남왕(濟南王)과 조약하게 하니 모두 허락하였다.

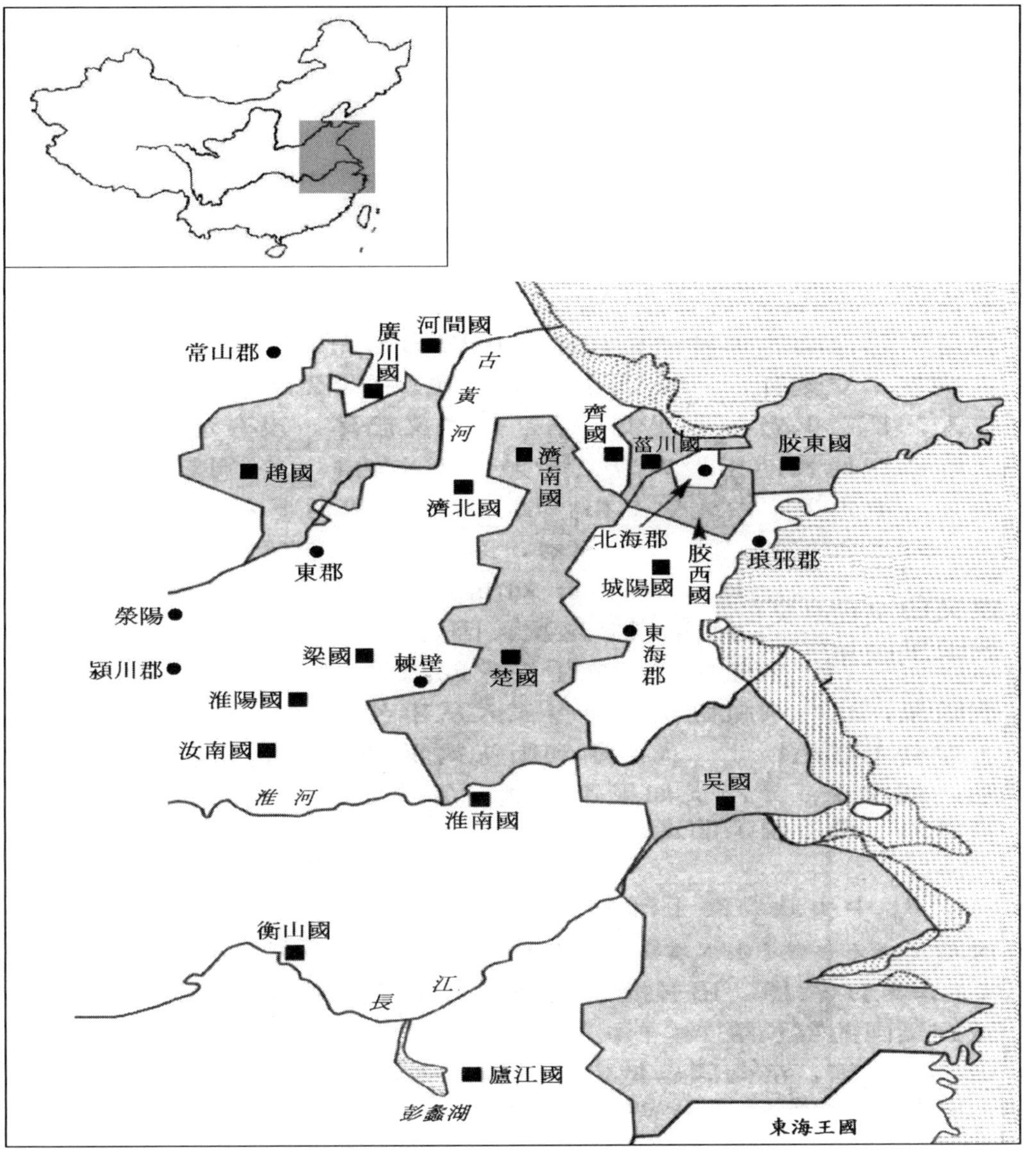

〈지도 02〉 칠국(七國) 반란 (B.C.154년 정월)

○ 【醴酒不設穆生去】

醴酒不設穆生去 初에 楚元王好書하여 與魯申公穆生白生俱受詩於浮丘伯이러니 及王楚에 以三人爲中大夫하다 穆生不嗜酒어늘 元王每置酒에 常爲穆生設醴러니 及子夷王孫王戊卽位하여도 常設이러니 後乃忘設

焉이어늘 穆生退하고 曰 可以逝矣로다 醴酒不設하니 王之意怠라 不去면 楚人將鉗我於市라하고 遂謝病去하다

【단술을 차리지 않자 목생이 떠나다】

과거에 초나라 원왕(元王 : 유교(劉交))은 글 읽기를 좋아하여 노(魯)나라 신공(申公)·목생(穆生)·백생(白生)과 함께 부구백(浮丘伯)에게 모두 ≪시경(詩經)≫을 배웠는데, 초나라의 왕이 되어서는 세 사람을 중대부(中大夫)로 삼았다.

목생이 술을 좋아하지 않아 원왕은 술을 차릴 때마다 항상 목생을 위하여 단술을 놓았었다. 아들 이왕(夷王 : 유영객(劉郢客). 초왕 유교(劉交)의 아들)과 손자 초왕 유무(劉戊)가 즉위하고 나서도 항상 단술을 차리다가 이후에는 마침내 단술을 차리는 것을 잊어버렸다. 목생이 물러나와 말하기를,

"떠날 때가 되었구나. 단술을 차리지 않으니 왕의 뜻이 소홀해진 것이다. 떠나지 않으면 초나라 사람들이 장차 시가에서 우리 목에 칼을 채우려 할 것이다."

하고, 드디어 병을 핑계대고 떠났다.

○ 【諸王罪狀鼂錯】

諸王罪狀鼂錯 膠西膠東菑川濟南楚趙皆反이라 吳王起兵于廣陵하여 西涉淮하고 因幷楚兵하여 發使遺諸侯書하고 罪狀鼂錯하여 欲合兵誅之하다

【여러 왕들이 조조의 죄를 열거하다】

교서왕(膠西王)·교동왕(膠東王)·치천왕(菑川王)·제남왕(濟南王)·초왕(楚王)·조왕(趙王)이 모두 반란하였다. 오왕(吳王)이 광릉(廣陵)에서 군대를 일으켜서 서쪽으로 회수(淮水)를 건너 초나라 군대와 합병해 사신을 내어 제후들에게 글을 보내 조조의 죄를 열거하고 군대를 연합하여 그를 죽이려 하였다.

○ 【周亞夫擊吳楚】

周亞夫擊吳楚 亞夫可任大將

初에 文帝且崩에 戒太子曰 卽有緩急이어든 周亞夫眞可任將兵이라하더니 及七國反書聞에 上乃拜中尉周亞夫爲太尉하여 將三十六將軍往擊吳楚하고 遣酈寄擊趙하고 欒布擊齊하다

【주아부가 오나라와 초나라를 공격하다】

과거에 문제(文帝)가 죽으려 할 때에 태자(太子 : 유계(劉啓))에게 경계시켜 말하기를,

"만일 위급한 일이 있으면, 주아부(周亞夫)에게 진정으로 군대를 거느리는 임무를 맡길 만하다."

하였다. 칠국(七國[9])이 반란했다는 글이 보고되자, 경제가 이에 중위(中尉) 주아부를 임명하여 태위(太尉)로 삼고, 36명의 장군(將軍)을 거느리고 오나라와 초나라로 가서 공격하게 하고, 역기(酈寄 : 역상(酈尙)의 아들)를 보내 조나라를 치게 하고, 난포(欒布)를 보내 제나라를 치게 하였다.

○【袁盎以計殺鼂錯】

袁盎以計殺鼂錯

錯素與吳相袁盎不善이러니 盎夜見竇嬰하여 爲言吳所以反하고 願至上前하여 口對狀이어늘 嬰入言한대 上乃召盎하다 盎入見하니 上方與錯調兵食이러니 上問盎호대 今吳楚反하니 於公意何如오하니 對曰 願屛左右하소서하니 錯趨避東廂하여 甚恨이러라 上卒問盎한대 對曰 吳楚相遺書하여 言高帝王子弟各有分地어늘 今賊臣鼂錯擅適諸侯하여 削奪其地라 以故反하여 欲共誅錯하고 復故地而罷라하니 方今計獨有斬錯하고 發使赦七國하여 復其故地하면 則兵可毋血刃而俱罷하리이다하다 上默然良久에 曰 顧誠何如오 吾不

9) 칠국(七國) : 한(漢)나라 경제(景帝) 때에 오(吳)·초(楚)·조(趙)·교서(膠西)·제남(濟南)·옹천(甕川)·교동(膠東)의 일곱 제후국.

鼂錯衣朝衣斬東市

愛一人以謝天下라하니 錯殊不知러라 上使中尉召錯하여 紿載行市하니 錯衣朝衣斬東市하다

【원앙이 계책으로 조조를 죽이다】

조조(鼂錯)가 평소 오나라 재상 원앙(袁盎)과 사이가 좋지 않았는데, 원앙이 밤에 두영(竇嬰)을 만나 오나라가 반란한 까닭을 말하고 경제의 앞에 나아가 자기 입으로 상황에 답하고자 하였다. 두영이 들어가 경제에게 아뢰니 경제가 마침내 원앙을 불렀다. 원앙이 들어가 뵙자 경제가 마침 조조와 군대의 식량 조달을 계획하고 있었는데, 경제가 원앙에게 묻기를,

"지금 오나라와 초나라가 반란하였는데, 공의 생각은 어떻소?"

하니 대답하기를,

"좌우 사람을 물리소서."

하였다. 조조는 종종걸음을 쳐서 동상(東廂 : 동쪽 가에 옆 궁전)으로 피하면서 매우 한스러워 하였다. 경제가 마침내 원앙에게 묻자 대답하기를,

"오나라와 초나라가 서로 편지를 보내 말하기를, '고제(高帝)께서 아들과 동생들을 왕으로 삼고 각각 땅을 나누어 주었는데, 지금 적신(賊臣) 조조가 제멋대로 제후들의 잘못을 견책하여 그들의 영토를 깎아 빼앗았습니다. 이 때문에 반란하여 함께 조조를 주살하고 옛 땅을 회복하고서 군대를 해산하려 합니다.'고 하였습니다. 지금의 계책으로는 다만 조조를 주살하고, 사자를 보내 칠국을 용서하여 그 옛 영토를 회복시켜 주는 것만 있을 뿐이니 군대가 칼날에 피를 묻히지 않고도 다 해산시킬 수 있을 것입니다."

하자, 경제가 묵묵히 한참 있다가 말하기를,

"진실로 어찌하겠는가? 나는 한 사람을 아끼다가 천하 사람들에게 죄를 얻을 수는 없소."

하였는데, 조조는 전혀 알지 못하였다. 경제가 중위(中尉)를 시켜 조조를 불러 속여서 수레에 태워 시장을 순행하게 하였고, 조조는 조복(朝服)을 입은 채로 동시(東市 : 사형장)에서 처형당하였다.

○ 【景帝恨鼂錯斬】

景帝恨鼂錯斬 鄧公訟鼂錯 謁者僕射鄧公이 上書言軍事하여 曰 吳爲反計數十歲矣라 發怒削地하여 以誅錯爲名이나 其意不在錯也니이다 夫鼂錯患諸侯彊大不可制라 故請削之以尊京師하니 萬世之利也어늘 計畫始行에 卒受大戮하여 內杜忠臣之口하고 外爲諸侯報仇하니 臣竊爲陛下不取也하노이다하니 帝喟然曰 吾亦恨之하노라하다

【경제가 조조의 처형당한 것을 한스러워하다】

알자복야(謁者僕射 : 빈객접대의 관직) 등공(鄧公)이 상소하여 군대 일을 말하기를,

"오나라가 반란할 계획을 도모한 것이 수십 년이 되었습니다. 영토를 삭감당한 것에 대하여 분노하여 조조를 죽이는 것으로 명분을 삼았지만, 그 뜻은 조조에게 있지 않았습니다. 조조는 제후들이 강대해져 제재할 수 없을까를 우려했으므로 영토를 삭감하여 조정을 높이기를 청하였으니, 이는 만대의 이로움입니다. 그런데 계획이 처음 시행되면서 졸지에 죽임을 당했으니, 안으로는 충신의 입을 막은 것이고 밖으로는 제후의 원수를 갚아 준 것입니다. 신은 삼가 폐하를 위하여 채택하지 않았어야 할 것으로 여깁니다."

하니, 경제가 한숨을 쉬며 말하기를,

"나 역시 한스럽소."

하였다.

○ 【周亞夫得吳伏兵】

周亞夫得吳伏兵 亞夫言於上曰 楚兵剽輕하니 難與爭鋒이라 願以梁委之하여 絶其食道라야 乃可制也리이다하니 上許之하다 亞夫乘六乘傳하고 將會兵滎陽할새 發至霸上하니 趙涉遮說亞夫曰 吳王知將軍且行하고 (趙涉遮說亞夫)

必置間人於殽澠阸陿之間하리이다 且兵事尙神密이니 將軍何不右去하여 走藍田하고 出武關하며 抵洛陽고 間不過差一二日이나 直入武庫하면 諸侯聞之하고 以爲將軍從天而下也하리이다하다 太尉如其計러니 至洛陽하여 喜曰 今吾據滎陽하니 滎陽以東은 無足憂者라하고 使使搜殽澠間이러니 果得吳伏兵하다

【주아부가 오나라의 복병을 잡아내다】

주아부가 경제(景帝)에게 말하기를,

"초나라 군대는 용맹하고 민첩하니 그들과 예봉을 다투기가 어렵습니다. 원컨대 양나라를 구원하지 말아 공격받게 하여 그 식량 수송로를 끊어야만 비로소 제재할 수 있을 것입니다."

하니, 경제가 이를 허락하였다.

주아부가 여섯 필의 말로 편성한 수레를 타고 장차 군대를 형양(滎陽)에서 회합하려 하였는데, 출발하여 패상에 이르니 조섭(趙涉)이 길을 가로막고 주아부에게 말하기를,

"오왕은 장군이 장차 이곳으로 갈 것을 알고 반드시 첩자를 효산(殽山)과 면수(澠水)의 좁은 곳 사이에 두었을 것입니다. 또 군대의 일은 신묘함과 은밀함을 중시하니, 장군은 어찌하여 오른쪽으로 가서 남전(藍田)으로 달려가 무관(武關)을 나와 낙양(洛陽)으로 가지 않습니까! 시간으로는 불과 1~2일이 차이 나지만 곧바로 무기고(武器庫)로 들어가면 반란 제후왕들이 이것을 듣고 장군이 하늘에서 내려왔다고 여길 것입니다."

하였다. 태위(太尉 : 주아부)가 그의 계책과 같이하여 낙양에 이르러 기뻐하며 말하기를,

"내가 이제 형양을 점거하였으니, 형양 동쪽은 근심할 것이 없다."

하고, 사자를 시켜 효산과 면수 사이를 수색하게 하였는데, 과연 오나라의 복병을 잡아내었다.

○ 【周亞夫破吳楚兵】

周亞夫破吳楚兵

吳攻梁急이어늘 上使告條侯救梁이나 亞夫不奉詔하여 堅壁不出하고 使弓高侯等將輕騎兵出淮泗口하여 絶吳楚兵後하고 塞其饟道하다 吳糧絶卒飢하여 數挑戰하되 終不出하다 條侯軍中夜驚하여 內相攻擊하여 擾亂至帳下로되 亞夫堅臥不起러니 頃之에 復定하다 吳犇壁東南陬어늘 亞夫使備西北이러니 已而其精兵果犇西北이나 不得入이라 吳楚士卒多飢死叛散하여 乃引去어늘 亞夫出精兵追擊하여 大破之하다 吳王棄軍하여 與壯士數千人夜亡走하고 楚王自殺하다

【주아부가 오나라와 초나라 군대를 격파하다】

오나라가 양나라를 맹렬히 공격하자, 경제는 사신을 보내 조후(條侯 : 周亞夫)에게 고하여 양나라를 구원하게 하였으나 주아부가 조서를 받들지 않고 성벽을 굳게 지키며 출전하지 않았다. 궁고후(弓高侯) 등에게 경무장한 기병을 인솔하여 회수(淮水)와 사수(泗水)의 어귀로 나가 오나라와 초나라의 군대의 후미를 차단하고 식량 수송로를 막게 하였다. 오나라가 양식이 떨어져 군사들이 굶주려서 여러 번 도전하였으나 주아부는 끝내 출전하지 않았다.

조후의 군중이 밤에 놀라서 안에서 서로 공격하여 소란 사태가 조후 장막 아래까지 이르렀으나 주아부는 꼼짝 않고 누워 일어나지 않았는데, 잠시 후 다시 진정되었다.

오나라 군대가 성벽 동남쪽 모퉁이를 달려오자, 주아부는 서북쪽을 대비하게 하였는데, 얼마 후에 오나라의 정예 병사들이 과연 서북쪽으로 달려왔으나 들어갈 수가 없었다. 오나라와 초나라의 사졸들이 대부분 굶어 죽고 배반하여 흩어져, 마침내 군대를 이끌고 떠나가자, 주아부가 정예병을 보내 추격해서 크게 격파하였다. 오왕은 군대를 버리고 장사 수 천 명과 함께 밤에 달아났고, 초왕은 자살하였다.

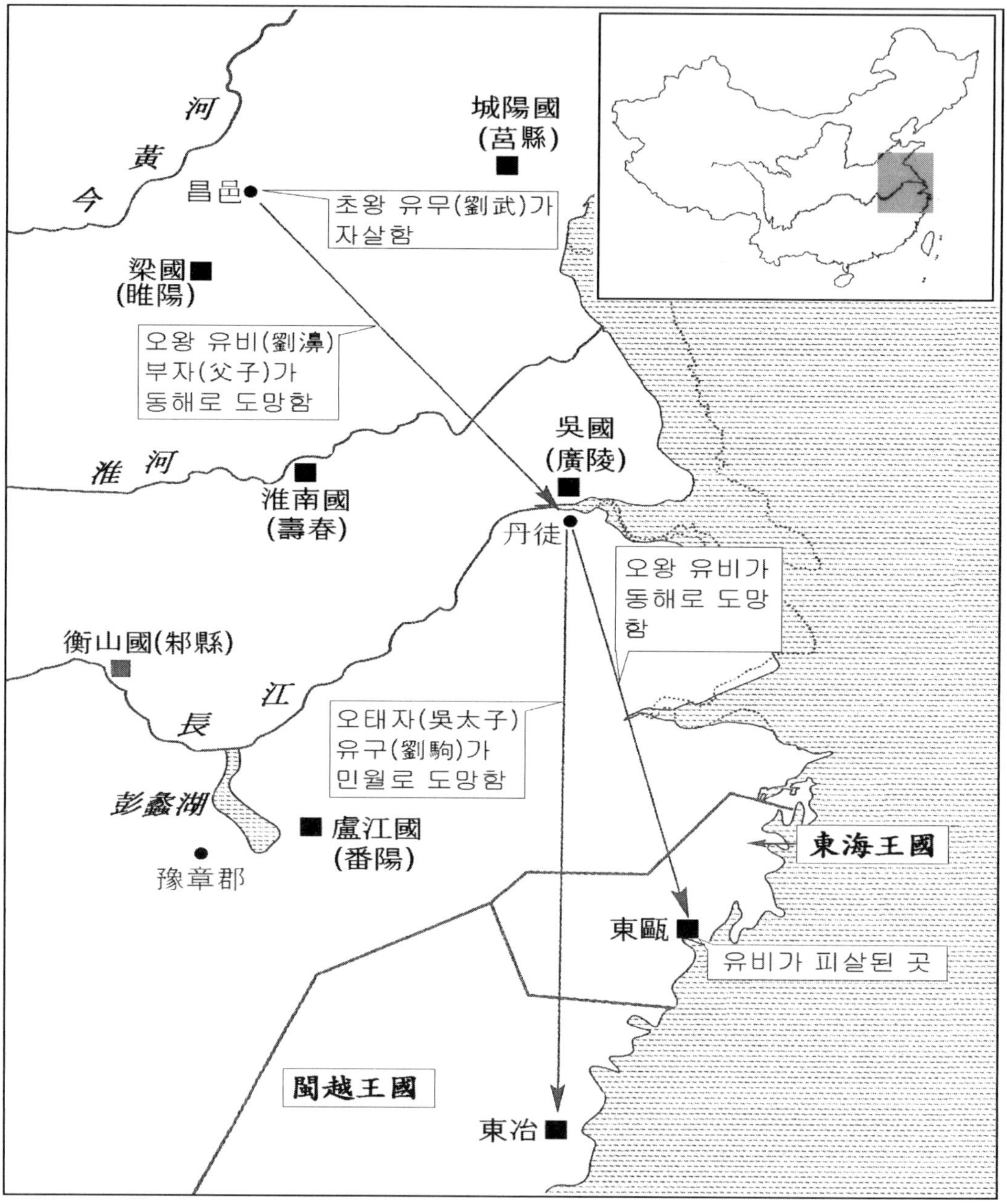

〈지도 03〉 칠국(七國) 반란이 평정됨 (B.C.154년 2월~3월)

○ 【七國平】

七國平　吳王度淮하여 走丹徒하여 保東越이러니 東越殺之하다 齊王飮藥自

殺하고 膠西王自殺하고 膠東菑川濟南王皆伏誅하다

【칠국이 평정되다】

오왕이 회수를 건너서 단도현(丹徒縣)으로 달아나서 동월(東越 : 종족 이름)에 의지하여 목숨을 보존하려고 하였는데, 동월이 그를 죽였다.

제왕은 독약을 마시고 자살하였고 교서왕도 자살하였으며, 교동왕·치천왕·제남왕도 모두 죄를 받고 죽었다.

【신묘(辛卯 B.C.150) 경제(景帝) 7년】

○ 【劉徹爲皇太子】

劉徹爲皇太子

十一月에 廢太子榮爲臨江王하다 四月에 立膠東王徹爲皇太子하다

【유철이 황태자가 되다】

11월에 태자(太子) 유영(劉榮)을 폐하여 임강왕(臨江王)으로 삼았다. 4월에 교동왕(膠東王) 유철(劉徹)을 세워서 황태자(皇太子)로 삼았다.

【정유(丁酉 B.C.144) 경제(景帝) 중(中) 6년】

○ 【更減笞法定箠令】

更減笞法定箠令

上旣減笞法하되 笞者猶不全이어늘 乃更減笞三百曰二百이요 笞二百曰一百하다 又定箠令하니 自是笞者得全이나 然死刑旣重而生刑又輕하니 民易犯之하다

【다시 태형을 줄여 매질하는 법령을 정하다】

경제가 이미 태형(笞刑)의 법을 줄였으나 태형을 당한 자가 그래도 몸이 온전하지 못하였다.[10] 이에 다시 태형 300대를 200대로 줄이고 태형 200대를 100대로 줄였다.

또 매질하는 법령을 정하니 이로부터 태형을 당한 자가 생명을 보전하게 되었다. 그러나 사형은 무겁고 생형(生刑 : 사형 이외의 형벌)은 가벼워서 백성들이 쉽게 죄를 저질렀다.

【무술(戊戌 B.C.143) 경제(景帝) 후(後) 원년】

○ 【直不疑償金】

直不疑償金 直不疑爲御史大夫하다 初에 不疑爲郎에 同舍有告歸하여 誤持其同舍郎金去러니 已而同舍郎覺亡하고 意不疑어늘 不疑謝有之하고 買金償이러니 後告歸者至而歸金이어늘 亡金郎大慙이라 以此稱爲長者하다

【직불의가 금을 보상하다】

직불의(直不疑)가 어사대부(御史大夫)가 되었다. 과거에 직불의가 낭관(郎官)이었을 적에 같은 방에 있던 어떤 낭관이 휴가를 받아 돌아가면서 잘못하여 같은 방에 있던 다른 낭관의 금을 가지고 가버렸다. 얼마 후에 같은 방에 있던 낭관이 금이 없어진 것을 알고서는 직불의를 의심하자, 직불의가 자기가 가져갔다고 사죄하고 금을 사서 보상하였다. 뒤에 휴가를 받고 돌아갔던 자가 와서 금을 돌려주니, 금을 잃었던 낭관이 크게 부끄러워하였다. 이 때문에 직불의는 장자(長者 : 도덕자)라고 일컬어졌다.

○ 【周亞夫歐血而死】

周亞夫歐血而死 帝召周亞夫賜食한대 獨置大胾하고 無切肉하며 又不置箸하니 亞

10) 몸이 온전하지 못하였다 : 매를 맞아 불구자가 되거나 혹은 죽음에 이르게 됨을 말한다.

夫心不平하여 顧謂尙席取箸어늘 上視而笑曰 此非不足君所乎아 하니 亞夫免冠謝上한대 上曰 起하라하다 亞夫因趨出하니 上目送之曰 此鞅鞅非少主臣也라하다 居無何에 亞夫子爲父買工官尙方甲楯可葬者하다 爲人所告하여 事連汙亞夫하고 召詣廷尉하여 不食五日이라가 歐血而死하다

【주아부가 피를 토하고 죽다】

경제가 주아부를 불러 음식을 내렸는데 크게 썬 고깃덩어리만 놓아두고 얇게 썬 고기는 두지 않았으며 젓가락도 놓지 않았다. 주아부는 기분이 상하여 상석(尙席 : 연회석 담당자)을 돌아보고 젓가락을 가져오라고 하였다. 경제가 보고 웃으면서 말하기를,

"이것이 그대 뜻에 만족스럽지 않소?"

하니, 주아부가 관을 벗고 경제에게 사죄하자 경제가 말하기를,

"일어나시오!"

하였다. 주아부가 이어서 종종걸음으로 나가니, 경제가 눈으로 주아부를 전송하며 말하기를,

"이 사람은 불만을 갖고 있어서 소주(少主 : 장래ㅔ 새 임금이 될 내 아들)의 신하는 아니다."

하였다. 오래되지 않아서 뒤에 주아부의 아들이 아버지를 위해서 공관(工官 : 기물 제작 관청)과 상방(尙方 : 황실 무기 제작 관청)에서 부장품으로 묻을 수 있는 갑옷 등과 방패를 구입하였다. 이 때문에 사람들에게 고발을 당하였는데 이 일에 주아부가 연루되었다. 주아부는 정위에게 불려가서 5일 동안 먹지 않다가 피를 토하고 죽었다.

【경자(庚子 B.C.141) 경제(景帝) 후(後) 3년】

○ 【劉徹年十六卽位】

劉徹年十六卽位

春正月에 帝崩하고 太子卽皇帝位하니 年十六하다

【유철이 나이 16세에 즉위하다】

봄 정월에 경제가 죽고 태자가 황제의 지위에 오르니, 나이가 16세였다.

○ 【物盛而衰 固其變】

物盛而衰 固其變

漢興에 接秦之弊하여 自天子不能具鈞駟하고 而將相或乘牛車하고 齊民無蓋藏이러니 天下已平에 高祖乃令賈人不得衣絲乘車하고 重租稅以困辱之러니 孝惠高后時에 爲天下初定이라하여 復弛商賈之律이라 然市井之子孫이 亦不得仕宦爲吏하고 量吏祿하고 度官用하여 以賦於民하고 而山川園池市井租稅之入을 自天子以至於封君湯沐邑히 皆各爲私奉養焉하여 不領於天下之經費하고 漕轉山東粟以給中都官하되 歲不過數十萬石이러라 繼以孝文孝景이 淸淨恭儉하여 安養天下하니 七十餘年之間에 國家無事하고 非遇水旱之災하여 民則人給家足하여 都鄙廩庾皆滿하고 而府庫餘貨財하여 京師之錢累巨萬이라 貫朽而不可校하고 太倉之粟陳陳相因하여 充溢露積於外하여 至腐敗不可食이요 衆庶街巷有馬하고 而阡陌之間成群하고 乘字牝者擯而不得聚會하고 守閭閻者食粱肉하고 爲吏者長子孫하고 居官者以爲姓號라 故人人自愛而重犯法하여 先行義而後詘辱焉이러라 當此之時하여 罔疏而民富하고 役財驕溢하여 或至兼幷하며 豪黨之徒은 以武斷於鄕曲하고 宗室有土와 公卿大夫以下는 爭於奢侈하여 室廬輿服僭于上하여 無限度하니 物盛而衰은 固其變也라 自是之後로 孝武內窮侈靡하고

外攘夷狄하니 天下蕭然하고 財力耗矣하다

【사물이 번성하면 쇠하는 것은 본래 변화의 이치이다】

한(漢)나라가 일어날 적에 진(秦)나라의 피폐함을 이어서 천자도 같은 색깔로 된 네 필의 말이 끄는 수레를 갖추지 못하였고, 장수와 정승이 혹 소가 끄는 수레를 탔으며, 평민들은 덮어 보관할 만한 물건이 없었다. 천하가 평정되고 나자, 고조(高祖)가 마침내 상인들이 비단옷을 입거나 수레를 타지 못하게 하였고, 조세를 무겁게 하여 곤욕스럽게 하였는데, 혜제(惠帝)와 고후(高后) 때에는 천하가 처음으로 평정되었다고 하여, 다시 상인들을 제재하는 법률[11]을 풀어주었다. 그러나 시정(市井 : 상인)의 자손이 또한 벼슬하여 관리가 될 수는 없었으며 관리의 녹봉을 헤아리고 관청의 비용을 짐작하여 백성들에게 세금을 거두었다. 산천과 원지(園池)와 시정에 대한 조세의 수입을 천자로부터 봉군(封君 : 제후)의 탕목읍(湯沐邑)에 이르기까지 모두 각각 개인의 비용으로 사용하게 하여 국가의 경비에 넣지 않았기 때문에 산동(山東)의 곡식을 조운하고 수송하여 중도관(中都官 : 서울 관청)에 공급하였으나 1년에 수십만 석(石)에 지나지 않았다.

뒤이어 문제(文帝)와 경제(景帝)가 청정하고 공손하며 검소하여 천하를 편안히 양육하니 70여 년 동안 국가가 무사하고 수재와 한재를 만나지 않아, 백성들은 사람마다 넉넉하고 집집마다 풍족하여 도시와 시골에 곳간이 모두 가득차고 창고에 재화가 남아서 서울의 돈이 몇 만이었다. 그리하여 돈꿰미가 썩어서 돈이 얼마인지를 따질 수가 없고, 태창(太倉 : 국가 창고)의 곡식이 묵고 묵어 서로 겹겹이 쌓여서 창고가 가득차고 넘쳐 밖에 노적을 쌓아 놓으니 곡식이 썩어 먹을 수 없을 정도였다. 여러 서민들이 거주하는 길거리에 말이 있고, 밭과 들 사이에 말이 무리를 이루고, 새끼 딸린 암말을 탄 자는 물리쳐 모임에 모이지 못하게 하였다. 마을 문을 지키는 자는 기장과 고기를 먹고, 관리가 된 자는 자손이 장성할 때까지 근무하였고, 관직에 있는 자는 관명을 성(姓)의 칭호로 삼았다. 이 때문에 사람마다 자기 몸을 아껴서 법을 범하는 것을 엄중하게 여겨 자신이 의(義)를 행함을 우선으로 여기고 남에게 굴욕을 보이는 것을 뒤로 하였다.

---

11) 상인들을 제재하는 법률 : 상인들에게 비단옷을 입거나 수레를 타던 것을 금지한 법률이다.

이 때를 당하여 법망이 엉성하고 백성들이 부유하여 재물을 쓰는 것이 교만하고 지나쳐서 혹은 토지를 겸병(兼倂)함에 이르렀으며, 세력 있는 무리들이 마을에서 무력을 사용하여 위세를 부리고, 토지를 소유한 종실과 공경·대부 이하들이 다투어 사치를 일삼아서 집과 수레와 의복을 황제만큼 분수에 넘치게 사용하여 한도가 없었으니, 사물이 번성하면 쇠하는 것은 본래 변화의 이치이다. 이로부터 이후로 무제(武帝)가 안으로 사치와 화려함을 지극히 하고 밖으로는 오랑캐를 물리치다 보니, 천하가 소란해지고 재력이 소모되었다.

통감절요증손교주(通鑑節要增損校註) 9권

한기(漢紀)

▪ 세종효무황제(世宗孝武皇帝) 상(上)

在位五十四年이요 壽七十이라

재위 54년이고, 수명은 70세이다.

名徹이요 景帝之子라

征伐四夷하여 海內虛耗하니 末年에 不免輪臺之悔라 如武帝之雄才大略으로 使其不改文景之恭儉하여 以濟斯民이면 雖詩書所稱이라도 何以加焉이리오

이름이 철(徹)이고 경제(景帝)의 아들이다.

사방 오랑캐를 정벌하여 천하가 피폐되어 말년에 윤대조(輪臺詔)의 뉘우침[1]을 면하지 못하였다. 만일 무제의 웅대한 재주와 큰 도략으로 문제(文帝)·경제(景帝)의 공손함과 검소함을 바꾸지 않아서 백성들을 구제하였다면 비록 ≪시경(詩經)≫·≪서경(書經)≫에서 칭찬한 현군이라도 어찌 이보다 낫겠는가?[2]

---

1) 윤대조(輪臺詔)의 뉘우침 : 무제가 윤대를 버리고 전쟁을 하지 않겠다고 내린 참회 조서. 윤대는 전쟁으로 얻은 서역 땅인데 무제 말년에 국력을 소모한 것을 뉘우쳐 윤대를 버리고 아울러 자기에게 죄가 있다고 한 조서를 내렸는바, 이를 '輪臺詔' 또는 '윤대죄기조(輪臺罪己詔)'라고 한다. '輪臺'는 '侖頭'로도 쓴다.

2) 만일 무제의 웅대한 재주와…어찌 이보다 낫겠는가? : 웅대한 재주와 큰 도략을 아름다워하면서 공손과 검소하지 않음을 비난한 논평이다.

【신축(辛丑 B.C.140) 건원(建元)[3] 원년】

○ 【學賢良方正】

學賢良方正 冬十月에 詔學賢良方正直言極諫之士할새 上親策問以古今治道하다

【현량방정의 선비를 뽑다】

겨울 10월에 조서를 내려 현량(賢良)과 방정(方正)으로 곧게 말하고 극진하게 간언하는 선비를 뽑게 하였는데, 효무황제가 친히 시험문제를 고금(古今)의 치적(治積)의 도리를 물었다.

○ 【董仲舒對策】

董仲舒對策 廣川董仲舒對曰 臣觀天人相與之際하니 甚可畏也니이다 自非大亡道之世면 天盡欲扶持全安之하나니 事在彊勉而已니이다 彊勉學問하면 則聞見博而知益明하고 彊勉行道면 則德日起而大有功하리이다 道者는 所繇適於治之路也니 仁義禮樂皆其具也니이다 故聖王已沒이나 而子孫長久하여 安寧數百歲하니 此皆禮樂教化之功也니이다

夫周道衰於幽厲은 非道亡也라 幽厲不繇也니 至於宣王하여 思昔先王之德하여 興滯補敝하여 明文武之功業하니 周道粲然復興하나니 此夙夜不懈行善之所致也니이다

正心以正朝廷 爲人君者는 正心以正朝廷하고 正朝廷以正百官하며 正百官以正

---

3) 건원(建元) : 처음 생긴 연호(年號)임. 실제 연호의 기원은 원정(元鼎 : B.C.116년)에서 시작되었고 '元鼎' 이전의 '建元' 등 연호는 담당 관원이 추후에 명명(命名)한 것이라고 한다.

萬民하고 正萬民以正四方하니이다 四方正이면 遠近莫敢不壹於正하여 而亡有邪氣奸其間者하리니 是以陰陽調而風雨時하며 羣生和而萬民殖하여 諸福之物과 可致之祥이 莫不畢至하여 而王道終矣리이다

【동중서의 대책문】

광천(廣川)출신 동중서(董仲舒)가 대책(對策)을 올려 말하기를,

"제가 하늘과 사람이 서로 함께 하는 때를 살펴보니, 매우 두려워 할 만합니다. 본디 도가 크게 없어지는 시대가 아니라면, 하늘은 극진히 도와서 안전케 하려 하니, 일은 노력에 달려 있을 뿐입니다. 힘써 학문하면 견문이 넓어져 지혜가 더욱 밝아지고, 힘써 도(道)를 시행하면 덕이 날마다 일어나 크게 공이 있게 됩니다. 도는 치적으로 말미암아 가는 길이니, 인(仁)·의(義)·예(禮)·악(樂)이 모두 그 도구입니다. 그러므로 성왕께서 이미 돌아가셨어도 〈그 치적의 효과로〉 자손이 장구하여 수백 년 동안 편안하였으니, 이는 예·악 교화의 공입니다.

주(周)나라 도가 유왕(幽王)과 여왕(厲王)에서 쇠퇴함은 도가 망한 것이 아니라, 유왕과 여왕이 도를 따르지 않아서입니다. 선왕(宣王) 때에 이르러 과거에 돌아가신 임금의 공덕을 생각하여 피폐한 것을 다시 일으키고 파괴된 것을 보수하여, 문왕(文王)과 무왕(武王)의 공적을 밝혔기에 주나라의 도가 찬란히 다시 일어났습니다. 이는 밤낮으로 게으르게 하지 않고 선정을 행한 결과입니다.

임금은 마음을 바르게 하여 조정을 바르게 하고, 조정을 바르게 하여 관원을 바르게 하며, 관원을 바르게 하여 모든 백성을 바르게 하고, 모든 백성을 바르게 하여 사방을 바르게 합니다. 사방이 바르게 되면, 멀고 가까운 이들이 감히 바른 것에 한결같지 않음이 없어, 사악한 기운이 그 사이에 침범하는 것이 없게 됩니다. 그러므로 음양이 고르고 비바람이 때에 맞으며, 모든 생물이 화합하고 온 백성이 번식되어, 여러 복된 사물과 이르게 할 수 있는 상서로움이 모두 이르지 않음이 없어 왕도가 잘 마무리될 것입니다.

今陛下貴爲天子하시고 富有四海하시며 居得致之位하사 操可致之勢하시고 又有能致之資하시며 行高而恩厚하시고 知明而意美하시며 愛民而好士하시니 可謂誼主矣로대 然而天地未應而美祥莫至者는 何也오 凡以敎化不立而萬民不正也일새니이다

教化爲大務 夫萬民之從利也는 如水之走下하니 不以敎化隄防之면 不能止也니 古之王者明於此라 故南面而治天下에 莫不以敎化爲大務하여 立太學以敎於國하고 設庠序以化於邑하여 漸民以仁하며 摩民以誼하며 節民以禮라 故其刑罰輕而禁不犯者은 敎化行而習俗美也니이다

지금 폐하께서는 존귀함으로는 천자이시고, 부유함으로는 사해(四海)를 소유하셨습니다. 〈상서로움을〉 이르게 할 수 있는 지위에 계시어, 이르게 할 수 있는 권세를 잡으시고, 또 이르게 할 수 있는 자질을 지니셨으며, 덕행이 고상하며 은혜가 두터우시며, 지혜가 밝으며 뜻이 아름다우시고, 백성을 사랑하며 선비를 좋아하시니, 의로운 임금이라고 말할 수 있습니다. 그런데도 천지가 호응하지 않고 길조가 이르지 않는 것은 어째서입니까? 모두 교화가 확립되지 못하고 온 백성이 바르지 못하기 때문입니다.

모든 백성이 이익을 따르는 것은 물이 아래로 흐르는 것과 같아, 교화로 막지 않으면 그치게 할 수 없습니다. 옛날의 왕자(王者)는 이것을 잘 알았으므로, 남면하여 천하를 다스림에는 교화로 큰 임무를 삼지 않음이 없어, 태학(太學 : 서울에 두었던 대학(大學))을 세워 서울에서 가르쳤고 상서(庠序 : 지방 학교)를 설치하여 읍에서 교화하여, 백성을 어짊으로 젖어들게 하고 백성을 의리로 면려시키며, 백성을 예의로 절도 있게 하였습니다. 그러므로 그 형벌이 가벼웠고 금지하면 저촉하지 않았던 것은 교화가 시행되고 습속이 아름다워서였습니다.

聖王之繼亂世也에 掃除其迹而悉去之하나니 竊譬之컨대 琴瑟不

調이 甚者必解而更張之라야 乃可鼓也니 爲政而不行이면 甚者必變而更化之라야 乃可理也니이다 故漢得天下以來로 常欲治而至今不可善治者은 失之於當更化而不更化也니이다

更化則善治

古人有言曰 臨淵羨魚는 不如退而結網이라하니 今臨政願治은 不如退而更化이니 更化則可善治요 善治則災害日去하고 福祿日來하리이다

臣聞聖王之治天下也에 爵祿以養其德하고 刑罰以威其惡이라 故民曉於禮義而恥犯其上하나니 武王行大誼하고 平殘賊하시며 周公作禮樂文之러시니 至於成康之隆하여 囹圄空虛四十餘年하니 此亦教化之漸而仁義之流也니이다

성왕이 난세를 계승하게 되어서는 그 자취를 없애 모조리 제거하였습니다. 가만히 비유해보면, 금슬(琴瑟)이 조율(調律)되지 않으면 심한 것은 반드시 풀었다가 고쳐 당겨야 연주할 수 있듯이, 정치를 하다가 시행되지 않으면 극심한 것은 반드시 고쳐 교화시켜야 다스릴 수 있습니다. 그러므로 한(漢)나라가 천하를 얻은 이후로 항상 다스리고자 했으나 오늘까지 잘 다스릴 수 없었던 것은, 마땅히 고쳐 교화해야 하는데 고쳐 교화하지 않은 잘못 때문입니다.

옛 사람이 말하기를, '연못에 가서 물고기를 잡으려고 생각만 하는 것은 물러나 그물을 엮는 것만 못하다.' 하였으니, 지금 정사에 임하여 다스려지기만 원하는 것은 물러나 고쳐 교화함만 못합니다. 고쳐 교화하면 잘 다스려질 수 있고, 잘 다스려지면 재해가 날로 사라지고 복록이 날로 올 것입니다.

신이 들으니 성왕은 천하를 다스릴 때에 벼슬과 녹봉으로 그 덕을 양성하고 형벌로 그 악을 위협하는데, 이 때문에 백성이 예절과 의리에 밝아져 윗사람의 권위를 범하는 것을 부끄러워한다고 합니다. 무왕이 큰 의리를 시행하고 해로운 적을 평정했고 주공(周公)이 예·악을 만들어 꾸미자, 성왕(成王)·강왕(康王)의 융성함에 이르러 감옥이 40년이나 비었다고 합니다. 이는

또한 교화가 젖어들고 인·의가 퍼져나갔기 때문입니다.

今陛下幷有天下로대 而功不加於百姓者은 殆王心未加焉이로소이다 曾子曰 尊其所聞이면 則高明矣요 行其所知면 則光大矣라 高明光大는 不在乎他요 在乎加之意而已라하시니 願陛下設誠於內而致行之하시면 則三王何異哉리잇고

夫不素養士而欲求賢이면 譬猶不琢玉而求文采也라 故養士之大者은 莫大乎太學이니 太學者은 賢士之所關也니이다 數考問以盡

得賢則堯舜可及

其材하시면 則英俊宜可得矣리이다 徧得天下之賢人이면 則三王之盛易爲며 而堯舜之名可及也리이다

지금 폐하께서 천하를 모두 소유하셨는데도 공이 백성에게 미치지 않는 것은 아마 왕자(王者)의 마음이 백성에게 미치지 않아서일 것입니다. 증자는 말하기를, '그 들은 바를 따르면 높으며 밝아지고, 그 아는 바를 시행하면 빛나며 커진다. 높고 밝음과 빛나고 큰 것은 다른 데 있지 않고 뜻을 더하는 데에 있을 따름이다.' 하였습니다. 원하오니 폐하께서 마음에 성실함을 두시고 행하는 데 이르신다면, 삼왕(三王)과 무엇이 다르겠습니까!

평소에 선비를 양성하지 않고서 어진 이를 구하려 한다면, 비유컨대 옥을 다듬지 아니하고서 광채를 바라는 것과 같습니다. 그러므로 선비를 양성하는 큰 방법 중에 태학을 세우는 일보다 큰 것이 없으니, 태학은 현명한 선비가 나오는 곳입니다. 자주 살펴 물으시어 그 재주를 다하게 하면, 영특한 준걸을 얻을 수 있을 것입니다. 천하의 현명한 사람들을 두루 얻으면 삼왕의 성대함을 쉽게 이루게 되고, 요·순의 명예를 따라갈 수 있습니다.

道者는 萬世亡敝하니 敝者은 道之失也니이다 夏上忠하고 殷上敬하

道之大原出於天

고 周上文者은 所繼之捄當用此也니이다 道之大原出於天하니 天

三聖相受守一道 不變이면 道亦不變하나니 是以禹繼舜하시고 舜繼堯하사 三聖相受而守一道하여 亡捄敝之政이니이다 故不言其所損益也니 繇是觀之컨대 繼治世者其道同하고 繼亂世者其道變하나니이다 今漢繼大亂之後하여 若宜少損周之文致하고 用夏之忠者이니이다

春秋大一統 春秋大一統者은 天地之常經이요 古今之通誼也니이다 今師異道하고 人異論하고 百家殊方하여 指意不同하니 是以上無以持一統이니이다 臣愚以爲諸不在六藝之科孔子之術者는 皆絶其道하여 勿使並進하고 然後統紀可一而法度可明하여 民知所從矣리이다하다

도(道)는 만대(萬代)에 폐단이 없으니, 폐단은 도를 그르친 것입니다. 하(夏)나라가 성실함〔忠〕을 숭상하였고, 은(殷)나라가 경건함〔敬〕을 숭상하였고, 주(周)나라가 꾸밈〔文〕을 숭상하였던 것은, 이어받은 것을 바로잡아 마땅히 이를 사용해야 했던 것입니다. 도의 큰 근원은 하늘에서 나오는 것이니 하늘이 변하지 않으면 도 역시 변하지 않습니다. 그러므로 우왕(禹王)은 순제(舜帝)를 잇고, 순제는 요제(堯帝)를 이어, 세 명 성인(聖人)이 서로 전해 받아 한결같은 도리를 지켜서, 정치에 바로잡아야 할 폐단이 없었습니다. 그러므로 그 〈앞 시대의 도에서〉 줄거나 늘어난 것을 말하지 않았습니다. 이로 말미암아 살펴보면 잘 다스려진 세상을 계승한 자는 그 도가 같았고, 어지러운 세상을 계승한 자는 그 도가 변하였습니다. 지금 한나라는 크게 어지러운 세상을 이어받았습니다. 마땅히 주나라의 지극한 꾸밈을 조금 줄이고, 하나라의 성실함을 써야 할 것입니다.

≪춘추(春秋)≫의 '대일통(大一統 : 천자에게 하나로 크게 통합된 것)'이란 말은 하늘과 땅의 떳떳한 법이고, 고금의 통하는 의리입니다. 지금에 스승들은 도가 다르고 사람들은 주장이 다르며 백가는 학설이 달라 취지가 같지 않습니다. 그러므로 임금은 통일을 유지하지 못합니다.

저는 생각건대 육예(六藝 : 육경(六經))와 공자(孔子)의 학술에 들지 않는 여러 가지는 모두 그 도를 끊어 아울러 나아가지 못하게 한 뒤에야, 도통과

기강이 하나로 될 수 있고 법도가 밝아질 수 있어 백성들이 따를 것을 알게 될 것입니다."

하였다.

○ 【董仲舒爲江都相】

董仲舒爲江都相

及爲江都相하여 事易王하니 王帝兄이라 素驕하고 好勇이러니 仲舒以禮匡正하니 王敬重焉하다 久之에 王問仲舒曰 粤王句踐與大夫泄庸種蠡伐吳하여 滅之라하니 寡人以爲越有三仁이라한대 仲舒對曰 粤本無一仁이니이다 夫仁人者는 正其誼不謀其利하며 明其道不計其功하나니 是以仲尼之門에 五尺之童羞稱五伯은 爲其先詐力而後仁義也니이다 苟爲詐而已라 故不足稱於大君子之門也니이다 五伯比於他諸侯爲賢이나 其比三王이면 猶武夫之與美玉也니이다하니 王曰 善타하다

正誼明道二條最有功於學者仲舒識得本原

【동중서가 강도의 재상이 되다】

<동중서가> 강도의 재상이 되어서는 역왕(易王)을 섬겼다. 역왕은 무제(武帝)의 형이었는데, 평소 교만하고 용맹함을 좋아하였다. 동중서가 예절로 바로잡으니, 역왕은 그를 존경하고 중시하였다.

오랜 뒤에 역왕이 동중서에게

"월왕(粵王) 구천(句踐)이 대부(大夫)인 설용(泄庸)·종(種)·범려(范蠡)와 함께 오(吳)나라를 쳐서 멸망시켰소. 나는 '월나라에 세 명의 어진 이가 있다'고 생각하오."

라고 물으니, 동중서는 대답하기를,

"월나라에는 본래 한 사람의 어진 이도 없습니다. 어진 사람은 그 의리를 바로 하고 그 이익을 도모하지 않으며, 그 도를 밝히고 그 공을 헤아리지 않습니다. 그러므로 공자의 문하에서는 오척 동자라도 오패(五霸)를 일컫기

를 부끄러워하였으니, 그 속임과 무력을 우선시하고 인과 의를 뒤로 했기 때문입니다. 진실로 속임수일 뿐이므로 대군자(大君子 : 공자)의 문하에서 일컬을 것이 못됩니다. 오패는 다른 제후들에게 견주면 현명하지만, 삼왕에게 견주면 무부(武夫 : 옥 비슷한 돌)를 아름다운 옥에 대하는 것과 같습니다."

하니, 역왕이 말하기를,

"훌륭하오!"

하였다.

○【武帝雅向儒術 竇嬰田蚡好儒】

武帝雅向儒術竇嬰田蚡好儒 上雅向儒術하고 丞相竇嬰太尉田蚡이 俱好儒術하여 推轂趙綰爲御史大夫하고 王臧爲郎中令하다 綰請立明堂以朝諸侯하고 且薦其師申公하니 天子使使束帛加璧安車駟馬以迎申公이라 既至에

爲治不在多言 天子問治亂之事하니 申公年八十餘라 對曰 爲治者不在多言이요 顧力行何如耳니이다하다 是時에 天子方好文詞러니 見申公對하고 默然이나 然已招致하니 則以爲太中大夫하여 舍魯邸하고 議明堂巡狩改歷服色事하다

【무제가 평소 유학을 숭상하고 두영과 전분이 유학을 좋아하다】

무제가 평소 유학을 숭상하였고, 승상 두영(竇嬰)과 태위 전분(田蚡)이 모두 유학을 좋아하여 조관(趙綰)을 추천하여 어사대부(御史大夫)로 삼고, 왕장(王臧)을 낭중령(郎中令)으로 삼았다.

조관이 명당(明堂 : 왕자의 당)을 세워 제후들에게 조회받을 것을 요청하고, 또 그의 선생 노(魯)나라 신공(申公)을 추천하자, 무제는 사신을 보내 묶은 비단에 구슬을 더하고 네 마리 말이 끄는 안거(安車 : 앉아 타는 편안한 수레)로 신공을 맞이하였다. 도착하여 무제는 잘 다스려짐과 어지러워짐의 일을 물으니, 나이 80여 세인 신공이 대답하기를,

"치적을 이루는 것은 말이 많은 데에 있지 않고, 힘써 어떻게 실행할까를 생각할 뿐입니다!"

하였다. 이때 무제는 한창 문학을 좋아하였는데, 신공의 대답을 듣고 잠자코 있었다. 그러나 이미 불렀는지라 그를 태중대부(太中大夫)로 삼아 노저(魯邸 : 노나라 연락사무소)에 머물게 하고, 명당에 관한 일, 순수(巡狩)에 관한 일, 역법(歷法) 개정에 관한 일, 복색에 관한 일을 의논케 하였다.

【임인(壬寅 B.C.139) 건원(建元) 2년】

○【竇太后好黃老言 不悅儒術】

竇太后好黃老言 不悅儒術

太皇竇太后好黃老言하고 不悅儒術하니 趙綰王臧以文學獲罪하다 竇太后以爲儒者文多質少어늘 今萬石君家不言而躬行이라하고 乃以其長子建爲郎中令하고 少子慶爲內史하다

【두태후가 황제와 노자의 말을 좋아하고 유학을 좋아하지 않다】

태황 두태후(太皇竇太后)가 황제(黃帝)와 노자(老子)의 말을 좋아하고 유학을 좋아하지 않으니, 조관과 왕장이 글 짓는 일로 인하여 죄를 얻었다. 두태후는

"유학자는 꾸밈만 많고 질박함이 적은데, 지금 만석군(萬石君 : 석분(石奮))의 집안은 말하지 않고 몸소 실행한다."

라고 하고, 마침내 석분의 맏아들 석건(石建)을 낭중령으로 삼고, 작은 아들 석경(石慶)을 내사(內史)로 삼았다.

【계묘(癸卯 B.C.138) 건원(建元) 3년】

○【司馬相如以辭賦得幸】

司馬相如以辭賦得幸

上自初卽位로 招選天下文學材智之士하여 待以不次之位하니 四

招選文學材智之士 上書自鬻

方上書言得失하여 自眩鬻者以千數러라 上簡拔其俊異者寵用之하니 莊助最先進하고 後又得吳人朱買臣趙人吾丘壽王蜀人司馬相如平原東方朔吳人枚皐濟南終軍等하여 並在左右하여 每令與大臣辨論하여 中外相應以義理之文하니 大臣數屈焉이라 然相如特以辭賦得幸하고 朔皐不根持論하고 好詼諧하니 上以俳優畜之하여 雖數賞賜나 終不任以事也하고 朔亦觀上顔色하며 時時直諫하니 有所補益하다

朔時時直諫

【사마상여가 사부로 총애를 얻다】

무제(武帝)가 즉위 초부터 천하의 문학과 재지(材智)가 뛰어난 선비를 불러 뽑아 파격적으로 특별 대우하니, 사방에서 글을 올려 득실을 말하며 자신을 파는 자가 천 명으로 헤아렸다. 무제는 그 중 준수하고 특이한 자를 선발하여 총애하고 등용하였다. 장조(莊祖)를 가장 먼저 등용하였고 뒤에 또 오(吳) 지역 출신 주매신(朱買臣), 조(趙) 지역 출신 오구수왕(吾丘壽王), 촉(蜀) 지역 출신 사마상여(司馬相如), 평원(平原) 지역 출신 동방삭(東方朔), 오 지역 출신 매고(枚皐), 제남(濟南) 지역 출신 종군(終軍) 등을 얻어, 모두 자신의 측근에 두었다. 늘 대신(大臣)들과 함께 논변케 하여 안팎이 의리의 글로 서로 토론하였는데 대신들이 자주 꿀렸다. 그러나 사마상여는 다만 사부(辭賦)로 총애를 얻고, 동방삭과 매고는 지론이 근거가 없었고 해학을 좋아하였다. 무제가 그들을 배우쯤으로 대우하여 비록 자주 상을 주었으나, 끝내 일을 맡기지는 않았다. 동방삭은 또한 무제의 안색을 살피며 수시로 바르게 간언하니, 도움 되는 바가 있었다.

【을사(乙巳 B.C.136) 건원(建元) 5년】

○ 【五經博士】

五經博士

置五經博士하다

【오경박사】

오경박사(五經博士)[4]를 두었다.

【병오(丙午 B.C.135) 건원(建元) 6년】

○ 【田蚡專權】

田蚡專權 武安侯田蚡爲丞相하니 蚡驕侈하여 治宅甲諸第하여 田園極膏腴하고 市買郡縣物하여 相屬於道하며 多受四方賂遺하니 其家金玉婦女狗馬聲樂玩好을 不可勝數러라 每入奏事에 坐語移日하고 所言皆聽하여 薦人或起家至二千石하니 權移主上이라 上乃曰 君除吏已盡未아 吾亦欲除吏하노라하다 嘗請考工地益宅이어늘 上怒曰 君何不遂取武庫오하니 是後乃稍退하다

權移主上

武帝亦欲除吏

【전분이 정권을 독점하다】

무안후 전분(田蚡)이 승상(丞相)이 되었는데, 전분은 교만하고 사치하여 집을 치장하는 데에 여러 저택 중에서 으뜸이었다. 전원이 매우 윤택하고, 군과 현에 사오는 물건들이 길에 서로 이어졌으며, 사방에서 뇌물을 받은 것이 많았다. 그 집의 금·옥·미녀·개·말·가수·무용수·애완물을 이루 다 셀 수 없었다.

궁중에 들어가 일을 아뢸 적마다 앉아서 말하면 해가 기울었고, 말하는 것은 무제가 모두 들어 주었다. 사람을 추천하면 혹 그 집안을 일으켜 2천 석에 이르게 해주니, 권력이 황제에게서 옮겨갔다. 무제가 마침내 말하기를,

"그대는 관리를 임명하기를 이미 다 했소? 나 또한 관리를 임명하고자 하오!"

---

4) 오경박사(五經博士) : ≪시경≫·≪서경≫·≪역경≫·≪예기≫·≪춘추≫의 박사. 오경을 모두 전공하는 것이 아니라, 오경 중에 일경(一經)을 전공하는 박사이다. 박사는 관직 이름이다.

하였다. 고공(考工 : 관청 이름)의 땅에다 저택을 넓혀서 짓겠다고 요청한 적이 있었는데, 무제가 노하여 말하기를,

"그대는 어찌하여 무기고까지 차지하지 않느냐?"

하였다. 이 뒤로 마침내 조금 주춤하였다.

○【汲黯矯制賑民】

汲黯矯制賑民 東海太守汲黯爲主爵都尉하다 始에 黯爲謁者하여 以嚴見憚이러니
汲黯以嚴見憚 河內失火하여 延燒千餘家어늘 上使黯往視之한대 還하여 報曰 家人失火하여 屋比延燒은 不足憂也이니이다 臣過河南할새 貧人傷水旱萬餘家하여 或父子相食이라 謹以便宜으로 持節發倉粟以賑貧
汲黯開倉 民하니 請歸節하고 伏矯制之罪하노이다하니 上賢而釋之하다 其在東海에 治官理民을 好淸靜하여 其治務在無爲하고 引大體하여 不拘文法하다

【급암이 조서를 가탁하여 백성들을 구휼하다】

동해 태수(東海太守) 급암이 주작도위(主爵都尉)가 되었다. 처음에 급암이 알자(謁者)가 되어서는 엄격했기 때문에 존경과 두려움의 대상이 되었다. 하내에 불이 나서 천여 집을 연달아 태우자, 무제가 급암을 시켜서 가서 시찰케 하였는데 돌아와 보고하기를,

"민가에 불이 나서 즐비한 집들이 연달아 탄 것은 근심할 것이 못됩니다. 신이 하남(河南)을 지나는데, 가난한 사람들이 홍수·가뭄에 만여 집이나 재해를 입어, 아버지와 아들이 서로 잡아먹기도 합니다. 황공하오나 제가 급한 대로 부절을 가지고 창고의 곡식을 풀어 가난한 백성을 구휼하였으니, 부절을 반납하고 황제 명령을 가탁(假託)한 죄를 받겠습니다."

하였는데, 무제가 현명하게 여겨 그를 풀어주었다.

급암이 동해에 있으면서 관청을 다스리고 백성을 다스리는 데에는 청정(淸

靜)을 좋아하여, 다스릴 때 무위자연(無爲自然 : 조작하지 않음)을 따르는 데에 힘썼고, 대체(大體 : 원칙)로 이끌어 법조문에 구애받지 않았다.

○ 【汲黯社稷臣】

汲黯社稷臣 黯爲人이 性倨少禮하고 面折하여 不能容人之過러라 時天子方招文學儒者할새 上曰 吾欲云云하노라하니 黯對曰 陛下內多欲而外

外施仁義 施仁義하시니 奈何欲效唐虞之治乎잇가하다 上默然이라가 怒하여 變色而罷朝하니 公卿皆爲黯懼러라 上退하여 謂左右曰 甚矣汲黯之

汲黯之戇 戇也여하다 羣臣或數黯한대 黯曰 天子置公卿輔弼之臣하시니 寧令從諛承意하여 陷主於不義乎아 且已在其位하니 縱愛身이면 奈辱朝廷何오하다 黯多病이라 莊助爲請告한대 上曰 汲黯何如人哉오하니 助曰 使黯任職居官이면 無以踰人이어니와 然至其輔少主하며 守成深堅하여는 招之不來요 麾之不去하여 雖自謂賁育亦不能奪之矣리이다하다 上曰 然하다 古有社稷之臣이러니 至如黯하여는 近之矣로다하다

【급암은 사직을 유지하는 신하】

급암의 사람됨은 성품이 오만하고 예의를 잘 차리지 않았으며, 면전에서 모욕하고 남의 과실을 용서하지 않았다. 당시 무제가 한창 문학가와 유학자들을 부르고 있었다. 무제가 말하기를,

"내가 이리 이리 하고자 한다."

하니, 급암이 대답하기를,

"폐하께서는 속으로는 욕심이 많으시면서 겉으로만 인의를 베푸시니, 무엇으로 당·우(唐虞 : 요순(堯舜))의 치적을 본받으려 하십니까?"

하였다. 무제가 말없이 있다가 노하여 안색이 변해 조회를 끝내자 공·경들이

모두 급암을 위하여 걱정하였다. 무제가 물러나 측근에게 말하기를,

"심하도다. 급암의 고집불통이여!"

하였다. 여러 신하들이 혹 급암을 꾸짖자 급암이 말하기를,

"천자께서 공과 경 등의 보필하는 신하를 두었으니 어찌 천자를 따라 아첨하며 뜻을 받들기만 하여 임금을 불의에 빠지도록 하겠소! 또 내가 이미 그러한 자리에 있으니, 만일 몸을 아낀다면 어찌 조정을 더럽힐 일을 하겠소!"

하였다. 급암은 병이 많았다. 장조(莊助)가 급암을 위하여 휴가를 청했는데 무제가 말하기를,

"급암은 어떠한 사람이오?"

하니, 장조가 말하기를,

"급암에게 직책을 맡겨 관직에 있도록 하면 남보다 낫지는 않겠으나, 젊은 임금을 보좌하며 성공을 지켜나가는 데에 있어서는 매우 굳건하여 불러도 오지 않고 내쳐도 가지 않아, 비록 스스로 맹분(孟賁)과 하육(夏育) 같은 용사(勇士)라고 할지라도, 또한 그를 탈취할 수 없을 것입니다."

하였다. 무제가 말하기를,

"그렇소. 옛날에 사직(社稷)을 유지하는 신하가 있었는데, 급암과 같은 이는 그것에 가깝소이다!"

하였다.

【정미(丁未 B.C.134) 원광(元光) 원년】

○ 【初令郡國學孝廉】

初令郡國學孝廉 冬十一月에 初令郡國學孝廉各一人하니 從董仲舒之言也라

【처음으로 군국에 명령하여 효렴을 추천하게 하다】

겨울 11월에 처음으로 군국에 명하여 효렴(孝廉) 각 1명씩을 추천하게 하니,

동중서(董仲舒)의 말을 따른 것이었다.

【무신(戊申 B.C.133) 원광(元光) 2년】

○【遣方士求神仙】

遣方士求神仙 李少君以祠竈却老方見上한대 上尊之러니 少君言호대 祠竈則致物하고 而丹砂可化爲黃金하고 壽可益하고 蓬萊仙者可見하니 見之하여 以封禪則不死리이다하다 於是天子始親祠竈하고 遣方士入海求蓬萊安期生之屬하다 李少君病死한대 天子以爲化去하여 不死라하니 而海上燕齊怪迂之方士多更來言神仙事矣하다

【방사를 보내어 신선을 찾다】

이소군(李少君)이 부엌신(神)에 제사를 지내어 늙지 않는 방술로 무제(武帝)를 알현하자, 무제가 그를 떠받들었다. 이소군이 말하기를,

"부엌신에 제사를 지내면 귀신을 부릴 수 있고 단사(丹砂)를 변화시켜 황금으로 만들 수 있으며 수명도 늘릴 수 있고 봉래산(蓬萊山) 신선을 만날 수 있으니, 그를 만나고 봉선(封禪) 제사를 지내면 죽지 않습니다."

하였다. 이에 무제가 처음으로 친히 부엌신에 제사를 지내고, 방사(方士 : 도사)를 보내어 바다로 들어가 봉래산 안기생(安期生 : 신선 성명)의 무리를 찾게 하였다. 이소군이 병으로 죽었는데 천자는 신선으로 변하여 간 것이고 죽은 것이 아니라고 여기니, 바닷가 연(燕)과 제(齊) 지역의 괴이하고 오활한 방사들이 분분히 번갈아 와서 신선의 일을 말하였다.

○【聶壹請誘擊匈奴】

聶壹請誘擊匈奴 鴈門馬邑豪聶壹이 因大行王恢言호대 匈奴初和親하여 親信邊하니 可誘以利致之하여 伏兵襲擊하면 必破之道니이다하다 上召問公

卿한대 韓安國曰 臣聞高皇帝嘗圍於平城하여 七日不食이러시니 及解圍反位而無忿怒之心하시니 夫聖人以天下爲度者也요 不以己私怒傷天下之公이라 故遣劉敬結和親하사 至今爲五世利하니 臣竊以爲勿擊便하노이다하다 恢曰 不然이니이다 高帝身被堅執銳하여 行幾十年하시니 所以不報平城之怨者는 非力不能이요 所以休天下之心也니이다 今邊境數驚하고 士卒傷死하니 此仁人之所隱也라 故曰擊之便하노이다하니 上從恢議하다

王恢不主和親之議 武帝從之

【섭일이 흉노를 유인하여 칠 것을 청하다】

안문군(鴈門郡) 마읍현(馬邑縣)의 호걸 섭일(聶壹)이 대행(大行 : 관명) 왕회(王恢)를 통하여 말하기를,

"흉노가 처음으로 화친하여 변방 백성들과 친하고 믿는 마음이 있습니다. 그들을 이익으로 유인하여 이르게 할 수 있으니, 병력을 매복했다가 습격하면 반드시 격파할 수 있는 방법이 됩니다."

하였다. 무제가 공·경을 불러 물었는데, 한안국(韓安國)이 말하기를,

"신이 들으니 고제(高帝 : 유방(劉邦))께서는 일찍이 평성(平城)에서 흉노에게 포위되어 7일이나 밥을 먹지 못했는데, 포위가 풀려 도성에 돌아오셔서는 분한 마음이 없으셨다고 합니다. 성인(聖人)은 천하를 포용할 도량을 가진 분인지라, 자기의 사사로운 노여움 때문에 천하의 공정함을 해치지 않습니다. 그러므로 유경(劉敬)을 흉노에게 보내 화친을 맺어 오늘까지 5대(代) 동안 이로움이 있었습니다. 신이 속으로 생각해보니 공격하지 않는 것이 편하겠습니다."

하였다. 왕회가 말하기를,

"그렇지 않습니다. 고제께서는 몸소 견고한 갑옷을 입고 예리한 무기를 잡고서 행군(行軍)하시기를 거의 10년이나 하셨으나, 평성의 원망을 보복하지 않았던 까닭은 힘이 불가능해서가 아니라, 천하 사람들을 쉬게 하려는 마음 때문이었습니다. 지금 변경이 자주 놀라고 군졸은 다치고 죽고 있으니, 이

는 어진 사람이 측은해하는 것입니다. 그러므로 공격함이 편하다고 말하는 것입니다."

하였다. 무제는 왕회의 주장을 따랐다.

○【王恢馬邑之詐】

王恢馬邑之詐 使韓安國李廣公孫賀王恢李息으로 將車騎材官三十餘萬匿馬邑旁谷中하고 陰使聶壹爲間하여 亡入匈奴하여 謂單于曰 吾能斬馬邑令丞하여 以城降하면 財物可盡得하리라하니 單于以爲然而許之라 聶壹乃詐斬死罪囚하고 縣其頭馬邑城下하여 示單于使者爲信하다 於是單于穿塞하고 將十萬騎入武州塞하여 得鴈門尉史하여 欲殺之러니 尉史乃告單于漢兵所居하니 單于大驚하여 引兵還이라 漢兵追至塞나 度不及하고 乃皆罷兵이라 上怒하여 下恢廷尉한대 自殺하다 自是匈奴絶和親이나 然尙貪樂關市하여 嗜漢財物하니 漢亦關市不絶以中其意하다

【왕회의 마읍의 속임수 작전】

한안국(韓安國)·이광(李廣)·공손하(公孫賀)·왕회(王恢)·이식(李息)을 시켜 수레·말·재관(材官 : 용사) 30여만 명을 거느리고 마읍현(馬邑縣) 부근 골짜기 안에 매복하게 하고, 은밀하게 섭일을 시켜 첩자가 되게 하였다. 섭일이 흉노(匈奴)로 망명하여 들어가 선우에게

"내가 능히 마읍현의 영(令)·승(丞)을 참수하여 성을 바쳐 항복하면, 재물을 다 얻을 수 있습니다."

고 말하게 하니, 선우는 그렇다고 여겨 허락하였다.

섭일이 거짓으로 사형수를 참수하여 그 머리를 마읍현 성 아래에 매달고 선우의 사자에게 보이면서 믿게 하였다. 이에 선우는 만리장성(萬里長城)을 뚫고 10여만 기병을 거느리고 무주새(武州塞)로 들어와 안문의 위사(尉史 : 군관)를 잡

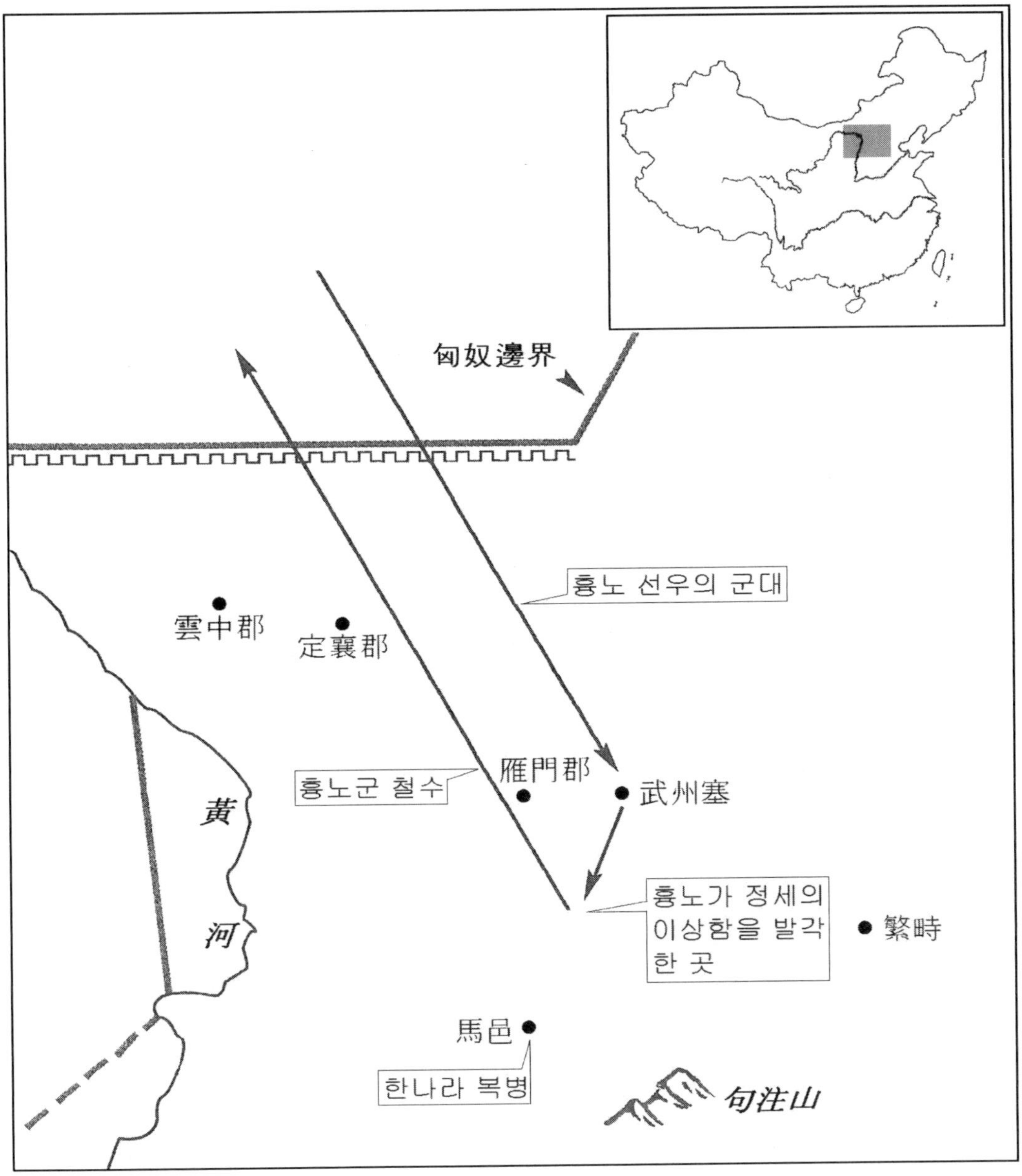

〈지도04〉 서한(西漢)이 흉노선우(匈奴單于)를 생포하려다가 실패함 (B.C.133년 6월)

아 그를 죽이려고 하였다. 위사가 선우에게 한나라 군대가 있는 곳을 말해 주니, 선우는 크게 놀라 군대를 이끌고 돌아갔다. 한나라 군대가 추격하여 만리장성에 이르렀으나, 따라잡지 못할 것을 예측하고 군대를 모두 철수하였다. 무제가 노하여 왕회를 정위(廷尉)에게 내려 보내자 왕회는 자살하였다.

이로부터 흉노는 화친을 끊었으나, 여전히 관문에서의 무역을 욕심내고 한나라의 재물을 좋아하니, 한나라 또한 관문의 무역을 폐하지 않으며 흉노의 뜻을 맞추었다.

○【興利之臣自此而始】

興利之臣自此而始

食貨志云 帝承文景之蓄하고 憤胡粵之害하여 卽位數年에 嚴助朱買臣等이 招東甌하고 事兩越하니 江淮之間蕭然煩費러라 唐蒙司馬相如開西南夷하여 鑿山通道千餘里하고 以廣巴蜀하니 巴蜀之民罷焉이러라 彭吳穿穢貊朝鮮하여 置滄海郡하니 燕齊之間靡然騷動하다 及王恢謀馬邑에 匈奴絶和親하고 侵擾北邊하니 兵連而不解라 天下共其勞하고 干戈日滋하여 行者齎하고 居者送하고 中外騷擾하여 百姓玩敝하고 財賂衰耗하니 法嚴令具하여 興利之臣自此而始하다

【이익을 일으키자고 하는 신하가 이때부터 나오다】

≪한서(漢書)≫<식화지(食貨志)>에 말하였다.

무제는 문제와 경제가 비축한 것을 이어받았는데, 호와 월의 침해에 분노하여 즉위한 지 수 년 만에 엄조(嚴祖：莊助)와 주매신(朱買臣) 등이 동구(東甌)를 불러 오고 양월(兩越)과 사변을 일으키니, 강수(江水)와 회수(淮水)의 사이가 소란하여 비용이 많이 들었다. 당몽(唐蒙)과 사마상여(司馬相如)가 서남 오랑캐 지역을 개척하여 산을 뚫어 천 여리나 길을 소통시켜 파(巴)와 촉(蜀)까지 넓히자, 파·촉의 백성들이 피로하였다. 팽오(彭吳)가 예맥(穢貊)과 조선(朝鮮)을 뚫고 나가 창해군(滄海郡)을 설치하자, 연과 제 지역이 위축되어 소동이 일어났다.

왕회가 마읍현에서 흉노를 속인 일로 흉노가 화친을 끊고 북쪽 변방을 침략하니, 전쟁이 연속되어 그치지 않았다. 천하 사람들이 고생을 함께 하고, 전쟁은 날로 심해져서 길떠나는 자는 옷과 양식을 싸서 지고 가고, 집에 있는 자는 물자를 보내주었다. 중앙과 외방이 소란하여, 백성이 피곤하게 되었고 재력

이 소모되었는지라, 법을 엄격히 하고 명령을 갖추어 이익을 일으키자고 하는 신하가 이때부터 생겨났다.

【신해(辛亥 B.C.130) 원광(元光) 5년】

○ 【作見知法】

作見知法 張湯趙禹深刻

上以張湯爲太中大夫하여 與趙禹共定諸律令하니 務在深文이라 拘守職之吏하고 作見知法하여 吏傳相監司하니 用法益刻自此始하다

【견지법을 만들다】

무제(武帝)가 장탕(張湯)을 태중대부(太中大夫)로 삼아 조우(趙禹)와 함께 여러 가지 율령을 정하게 하였는데 법조문을 각박하게 하는 데에 힘을 쏟아 직책만 지키는 관리를 억압하고 견지법(見知法)[5]을 만들어 서로 감시하게 하였다. 법을 사용함이 더욱 각박해진 것은 이때부터 시작되었다.

○ 【公孫弘對策】

公孫弘對策

是歲에 徵吏民有明當世之務와 習先聖之術者하여 縣次續食하고 令與計偕하다 菑川人公孫弘對策曰 臣聞上古堯舜之時에 不貴爵賞而民勸善하고 不重刑罰而民不犯은 躬率以正而遇民信也라 末世貴爵厚賞而民不勸하고 深刑重罰而姦不止는 其上不正하여 遇民不信也라하니 夫厚賞重刑이 未足以勸善而禁非니 必信而已矣니이다 是故因能任官하면 則分職治하고 去無用之言하면 則事情

5) 견지법(見知法) : 남의 범법을 알면서도 고발하지 않은 것을 고의로 놓아준 죄로 처단하는 법. 불고지죄(不告知罪).

得하고 不作無用之器하면 則賦斂省하고 不奪民時하고 不妨民力하면 則百姓富하고 有德者進하고 無德者退하면 則朝廷尊하고 有功者上하고 無功者下하면 則羣臣逡하고 罰當罪하면 則姦邪止하고 賞當賢하면 則臣下勸하리니 凡此八者는 治之本也라 故民者는 業之則不爭하고 理得則不怨하고 有禮則不暴하고 愛之則親上하나니 此有天下之急者也니이다 禮義者는 民之所服也라 而賞罰順之하면 則民不犯禁矣라 故畫衣冠異章服이나 而民不犯禁者는 此道素行也니이다

臣聞之호니 氣同則從하고 聲比則應이라한대 今人主和德於上하면 百姓和合於下라 故心和則氣和하고 氣和則形和하고 形和則聲和하고 聲和則天地之和應矣라 故陰陽和하고 風雨時하고 甘露降하고 五穀登하고 六畜蕃하고 嘉禾興하고 朱草生하고 山不童하고 澤不涸하나니 此和之至也니이다 臣聞之호니 堯遭洪水하여 使禹治之요 未聞禹之有水也며 若湯之旱은 則桀之餘烈也라 桀紂行惡하여 受天之罰하고 禹湯積德하여 以王天下하시니 因此觀之컨대 天德無私親하여 順之和起하고 逆之害生하나니 此天文地理人事之紀也니이다하다

【공손홍 대책】

이 해에 관리나 백성 중에 당시 세상의 일에 밝으며 과거 성인의 학술을 익힌 사람을 초빙하여, 현(縣)에서 차례로 음식을 제공하고 회계보고자와 <서울로> 동행하게 하였다. 치천(菑川) 사람 공손홍(公孫弘)이 대책을 올리기를,

"신이 들으니, 요·순(堯·舜) 시대에는 벼슬과 상을 귀하게 여기지 않아도

백성들이 선을 권장하였으며, 형벌을 무겁게 하지 않아도 백성들이 법을 범하지 않았으니, 임금이 몸소 올바른 행동을 하고 백성을 신의로 대우해서입니다.

말세에는 벼슬을 귀하게 여기며 상을 후하게 해도 백성들이 권면되지 않았고, 형벌을 심각하게 하며 벌을 무겁게 해도 간사함이 그치지 않았으니, 윗사람이 바르지 않아 백성을 대하는데 신의가 없어서입니다. 후한 상을 주고 무거운 벌을 주는 것은 착함을 권하며 잘못을 금지시키기에 부족하므로 반드시 신의가 있어야 할 뿐입니다. 그러므로 능력을 따라서 관직을 임명한다면 나누어 맡긴 직책이 잘 다스려지고, 쓸데없는 말을 없애면 일의 실정을 얻고, 쓸데없는 기물을 만들지 않는다면 부세가 줄고, 백성들의 농사지을 시기를 빼앗지 않고, 백성들의 노동력을 침해하지 않는다면 백성들은 부유해지고, 덕을 가진 사람을 등용하고 덕이 없는 사람을 퇴출시키면 조정은 높아지고, 공로가 있는 사람을 위에 있게 하고 공로가 없는 사람을 아래에 있게 한다면 여러 신하들은 겸양하고, 벌이 죄에 합당하면 간사함이 그치게 되고, 상이 현명함에 합당하면 신하가 권면하게 됩니다. 무릇 이 여덟 가지는 다스림의 근본입니다. 그러므로 백성들이 직업을 가지면 다투지 않을 것이며, 이치대로 되면 원망하지 않고, 예의가 있으면 포악하지 않고, 그들을 아껴주면 윗사람을 친애하니, 이것은 천하를 소유한 자의 급선무입니다. 예절과 의리는 백성들이 복종하는 것입니다. 그리하여 상과 벌이 예절과 의리를 따르면 백성이 금법을 범하지 않습니다. 그러므로 〈죄수의〉 옷과 관에 그림을 그리고 복장에 표장(表章)을 달리해도,[6] 백성들이 금법을 범하지 않는 것은 이 도리가 평소 시행되어서입니다.

신이 듣건대, 기운이 같으면 따르고 소리가 화합하면 호응한다고 합니다. 이제 임금께서 덕을 위에서 화순하게 하시면 백성들은 아래에서 화합하게 됩니다. 그러므로 마음이 화순하면 기운이 화순하고, 기운이 화순하면 형체가 화순하고, 형체가 화순하면 소리가 화순하고, 소리가 화순하면 천지의 화순이 호응할 것입니다. 그러므로 음양이 화순하고 바람과 비가 때에 맞게 오고 아름다운 이슬이 내리며, 오곡은 풍년이 들고, 여섯 가지 가축은 번식하

6) 〈죄수의〉 옷과 관에 … 달리해도 : 문신할 자는 건(巾)을 검게 하고, 코를 벨 자는 옷을 붉게 하고, 발을 벨 자는 몸을 먹칠하고, 궁형(宮刑)할 자는 신을 잡색으로 하고, 사형할 자는 베 옷섶에 테두리를 없이했던 일을 말한다.

고, 아름다운 곡식이 흥성하고 주초(朱草 : 상서로운 풀이름)가 생기고 산은 민둥산이 되지 않고 못은 마르지 않을 것이니, 이것은 화순의 극치입니다. 신은 듣건대 요(堯)임금이 홍수를 만나 우(禹)에게 다스리게 하여, 우임금 때에 홍수가 없었다고 합니다. 탕(湯) 임금 때의 가뭄과 같은 것은 걸(桀)임금이 남긴 포악함이었습니다. 걸왕과 주왕은 악을 행하여 하늘의 벌을 받고, 우왕과 탕왕은 덕을 쌓아 천하에 왕이 되었습니다. 이로 인하여 보면 하늘의 덕은 사사로이 친함이 없어, 순응하면 조화가 일어나고 거역하면 재앙이 생깁니다. 이는 천문·지리·인사의 법도입니다."

하였다.

○ 【弘對爲第一】

弘對爲第一 時對者百餘人을 太常奏弘第居下러니 策奏에 天子擢弘對爲第一하여 拜爲博士하고 待詔金馬門하다

【공손홍의 대책이 일등이 되다】

당시에 대책을 올린 사람 1백여 명을 태상(太常)이 순위를 정해 올렸는데 공손홍의 서열을 아래에 두었다. 대책이 임금에게 올라가자 무제는 공손홍의 대책을 뽑아 제1로 삼고 박사로 임명해 금마문(金馬門)에서 조서를 기다리게 하였다.

○ 【轅固議弘曲學】

轅固議弘曲學 齊人轅固는 年九十餘로대 亦以賢良徵이러니 公孫弘仄目而事固어늘 固曰 公孫子아 務正學以言하고 無曲學以阿世하라하다 諸儒多疾毁固者하니 固遂以老罷歸하다

【원고가 공손홍의 그릇된 학문을 논하다】

제(齊)나라 사람 원고(轅固)는 나이가 90여 세였는데, 역시 현량(賢良)으로 초

빙되었다. 공손홍이 눈빛을 흘기고 꺼리면서 원고를 섬기자 원고가 말하기를,

"공손자(公孫子 : 공손홍)여! 올바른 학문을 힘써서 말하고, 잘못된 학문으로 세상에 아부함이 없도록 하시오"

하였다. 여러 유학자들이 원고를 싫어하며 비방하는 자가 많아지자, 원고는 마침내 은퇴하여 사직하고 돌아갔다.

○ 【公孫弘不肯面折廷爭】

公孫弘不肯面折廷爭

弘每朝會議에 開陳其端하여 使人主自擇하고 不肯面折廷爭하니 於是上察其行愼厚하며 辯論有餘하고 習文法吏事하고 緣飾以儒術하니 大說之하여 一歲中遷至左內史하다 弘奏事에 有不可면 不廷辯하고 常與汲黯請間하여 黯先發之어든 弘推其後하니 天子常說하여 所言皆聽이라 以此益親貴러라 弘嘗與公卿約議하고 至上前하여 皆倍其約以順上旨어늘 汲黯廷詰弘曰 齊人多詐而無情實하여 始與臣等建此議하고 今皆倍之하니 不忠이니이다하다 上問弘한대 弘謝曰 夫知臣者는 以臣爲忠하고 不知臣者는 以臣爲不忠이니이다하니 上然弘言하고 益厚遇之하다

夫知臣者 以臣爲忠 不知臣者 以臣爲不忠

【공손홍은 면전에서 비판하거나 조정에서 다투려 하지 않다】

공손홍은 조회할 때마다 일의 실마리를 개진하여 무제에게 스스로 선택하게 하고 면전에서 비판하거나 조정에서 다투려 하지 않았다. 이에 무제가 살펴보니 그가 행동이 신중하고 온후하며, 변론에 여유가 있으며, 법조문과 관리의 일에 능숙하며, 게다가 유학(儒學)까지 갖추었으므로 크게 기뻐하여, 1년 만에 승진시켜 좌내사(左內史)에 이르게 하였다.

공손홍이 일을 아뢸 적에 무제가 불가하다고 하면 조정에서 변론하지 않고, 늘 급암과 함께 <무제에게> 틈을 요청하여 급암이 먼저 발언을 하고, 공손홍이 그 뒤를 밀었다. 무제는 항상 기뻐하며 말한 것을 모두 들어주니, 이것으로

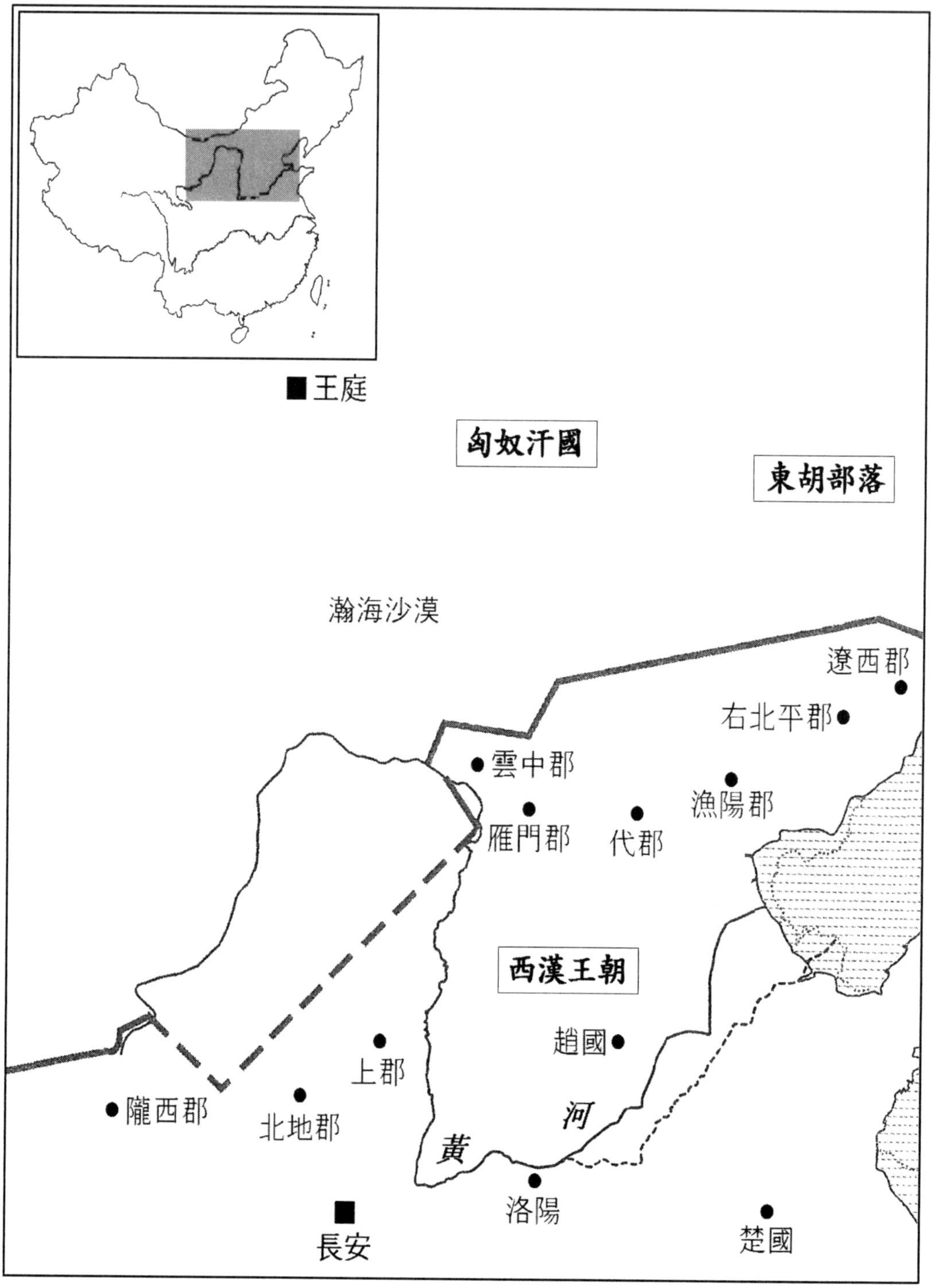

〈지도 05〉 한(漢)과 흉노(匈奴)의 대치 (B.C.129년)

공손홍이 무제와 더욱 가까워지고 귀해졌다. 공손홍은 일찍이 공경들과 약속하여 의논한 적이 있었는데 무제 앞에 나아가서는 그 약속을 모두 저버리고 무제의 뜻을 따르자, 급암이 조정에서 공손홍을 힐책하여 말하기를,

"제나라 사람(공손홍)은 거짓이 많고 실정이 없어, 처음에 신들과 이 논의를 결정하고 지금 모두 저버리니, 충성스럽지 않습니다."

하니, 무제가 공손홍에게 묻자, 공손홍이 사죄하며 대답하기를,

"신을 아는 사람은 신을 충성스럽다고 할 것이고, 신을 모르는 사람은 신을 불충하다고 할 것입니다."

하였다. 무제는 공손홍의 말을 옳다고 여겨 더욱 후하게 대우했다.

【임자(壬子 B.C.129) 원광(元光) 6년】

○【初算商車】

初算商車 冬에 初算商車하다

【처음으로 상업용 수레까지 세금을 징수하다】

겨울에 처음으로 상업용 수레까지 세금을 징수하였다.

○【衛青伐胡】

衛青伐胡 匈奴入上谷하여 殺略吏民이어늘 遣將軍衛青出上谷하고 公孫敖出代하고 公孫賀出雲中하고 李廣出鴈門하여 各萬騎로 擊胡하다 衛青至龍城하여 得胡首虜七百人하고 公孫賀無所得하고 公孫敖李廣皆爲胡所敗어늘 唯青賜爵關內侯하다 青雖出於奴虜나 然善騎射하고 材力絶人하며 遇士大夫以禮하고 與士卒有恩하여 衆樂爲用하니 有將帥材라 故每出輒有功이라 天下由此服上之知人

하다

【위청이 호를 공격하다】

흉노(匈奴)가 상곡군(上谷郡)에 들어와 관리와 백성을 죽이고 약탈하자 장군 위청(衛青)을 보내어 상곡군으로 출동시키고, 공손오(公孫敖)를 대군(代郡)으로 출동시키고, 공손하(公孫賀)를 운중군(雲中郡)을 출동시키고, 이광(李廣)을 안문군(雁門郡)으로 출동시켜, 각각 1만 기병으로 흉노를 공격하게 하였다. 위청은 용성(龍城)에 이르러 호(胡)의 수급과 포로 7백을 획득했고, 공손하는 획득한 것이 없었고, 공손오와 이광은 모두 호에게 패배를 당하였으므로, 오직 위청에게만 관내후(關內侯) 벼슬을 주었다. 위청은 비록 노예 출신이었으나 말타기와 활쏘기를 잘 하였고, 재주와 힘이 남보다 뛰어났으며 사대부를 예우하였고, 사졸들에게는 은혜를 베풀어 많은 사람들이 그가 써주는 것을 즐거워하니, 장수의 자질이 있었다. 그러므로 출동할 때마다 공을 세운 것이다. 천하 사람들이 이로 말미암아 무제가 인재를 알아보는 것에 탄복하였다.

【계축(癸丑 B.C.128) 원삭(元朔) 원년】

○ 【興廉擧孝】

興廉擧孝 冬에 詔曰 朕深詔執事하여 興廉擧孝하여 庶幾成風하여 紹休聖緖러니 夫十室之邑에 必有忠信이어늘 今或至闔郡而不薦一人하니 是化不下究하여 而積行之君子壅於上聞也라 且進賢受上賞하고 蔽賢蒙顯戮은 古之道也니 其議二千石不擧者罪하라하다 有司奏호대 不擧孝는 不奉詔니 當以不敬論이요 不察廉은 不勝任이니 當免이니이다하니 奏可하다

【청렴한 자를 추천하고 효자를 천거하다】

겨울에 조서를 내려 말하기를,

"짐이 담당 관리에게 특별 조서를 내려서 청렴한 자를 추천하고 효자를 천거하게 하여, 미풍양속을 이루어 아름다운 성인의 사업을 잇기를 바랐다. 무릇 10호의 작은 마을에도 반드시 충성스럽고 신의로운 사람이 있는 법인데, 지금 온 군(郡)에서 한 사람도 추천하지 않는 경우가 있다. 이는 교화가 끝까지 하달되지 않아, 선행을 쌓은 군자가 임금에게 알려지는 것이 막혀 있는 것이다. 또 현인을 등용하면 상등의 포상을 받고 현인을 매몰시키면 확실한 죽임을 당하는 것이 옛날의 법도였다. 이천석(二千石)으로서 인재를 천거하지 않은 자의 죄를 논의하라."

하였다. 담당 관리가 상주하기를,

"효자를 추천하지 않음은 조서를 받들지 않은 것이니, 마땅히 불경죄(不敬罪)로 논해야 하겠습니다. 청렴한 자를 살피지 않음은 임무를 감당하지 못한 것이니, 마땅히 파면해야 하겠습니다."

하자, 상주한 것을 허락하였다.

○【李廣飛將軍】

李廣飛將軍 天子乃復召李廣하여 拜爲右北平太守하니 匈奴號曰 漢之飛將軍이라하고 避之러니 數歲不敢入右北平하다

【이광은 날아다니는 장군】

무제가 다시 이광을 불러 임명하여 우북평 태수(右北平太守)로 삼았다. 흉노가 그를 "한나라의 날아다니는 장군"이라 부르고 그를 피하니 몇 년 동안 감히 우북평에 들어오지 못하였다.

○【大臣畏主父偃】

大臣畏主父偃 臨菑人主父偃嚴安과 無終人徐樂이 皆上書言事하다 始에 偃游齊燕趙러니 皆莫能厚遇하고 諸生相與排擯不容하며 家貧하여 假貸
主父偃朝奏暮召入 無所得이라 乃西入關上書闕下하니 朝奏에 暮召入이러라 所言九

事에 其八事爲律令이요 一事諫伐匈奴러라 嚴安上書言호대 今天下人民이 用財侈靡하고 又今徇南夷하고 朝夜郎하고 降羌僰하고 略薉州하여 建城邑하고 深入匈奴하여 燔其龍城하니 此人臣之利요 非天下之長策也니이다하다 徐樂上書言호대 天下之患이 在於土崩하니 秦之末世是也니이다 間者에 關東不登하여 民多窮困하고 重之以邊境之事하니 推數循理而觀之컨대 民不安者는 土崩之勢也니이다 故賢主獨觀萬化之原하고 明於安危之機하여 修之廟堂之上而銷未形之患也하나니 其要期使天下無土崩之勢而已矣니이다하다 書奏에 天子召見三人하고 謂曰 公等安在완대 何相見之晩也오하고 皆拜爲郎中이러라 主父偃尤親幸하여 一歲中凡四遷하여 爲中大夫하니 大臣畏其口하여 賂遺累千金하다

銷未形之患 無土崩之勢

【대신들이 주보언을 두려워하다】

임치(臨菑)사람 주보언(主父偃)·엄안(嚴安)과 무종(無終) 사람 서악(徐樂)이 모두 글을 올려 정사를 논하였다.

과거에 주보언이 제(齊)·연(燕)·조(趙)지역을 돌아다녔는데, 모든 곳에서 후하게 대우하지 않고 여러 선비들도 함께 그를 물리치고 받아들이지 않았다. 집이 가난하여 빌려 쓰려 해도 빌릴 수 없는지라, 마침내 서쪽으로 함곡관(函谷關)으로 들어가서 대궐에 글을 올렸는데, 아침에 상주하고 저녁에 불려 들어갔다. 상주한 것 아홉 가지 중 여덟 가지는 율령(律令)에 관한 것이고, 한 가지는 흉노 정벌을 그만두라는 간언이었다. 엄안이 글을 올려 말하기를,

"지금 천하의 백성이 재물을 쓰는 것이 사치스럽습니다. 또 지금 남쪽 이족(夷族)을 순찰하고, 야랑(夜郎)에게 조회 받고, 강족(羌族)과 북족(僰族)을 항복시키고, 예주(薉州)를 침략하여 성읍을 건설하고, 흉노에 깊이 들어가 용성을 불태웠습니다. 하지만 이는 신하의 이익일 뿐, 천하의 원대한 계책은 아닙니다."

하였다. 무종(無終) 사람 서악이 글을 올려 말하기를,

"천하의 근심은 땅이 꺼지듯 망하는 데에 있으니, 진(秦)나라의 말세가 그것입니다. 근래에 관동(關東)이 흉년이 들어 백성들이 많이 곤궁한데다, 변경의 사변이 겹쳤습니다. 운수를 헤아리고 이치를 따라 살펴보건대, 백성들이 편안치 않은 것은 땅이 꺼지는 듯한 형세입니다. 그러므로 현명한 임금은 홀로 만 가지 변화의 근원을 살피고 편안함과 위태로움이 갈라지는 기미를 밝게 알아, 묘당의 위에서 다스려 드러나지 않은 근심을 없애버리는 것이니, 그 요점은 천하 사람들에게 땅이 꺼지는 형세가 없게 하기를 꾀하는 것일 뿐입니다."

하였다. 글이 상주되자 무제가 세 사람을 불러 만나고 말하기를,

"공들은 어디에 있었기에 어찌하여 만나보는 것이 이리 늦었소?"

하고, 모두 낭중(郎中)에 임명하였다. 주보언이 더욱 총애를 받아서, 1년 안에 네 번이나 승진하여 중대부(中大夫)가 되었다. 대신들이 그 입을 두려워하여 뇌물을 보낸 것이 몇 천금이었다.

통감절요증손교주(通鑑節要增損校註) 10권

한기(漢紀)

▪ 세종효무황제(世宗孝武皇帝) 중(中)

【갑인(甲寅 B.C.127) 원삭(元朔) 2년】

○ 【主父偃請分王諸侯】

主父偃請分王諸侯 主父偃說上曰 古者諸侯不過百里하여 彊弱之形易制어늘 今諸侯或連城數十하여 地方千里라 緩則驕奢하여 易爲淫亂하고 急則阻其彊而合從以逆京師하고 以法割削之하면 則逆節萌起하니 前日鼂錯是也니이다 今諸侯子弟或十數러니 而適嗣代立하고 餘雖骨肉이나 無尺地之封하니 則仁孝之道不宣이니이다 願陛下令諸侯得推恩分子弟하여 以地侯之면 彼人人喜得所願하리니 上以德施나 實分其國이니 不削而稍弱矣리이다하니 上從之하다 春正月에 詔曰 諸侯王或欲推私恩分子弟邑者는 令各條上하라 朕且臨定其號名

藩國始分 하리라하니 於是藩國始分하고 而子弟畢侯矣하다

【주보언이 제후들을 분산시켜 왕으로 삼을 것을 청하다】

주보언이 무제에게 유세하여 말하기를,

"옛날에 제후는 땅이 백리를 넘지 않아 강약의 형세를 제어하기 쉬웠습니다. 지금 제후는 혹은 성 수십 개가 이어져 땅이 사방 1천리인지라, 관대히 대하면 교만 사치하여 쉽게 음란해지고, 압박하면 그 강함을 믿고 연합하여 조정에 거역하며, 법으로 땅을 잘라 거두면 반역의 싹이 일어나니 전날에 조조(鼂錯)가 그 경우입니다. 지금 제후의 자제들이 혹은 열 명으로 헤아려 지는데, 맏아들이 이어받아 즉위하고 나머지는 가까운 살붙이라도 한 자〔尺〕의 봉토도 없으니, 인과 효의 도리가 널리 시행되지 않습니다. 원컨대 폐하께서는 제후들이 능히 은혜를 넓혀 자제들에게 나누어 주게 하고 그 땅을 가지고 제후로 봉하면, 저들 한 사람 한 사람이 원하던 바를 얻어 기뻐할 것입니다. 주상께서는 덕을 베푸는 것이지만, 실은 그 나라를 나누는 것이니, 삭감하지 않고도 점차 약해질 것입니다."

하니, 무제는 이 말을 따랐다. 봄 정월에 조서를 내려 말하기를,

"제후왕(諸侯王) 중에 혹 사사로운 은혜를 미루어 나가 자제들에게 봉읍을 나누어 주려고 하는 자는 각각 조목을 써서 올리게 하라. 짐이 장차 보고서 호칭을 정하겠다."

하였다. 이리하여 번국(藩國 : 울타리 나라 제후국)이 비로소 쪼개지고 자제들이 모두 제후가 되었다.

○ 【族郭解】

族郭解 軹人郭解는 關東大俠也라 平生睚眦殺人甚衆이어늘 上聞之하고 下吏捕治하여 遂族解하다

【곽해를 멸족하다】

지현(軹縣)사람인 곽해(郭解)는 관동(關東)의 큰 협객이었다. 평소에 눈을 흘겼다는 이유만으로 사람을 죽이는 경우가 매우 많았는데, 무제가 듣고 관리에게 회부하여 잡아 다스리게하여 마침내 곽해의 일족을 멸하였다.

○ 【禁網疏濶 未知匡改】

禁網疏濶 未知匡改 漢書遊俠傳序에 曰 周室旣微에 桓文之後로 大夫世權하고 陪臣

執命하여 陵夷至於戰國하여 合從連衡하니 繇是列國公子에 魏有信陵하고 趙有平原하고 齊有孟嘗하고 楚有春申하니 皆藉王公之勢하여 競爲游俠하여 雞鳴狗盜를 無不賓禮하며 而趙相虞卿棄國捐君하여 以周窮交魏齊之厄하고 信陵無忌竊符矯命하여 戮將專師하여 以赴平原之急하니 皆以取重諸侯하고 顯名天下하여 搤腕而游談者가 以四豪爲稱首라 於是背公死黨之議成하고 守職奉上之義廢矣러니 及至漢興에 禁網疏濶하여 未知匡改也라 是故代相陳豨從車千乘이요 而吳濞淮南皆招賓客以千數요 外戚大臣魏其武安之屬競逐於京師하고 布衣游俠劇孟郭解之徒馳騖於閭閻하여 權行州域하고 力折公侯하니 衆庶榮其名迹하여 覬而慕之하여 雖其陷于刑辟이나 自與殺身成名을 若季路仇牧이 死而不悔라 故曾子曰 上失其道하여 民散久矣라하시니 非明王在上하여 示之以好惡하고 齊之以禮法이면 民曷由知禁而反正乎리오

背公死黨之議成

【금지하는 법망이 느슨해지자 바로잡아 폐단을 고칠 줄 모르다】

≪한서(漢書)≫<유협전(遊俠傳)>의 서문에 말하였다.

주(周)나라 왕실이 쇠약해지자 제환공(齊桓公)·진문공(晉文公) 이후로 대부(大夫)들이 대대로 권력을 장악하고 대부의 가신(家臣)들이 명령권을 행사하더니, 더 쇠퇴하여 전국시대(戰國時代)에 이르러서는 합종(合從)·연횡(連橫)을 하였다. 이로부터 여러 나라의 공자(公子)들 중에 위(魏)나라에는 신릉군(信陵君), 조(趙)나라에는 평원군(平原君), 제(齊)나라에는 맹상군(孟嘗君), 초(楚)나라에는 춘신군(春申君)이 있었는데 모두 왕공(王公)의 세력을 빙자하여 다투어 떠도는 협객이 되어 닭 울음소리를 내고 개같이 도둑질 하는 이[1]를 빈객으로 예우하지 않는 경우

1) 닭 울음소리를 내고 개같이 도둑질 하는 이 : 전국시대 맹상군(孟嘗君)의 고사. 제(齊)나라 맹상군이 진(秦)나라에서 도망쳐 올 때 식객(食客) 한 사람이 닭 울음소리를 잘 흉내 내어 모든 닭이 울자 함곡관(函谷關) 관문을 열게 한 덕분에 무사히 탈출한 일, 그리고 진소왕

가 없었으며, 조나라 정승 우경(虞卿)은 나라와 임금을 버리고서 곤경에 처한 친구 위제(魏齊)를 구제해주고, 신릉군 무기(無忌)는 부절(符節)을 훔치고 왕명을 사칭하여 장군을 죽이고 군대를 장악하여 위급한 평원군에게 달려갔다. 그리하며 모두 제후들에게 존중을 받고 천하에 이름이 드러나니, 팔뚝을 걷어붙이고 떠돌아 담론하는 자들은 네 명을 호걸 중의 으뜸이라 일컬었다. 이에 공의(公義)를 배반하며 당파를 같이하는 사람을 위해 목숨을 바치자는 논의가 이루어지고, 직책을 지키며 윗사람을 받드는 의리는 없어지게 되었다.

한(漢)나라가 일어나게 되어서는 금지하는 법망이 느슨해지자, 폐단을 바로잡아 고치는 것을 알지 못하였다. 그러므로 대국(代國) 정승 진희(陳豨)는 뒤따르는 수레가 천 대였고, 오왕(吳王) 유비(劉濞)와 회남왕(淮南王)은 모두 초청한 빈객이 천 명으로 헤아렸고, 외척 대신으로 위기후(魏其候)·무안후(武安候) 부류는 서울에서 다투었다. 일반 백성으로 떠도는 협객 중에 극맹(劇孟)·곽해(郭解)의 무리가 마을을 휘젓고 다니며 지역에 권세를 행하고 그 힘은 공후(公侯)를 꺾으니, 일반 사람들은 그 이름과 자취를 영광스럽게 여기며 엿보고 사모하여 비록 사형을 당하더라도, 함께 목숨을 바쳐 명예를 이루기를 마치 계로(季路)와 구목(仇牧)[2]이 죽어도 후회하지 않는 것처럼 하였다. 그러므로 증자(曾子)가

"임금이 그 도리를 잃어 백성이 분산된 지 오래되었다."

하였으니, 현명한 임금이 위에 있으면서 좋아하는 것과 싫어하는 것을 보여주고 예절과 법도로써 가지런하게 하지 않으면, 백성이 어떻게 금지하는 법을 알아서 바름으로 돌아가겠는가!

【을묘(乙卯 B.C.126) 원삭(元朔) 3년】

○ 【公孫弘山東鄙人】

(秦昭王)에게 붙잡힌 맹상군이 소왕의 총애하는 여인에게 뇌물을 주고 자신의 석방을 주선해 달라고 부탁하기 위해 문객(門客)을 시켜 이전에 진소왕에게 바쳤던 흰 여우 갖옷을 개처럼 들어가 훔쳐 내게 한 일을 말한다.

2) 계로(季路)와 구목(仇牧) : 계로는 자로(子路)라고도 하는데, 공자(孔子)의 제자로, 전쟁에서 패하여 죽을 때 갓끈을 매고 의연하게 죽었다. 구목(仇牧)은 송(宋)나라 민공(閔公)의 신하로서 남궁장만(南宮長萬)이 민공을 시해(弑害)하자 죽음을 두려워하지 않고 달려왔다가 또한 성문에서 살해되어 이〔齒〕가 문짝에 걸렸다.

公孫弘山東鄙人

公孫弘爲御史大夫하다 是時에 方通西南夷하고 東置蒼海하고 北築朔方之郡한대 弘數諫願罷之어늘 天子使朱買臣難以置朔方之便하여 發十策하되 弘不得一이라 弘乃謝曰 山東鄙人이 不知其便若是하니 願罷西南夷蒼海而專奉朔方하소서하니 上乃許之하다

【공손홍은 산동의 비루한 사람】

공손홍(公孫弘)이 어사대부(御史大夫)가 되었다. 이때 바야흐로 서남쪽 이족(夷族)과 서로 통하였고, 동쪽으로는 창해군(蒼海郡)을 설치하고 북쪽에는 삭방군(朔方郡)에 성을 쌓았는데, 공손홍이 자주 간언하여 그만두기를 원하였다. 무제가 주매신(朱買臣)을 시켜 삭방군을 설치했을 때의 편리함을 따져서 열 가지 문제를 내놓았으나 공손홍은 한 가지도 대응하지 못하였다. 공손홍이 마침내 사죄하며 말하기를,

"산동(山東)의 비루한 사람인 제가 삭방군의 편리함을 모르는 것이 이와 같습니다. 서남 이족(夷族)의 일과 창해군에 관한 일은 그만두시고 오로지 삭방군의 일만 추진하기를 바랍니다."

하니, 무제가 그의 말을 허락하였다.

○【公孫弘爲布被】

公孫弘爲布被

弘爲布被하고 食不重肉이러니 汲黯曰 弘位在三公하여 奉祿甚多로대 然爲布被하니 此詐也니이다하다 上問弘한대 弘謝曰 有之하니이다 夫以三公爲布被하니 誠飾詐하여 欲以釣名이어니와 且無汲黯忠이면 陛下安得聞此言이시리잇고하니 天子以爲謙讓이라하여 愈益厚之하다

【공손홍이 베이불을 덮다】

공손홍이 베이불을 덮고 식사에 고기반찬은 두 종류를 놓지 않았는데, 급암

이 말하기를,

"공손홍은 지위가 삼공(三公)에 있어서 봉록이 매우 많은데도 베이불을 덮으니, 이는 속이는 것입니다."

하였다. 무제가 공손홍에게 묻자, 공손홍이 사죄하며 말하기를,

"그런 일이 있습니다. 삼공으로서 베이불을 덮었으니, 진실로 꾸미고 속여 명예를 낚으려 한 것이지만, 또한 급암의 충심이 없었다면 폐하께서 어찌 이 말을 들을 수 있었겠습니까!"

하였다. 무제는 그가 겸양한다고 여겨 더욱 후하게 대하였다.

○ 【汲黯質責張湯】

汲黯質責張湯 是歲에 張湯爲廷尉하다 湯爲人多詐하여 舞智以御人이러니 汲黯

張湯舞智御人 數質責湯於上前曰 公爲正卿하여 上不能褒先帝之功業하고 下不能抑天下之邪心하고 何空取高皇帝約束紛更之爲오하다 黯時與湯論議할새 湯辯常在文深小苛라 黯伉厲守高하되 不能屈하면

刀筆吏不可以爲公卿 忿發하여 罵曰 天下謂刀筆吏不可以爲公卿이라하더니 果然이로다 必湯也는 令天下重足而立하여 側目而視矣라하다

【급암이 장탕을 질책하다】

이 해에 장탕(張湯)이 정위(廷尉)가 되었다. 장탕은 사람됨이 속임이 많아 잔꾀를 부려 사람을 조종하였다. 급암이 자주 장탕을 무제 앞에서 질책하기를,

"공이 정경(正卿)의 지위에 있으면서 위로는 선대 황제의 공적을 기리지 못하고 아래로는 천하의 사악한 마음을 제압하지 못하면서 어찌 공연히 고황제(高皇帝)가 약속한 율령을 취하여 어지럽게 고치는 짓을 하시오!"

하였다. 급암이 수시로 장탕과 논의하였는데, 장탕의 말은 항상 법조문에 각박하여 자질구레하면서도 가혹하였다. 급암은 강직하고 엄격하여 고상한 절의를 지켰으나 장탕을 굴복시키지 못하면 분통이 터져서 꾸짖기를,

"천하 사람들이 '도필리(刀筆吏 : 문서 담당 서리)를 공경으로 삼아서는 안 된다.'고 하더니, 정말 그렇구나! 필시 장탕은 천하 사람들이 겁내어 두 발을 포개어 서서 곁눈질로 보게 할 것이다!"

하였다.

【병진(丙辰 B.C.125) 원삭(元朔) 4년】

○ 【匈奴入漢】

匈奴入漢

匈奴入代郡定襄上郡하여 各三萬騎로 殺略數千人하다

【흉노가 한나라에 침입하다】

흉노가 대군(代郡)·정양군(定襄郡)·상군(上郡)에 침입하여, 각 3만 기병으로 수 천 명을 죽이고 약탈하였다.

【정사(丁巳 B.C.124) 원삭(元朔) 5년】

○ 【丞相封侯自公孫弘始】

丞相封侯自公孫弘始

開東閣以延賢人

公孫弘請徙黯爲右內史

公孫弘爲丞相하여 封平津侯하니 丞相封侯自弘始러라 時上方興功業이라 弘於是開東閣以延賢人하여 與參謀議하다 弘性意忌하고 外寬內深하여 諸常與弘有隙에 無近遠히 雖陽與善이나 後竟報其過러라 董仲舒爲人廉直하여 以弘爲從諛라하니 弘嫉之라가 膠西王端驕恣하여 數犯法하고 所殺傷二千石甚衆이어늘 弘乃薦仲舒爲膠西相하니 仲舒以病免하다 汲黯常毀儒하여 面觸弘한대 弘欲誅之以事하여 乃言上曰 右內史界部中多貴人宗室하니 難治라 非素重臣不能任이니 請徙黯爲右內史하소서하니 上從之하다

【승상이 된 뒤에 제후로 봉해진 것은 공손홍으로부터 시작되다】

공손홍(公孫弘)이 승상이 되어서 평진후(平津侯)에 봉해졌다. 승상이 된 뒤에 제후로 봉해진 것은 공손홍으로부터 시작되었다. 이때 무제가 막 사업을 일으키려 하였는데 공손홍은 승상부(丞相府)의 동쪽 소문(小門)을 열어 현명한 사람을 맞이하여 계획하고 토론하는 데에 참여하게 하였다. 공손홍은 타고난 성품이 의심과 시기심이 많았으며 겉으로 너그러운 척하면서 속으로는 각박하여, 항상 자신과 틈이 있는 사람은 가깝거나 멀거나 비록 겉으로는 좋은 척하였으나 뒤에는 끝내 자기를 허물한 데에 대한 보복을 하였다.

동중서(董仲舒)는 사람됨이 청렴하고 정직하여 공손홍이 군주의 비위를 맞추며 아첨한다고 하니, 공손홍이 그를 미워하였다. 교서왕(膠西王) 유단(劉端)이 교만하고 방자하여 자주 법을 어기고, 죽이거나 상해한 이천석(二千石) 관원이 매우 많았는데, 공손홍이 마침내 동중서를 천거하여 교서왕의 상국(相國)으로 삼으니, 동중서가 병으로 사직하였다.

급암이 항상 유자들을 공격하여 공손홍을 면전에서 배척하니, 공손홍이 일을 빌미로 그를 죽이고자 하여 마침내 무제에게 말하기를,

> "우내사(右內史)의 관할 구역 안에는 귀인과 종실이 많아서 다스리기가 어렵습니다. 평소 크게 명망이 있는 대신이 아니면 맡길 수가 없으니, 급암을 옮겨 우내사로 삼기를 청합니다."

하자, 무제가 그 말을 따랐다.

○ **【軍中拜衛靑爲大將軍】**

軍中拜衛靑爲大將軍

匈奴右賢王數侵擾朔方이어늘 天子令將軍衛靑等으로 出右北平擊之하여 得右賢裨王十餘人과 衆男女萬五千餘人과 畜數十百萬하여 引還이라가 至塞어늘 天子使使者持大將軍印하고 卽軍中拜衛靑爲大將軍하고 諸將皆屬焉하니 於是靑尊寵이 於羣臣無二라 公

汲黯與衛靑亢禮

卿以下皆卑奉之하되 獨汲黯與亢禮어늘 人或說黯曰 大將軍尊重하니 君不可以不拜라하니 黯曰 以大將軍有揖客反不重邪아하다

大將軍有揖客 大將軍聞하고 愈賢黯하여 數請問國家朝廷所疑하고 遇黯加於平日하다

【군대 안에서 위청을 대장군으로 임명하다】

흉노의 우현왕(右賢王)이 자주 삭방군(朔方郡)을 침략하여 소란을 일으키자, 무제가 장군 위청(衛靑) 등에게 우북평(右北平)으로 나가서 공격하게 하니, 우현왕의 비장 10여 명과 남녀들 1만 5천여 명과 가축 수십만에서 백만을 잡아서 끌고 돌아오게 되었다.

변방에 이르자 무제가 사자(使者)를 시켜 대장군의 인장을 가지고 군대로 가서 위청을 대장군에 임명하고 여러 장수들을 모두 그에게 예속시키게 하였다. 이리하여 위청처럼 총애를 받는 이가 여러 신하 중에 둘도 없었다. 공경(公卿) 이하가 모두 자신을 낮추어 그를 받들었으나 유독 급암만은 그와 대등한 예를 행하였다.

어떤 사람이 혹 급암에게 말하기를,

"대장군의 지위가 높고 귀하니 그대는 절을 하지 않으면 안 되오."

하니 급암이 말하기를,

"대장군으로서 읍하는 빈객을 둔다면 도리어 귀중해지지 않겠소!"

하였다.

대장군이 이 말을 듣고 급암을 더욱 현명하게 여겨서 자주 국가와 조정의 일 가운데 의심스러운 것을 청하여 묻고, 급암을 평소보다 더 잘 대우하였다.

○【武帝不冠不見汲黯】

武帝不冠不見汲黯 大將軍衛靑雖貴나 有時侍中에 上踞厠而視之하고 丞相弘燕見에 上或時不冠하되 至如汲黯見하여는 上不冠不見也러라 上嘗坐武帳中이러니 黯前奏事에 上不冠이라가 望見黯하고 避帳中하여 使人可其奏라하니 其見敬禮如此하다

【무제가 관을 쓰지 않고는 급암을 만나지 않다】

대장군 위청이 존귀했지만 수시로 궁중에서 무제를 모실 적에 무제가 평상가에 걸터앉아서 그를 만나 보았고, 승상 공손홍이 사사로이 뵐 적에 무제가 때로는 관을 쓰지 않았으나 급암이 뵐 적에는 무제가 관을 쓰지 않은 채로는 그를 만나보지 않았다.

무제가 무장(武帳 : 무장을 갖춘 휘장) 안에 앉아있던 적이 있었는데, 급암이 와서 일을 아뢰려 하자, 무제가 관을 쓰지 않고 있다가 급암을 바라보고는 장막 안으로 피해서 사람을 시켜 급암이 상주한 대로 시행하게 하였다. 급암이 공경과 예우를 받음이 이와 같았다.

○ 【置博士弟子】

置博士弟子

勸學興禮爲天下先

夏六月에 詔曰 蓋聞導民以禮하고 風之以樂이라한대 今禮壞樂崩하니 朕甚閔焉하노니 其令禮官勸學興禮以爲天下先하라하다 於是丞相弘等奏하되 請爲博士官置弟子五十人하여 復其身하고 太常擇民年十八已上에 儀狀端正者하여 補博士弟子하고 詣太常受業能通一藝以上이어든 補文學掌故하고 卽有秀才異等이어든 輒以名聞하노이다하니 上從之하다 自此公卿大夫士吏에 彬彬多文學之士矣하다

【박사 제자를 두다】

여름 6월에 조서를 내리기를,

“백성을 예(禮)로 인도하고 악(樂)으로 교화한다고 들었는데 지금 예와 악이 붕괴되었으니, 짐이 매우 안타깝게 여긴다. 예관(禮官)에게 명하여 학문을 권장하고 예를 일으켜서 천하에 본보기가 되게 하라!”

하였다. 이에 승상 공손홍 등이 아뢰기를,

“박사(博士) 관원을 만들어 제자 50명을 두어 그들의 부역을 면제해 주고,

태상(太常)이 백성 중에 나이 18세 이상으로서 용모가 단정한 자를 선발하여 박사의 제자로 임명하고 태상에게 나아가 수업을 받게 하되, 한 가지 경서(經書) 이상에 능통한 자가 있으면 문학(文學)과 장고(掌故)에 임명하고, 뛰어난 재주로 특출한 자가 있으면 그때마다 이름을 보고하게 하소서."

하니, 무제가 그 말을 따랐다. 이로부터 공(公)·경(卿)·대부(大夫)·사(士)와 관리들 가운데 훌륭하게 문학을 하는 선비가 많았다.

【무오(戊午 B.C.123) 원삭(元朔) 6년】

○ 【衛靑擊匈奴】

衛靑擊匈奴 夏에 衛靑復將六將軍하고 出定襄擊匈奴하여 斬首虜萬餘人하다

【위청이 흉노를 공격하다】

여름에 위청이 다시 여섯 명의 장군을 거느리고 정양(定襄)으로 나가서 흉노를 공격하였는데 수급을 베거나 포로로 잡은 것이 만여 명이었다.

○ 【置武功爵】

置武功爵 是時에 漢比歲發十餘萬衆擊胡하니 斬捕首虜之士受賜黃金二十餘萬斤이요 而漢軍士馬死者十餘萬이로대 兵甲轉漕之費不與焉이라 於是大司農經用竭하여 不足以奉戰士라 六月에 詔令民得買

詔民得買爵贖罪 爵及贖禁錮하고 免臧罪하고 置賞官하여 名曰武功爵이라하니 吏道雜而多端이라 官職耗廢矣하다

【무공작을 설치하다】

이때에 한(漢)나라가 매년 10여만 명의 군대를 징발하여 오랑캐를 공격하니, 수급을 베고 포로를 잡은 군사들에게 하사한 황금이 20여만 근이었고 한나라

군사와 말 중에 죽은 것이 십여 만이었는데, 무기와 갑옷을 육지와 수로로 운반한 비용은 여기에 포함되지 않았다.

이로 인해 대사농(大司農 : 경제 담당 관명)의 경비가 고갈되어 전쟁하는 군사들의 군수물자를 공급하기에 부족하였다. 6월에 조서를 내려 백성들에게 돈으로 관직을 사게 하고 또 금고(禁錮)를 속죄하고 뇌물죄를 면할 수 있게 하였다.

상관(賞官 : 상으로 주는 관작)을 두어 명칭을 '무공작(武功爵)'이라 하니, 관리로 진출하는 길이 뒤섞이고 갈래가 많아 관직이 어지럽고 황폐해졌다.

【기미(己未 B.C.122) 원수(元狩) 원년】

○ 【淮南王劉安謀反】

淮南王劉安謀反 / 汲黯寢淮南之謀 / 公孫弘如發蒙振落

淮南王安謀反할새 且曰 漢廷大臣에 獨汲黯好直諫하고 守節死義하니 難惑以非어니와 至如說丞相弘等하여는 如發蒙振落耳라하다 伍被詣吏하여 自告與淮南王謀反이어늘 上下公卿治한대 十一月에 安自殺하고 衡山王亦自剄死하다

【회남왕 유안이 모반하다】

회남왕(淮南王) 유안(劉安)이 모반할 적에 또한 말하기를,

"한(漢)나라 조정의 대신 중에 유독 급암(汲黯)만은 직간하기를 좋아하고 충절을 지켜 의리에 죽을 수 있으니 도리에 어긋난 일로 미혹시키기 어렵다. 그러나 승상(丞相) 공손홍(公孫弘) 등을 설득하기는 마치 덮개를 벗기고 나뭇잎을 흔들어 떨어뜨리는 것처럼 쉽다!"

하였다.

<회남왕의 중랑장(中郎將)인> 오피(伍被)가 형법관리에게 나아가 스스로 회남왕과 모반하였다고 고발하자, 무제가 공경(公卿)에게 회부하여 다스리게 하였다. 11월에 유안이 자살하고 형산왕(衡山王 : 회남왕의 아들) 또한 스스로 목을 찔러 죽었다.

○ 五月에 匈奴萬人入上谷하여 殺數百人하다

5월에 흉노 만 명이 상곡군(上谷郡)에 들어와서 수백 명을 죽였다.

○ 【張騫使西域】

張騫使西域 初에 張騫自月氏還하여 言西域諸國風俗호대 大宛多善馬하고 大夏邛竹杖하며 大夏安息之屬은 皆大國이라 多奇物이라한대 天子欣然以騫言爲然하여 乃復事西南夷하다

【장건이 서역에 사신으로 가다】

과거에 장건(張騫)이 월지국(月氏國)으로부터 돌아와서 서역(西域) 여러 나라의 풍속에 대해 말하기를,

"대원국(大宛國)에는 좋은 말이 많고 대하국(大夏國)에는 공산(邛山)의 대나무 마디가 길어 지팡이를 만들 수 있으며, 대하국과 안식국(安息國) 등은 모두 큰 나라이므로 기이한 물건이 많습니다."

하니, 천자가 흔연히 장건의 말을 옳다고 여겨서 마침내 다시 서남 이족을 경략(經略)하였다.

【경신(庚申 B.C.121) 원수(元狩) 2년】

○ 【匈奴渾邪王降】

匈奴渾邪王降 秋에 匈奴渾邪王降이어늘 漢發車三萬乘以迎之할새 縣官無錢하여 從民貰馬하니 民或匿馬하여 馬不具어늘 上怒하여 欲斬長安令한대

汲黯不欲斬長安令 右內史汲黯曰 長安令無罪하니 獨斬臣黯이라야 民乃肯出馬하리이다 且匈奴畔其主而降漢하니 何至罷敝中國하여 以事夷狄之人乎잇가 陛下縱不能得匈奴之資以謝天下언정 又以微文殺無知者五

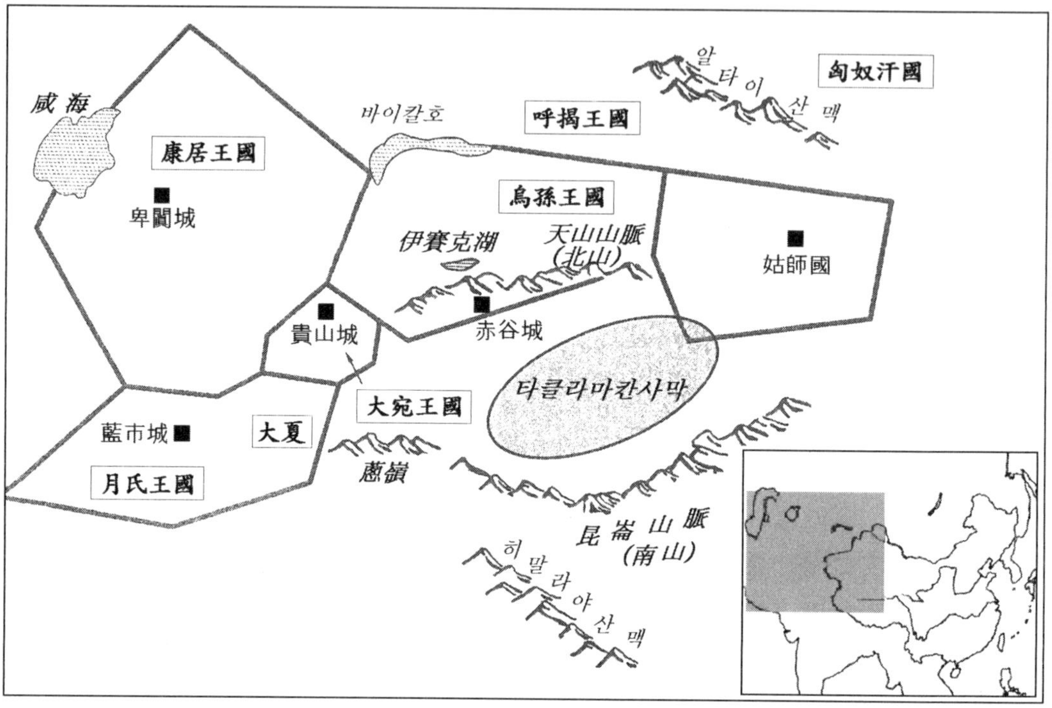

〈지도 06〉 장건(張騫)이 서역(西域)을 통함(B.C.126년 4월)

百餘人하니 是所謂庇其葉而傷其枝者也니 臣竊爲陛下不取也하노이다하니 上默然不許曰 吾久不聞汲黯之言이러니 今又復妄發矣로다하고 居頃之에 乃分徙降者邊五郡하고 因其故俗爲五屬國하다

置五屬國

【흉노 혼사왕이 항복하다】

가을에 흉노의 혼사왕(渾邪王)이 항복하자, 한(漢)나라가 수레 3만 대를 징발하여 이들을 맞이하였는데, 현관(縣官 : 관청)이 돈이 없어서 백성들에게서 말을 빌리니, 백성들이 혹은 말을 숨겨 말이 갖추어지지 못하였다.
무제가 노하여 장안령(長安令)을 죽이려 하자, 우내사(右內史) 급암이 말하기를,

“장안령은 죄가 없으니, 다만 〈그 상관(上官)인〉 신 급암의 목을 베어야 백성들이 비로소 기꺼이 말을 내놓을 것입니다. 또 흉노가 자기 군주를 배반하고 한나라에 항복하였는데, 어찌하여 중국을 피폐하게 하면서 오랑캐들을 섬길 것이 있겠습니까? 폐하께서 흉노의 물자를 얻어 천하에 보답하지 못

했을 뿐 아니라 더욱이 까다로운 공문서로 무지한 5백여 명을 죽였으니, 이것은 이른바 잎을 덮어 가지를 상하게 하는 것입니다. 신은 폐하께서 이 일을 채택하지 않아야 한다고 생각합니다."

하니, 무제가 묵묵히 있다가 허락하지 않고 말하기를,

"내 오랫동안 급암의 말을 듣지 못하였는데, 지금 또다시 망발을 하는구나."

하였다. 얼마 있다가 마침내 항복한 자들을 변경의 다섯 고을로 나누어 옮기고, 옛 풍속을 따라 오속국(五屬國)이라고 하였다.

○ 【拜金日磾侍中】

拜金日磾侍中 休屠王太子日磾沒入官하여 輸黃門養馬러니 久之에 日磾牽馬過殿下할새 容貌甚嚴이어늘 上奇焉하여 卽日賜湯沐衣冠하고 拜爲馬監하다. 遷侍中하고 甚信愛之하여 賜姓金氏하다

【김일제를 시중에 임명하다】

휴저왕(休屠王 : 흉노의 왕)의 태자인 일제(日磾)가 관청에 적몰(籍沒 : 잡혀 노예가 됨)되어 황문(黃門 : 말 담당 관청)에 보내져서 말을 길렀다.

오랜 뒤에 일제가 말을 끌고 대궐 아래를 지날 적에 용모가 매우 엄숙하였다. 무제가 기특하게 여겨 그날로 목욕하게 하고 의관을 내려주고 마감(馬監)으로 임명하였다. 시중(侍中)으로 승진시켜 매우 신임하고 총애하여 김씨(金氏) 성(姓)을 내려주었다.

【신유(辛酉 B.C.120) 원수(元狩) 3년】

○ 【立樂府】

立樂府 得神馬於渥洼水中하고 上方立樂府라가 使司馬相如等造爲詩賦하고 以宦者李延年爲協律都尉한대 及得神馬하여는 次以爲歌하니

得神馬於渥洼水中

汲黯曰 凡王者作樂에 上以承祖宗하고 下以化兆民이어늘 今陛下得馬하여 詩以爲歌하여 協於宗廟하시니 先帝百姓豈能知其音耶잇가하니 上默然不說하다

【악부를 세우다】

신마(神馬)를 악와수(渥洼水)에서 얻었다. 무제가 막 악부(樂府:음악 담당 관청)를 세워 사마상여(司馬相如) 등에게 시부(詩賦)를 짓게 하고 환관인 이연년(李延年)을 협률도위(協律都尉)로 삼았는데, 신마를 얻게 되자 차례대로 노래를 짓게 하였다. 급암이 말하기를,

"무릇 왕자(王者)가 음악을 만드는 것은 위로는 조종(祖宗)을 받들고 아래로는 백성을 교화하기 위함입니다. 그런데 지금 폐하께서는 신마를 얻고서 시(詩)를 노래로 만들어 종묘(宗廟)에서 연주하시니, 선제(先帝)와 백성들이 어찌 그 음악을 알겠습니까?"

하니, 무제는 묵묵히 있으면서 달가워하지 않았다.

○【汲黯諫誅賢才】

汲黯諫誅賢才

上招延士大夫호대 常如不足이나 然性嚴峻하여 羣臣雖素愛信者라도 或小有犯法하고 或欺罔하면 輒按誅之어늘 汲黯諫曰 陛下求賢甚勞하사 未盡其用에 輒已殺之하여 以有限之士恣無已之誅하시니 臣恐天下賢材將盡일가하노니 陛下誰與共爲治乎잇고하니 上曰 所謂才者는 猶有用之器也라 有才不肯盡用하면 與無才同하니 不殺何施오하다

【급암이 현명한 인재를 죽이는 것에 대해 간언하다】

무제는 사대부(士大夫)를 초빙하기를 항상 부족한 듯이 하였다. 그러나 성품이 준엄하여 여러 신하들 중에 평소 총애하고 신임하는 자라도 혹 조금만 법

을 범하거나 혹 속이는 자가 있으면 바로 조사하여 그를 죽이곤 하였다. 급암이 간언하기를,

"폐하께서 어진 이를 구하기를 매우 수고로이 하시면서 그 재능을 다 쓰기도 전에 번번이 죽여서, 한정된 선비를 가지고 한없는 죽임을 자행하시니, 신은 천하의 어질고 재주 있는 자가 장차 다 없어질까 두렵습니다. 폐하께서는 누구와 함께 정치를 하시겠습니까?"

하니, 무제가 말하기를,

"이른바 재주는 쓸모 있는 기물과 같다. 재주가 있는데도 다 쓰려고 하지 않는다면 재주가 없는 것과 같으니, 죽이지 않고 어디에 쓰겠는가!"

하였다.

【임술(壬戌 B.C.119) 원수(元狩) 4년】

○【桑孔等言利】

桑孔等言利

有司言縣官用度太空이어늘 而富商大賈冶鑄煮鹽하여 財或絫萬金이로대 不佐國家之急하니 請更錢造幣以贍用하소서하다 於是以東郭咸陽孔僅爲大農丞하여 領鹽鐵事하고 桑弘羊以計算用事하니 三人言利에 事析秋毫矣하다

【상홍양·공근 등이 이익을 말하다】

담당관이 말하기를,

"현관(縣官)의 경비가 크게 부족한데, 부유한 상인과 큰 장사꾼들이 철기를 제련·주조하고 소금을 구워서 재물이 혹 몇 만금이나 되면서도 국가의 위급함을 돕지 않으니, 전(錢)을 바꾸고 폐(幣)를 만들어서[3] 재용(財用)을 넉넉하게 하소서."

3) 전(錢)을 바꾸고 폐(幣)를 만들어서 : 반량전(半兩錢)을 삼수전(三銖錢)으로 바꾸고, 피폐(皮幣)를 새로 만드는 것을 말한다.

하였다. 이에 동곽함양(東郭咸陽)과 공근(孔僅)을 대농승으로 삼아서 소금과 철기의 일을 맡게 하고 상홍양(桑弘羊)은 회계를 담당하게 하였다. 세 사람이 이익이 될 일을 말함에 털끝만한 것까지도 분석하였다.

○ 【百姓怨湯】

百姓怨湯 公卿又請算及民車船하니 其法大抵出張湯이라 百姓不安其生하여 咸指怨湯하다

【백성들이 장탕을 원망하다】

공경들이 또 백성의 수레와 배에도 세금을 매길 것을 청하니, 그 법이 대부분 장탕(張湯)에게서 나왔다. 백성들이 생업을 편안하게 여기지 못하여 모두 장탕을 손가락질하며 원망하였다.

○ 【卜式輸財助邊】

卜式輸財助邊 初에 河南人卜式이 數請輸財縣官以助邊이어늘 天子使使問式호대 欲官乎아하니 曰 不願也니이다하다 有冤하여 欲言事乎아하니 曰 無所欲言也로이다 天子誅匈奴하시니 愚以爲賢者宜死節於邊하고 有財者宜輸委니 如此而匈奴可滅也리이다하니 上由是賢之하여 欲尊顯以風百姓하여 乃召拜式爲中郎하고 賜田十頃하여 布告天下하여 使明知之러니 未幾에 又擢式爲齊太傅하다

【복식이 재물을 바쳐 변경을 돕다】

과거에 하남(河南)사람 복식이 자기 재물을 현관(縣官)에 바쳐서 변경을 도울 것을 자주 청하자, 천자가 사자(使者)를 시켜 복식에게 묻기를,

"벼슬을 하고자 하는가?"

하니, 복식이 대답하기를,

"원치 않습니다."

하였다.

"원통함이 있어서 일을 말하고자 하는가?"

하니, 대답하기를,

"말하고자 하는 것이 없습니다. 천자께서 흉노를 토벌하시니 제 생각으론 재능이 있는 자는 변방에서 절의를 바쳐 죽어야 하고, 재물이 있는 자는 국가에 바쳐야 하니, 이와 같이 하면 흉노를 멸망시킬 수 있을 것입니다."

하였다. 무제가 이로 말미암아 복식을 현명하게 여기고 존중하고 드러내어 백성들을 넌지시 깨우치고자 하였다. 그리하여 마침내 복식을 불러 중랑(中郎)에 임명하고 밭 10경(頃)을 하사하고는 천하에 포고하여 이를 분명히 알게 하였다. 얼마 안 있어 또다시 복식을 발탁하여 제(齊)나라 태부(太傅)로 삼았다.

○【衛霍擊匈奴】

衛霍擊匈奴

上與諸將議曰 翕侯趙信爲單于畫計하여 常以爲漢兵不能度幕輕留라하니 今大發士卒이면 其勢必得所欲이라하고 乃粟馬十萬하고 令大將軍青票騎將軍去病各將五萬騎하니 大將軍出塞千餘里하여 度幕하여 捕斬首虜萬九千級하고 遂至寘顔山趙信城하여 得匈奴積粟하여 食軍하여 留一日하고 悉燒其城餘粟而歸하다

【위청·곽거병이 흉노를 공격하다】

무제가 여러 장수들과 논의하기를,

"흡후(翕侯) 조신(趙信)4)이 선우를 위하여 계책을 세웠는데 항상 이르기를, '한나라 군대는 사막을 건너 쉽사리 머물지 못할 것이다.'하였소. 이제 크게 사졸을 출동시키면 형세상 반드시 우리가 원하는 바를 얻을 것이오."

---

4) 흡후(翕侯) 조신(趙信) : 흉노에 투항한 한나라 사람. 흉노는 자신의 손윗누이로 조신의 아내를 삼아주고는 조신과 한(漢)나라에 대한 문제를 모의하였다.

하고는 마침내 10만 필의 말에 곡식을 먹이고 대장군(大將軍) 위청(衛靑)과 표기장군(票騎將軍) 곽거병(霍去病)에게 각각 5만 명의 기병(騎兵)을 거느리게 하였다. 대장군 위청은 변방 천여 리를 나가서 사막을 건너가 수급을 베고 포로로 잡은 것이 1만 9천 명이었다. 마침내 전안산(寘顔山) 조신성(趙信城)에 이르러 흉노가 쌓아둔 곡식을 얻어 군사들을 먹이고 하루를 머문 다음 그 성에 남아 있는 곡식을 모두 불태우고 돌아왔다.

○ 【李廣自剄】

李廣自剄

前將軍廣與右將軍食其軍無導하고 惑失道하여 後大將軍하여 不及單于戰하다 大將軍引還이라가 過幕南하여 乃遇二將軍하다 大將軍使長史責問廣食其失道狀이어늘 急責廣之幕府對簿하다 廣曰 諸校尉無罪라 乃我自失道하니 吾今自上簿至莫府라하다 廣謂其麾下曰 廣結髮與匈奴大小七十餘戰인댄 今幸從大將軍出接單于兵하나 而大將軍徙廣部하여 行回遠하고 而又迷失道하니 豈非天哉아 且廣年六十餘矣에 終不能復對刀筆之吏라하고 遂引刀自剄하다 廣爲人廉하고 得賞賜輒分其麾下하며 飮食與士共之하여 士以此愛樂爲用하니라 及死에 一軍皆哭하니 百姓聞之하고 知與不知가 無老壯皆爲垂涕하다

【이광이 스스로 목을 찔러 죽다】

전장군(前將軍) 이광(李廣)과 우장군(右將軍) 조이기(趙食其)의 군대가 향도관(嚮導官 : 행진할 때 길을 인도 하는 관원) 없어서 길을 헷갈려 대장군보다 늦어져서 선우(單于)와의 전쟁 날짜에 맞춰 이르지 못하였다. 대장군이 군대를 이끌고 돌아오다가 사막 남쪽을 지나서 장군 두 명과 만났다. 대장군은 장사(長史 : 소속 참모)에게 이광과 조이기가 길을 잃은 상황을 문책하게 하였는데 이광을 독촉하여 대장군 막부(幕府 : 천막 친 지휘소)로 와서 조사 문건에 대답하게 하였다.

이광이 말하기를,

"여러 교위(校尉 : 이광의 부하)들은 죄가 없다. 내가 스스로 길을 잃은 것이니 내가 지금 직접 올라가 문건에 대답하러 막부에 가겠다."

하였다. 그리고 이광이 부하들에게 말하기를,

"이광 내가 성인(成人)이 되고서 흉노와 크고 작은 전투 칠십여 차례를 치렀는데 지금 다행히 대장군을 따라 선우의 군대에 출격하였으나 대장군이 나의 부대를 이동하게 하면서 행군을 멀리 돌아가게 하였고 또 길을 헷갈렸으니, 어찌 천명이 아니겠느냐! 또 내 나이 육십 살이 넘었으니, 끝내 취조 문서 다루는 관리에게 다시 대답하지 못하겠구나!"

하고, 칼을 잡아 스스로 찔러 죽었다.

이광은 사람됨이 청렴하였고 상을 받으면 바로 부하들에게 나누어 주었으며 음식을 군사들과 함께 먹어, 군사들이 이 때문에 그에게 기용되는 것을 즐거워하였다. 그가 죽자 온 군대가 모두 울었다. 백성들은 이 소식을 듣고 알던 사람이건 모르던 사람이건 노소를 막론하고 모두 눈물을 흘렸다.

○【衛霍皆爲大司馬】

衛霍皆爲大司馬

票騎將軍은 出代右北平二千餘里하여 封狼居胥山하고 禪於姑衍하며 登臨翰海하여 鹵獲七萬四百四十三級하니 兩軍之出塞에 塞閱官及私馬凡十四萬匹이러니 後入塞者不滿三萬匹이라 乃益置大司馬位하여 大將軍票騎將軍皆爲大司馬하다

登臨翰海

【위청·곽거병이 모두 대사마가 되다】

표기장군 곽거병은 대군(代郡)·우북평군(右北平郡)에서 2천여 리를 나가 낭거서산(狼居胥山)에서 봉제(封祭)를 지내고 고연산(姑衍山)에서 선제(禪祭)를 지내고, 한해(翰海)[5]에 가서 7만 4백 43명의 수급을 노획하였다.

두 군대가 변방을 나갈 적에 변방에서 점검한 관마(官馬)와 사마(私馬)가 모두

---

5) 한해(翰海) : 사막. 또는 바이칼호라고도 한다.

14만 필이었는데, 뒤에 변방으로 들어온 것은 3만 필이 못 되었다. 이에 대사마(大司馬)의 지위를 더 설치하여 대장군(위청)과 표기장군(곽거병)이 모두 대사마가 되었다.

○ 【幕南無王庭】

幕南無王庭 是時에 漢所殺虜匈奴合八九萬이요 而漢士卒物故亦數萬이라 是後匈奴遠遁하여 而幕南無王庭이라 漢渡河自朔方以西至令居히

置田官 往往通渠하고 置田官 吏卒五六萬人하여 稍蠶食匈奴以北이나 然亦以馬少로 不復大出擊匈奴矣러라

【사막 이남에 왕정이 없게 되다】

이때 한나라가 죽이거나 사로잡은 흉노가 도합 8~9만 명이었고, 한나라 사졸이 죽은 것도 또한 수만 명이었다. 이 뒤로 흉노가 멀리 도망하여 사막 남쪽에는 왕정(王廷 : 흉노 황제의 거처)이 없게 되었다.

한나라는 황하를 건너 삭방으로부터 서쪽으로 영거현(令居縣)에 이르기까지 이따금 하천을 개통시키고 둔전관(屯田官)과 이졸(吏卒 : 관병) 5~6만 명을 두어 흉노 이북 지역을 조금씩 잠식(蠶食 : 누에처럼 먹어 들어감)하였다. 그러나 또한 마필(馬匹)이 부족하였기 때문에 다시 흉노를 크게 공격하지는 못하였다.

○ 【少翁以鬼神得幸】

少翁以鬼神得幸 齊人少翁이 以鬼神方見上이어늘 上拜爲文成將軍이러니 歲餘에 其方益衰하고 神不至어늘 於是誅文成將軍隱之하다

【소옹이 귀신 방술로 총애를 얻다】

제(齊)나라 사람 소옹(少翁)이 귀신을 부리는 방술을 가지고 무제를 뵙자, 무제가 문성장군(文成將軍)으로 임명하였는데, 1년이 넘자 그 방술이 점점 쇠퇴하여 신이 이르지 않았다. 이에 문성장군을 죽이고 이것을 숨겼다.

【계해(癸亥 B.C.118) 원수(元狩) 5년】

○ 【汲黯居淮陽】

汲黯居淮陽 上召拜汲黯爲淮陽太守하니 黯曰 臣常有狗馬之心이러니 今病力하여 不能任郡事하니 臣願爲中郎하여 出入禁闥하여 補過拾遺가 臣之願也니이다하니 上曰 君薄淮陽邪아 吾今召君矣리라 顧淮陽吏民不相得일새 吾徒得君之重하여 臥而治之하노라하여늘 居淮陽이라가 十歲而卒하다

汲黯常有狗馬之心

得君臥治淮陽

【급암이 회양에 머물다】

무제가 급암을 불러 임명하여 회양태수로 삼으니, 급암이 말하기를,

"신이 항상 개와 말처럼 주인을 따르려는 마음을 가지고 있었는데, 지금 병이 심하여 군(郡)의 일을 맡을 수 없습니다. 중랑(中郎)이 되어 금달(禁闥 : 궁궐)을 드나들면서 군주의 과실을 바로잡고 빠뜨린 것을 보충하는 것이 신의 소원입니다."

하였다. 무제가 말하기를,

"그대는 회양을 하찮게 여기는가? 내가 곧 그대를 부를 것이다. 생각건대 회양의 관리와 백성들이 서로 편안하지 못하므로 내가 다만 그대의 권위를 얻어 힘들이지 않고 다스리려는 것이다."

하였는데, 회양에 있은 지 10년 만에 죽었다.

【갑자(甲子 B.C.117) 원수(元狩) 6년】

○ 【顔異以反脣誅】

顔異以反脣誅 是歲에 大農令顔異誅하다 初에 異以廉直으로 稍遷至九卿이러니 張湯與異有郤이라 人有告異以他事어늘 下湯治異한대 異與客語

有腹誹之法比 初令下有不便者에 異不應하고 微反脣이러니 湯奏當호대 異九卿으로 見令不便하고 不入言而腹誹하니 論死니이다하니 自是之後로 有腹誹之法比하여 而公卿大夫多諂諛取容矣러라

【안이가 입술을 삐죽거려 주살되다】

이 해에 대농령(大農令) 안이(顔異)가 죽임을 당하였다. 과거에 안이는 청렴하고 정직함으로 인해 차츰 승진해 구경(九卿) 지위에 이르렀는데, 장탕은 안이와 틈이 있었다. 어떤 사람이 다른 일로 안이를 고발하자, 장탕에게 회부하여 안이를 다스리게 하였다. 안이가 손님과 대화할 적에 손님이 처음 명령내린 것에 불편한 점이 있다고 하자 안이는 대꾸하지 않았고 약간 입술을 삐죽거렸다. 장탕이 판결을 아뢰기를,

"안이가 구경으로서, 명령에 불편한 점이 있다고 말하는 것을 보고서도 들어와 말하지 않았고 마음속으로 비방하였으니, 사형으로 논죄합니다."

하였다. 이로부터 마음속으로 비방하는 것을 처벌하는 법률 조례가 생겨났으니, 공경대부들이 아첨하여 용납되기를 구하는 일이 많았다.

【병인(丙寅 B.C.115) 원정(元鼎) 2년】

○ 【張湯自殺】

張湯自殺 冬十一月에 張湯有罪自殺하다

【장탕이 자살하다】

겨울 11월에 장탕이 죄가 있어 자살하였다.

○ 【起栢梁臺 作承露盤】

起栢梁臺 作承露盤 春에 起栢梁臺하고 作承露盤하니 高二十丈이라 以銅爲之하고 有

仙人掌하여 以承露하여 和玉屑飮之하면 云可以長生이라하니 宮室之修가 自此日盛이라

【백량대를 세우고 승로반을 만들다】

봄에 백량대(栢梁臺)를 세우고 승로반(承露盤)[6]을 만드니, 높이가 20장(丈)이었다. 구리로 되어있고 신선의 손바닥 모양으로 <여기에> 이슬을 받아서 옥가루와 섞어 마시면 장생(長生)할 수 있다고 하였다. 궁실을 치장하는 것이 이로부터 날로 심해졌다.

○ 【西域始通】

西域始通 渾邪王旣降漢에 自鹽澤以東空無匈奴하니 西域道可通이라 於是張騫建言하되 厚幣招烏孫하여 以斷匈奴右臂하소서 旣連烏孫하면 自其西大夏之屬皆可招來리이다하다 天子以爲然하여 使騫使烏孫하고 因分遣副使使大宛大夏諸旁國하니 於是西域始通於漢矣러라

【서역이 처음으로 통하다】

혼사왕(渾邪王)이 한나라에 항복하고 나자 염택(鹽澤)으로부터 동쪽이 텅 비어 흉노가 없어져, 서역의 길이 통할 수 있었다. 이에 장건(張騫)이 건의하기를,

"많은 폐백으로 오손(烏孫)을 불러들여 흉노의 오른팔을 자르소서. 오손국과 연합하고 나면 그 서쪽인 대하의 무리를 모두 불러올 수 있을 것입니다."

하였다. 천자가 그 말을 옳게 여겨 장건에게 오손국에 사신으로 가게 하고, 이어서 부사(副使)들을 나누어 대원국과 대하국 등 여러 이웃 나라에까지 사신을 보내니, 이에 서역이 처음으로 한나라와 통하였다.

---

6) 승로반(承露盤) : 이슬을 받기 위해 구리로 신선의 손바닥처럼 만든 접시. 무제는 이 이슬을 마시고 목숨이 연장되기를 바랐다.

【무진(戊辰 B.C.113) 원정(元鼎) 4년】

○ 【欒大以神仙得幸】

欒大以神仙得幸

丁義薦方士欒大하여 云 與文成將軍同師라한대 上方悔誅文成이러니 得欒大하고 大說하여 拜爲五利將軍하니 貴震天下라 於是海上燕齊之間이 莫不搤腕自言有禁方能神仙矣러라

【난대가 신선술로 총애를 얻다】

정의(丁義)가 방사(方士)인 난대(欒大)를 천거하여 이르기를,

"문성장군(文成將軍)과 함께 한 스승을 섬겼습니다."

하였다. 무제가 이때 문성장군을 죽인 일을 후회하고 있었는데, 난대를 얻고는 크게 기뻐하여 오리장군(五利將軍)으로 임명하니, 귀함이 천하에 떨쳤다. 이에 바닷가 연(燕)·제(齊)지방에 팔을 걷어붙이고 나와 비방(秘方)이 있어 신선이 될 수 있다고 스스로 말하지 않는 자가 없었다.

○ 【兒寬課最】

兒寬課最

是時吏治皆以慘刻相尙하되 獨左內史兒寬이 勸農桑하고 緩刑罰하고 理獄訟하여 務在得人心하고 擇用仁厚士하여 推情與下하고 不求名聲하니 吏民大信愛之러라 收租稅時에 裁闊狹하여 與民相假貸하니 以故租多不入이라 後有軍發에 左內史以負租課殿하여 當免이러니 民聞當免하고 皆恐失之하여 大家牛車小家擔負輸租가 繦屬不絶하니 課更以最라 上由此愈奇寬하다

吏民大信愛兒寬

【예관은 고과가 최고】

이때에 관리가 다스리는 것이 모두 참혹하고 각박함을 서로 숭상하였으나 유독 좌내사(左內史) 예관(兒寬)만은 농업과 양잠을 권장하고 형벌을 너그럽게

하고 옥송을 다스려서 인심을 얻는데 힘썼으며, 어질고 후덕한 인사들을 가려 써서 실정(實情)을 미루어나가 아랫사람들을 대하고 명성을 구하지 않으니, 관리와 백성들이 크게 믿고 아꼈다. 조세를 거둘 때에 융통성이 있고 백성들에게 재물을 빌려주니 이 때문에 조세가 들어오지 않은 것이 많았다. 뒤에 군대 일로 물자를 징발할 적에 좌내사가 미납된 조세 때문에 고과에서 전(殿 : 하등)의 성적을 받아 파면 당하게 되었는데, 백성들은 그가 파면 당하게 되었다는 말을 듣고는 모두 그를 잃을까 두려워했다. 큰 부자 집에서는 우차(牛車)로 수송하고 가난한 집에서는 등에 짊어지고 가 조세를 수송하는 것이 줄처럼 이어져 끊어지지 않으니, 고과가 바뀌어 최(最 : 상등)가 되었다. 무제가 이로 말미암아 예관을 더욱 기특하게 여겼다.

○ 【武帝喜祥瑞】

武帝喜祥瑞 本記曰 六月에 得大鼎后土祠旁하고 秋에 馬生渥洼水中이어늘 作寶鼎天馬之歌하다 元封元年에 詔曰 甘泉宮內産芝에 九莖連葉이라하여 作芝房之歌하고 太始三年二月에 幸東海하여 獲赤鴈하고 作朱鴈之歌하다

【무제가 상서로움을 기뻐하다】

《한서(漢書)》 <무제본기(武帝本記)>에 말하였다.

6월에 후토(后土)의 사당 옆에서 큰 솥을 얻고 가을에 악와수에서 말이 나오자, 보정가(寶鼎歌)와 천마가(天馬歌)를 지었다. 원봉(元封) 원년(元年)에 조서를 내리기를,

"감천궁(甘泉宮) 안에 지초(芝草)가 났는데 아홉 줄기에 잎이 연이어졌다."

고 하여, 지방가(芝房歌)를 지었다. 태시(太始) 3년 2월에 동해(東海)에 행차하여 붉은 기러기를 잡고는 주안가(朱鴈歌)를 지었다.

【기사(己巳 B.C.112) 원정(元鼎) 5년】

○ 【石慶醇謹】

石慶醇謹 以御史大夫石慶爲丞相하다 時國家多事하여 桑弘羊等致利하고 王溫舒之屬峻法하며 兒寬等推文學하여 皆爲九卿하여 更進用事하니 事不關決於丞相이라 丞相慶醇謹而已러라

【석경이 순후하고 신중하다】

어사대부(御史大夫) 석경(石慶)을 승상(丞相)으로 삼았다. 이때 국가에 일이 많아 상홍양(桑弘羊) 등은 이익에 힘쓰고 왕온서(王溫舒)의 무리는 법을 준엄하게 하며 예관(兒寬) 등은 문학을 추구하였다. 모두 구경(九卿)이 되어 번갈아 나아가 권력을 행사하니 일이 승상을 거쳐 결정되지 않았다. 승상 석경은 돈후하고 삼갈 뿐이었다.

○ 【五利欒成受誅】

五利欒成受誅 五利妄言見其師하되 其方盡多不售하니 坐誣罔하여 腰斬이요 欒成侯亦棄市하다

【오리장군과 낙성후가 죽임을 당하다】

오리장군 난대가 자기 스승을 보았다고 허망되게 말하였으나 그의 방술이 증험되지 않은 것이 많아서 무망죄(誣罔罪)에 연좌되어 요참형을 당하였다. 낙성후(欒成侯) 정의도 시체가 시장에 버려지는 형벌을 받았다.

【경오(庚午 B.C.111) 원정(元鼎) 6년】

○ 【平南越 置九郡 平南夷 置五郡】

平南越置九郡平南夷置五郡 南越平이어늘 以其地爲南海珠厓等九郡하고 遂平南夷하고 以其地爲牂柯郡하다

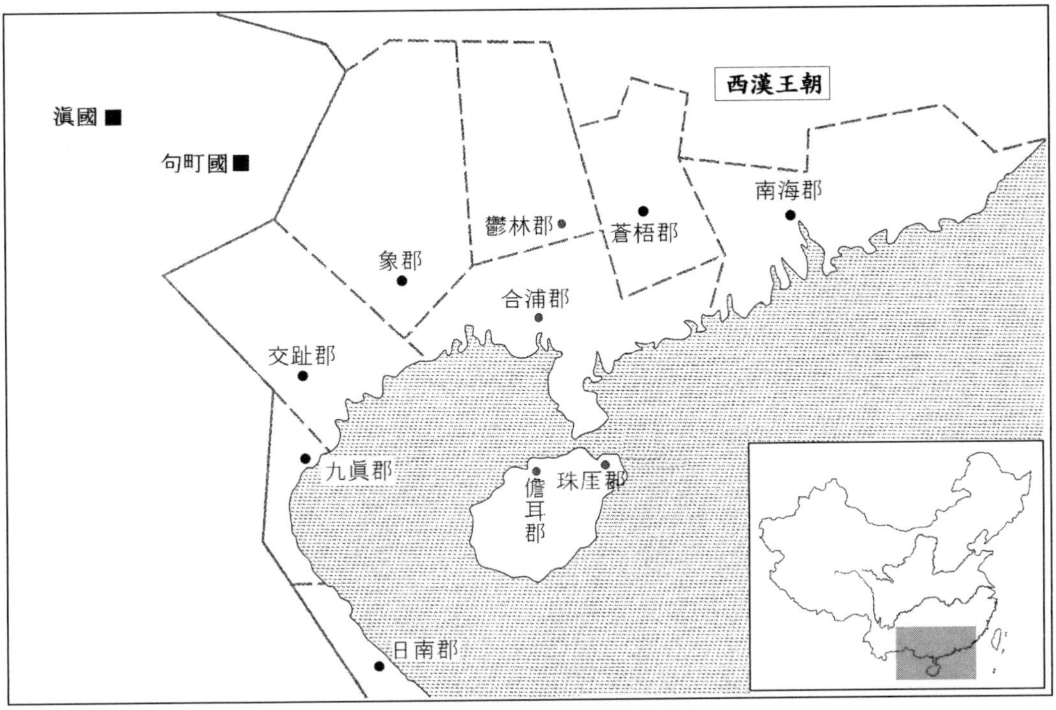

〈지도 07〉 서한(西漢)이 영남(嶺南) 10군(十郡)을 설치함 (B.C.111년)

【남월을 평정하여 아홉 군을 만들고 남이를 평정하여 다섯 군을 만들다】

남월이 평정되자 그 땅에 남해(南海)와 주애(珠厓) 등 아홉 군(郡)을 만들었으며, 마침내 남이(南夷)를 평정하고 그 땅에 장가군(牂柯郡)을 만들었다.

○ 【卜式諫興利】

卜式諫興利

是歲에 齊相卜式爲御史大夫하여 乃言 郡國多不便縣官作鹽鐵器에 苦惡價貴어늘 或强令民買之하고 而船有算하니 商者少하고 物貴라한대 上由是不悅卜式하다

【복식이 이익을 일으킴을 간언하다】

이 해에 제나라 재상 복식(卜式)이 어사대부가 되어 말하기를,

"군국(郡國) 사람들 중에 현관(縣官 : 관청)에서 만든 소금과 철기(鐵器)를 불

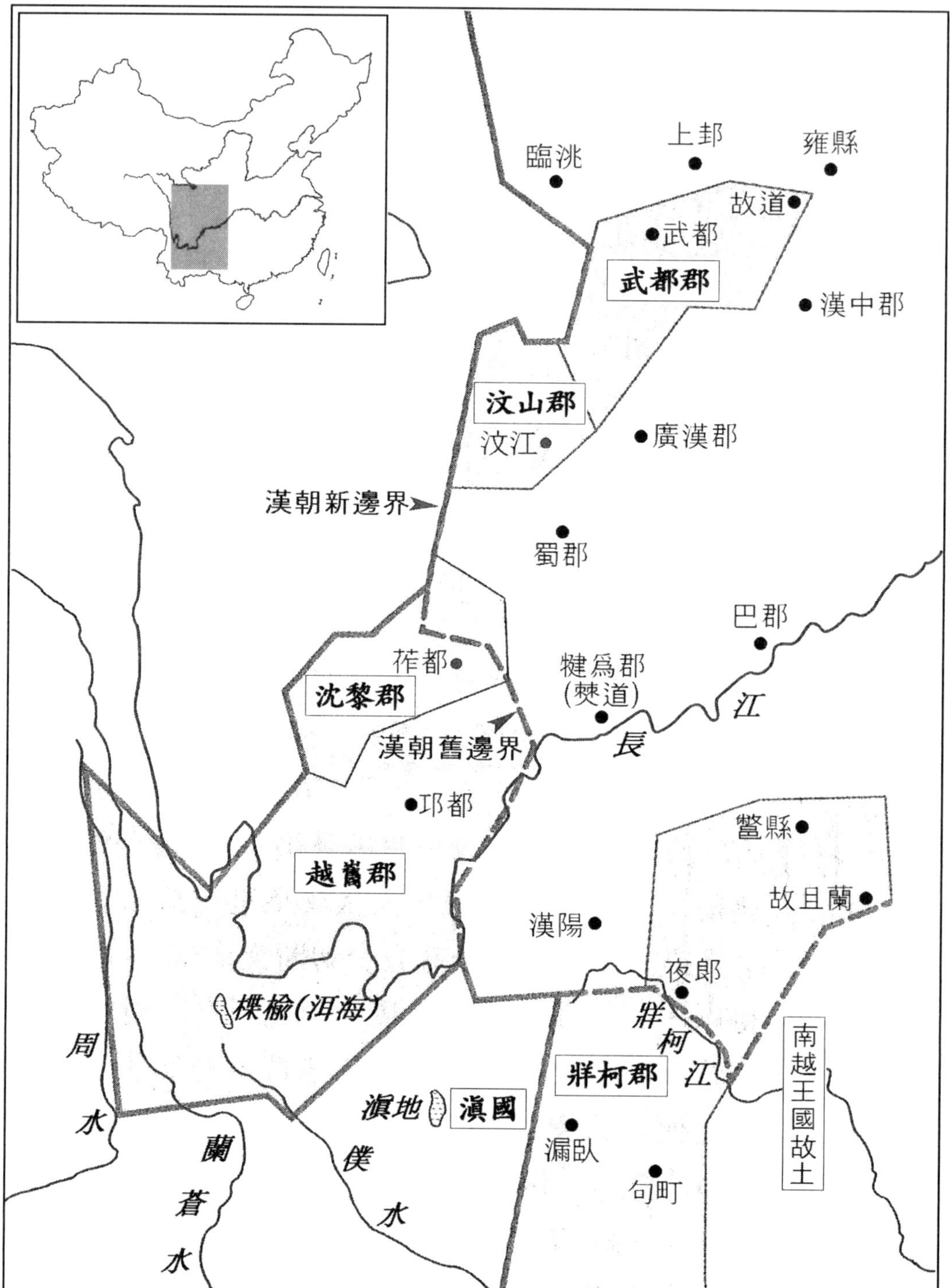

〈지도 08〉 서한이 서남(西南) 5군(五郡)을 설치함 (B.C.111년)

편하게 여기는 자가 많습니다. 품질이 나쁘고 값이 비싼데 간혹 강제로 백성들에게 사게 하고 배에 세금을 매기니, 장사하는 자들이 적어지고 물건 값이 비쌉니다."

하였다. 무제는 이로 말미암아 복식을 좋아하지 않았다.

○ 【武帝自制封禪儀】

武帝自制封禪儀

初에 司馬相如病且死에 有遺書하여 頌功德하고 言符瑞하여 勸上封泰山이어늘 上感其言하여 令諸儒草封禪儀러니 數年不成이라 上以問左內史兒寬한대 對曰 封泰山하고 禪梁父하여 昭姓考瑞는 帝王之盛節也라 臣以爲封禪告成하여 合祛於天地神祇는 唯聖主所由로 制定其當이니 非群臣之所能列이라 今將擧大事하되 優游數年하여 使羣臣得人人自盡하면 終莫能成이라 唯天子建中和之極하여 兼總條貫하여 金聲而玉振之하나니 以順成天慶하여 垂萬世之基하소서하다 上乃自制儀하되 頗采儒術以文之하다

【무제가 스스로 봉선 의식을 제정하다】

과거에 사마상여(司馬相如)가 병들어 죽으려 할 때에 유서를 남겨, 무제의 공덕을 칭송하고 상서로운 조짐을 말하여 무제께 태산(泰山)에 봉선(封禪)할 것을 권하였는데, 무제는 그의 말에 감동하여 여러 유신들에게 봉선하는 의식을 기초하게 하였으나 몇 년이 되어도 이루지 못하였다. 무제가 좌내사 예관에게 묻자, 대답하기를,

"태산에 봉제(封祭)하고 양보산(梁父山)에 선제(禪祭)를 하여 유씨 성씨(姓氏)을 밝히고 상서로움을 살피는 것은 제왕의 성대한 예의(禮儀)입니다. 신이 생각건대 봉선의식이 완성되었음을 고유(告由)하고 천지의 귀신에 교류하는 것은 오직 성스러운 임금만이 할 수 있는 것으로 타당한 예의를 제정할 수 있으니, 여러 신하들이 참여할 수 있는 것이 아닙니다. 지금 장차 큰일을

거행하려 하되 몇 년을 한가로이 보내다가 여러 신하들에게 사람마다 스스로 힘을 다하게 하시면 끝내 이루어지지 못할 것입니다. 천자만이 중화(中和)의 표준을 세워서 여러 조관(條貫 : 條理)을 겸하고 총괄해서, 금(金)으로 소리를 퍼뜨리고 옥(玉)으로 거두는 것이니, 하늘의 경사를 순히 이루시어 만세의 터전을 내려주소서."

하였다. 무제는 이에 스스로 봉선 의식을 제정하되 자못 유학을 채택하여 수식(修飾)하였다.

통감절요증손교주(通鑑節要增損校註) 11권

한기(漢紀)

▪ 세종효무황제(世宗孝武皇帝) 하(下)

【신미(辛未 B.C.110) 원봉(元封) 원년】

○ 【漢武勒兵巡邊】

漢武勒兵巡邊 詔曰 南越東甌가 咸伏其辜하되 西蠻北夷가 頗未輯睦하니 朕將巡邊陲하여 擇兵振旅하여 躬秉武節하여 置十二部將軍하고 親帥師

漢武登單于臺 焉호리라하고 乃行할새 自雲陽北歷上郡西河五原하여 北登單于臺하고 至朔方하고 臨北河하여 勒兵十八萬騎하니 旌旗徑千餘里라 威振匈奴하다 遣使告單于曰南越王頭已懸於漢北闕矣로니 單于能戰이어든 天子自將待邊이요 不能이어든 亟來臣服하라 何但亡匿

匈奴不敢出 幕北寒苦之地爲오하니 匈奴讋하여 終不敢出이어늘 上乃還하다

【한 무제가 군대를 정비하여 변방을 순행하다】

조서를 내리기를,

"남월(南越)과 동구(東甌)가 모두 그 죄를 받았으나 서만(西蠻)과 북이(北夷)가 자못 화목하지 않으니, 짐이 장차 변경을 순행하여 군사를 가려 뽑고 군대를 정돈하여 몸소 무절(武節 : 군대를 통솔하는 부절)을 잡고서 12부의 장군을 두고 친히 군대를 지휘하겠다."

하고, 이에 길을 떠나서 운양(雲陽)으로부터 북쪽으로 상군(上郡)·서하(西河)·오원(五原)을 지나 북쪽으로 선우대(單于臺)에 오른 다음 삭방(朔方)에 이르고 북하

(北河)에 임하여 18만의 기병을 정돈하여 조련시키니, 깃발이 천여 리에 뻗쳐서 위엄이 흉노에 진동하였다. 사신을 보내 선우에게 고하기를,

"남월왕의 머리를 이미 한나라 북쪽 대궐에 매달았으니, 그대가 전쟁할 수 있으면 천자인 내가 직접 지휘하여 변방에서 기다리겠다. 전쟁할 수 없으면 빨리 와서 신하로 복종하라. 어찌 다만 사막 북쪽의 춥고 괴로운 땅에 도망쳐 숨기만 하는가?"

하니, 흉노가 두려워하여 끝내 감히 나오지 못하였다. 무제가 마침내 돌아왔다.

○ 【卜式貶秩】

卜式貶秩 上以卜式不習文章이라하여 貶秩爲太子太傅하고 以兒寬代爲御史大夫하다

【복식이 계급이 강등되다】

무제는 복식(卜式)이 문장을 익히지 않는다고 하여 품계를 낮추어 태자태부로 삼고, 예관(兒寬)을 대신 어사대부로 삼았다.

○ 【東越降】

東越降 東越王餘善反이어늘 漢兵擊之한대 東越殺餘善하고 以其衆降하다 上以閩地險阻하여 數反覆하니 終爲後世患이라하여 乃徙其民於江淮之間하고 遂虛其地하다

【동월이 항복하다】

동월왕(東越王)과 여선(餘善)이 배반하자 한나라 군대가 공격하니, 동월이 여선을 죽이고 그 무리를 거느리고 항복하였다. 무제는 민(閩)땅이 험하여 자주 반란을 일으키니 끝내 후세의 근심이 될 것이라 생각하여, 그 백성을 양자강과 회수 사이로 옮기니 마침내 그 땅이 텅 비었다.

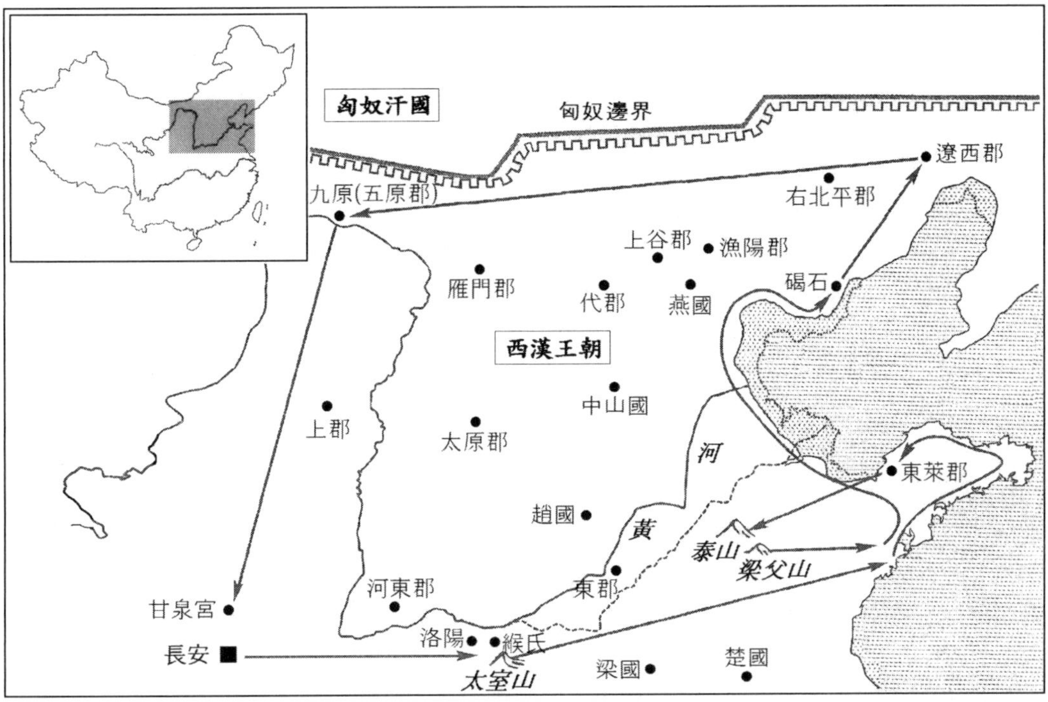

〈지도 09〉 유철(劉徹 : 한 무제)이 유람함(B.C.110년 정월~5월)

○ 【漢武封禪】

漢武封禪 正月에 上行幸緱氏하여 禮祭中嶽太室할새 從官在山下聞若有言萬歲者三이라하여늘 詔加增太室祠하다 上遂東巡海上하여 行禮祠八神할새 公孫卿見大人跡甚大하고 群臣言 見一老父牽狗라가 忽不見이라한대 上以爲仙人也라하여 宿留海上하고 四月에 還하여 封禪하니 其封禪祠에 夜若有光하고 晝有白雲出封中이러라 天子還한대 群臣上壽頌功德하다 天子旣已封泰山하니 無風雨라 而方士更

武帝巡海求神仙 言蓬萊諸神若將可得이라하니 於是上欣然庶幾遇之하여 復至海上望焉이러라 上欲自浮海求蓬萊러니 東方朔曰 陛下第還宮靜處以須之하시면 仙人將自至하리이다하니 乃止하고 遂去하여 並海上하여

北至碣石하고 巡自遼西하여 歷北邊하여 至九原하고 五月에 乃至甘泉하니 凡周行萬八千里云이러라

【한 무제가 봉선 제사를 올리다】

정월에 무제가 구씨(緱氏)에 행차하여 중악태실산(中嶽太室山)에 예의로 제사할 적에 수행하던 관원이 산 아래에 있다가 마치 '만세(萬歲)'라고 말하는 듯한 소리를 세 번 들었다고 하였다. 조서를 내려 태실의 사당을 증축하고, 무제는 마침내 동쪽으로 바닷가를 순행하여 팔신(八神)에게 예의로 제사지냈다. 공손경(公孫卿)이 대인(大人)의 발자국이 매우 큰 것을 보았고, 여러 신하들이 말하기를,

"개를 끌고 가던 한 노인이 갑자기 사라진 것을 보았습니다."

하였다. 무제는 이것을 선인(仙人)이라고 여겨 바닷가에 머물면서 기다렸다. 4월에 돌아오다가 봉선 제사를 지내니, 봉선 제사한 사당에 밤에는 빛이 있는 듯하였고, 낮에는 흰 구름이 봉토 가운데서 나왔다. 무제가 돌아오자, 여러 신하들이 축수(祝壽)를 올려 공덕을 칭송하였다.

무제가 태산(泰山)에 봉선 제사한 뒤에는 비바람의 재해가 없었다. 방사(方士)들이 번갈아 "봉래산의 여러 신선들을 찾을 수 있을 듯하다."고 말하자, 이에 무제는 기뻐하여 행여 신선들을 만날까 하여 다시 바닷가에 이르러 바라보았다.

무제는 직접 배를 타고서 봉래산을 찾으려 하였는데, 동방삭(東方朔)이 아뢰기를,

"폐하께서는 다만 궁으로 돌아가서 고요히 거처하면서 기다리시면 선인이 장차 스스로 이를 것입니다."

하니, 이에 중지하였다. 마침내 길을 떠나 바닷가를 따라 북쪽으로 갈석(碣石)에 이르고 순행하여 요서(遼西)로부터 북쪽 변방을 거쳐 구원(九原)에 이르고 5월에 감천산(甘泉山)에 이르니, 일주한 거리가 1만 8천 리였다.

○ 【桑弘羊作平準法】

桑弘羊作平準法

先是에 桑弘羊이 領大農하여 盡管天下鹽鐵하여 作平準之法할새

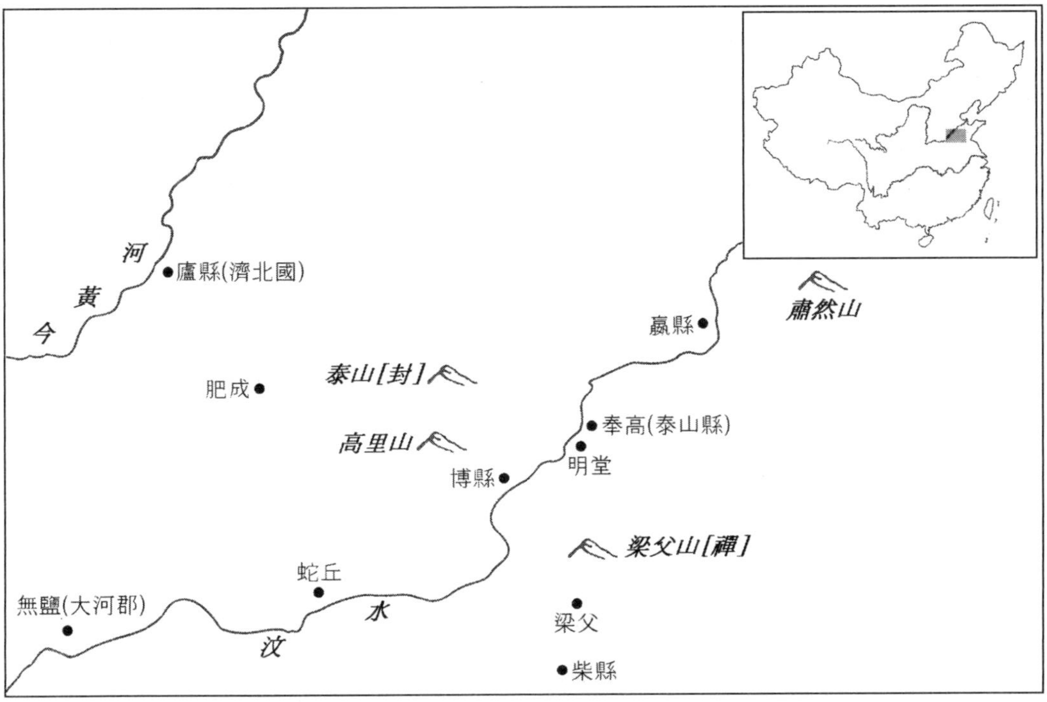

〈지도 10〉 유철(劉徹 : 한 무제)이 봉선(封禪) 의식을 함 (B.C.110년 4월)

令遠方各以其物如異時商賈所轉販者하여 爲賦而相灌輸하고 置
平準于京師하여 都受天下委輸하고 盡籠天下之貨物하여 貴卽賣
之하고 賤則買之하여 欲使富商大賈無所牟大利하고 而萬物不得
卜式請烹弘羊 騰踊이러니 至是에 天子巡狩郡縣할새 所過賞賜에 用帛百餘萬匹
이요 錢金以巨萬計로되 皆取足大農이러라 弘羊又請令吏得入粟
補官及罪人贖罪하니 山東漕粟益歲六百萬石이라 一歲之中에 太
倉甘泉倉滿하고 邊餘穀하며 諸物均輸하여 帛五百萬匹이라 民不
益賦而天下用饒어늘 於是弘羊賜爵左庶長하다 是時小旱이어늘
上令官求雨한대 卜式言曰 縣官當食租衣稅而已어늘 今弘羊令吏
坐市列肆하여 販物求利하니 烹弘羊이라야 天乃雨하리이다하다

【상홍양이 평준법을 만들다】

이보다 앞서 상홍양이 대사농(大司農)을 겸직[領][1]하여 천하의 소금과 쇠를 모두 관장하였다. 평준법(平準法)[2]을 만들 적에 먼 지방이 각각 그 지방에서 나오는 물건을 가지고 만일 다른 시기에 장사꾼이 돌아다니며 팔 경우 세금을 물려서 서로 물건을 대주고 실어 보내게 하였으며, 평준령·승(平準令丞)을 서울에 두고는 천하에서 실어 보낸 물건을 모두 받고 천하의 화물(貨物)을 다 관장하여 값이 비싸면 즉시 팔고 값이 싸면 사들였다. 그리하여 부유한 상인과 큰 장사꾼들이 큰 이익을 취하는 경우가 없게 하고, 모든 물가가 폭등하지 못하게 하였다. 이때에 이르러 천자가 군현을 순시할 적에 지나가는 곳마다 상을 하사하여 소비된 비단이 백여만 필이었고 돈과 금이 몇 만으로 헤아릴 정도였는데 모두 대사농에게 받아서 충당하였다.

상홍양은 또 관리들이 곡식을 바쳐 관직에 보임되고 죄인들이 곡식을 바쳐 속죄할 수 있게 해줄 것을 청하였다. <이 제도를 시행한 결과> 산동 지방에서 <서울로> 조운(漕運)해 오는 곡식이 해마다 6백만 석이 증가하였다. 1년 안에 태창(太倉 : 서울 창고)과 감천창(甘泉倉 : 감천산 창고)이 가득 차고 변경에 곡식이 남았으며 여러 물건을 균수(均輸)하여 얻은 비단이 5백만 필이었다. 백성들이 세금을 더 내지 않았으나 천하의 재용이 풍족하였다. 이에 상홍양에게 좌서장(左庶長)의 벼슬을 내렸다. 이때에 날이 약간 가물었는데, 무제가 관원들에게 기우제를 지내게 하자, 복식이 말하기를,

> "현관(縣官)은 마땅히 조세로 거둔 것을 가지고 밥을 먹고 옷을 해 입어야 할 뿐인데, 지금 상홍양이 관리들에게 시장에 앉아서 가게를 벌여놓고 물건을 팔아 이익을 구하게 하니, 상홍양을 삶아 죽여야 하늘이 비를 내릴 것입니다."

하였다.

---

1) 겸직〔領〕: 겸관(兼官). 한(漢)나라 이후에 지위가 높은 관원이 낮은 직무를 겸직할 때 '領'이라 하고 또 '녹(錄)'이라고도 하였다.

2) 평준법(平準法) : 무제가 창설한 경제 정책의 한 가지. 값이 싸면 사들이고 비싸면 팔아서 물가를 조절하였다. 물가를 균평(均平)하게 한다는 뜻에서 '平準'이라 하였다.

【임신(壬申 B.C.109) 원봉(元封) 2년】

○ 【天旱意乾封】

天旱意乾封 上以旱爲憂어늘 公孫卿曰 黃帝時에 封則天旱하여 乾封三年하니이다하니 上乃下詔曰 天旱은 意乾封乎인저 其令天下尊祠靈星焉하라하다

【날이 가문 것은 봉토를 말리려는 뜻이다】

무제가 가뭄을 걱정하자, 공손경(公孫卿)이 말하기를,

"황제(黃帝) 때에 봉선 제사를 지내자 날이 가물어서 봉토를 3년 동안 말렸습니다."

하니, 무제가 조서를 내리기를,

"날이 가문 것은 봉토를 말리려는 뜻인가 보다! 천하 사람들에게 영성(靈星 : 농사 담당 별)을 높여 제사하도록 하라."

하였다.

【계유(癸酉 B.C.108) 원봉(元封) 3년】

○ 【趙破奴擊車師】

趙破奴擊車師 十二月에 將軍趙破奴擊車師하고 因擧兵威以困烏孫大宛之屬하니 酒泉列亭障至玉門 正月에 封破奴爲浞野侯하다 於是酒泉列亭障至玉門矣하다

【조파노가 거사국을 공격하다】

12월에 장군 조파노(趙破奴)가 거사국(車師國 : 서역의 나라 이름)을 공격하고, 이어서 군대의 위엄을 세워 오손국과 대원국의 무리를 곤궁하게 하니 정월에 조파노를 봉해 착야후(浞野侯)로 삼았다. 이에 주천(酒泉)에서부터 초소를 세워서 옥문관(玉門關)까지 이르렀다.

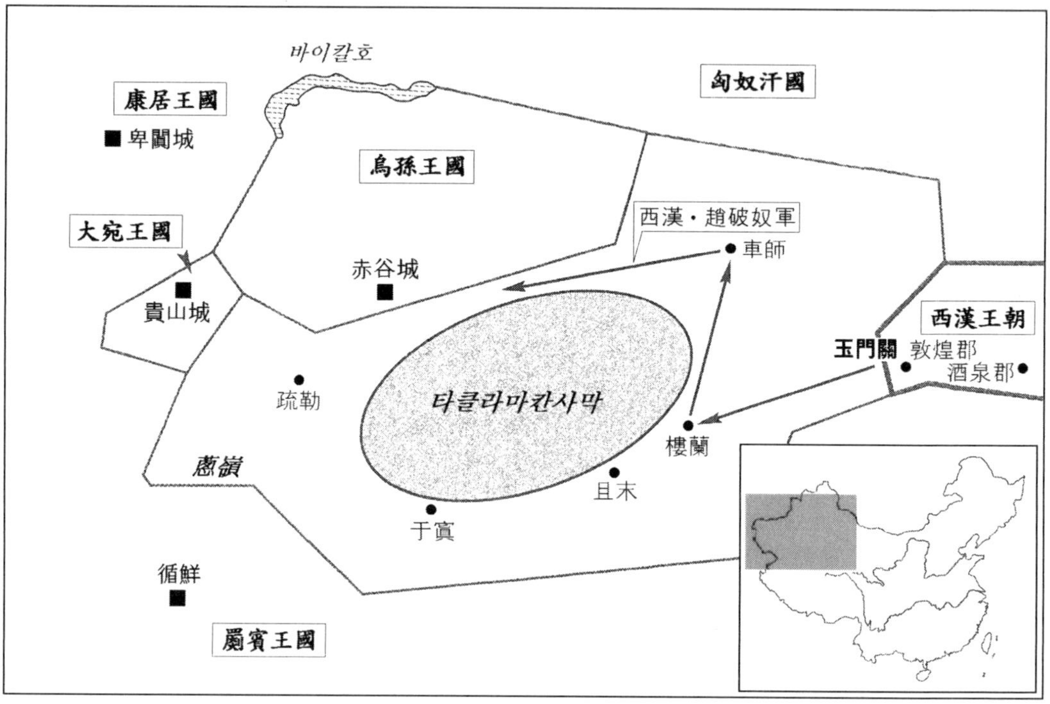

〈지도 11〉 조파노(趙破奴)가 서역(西域)으로 진군함 (B.C.108년)

【을해(乙亥 B.C.106) 원봉(元封) 5년】

○ 【置十三部刺史】

置十三部刺史 上既攘卻胡越하고 開地斥境하여 乃置交趾朔方之州와 及冀幽幷兗徐青揚荊豫益涼等州하니 凡十三部이요 皆置刺史焉하다

【13부 자사를 두다】

무제가 호(胡)와 월(越)을 물리치고 나서는 땅을 넓히고 국경을 개척하여 마침내 교지주·삭방주와 기주·유주·병주·연주·서주·청주·양주·형주·예주·익주·양주 등 모두 13주(州)를 설치하고, 모두 자사(刺史 : 감찰관)를 두었다.

○ 【求茂才異等】

求茂才異等 上以名臣文武欲盡이라하여 乃下詔曰 蓋有非常之功인대 必待非

常之人이라 故馬或奔踶而致千里하고 士或有負俗之累而立功名

泛駕之馬 跅弛之士 하니 夫泛駕之馬와 跅弛之士도 亦在御之而已라 其令州郡察吏民有茂才異等하여 可爲將相及使絶國者하라하다

【특이한 수재를 구하다】

무제는 명망 있는 문관과 무관이 다 없어지려고 하자 마침내 조서를 내리기를,

"비상한 공로를 세우려면 반드시 비상한 인물을 필요로 한다. 이 때문에 말은 혹 내달리고 뒷발질하더라도 천리를 가는 경우가 있고, 인물은 혹 세상에서 비방을 받는 잘못이 있더라도 공명을 세우는 경우가 있으니, 수레를 뒤엎는[3] 말과 제멋대로 행동하는 인물이라도 또한 이들을 부리기에 달려 있을 뿐이다. 주·군(州郡)에서 관리와 백성 중에 최상의 수재로 장수와 정승을 삼거나 먼 나라에 사신 보낼만한 자를 살펴서 천거하게 하라."

하였다.

【정축(丁丑 B.C.104) 태초(太初) 원년】

○ 【造太初曆 以正月爲歲首】

造太初曆 以正月爲歲首 太中大夫公孫卿壺遂太史令司馬遷等言하니 曆紀壞廢하니 宜改正朔이니이다하다 上詔兒寬與博士賜等共議하니 以爲宜用夏正이라

兒寬請用夏正 하다 夏五月에 詔卿遂遷等共造漢太初曆하여 以正月爲歲首하고 色上黃하고 數用五하고 定官名하고 協音律하다

【태초력을 만들어 정월로 연도의 시작을 삼다】

태중대부(太中大夫) 공손경(公孫卿)과 호수(壺遂)와 태사령(太史令) 사마천(司馬遷)

3) 수레를 뒤엎는 : 원문 '泛駕'는 '봉가'로 읽고 '泛'의 뜻은 '뒤엎다〔覆〕'이다.

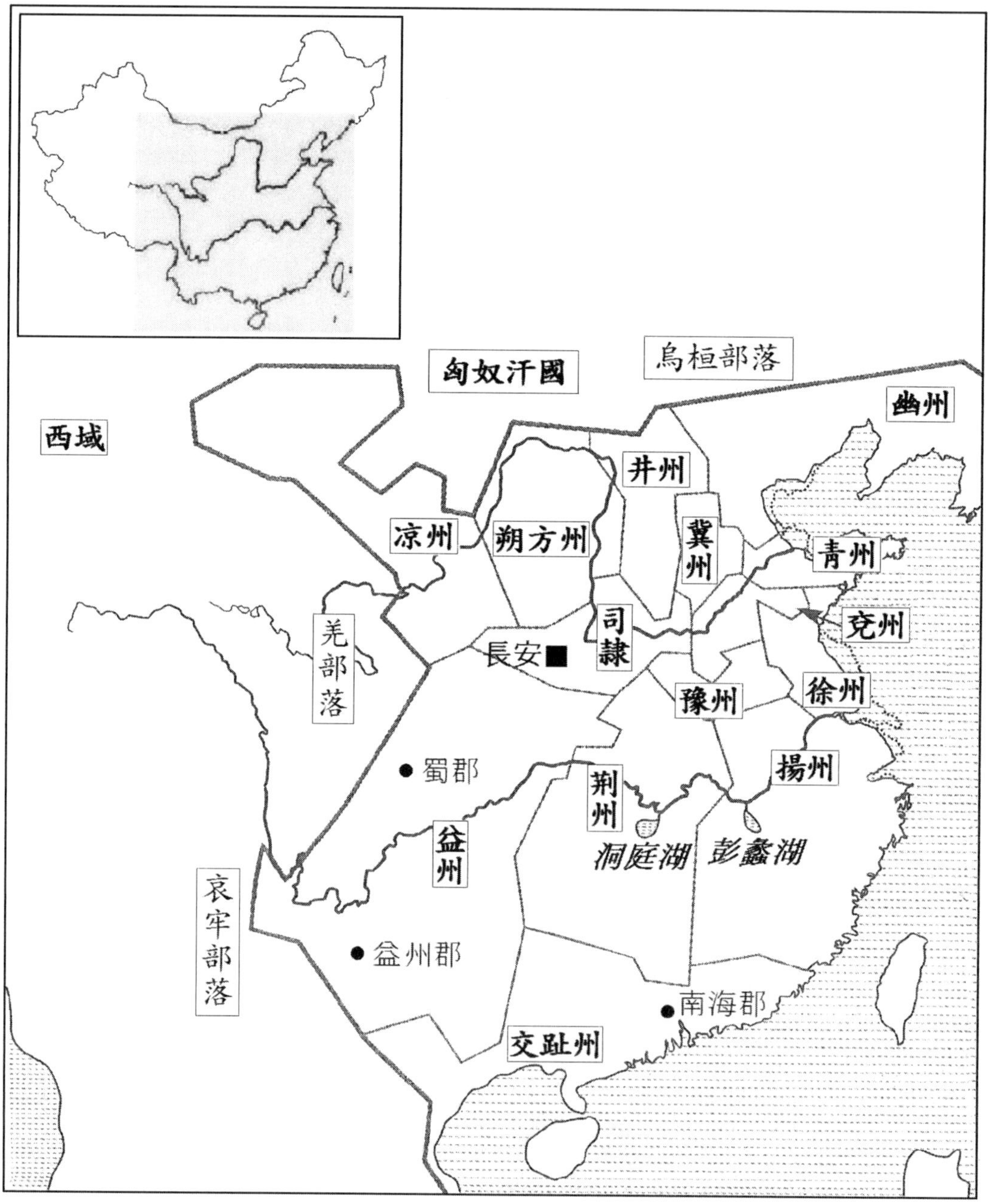

〈지도 12〉 전국(全國)을 13주(十三州)와 1사예(一司隸)로 구획(區劃)함 (B.C.106년)

등이 말하기를,

"역기(曆紀 : 曆法)가 무너지고 폐지되었으니, 마땅히 정삭(正朔)4)을 고쳐야 합니다."

하였다. 무제가 예관(兒寬)에게 명하여 박사(博士) 사(賜) 등과 함께 의논하게 하니, 하(夏)나라의 정삭을 써야 한다고 말하였다. 여름 5월에 공손경·호수·사마천 등에게 명하여 한나라 태초력(太初曆)을 함께 만들게 하여 정월(正月)을 세수(歲首 : 연도 시작)로 삼고, 색깔은 황색(黃色)을 숭상하고 수(數)는 5를 사용하고[5] 관명(官名)을 정하고 음률(音律)을 맞추었다.

○ 【李廣利伐宛】

李廣利伐宛 漢使入西域者言호대 宛有善馬하여 在貳師城하되 匿不肯與漢使라한대 天子欲侯寵姬李氏하여 乃拜李夫人兄廣利爲貳師將軍하여

李廣利爲貳師將軍 以伐宛하니 期至貳師城取善馬라 故號貳師將軍이라하다

【이광리가 대원국을 정벌하다】

한나라 사신(使臣)으로 서역(西域)에 들어갔던 이가 말하기를,

"대원국에 좋은 말이 이사성(貳師城)에 있는데, 숨기고 한나라 사신에게 주려고 하지 않습니다."

하였다. 무제가 총희(寵姬)인 이씨(李氏)의 친족을 제후(諸侯)로 삼고자 하였는데, <공이 있는 자가 아니면 제후로 삼을 수가 없으므로> 마침내 이부인(李夫人)의 오라비인 이광리(李廣利)를 임명하여 이사장군(貳師將軍)으로 삼아 대원국을 정벌하게 하였다. 이사성에 이르러서 좋은 말을 취할 것을 바랐기 때문에 이사장군이라고 호칭하였다.

---

4) 정삭(正朔) : 하(夏)나라 정삭(正朔)이 동지 다음다음 달(지금 음력 1월)을 세수(歲首)로 하였고, 은(殷)나라 정삭이 동지 다음 달(지금 음력 12월)을 세수로 하였고, 주(周)나라 정삭이 동짓달(지금 음력 11월)을 세수로 하였고, 진(秦)나라 정삭이 동지 전 달(지금 음력 10월)을 세수로 하였다. 한나라는 진나라 정삭을 이어 음력 10월을 세수로 하고 9월을 연말로 사용하다가 태초(太初) 원년(B.C.104)에 하나라 정삭인 지금 음력 1월로 세수를 삼았는데, 이것이 지금까지 2천 1백여 년 동안 사용되고 있는 것이다.

5) 황색(黃色)을 숭상하고 수(數)는 5를 사용하고 : 한나라는 토덕(土德)이 왕성하다는 논의가 일어났는데 토(土)의 색이 황색이기 때문에 숭상하게 된 것이다. 토(土)의 수(數)는 하도(河圖)·낙서(洛書)에 중앙 5인데 인장을 새길 때에 4글자인 경우 5글자로 만들어 사용하였다. 예를 들어 '승상인장(丞相印章)'으로 4글자이면 '승상지인장(丞相之印章)'으로 '之'를 더해 5글자로 하였던 것이다.

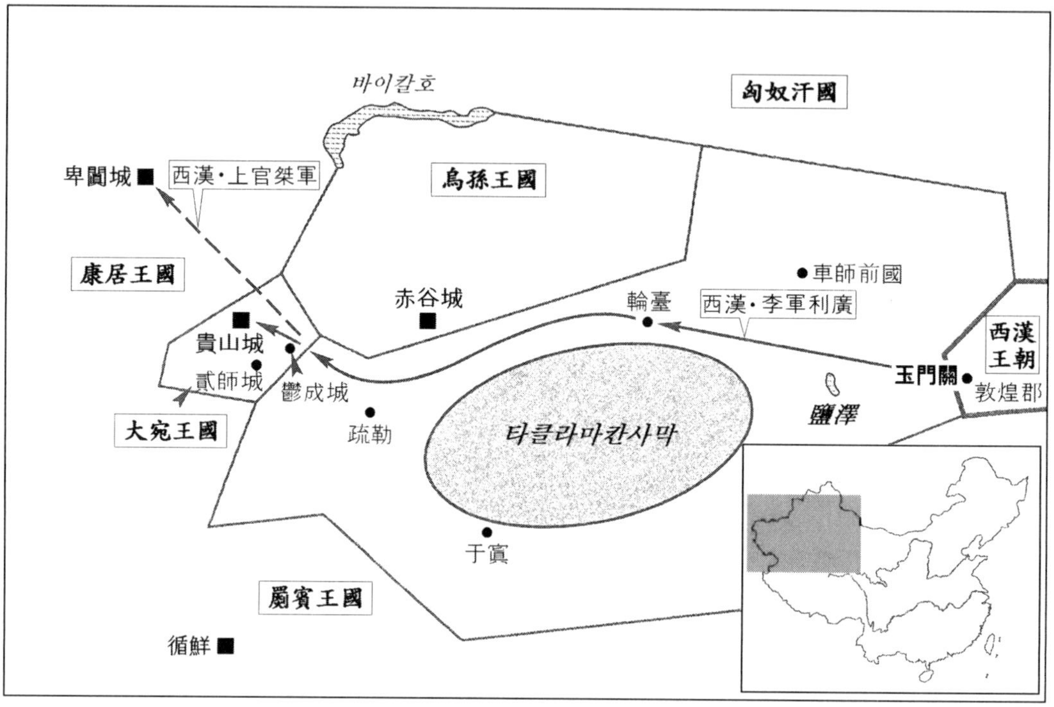

〈지도 13〉 이광리(李廣利)가 두 번째로 대원(大宛)에 출격함 (B.C.102년)

○ 【武帝無見於置將】

武帝無見於置將

司馬公曰 武帝欲侯寵姬李氏하여 而使廣利將兵伐宛하니 其意以爲非有功不侯라하여 不欲負高帝之約也니이다 夫軍旅大事라 國之安危民之死生繫焉이어늘 苟爲不擇賢愚而授之하고 欲徼幸咫尺之功하여 藉以爲名而私其所愛면 不若無功而侯之爲愈也니이다 然則武帝有見於封國이요 無見於置將이니 謂之能守先帝之約이면 過矣니이다

【무제가 장군을 세워줄 줄은 알지 못하다】

온공이 말하였다.

무제가 사랑하는 희(姬) 이씨의 형제를 제후로 삼고자 하여 이광리에게 병사를 지휘하여 대원국을 정벌하게 하였는데, 그의 마음속에 '공로가 없으면 제후

삼을 수가 없다.'고 생각하였으니, 고제(高帝)의 약속을 저버리지 않으려고 한 것입니다.

그러나 군대는 대사(大事)이므로 국가의 안위와 백성의 생사가 달려 있습니다. 만약 현명하고 어리석음을 가리지 않고 장군으로 임명하여 작은 공로를 요행으로 바라고 이것을 명분으로 삼아 자신이 사랑하는 사람에게 사사로이 잘해 준다면, 공로가 없어도 제후로 봉해주는 것보다 나을 것이 없습니다. 그렇다면 무제는 나라를 봉해줄 줄만 알고 장군을 세워줄 줄은 몰랐으니, 이를 일러 선제(先帝 : 유방)의 약속을 지켰다고 하는 것은 잘못된 것입니다.

【무인(戊寅 B.C.103) 태초(太初) 2년】

○【公孫賀不受相】

公孫賀不受相 太僕公孫賀爲丞相하다 時朝廷多事하여 督責大臣하니 自公孫弘後로 丞相比坐事死라 石慶雖以謹得終이나 然數被譴이라 賀引拜爲丞相하되 不受印綬하고 頓首涕泣不肯起어늘 上乃起去하니 賀不得已拜하여 出曰 我從是殆矣라하다

【공손하가 승상 벼슬을 받지 않으려 하다】

태복 공손하를 승상으로 삼았다. 이때 조정에 일이 많아 대신을 독촉함이 엄격하니, 공손홍 이후로 승상이 자주 직무에 연좌되어 죽었는데, 석경이 비록 근신하여 유종의 미를 거둘 수는 있었으나 자주 견책을 당하였다. 공손하가 이끌리어 승상으로 임명받았는데 인수(印綬)를 받지 않고 머리를 조아려 울면서 일어나려고 하지 않자 황제가 이에 일어나 가버렸다. 공손하가 어쩔 수 없이 도장을 받고 나와 말하기를,

"내가 이제부터 위태롭게 되었다."

하였다.

【기묘(己卯 B.C.102) 태초(太初) 3년】

○ 【河帶山礪】

河帶山礪 睢陽侯張昌坐爲太常乏祠하여 國除하다 初에 高祖封功臣爲列侯百四十有三人이러니 時兵革之餘라 大城名都民人散亡하여 戶口裁什二三이라 大侯不過萬家요 小者五六百戶러라 其封爵之誓曰 使黃河如帶하고 泰山若礪토록 國以永存하여 爰及苗裔라하다 逮文景世하여 流民旣歸하고 戶口亦息하니 列侯大者至三四萬戶하고 小國自倍하여 富厚如之하니 子孫驕逸하여 多抵法禁하여 隕身失國이라 至是見侯纔四人이요 罔亦少密焉하다

【황하가 띠처럼 마르고 태산이 숫돌처럼 닳도록 길이 보존하다】

수양후 장창이 태상이었을 때 제사를 빠뜨린 죄에 연좌되어 수양후의 나라를 폐하였다. 처음에 고조가 공신을 봉하여 열후로 삼은 것이 143인이었는데, 당시 전쟁을 치른 뒤라서 큰 성과 이름난 도시에 백성이 흩어지고 도망하여 호구가 열집 가운데 두세 집만 남았으므로, 큰 제후도 만가에 불과했고 작은 제후는 5, 6백호였다. 봉작할 때 맹세하여 말하기를,

"황하가 띠처럼 마르고 태산이 숫돌처럼 닳도록, 나라를 길이 보존하여 후손에게 미치리로다."

하였었다. 문제와 경제 때에 이르러 떠돌던 백성이 돌아오고 나자 호구가 또한 늘어나, 열후(列侯) 가운데 큰 제후는 3, 4만 호에 이르렀고, 작은 제후는 절로 배가 되어 부유함도 이와 같게 되니, 자손이 교만하고 안일해져서 법으로 금하는 것을 위반함이 많아 목숨을 잃고 나라를 잃었다. 이때에 이르러 제후는 겨우 네 사람이었고, 법망 또한 조금 엄밀해졌다.

○ 【貳師破宛】

貳師破宛 貳師西行至宛하여 圍其城하고 虜宛貴人하니 宛大恐하고 走入城中하여 持王毋寡頭하다 宛乃出其馬하여 令漢自擇之하고 而多出食食漢軍하니 漢軍與盟而罷兵하다

【이사장군이 대원을 격파하다】

이사장군(貳師將軍)이 대원(大宛)에 이르러 그 성을 포위하고 대원의 귀족을 사로잡으니, 대원 사람들이 크게 두려워서 성 안으로 달려 들어가 왕 무과(毋寡)의 머리를 가지고 왔다. 대원은 이어 좋은 말을 내놓고 한나라에게 스스로 선택하게 하였으며 많은 음식을 내놓아 한나라 군사를 먹이니, 한나라 군대가 대원과 동맹을 맺고 철수하였다.

【경진(庚辰 B.C.101) 태초(太初) 4년】

○【侯李廣利】

侯李廣利 乃下詔封李廣利爲海西侯하다

【이광리를 제후로 삼다】

이어 조서를 내려 이광리를 봉하여 해서후(海西侯)로 삼았다.

○【西域震懼】

西域震懼 自大宛破後로 西域震懼하여 漢使入西域者益得職하다 於是自燉煌西至鹽澤往往起亭하고 而輪臺渠犁皆有田卒數百人하고 置使者校尉領護하여 以給使外國者하다

【서역이 떨고 두려워하다】

대원국(大宛國)이 격파된 뒤로 서역이 떨고 두려워하여, 서역에 들어가는 한

(漢)나라 사신들이 직책을 더욱 잘 완수할 수 있었다. 이에 돈황(燉煌)에서 서쪽으로 염택(鹽澤)에 이르기까지 곳곳에 정장(亭障 : 초소)을 설치하고, 윤대(輪臺 : 서역의 지역 이름)와 거려(渠犁 : 서역의 나라 이름)에 모두 둔전(屯田)하는 병졸 수백 명을 두고, 사자(使者)와 교위(校尉)를 두어 이들을 통솔하고 보호하게 하였으며 외국에 사신가는 자들에게 음식을 제공하도록 하였다.

○ 【下復讎之詔】

下復讎之詔 春秋大九世復讎

天子欲因伐宛之威遂困胡하여 下詔曰高帝遺朕平城之憂하고 高后時에 單于書絶悖逆이라 昔齊襄公復九世之讎하니 春秋大之라하니라 時單于初立이라 恐漢襲之하여 乃曰 我兒子니 安敢望漢天子리오 漢天子는 我丈人行也라하고 因盡歸漢使之不降者路充國等하고 使使來獻하다

【복수하는 조서를 내리다】

무제가 대원국을 정벌한 위세를 이용하여 마침내 흉노를 곤경에 빠뜨리려고 조서를 내리기를,

"고제(高帝)께서 짐에게 평성(平城)에서 치른 곤욕에 대한 근심을 물려주셨고, 고후(高后) 때에는 선우의 편지가 매우 패역(悖逆)하였다. 옛날에 제(齊)나라 양공(襄公)이 9대의 원수를 갚으니, ≪춘추(春秋)≫에서 이것을 훌륭하게 여겼다."

하였다. 이때 선우가 막 즉위하였으므로 한나라가 습격할까 두려워하여 마침내 말하기를,

"나는 아들 항렬이니, 어찌 감히 한나라 천자와 견주겠습니까? 한나라 천자는 나의 어르신 항렬입니다."

하고, 이어서 항복하지 않았던 한나라의 사신인 노충국(路充國) 등을 다 돌려보내고 사자(使者)를 보내어 조공을 바쳤다.

【신사(辛巳 B.C.100) 천한(天漢) 원년】

○【蘇武守節】

蘇武守節 遣中郎將蘇武張勝常惠하여 使匈奴하다 單于使衛律召武欲降之
어늘 律謂武曰 律前負漢歸匈奴러니 幸蒙大恩賜號稱王하니 擁衆
衛律說蘇武 數萬이요 馬畜彌山하여 富貴如此라 蘇君今日降이면 明日復然하리
니 空以身膏草野면 誰復知之리오한대 武不應이어늘 律曰 不聽吾
計면 後雖欲復見我나 尙可得乎아하니 武罵律曰 汝爲人臣子하여
不顧恩義하고 畔主背親하여 爲降虜於蠻夷하니 何以汝爲見이리오
하다 律知武終不可脅하고 白單于한대 單于乃幽武置大窖中하고
齧雪牧羝 絶不飮食이라 天雨雪에 武臥하여 齧雪與旃毛幷咽之하니 數日不死
라 匈奴以爲神이라하여 乃徙武北海上無人處하여 使牧羝하고 曰
羝乳得歸 羝乳乃得歸라하고 別其官屬常惠等하여 各置他所하다

【소무가 절개를 지키다】

중랑장(中郎將) 소무(蘇武), 장승(張勝), 상혜(常惠)를 흉노에 사신으로 보냈다. 선우(單于)가 위율(衛律)에게 소무를 불러 항복시키도록 하였다. 위율이 소무에게 이르기를,

"내가 전에 한나라를 배반하고 흉노로 귀의하였는데, 다행히 큰 은혜를 입어서 왕이라는 칭호를 하사받으니, 거느리는 병력이 수만 명이고 말과 가축이 산에 가득하여 부귀함이 이와 같습니다. 소군(蘇君 : 소무 존칭)께서 오늘 항복하면 내일 다시 그러할 것이니, 부질없이 몸을 가지고 초야에 거름이 되게 하면 누가 다시 알아주겠습니까?"

하였으나 소무가 응낙하지 않았다. 위율이 말하기를,

"내 계책을 듣지 않으면 뒤에 비록 다시 나를 만나고자 한들 만날 수 있겠습니까?"

하니, 소무가 위율을 꾸짖어 말하기를,

"너는 신하와 자식이 되어 은혜와 의리를 돌아보지 않고 군주를 배반하고 어버이를 배반하여, 오랑캐에게 항복한 포로가 되었으니, 어찌 너를 만나 볼 것이 있겠는가!"

하였다. 위율은 소무를 끝내 위협할 수 없음을 알고는 선우에게 아뢰니, 선우가 마침내 소무를 큰 움 속에 가두어 두고 절대 마시거나 먹을 것을 주지 않았다. 하늘에서 눈이 내리자, 소무가 누워서 눈을 담요의 털과 함께 씹어 삼키니, 며칠이 되어도 죽지 않았다. 흉노들은 신기하다고 여겨 마침내 소무를 북해(北海 : 바이칼 호)가의 사람이 없는 곳으로 옮겨 숫양을 기르게 하고 말하기를,

"숫양이 새끼를 낳아야 돌아갈 수 있다."

하고는 소무의 부하 상혜 등을 따로 떼어 각각 다른 곳에 유치하였다.

【임오(壬午 B.C.99) 천한(天漢) 2년】

○ 【李陵自請自當一隊】

李陵自請自當一隊

初에 李廣有孫陵하여 爲侍中하니 善騎射하고 愛人下士라 帝以爲有廣之風이라하여 拜騎都尉하다 貳師擊匈奴할새 陵自請曰 臣所將屯邊者는 皆荊楚勇士奇材劍客也라 力扼虎하고 射命中하니 願得自當一隊하여 以少擊衆하노이다하니 上壯而許之하다

【이릉이 한 부대를 맡기를 자청하다】

과거에 이광(李廣)에게 손자 이릉(李陵)이 있어 시중(侍中)이 되었는데, 말 타기와 활쏘기를 잘하며 사람을 사랑하고 병사들에게 겸손하니, 무제는 이릉이 이광의 풍모를 지녔다고 하여 기도위에 임명하였다. 이사장군(貳師將軍 : 이광리)이 흉노를 공격할 적에 이릉이 자청하기를,

"신이 거느린 변경에 주둔한 군사들은 모두 형초(荊楚) 지방의 용사와 뛰어난 재주를 지닌 검객(劍客)입니다. 힘은 호랑이를 잡을 수 있고 활을 쏘면

백발백중이니, 제가 한 부대를 인솔하여 적은 병력으로 많은 적을 공격하고자 합니다."

하니, 무제는 장하게 여겨 허락하였다.

○ 【李陵力屈而降】

李陵力屈而降 陵於是將其步卒五千人하여 至浚稽山하여 與單于相値하고 漢軍追擊殺數千人이라 單于大驚하고 虜不利하여 欲去러니 會陵軍候管敢爲校尉所辱하고 亡降匈奴하여 具言 陵軍無後救하고 射矢且盡이라한대 單于得敢大喜하여 使騎幷攻漢軍하고 疾呼曰 李陵韓延年趣降하라하고 遂遮道急攻陵하니 陵居谷中하고 虜在山上이라 四面射하여 矢如雨下하니 韓延年戰死어늘 陵曰 無面目報陛下라하고 遂降하니 邊塞以聞하다

【이릉이 힘이 달려 항복하다】

이릉이 보병 5천 명을 거느리고 준계산(浚稽山)에 이르러 선우와 맞닥뜨리자 한나라 군대가 추격하여 흉노 군사 수천 명을 죽이니, 선우가 크게 놀라고 오랑캐들은 불리하자 떠나려고 하였다. 마침 이릉의 군후(軍候) 관감(管敢)이 교위(校尉)에게 모욕을 당하고는 흉노로 도망하여 항복하고서 상세히 진술하기를,

"이릉의 군대는 후방 지원군이 없고 쏘는 화살도 거의 다 떨어졌습니다."

하였다. 선우가 관감을 얻고 크게 기뻐하여 기병들에게 일제히 한나라 군대를 공격하게 하고는 크게 고함치기를,

"이릉과 한연년(韓延年)은 속히 항복하라."

하고, 마침내 길을 차단하고 이릉을 맹렬히 공격하였다. 이릉은 골짜기 가운데에 있고 오랑캐들은 산위에 있어서 사면에서 화살이 비처럼 쏟아졌는데, 한연년이 싸우다가 죽었다. 이릉이 말하기를,

"폐하께 보고할 면목이 없다."

하고, 마침내 항복하니, 변방에서 황제에게 이러한 사실을 보고하였다.

○ 【司馬遷盛稱李陵】

司馬遷盛稱李陵 上怒問太史令司馬遷한대 遷盛言호대 陵事親孝하고 與士信하며
常奮不顧身以徇國家之急이 其素所畜積也라 有國士之風이러니
今擧事一不幸에 全軀保妻子之臣隨而媒蘖其短하니 誠可痛也니
이다 且陵提步卒不滿五千이로되 深蹂戎馬之地하여 抑數萬之師하
니 虜救死扶傷不暇하여 悉擧引弓之民共攻圍之니이다 轉鬪千里
李陵得人之死力 라가 矢盡道窮이어늘 士張空弮하고 冒白刃하여 北首爭死敵하니 得
人之死力은 雖古名將不過也니이다 身雖陷敗나 然其所摧敗亦足
暴於天下니 彼之不死는 宜欲得當以報漢也니이다하다 上以遷爲
下遷腐刑 誣罔하여 欲沮貳師하고 爲陵游說라하여 下遷腐刑하다

【사마천이 이릉을 크게 칭찬하다】

무제가 노하여 태사령(太史令) 사마천(司馬遷)에게 물으니, 사마천이 크게 칭찬하기를,

"이릉이 어버이를 효성으로 섬기고 군사들에게 신의를 지키며, 항상 분발하여 자신을 돌보지 않고 국가의 급한 일에 목숨을 바친 것은 그가 평소 수양했던 것이니 국사(國士)의 풍모가 있습니다. 지금 거사(擧事)하여 한번 실패하자, 자기 몸을 온전히 하고 처자식을 보전한 신하들이 따라서 그의 단점을 부풀리니, 진실로 애통할 만합니다. 또 이릉이 거느린 보병(步兵)은 채 5천 명이 못 되었는데, 오랑캐의 군마가 있는 땅을 깊숙이 유린하여 수만 명의 적병을 제압하니, 오랑캐들이 죽게 된 자를 구원하고 부상한 자들을 부축할 겨를도 없이 활을 쏠 수 있는 백성들을 모조리 동원하여 함께 공격하고 포위하였습니다. 천리를 돌아다니며 싸우느라 화살이 다 떨어지고 길이 막혔는데도 군사들이 빈 활을 당기고 시퍼런 칼날을 무릅쓰고서 북쪽을

향해 적과 다투어 죽을 목숨을 다했으니, 군사들이 사력을 다해 싸우도록 한 것은 옛날의 유명한 장수라도 이보다 뛰어나지는 못할 것입니다. 몸은 비록 패전하였으나 그가 쳐부순 것은 또한 충분히 천하에 드러낼 만하니, 저 사람이 죽지 않은 것은 의당 여기에 상당(相當)하는 공을 세워서 한(漢)나라에 보답하려 해서일 것입니다."

하였다. 무제는 사마천이 속임수를 써서 이사장군을 저해하고 이릉을 위해 변호하려는 것이라고 여겨 사마천을 부형(腐刑 : 거세하는 형벌)에 처하였다.

○【作沈命法】

作沈命法 上以法制御下하여 好尊用酷吏하니 而郡國二千石爲治者大抵多酷暴라 吏民益輕犯法하고 東方盜賊滋起하여 大群攻城邑하고 小群掠鄕里라 上乃使范昆張德等衣繡衣하고 持節虎符하여 發兵以興擊하다 斬首或至萬餘級호대 散亡聚黨하여 無可奈何라 於是作沈命法하고 曰 群盜起에 不發覺이어나 發覺而捕弗滿品者는 二千石以下至小吏히 主者皆死라하니 其後小吏畏誅하여 雖有盜不敢發하고 上下相爲匿하여 以文辭避法焉이러라

【침명법을 만들다】

무제가 법률 제도로 아랫사람들을 다스려서 혹리(酷吏 : 가혹한 관리)를 중용하기를 좋아하니, 군국(郡國)의 이천석(二千石) 관원으로서 다스리는 자들은 대체로 혹독하고 포악한 관리가 많았다. 그래서 관리와 백성들은 법을 범하는 것을 더욱 가볍게 여기고 동방에는 도적이 많이 일어나서, 큰 무리는 성읍을 공격하고 작은 무리는 향리를 노략질하였다. 무제는 이에 범곤(范昆)과 장덕(張德) 등을 시켜 수의(繡衣 : 시어사(侍御史)의 옷)를 입고 부절과 호부(虎符 : 호랑이 모양의 병부)를 가지고 가서 군대를 징발하여 공격하게 하였다. 목을 벤 것이 혹 만여 수급(首級)에 이르렀으나 흩어져 도망한 자들이 도당(徒黨)을 모아서 어찌할 수가 없었다. 이에 침명법(沈命法 : 도적을 고발하지 않거나 숨겨주면 죽이는

형벌)을 만들고 말하기를,

"도적떼가 일어났을 적에 적발하지 못했거나 적발했더라도 잡은 수가 규정된 인원수에 차지 못하면 이천석 이하 낮은 관리에 이르기까지 주관하는 자를 모두 죽인다."

하니, 그 뒤로 낮은 관리들이 죽음을 두려워하여 비록 도적이 있더라도 감히 발각하지 않고, 상하가 서로 숨겨주고 문서를 조작하여 법망을 피하였다.

○ 【暴勝之爲直指使者】

暴勝之爲直指使者 是時에 暴勝之爲直指使者하여 所誅殺二千石以下尤多라 威振州郡이러니 至勃海하여 聞郡人雋不疑賢하고 請與相見한대 不疑據地曰 竊伏海瀕하여 聞暴公子舊矣러니 今乃承顔接辭니이다 凡爲吏에 太剛則折하고 太柔則廢하나니 威行이어든 施之以恩이니이다 然後

雋不疑戒暴勝之 樹功揚名하여 永終天祿하리이다하다 勝之深納其戒러니 及還에 表薦不疑한대 上召拜不疑爲靑州刺史하다

【포승지가 직지사자가 되다】

이때에 포승지(暴勝之)가 직지사자(直指使者)가 되어 2천석 이하의 관리를 죽인 것이 더욱 많아져서 위엄이 주군(州郡)에 떨쳤다. 발해군(勃海郡)에 이르러 이 군(郡)의 인물 전불의(雋不疑)가 현명하다는 말을 듣고 만나 볼 것을 청하자, 전불의가 땅에 손을 짚고 말하기를,

"바닷가에 은거하면서 포공자(暴公子 : 포승지)의 명성을 들은 지 오래되었는데, 이제야 얼굴을 맞대고 말씀을 나누게 되었습니다. 무릇 관리 노릇을 하는 데에 너무 강하면 부러지고 너무 유약하면 폐기되니, 위엄이 행해졌으면 이어서 은혜를 베풀어야 합니다. 그런 뒤에야 공을 세우고 이름을 드날려서 하늘의 복록을 길이 누릴 수 있습니다."

하였다. 포승지가 전불의의 경계를 깊이 받아들이고, 돌아와서는 표문을 올려 전불의를 천거하니, 무제가 전불의를 불러 청주자사로 임명하였다.

○ 【王賀活萬餘人】

王賀活萬餘人 濟南王賀亦爲繡衣御史하여 逐捕魏郡群盜할새 多所縱捨라 以奉使不稱免하니 歎曰 吾聞活千人이면 子孫有封이라하니 吾所活者萬餘人이라 後世其興乎인저하다

【왕하가 만여 명을 살리다】

제남(濟南) 사람 왕하(王賀)도 수의어사(繡衣御史)가 되어 위군(魏郡)의 도적떼를 추격하고 체포할 적에 놓아 준 일이 많았다. 사명(使命)을 받듦에 직무를 제대로 수행하지 못했다고 하여 파면되자 탄식하기를,

"내가 들으니, 천 명을 살려 주면 자손 중에 작위에 봉해지는 자가 있다고 하였다. 내가 살려 준 자가 만여 명이니, 후세에 아마도 흥성할 것이다."

하였다.

【계미(癸未 B.C.98) 천한(天漢) 3년】

○ 【初榷酒酤】

初榷酒酤 初榷酒酤하다

【처음으로 술을 전매하다】

처음으로 술을 전매하였다.

【정해(丁亥 B.C.94) 태시(太始) 3년】

○ 【皇子弗陵生】

皇子弗陵生 皇子弗陵生하다 弗陵母曰河間趙倢伃라 居鉤弋宮하여 任身十四

趙倢伃
鉤弋宮
堯母門

月而生하니 上曰 聞昔堯十四月而生이러니 今鉤弋亦然이라하고 乃命其所生門曰堯母門이라하다

【황자 유불릉이 태어나다】

황자(皇子) 유불릉(劉弗陵)이 태어났다. 불릉의 어머니는 하간(河間) 사람 조첩여(趙倢伃 : 첩여는 여자 관원 명칭)인데, 구익궁(鉤弋宮)에 거처하여 임신한 지 14개월 만에 유불릉을 낳았다. 무제가 말하기를,

"내가 들으니 옛날에 요임금이 14개월 만에 태어났다고 하였는데, 지금 구익부인도 또한 그러하다."

하고, 이에 그가 태어난 곳의 문을 '요모문(堯母門)'이라 하였다.

○ 【堯母之名 卒成巫蠱之禍】

堯母之名 卒成巫蠱之禍

溫公曰 爲人君者는 動靜擧措不可不愼이니 發於中必形於外하여 天下無不知之라 當是時也하여 皇后太子皆無恙이어늘 而命鉤弋之門曰堯母라하니 非名也라 是以姦臣逆探上意하고 知其奇愛少子하여 欲以爲嗣하고 遂有危皇后太子之心하여 卒成巫蠱之禍하니 悲夫라

【'요모'라는 이름이 마침내 무고의 재앙을 이루다】

온공이 말하였다.

임금이 된 자는 행동거지를 삼가지 않으면 안 되니, 마음속에서 생겨나면 반드시 밖으로 드러나 천하에 알지 못하는 이가 없습니다. 이때에 황후와 태자가 모두 아무 탈이 없었는데, 구익의 문(門)을 명명하여 요모문(堯母門)라고 하였으니, 이는 이름을 잘못 지은 것입니다. 이 때문에 간신(姦臣 : 강충)이 무제의 뜻을 짐작해 소자(少子 : 유불릉)를 특별히 사랑하여 후사로 삼으려하는 것을 알고는, 마침내 황후와 태자를 위해할 마음을 가지게 되고 끝내 무고(巫蠱)의 화를 일어나게 하였으니, 슬픕니다!

○ 【江充爲直指繡衣使者】

江充爲直指繡衣使者 趙人江充이 初에 爲趙敬肅王客이러니 得罪於太子丹하고 亡逃하여 詣闕告趙太子陰事하여 太子坐廢라 上召充入見 與語政事하고 大悅하여 拜爲直指繡衣使者하여 使督察貴戚近臣하다

【강충이 직지수의사자가 되다】

조(趙)나라 사람 강충(江充)이 과거에 조나라 경숙왕(敬肅王)의 빈객이 되었는데, 태자 유단(劉丹)에게 죄를 짓고 도망하여 대궐에 나아가서 조나라 태자가 은밀히 모의한 일을 고발하니 태자가 죄에 걸려 폐위되었다. 무제가 강충을 불러 들여 알현하고 그와 함께 정사를 말하고는 크게 기뻐하여, 직지수의사자(直指繡衣使者)로 임명하여 귀척(貴戚)과 근신(近臣)을 감독하고 살피게 하였다.

【경인(庚寅 B.C.91) 정화(征和) 2년】

○ 【武帝當其勞 以逸遺太子】

武帝當其勞以逸遺太子 初에 上年二十九乃生戾太子하여 甚愛之러니 及長에 性仁恕溫謹이라 上嫌其材能少하여 不類己하니 皇后太子寵寖衰하여 常有不

戾太子仁恕 自安之意라 上覺之하고 謂大將軍靑曰 漢家庶事草創하고 加四夷侵陵中國하니 朕不變更制度면 後世無法이요 不出師征伐이면 天下不安이니 爲此者不得不勞民이어니와 若後世又如朕所爲면 是襲亡秦之迹也라 太子敦重好靜하니 必能安天下하리니 欲求守文之主인댄 安有賢於太子者乎리오 聞皇后與太子有不安之意라하니 可以意曉之하라하니 大將軍頓首謝러라 太子每諫征伐四夷어든 上笑曰 吾當其勞하고 以逸遺汝가 不亦可乎아하다

【무제가 노고를 떠맡고 편안함을 태자에게 물려주다】

과거에 무제(武帝)가 나이 29살에 여태자(戾太子 : 유거(劉据))를 낳아 매우 사랑하였는데, 성장하자 성품이 인자하고 관대하며 온화하고 신중하였다. 무제가 그가 재지와 능력이 적고 자기를 닮지 않았다 하여 탐탁지 않게 여기니, 황후와 태자는 총애가 점점 줄어들어 항상 스스로 불안한 마음이 있었다. 무제는 그것을 알아차리고 대장군(大將軍) 위청(衛青)에게 말하기를,

"한나라는 모든 일이 초창기이고 게다가 사방 오랑캐들이 한나라를 침략하여 능멸하니, 짐이 제도를 변경하지 않으면 후대에 법도가 없을 것이고 군대를 내어 정벌하지 않으면 천하가 편안치 못할 것이오. 이를 위해서 불가피하게 백성을 고생시키지만 만약 후대에 또 내가 하는 것처럼 한다면 이는 망한 진(秦)나라의 자취를 답습하는 것이오. 태자는 침착하고 중후하며 조용함을 좋아하여 반드시 천하를 안정시킬 수 있을 것이니, 문덕(文德)을 수호하는 임금을 구하려 한다면 어찌 태자보다 현명한 사람이 있겠소! 듣자하니 황후와 태자가 마음이 불안하다고 하는데, 나의 뜻을 그들에게 전달하시오."

하니, 대장군이 머리를 조아리고 사례하였다. 태자가 사방 오랑캐 정벌을 간언할 때마다 무제는 웃으면서 말하기를,

"내가 노고를 겪고 너에게 편안함을 물려주는 것이 또한 좋지 않겠느냐!"

하였다.

○ 【巫蠱之禍起】

巫蠱之禍起 上用法嚴하여 多任深刻吏인댄 太子寬厚하여 多所平反하니 雖得百姓心이나 而用法大臣皆不悅이라 是時에 方士及諸神巫多聚京師하여 率皆左道惑衆하고 變幻無所不爲라 女巫往來宮中하여 教美人度厄하여 每屋輒埋木人祭祀之러니 因妬忌恚詈하여 更相告訐하여 以爲祝詛上하여 無道라하니 上怒하여 所殺數百人이라 上心旣以爲疑러니 嘗晝寢할새 夢木人數千持杖欲擊上이어늘 上驚寤하

니 因是體不平이라

江充治巫蠱獄 江充自以與太子及衛氏有隙이라 見上年老하고 恐晏駕後爲太子所誅하여 因言上疾祟在巫蠱라하다 於是上以充爲使者하여 治巫蠱獄하니 充云 於太子宮得木人尤多하고 又有帛書하여 所言不道하니 當奏聞이라하다 江充持太子甚急이어늘 太子計不知所出이러니

太子斬江充 從其少傅石德計하여 收捕充等하여 太子自臨斬充할새 罵曰 趙虜아 前亂乃國王父子不足邪아 乃復亂吾父子也온여하다

【무고의 화가 일어나다】

무제는 법을 엄하게 적용하면서 가혹한 관리를 많이 임명하였는데, 태자는 관대하고 온후하여 억울함을 공평히 하는 바가 많으니, 비록 백성의 마음을 얻었으나 법을 운용하는 대신들은 모두 기뻐하지 않았다.

이때에 방술사와 여러 신묘한 무당들이 서울에 많이 모여 모두 바르지 않은 도(道)로 대중을 현혹시키고 변환(變幻) 등 하지 않는 것이 없었다. 여자 무당이 궁궐 안을 오가며 미인(美人 : 여자 관직 이름)에게 재난(災難)을 물리치는 방법을 가르쳤는데, 방마다 나무 인형을 묻고 제사를 지내게 하였다. 그들이 질투와 시기로 인하여 원망하고 욕하며 '황제를 저주하니 대역무도(大逆無道)하다'고 서로 들추어 고발하니, 무제가 노하여 죽인 사람이 수백 명이었다.

무제는 마음속에 이미 그에 대해 의심을 가지고 있었는데, 낮잠을 잘 때에 꿈속에 나무 인형 수천 명이 몽둥이를 가지고 무제를 치려고 하니, 무제가 놀라 깨어났는데 이것으로 인하여 몸이 편안치 않았다.

강충(江充)은 스스로 생각하기를, 태자(太子) 및 위황후(衛皇后)와 사이가 좋지 않고 무제의 나이가 많음을 보고는 무제가 죽은 뒤에 태자에게 죽임을 당할까 두려워하여, 이어서 말하기를,

"황상의 병환의 빌미는 무고(巫蠱 : 주술로 저주함)에 있습니다"

하였다. 이에 무제는 강충을 시켜서 무고에 대한 옥사를 다스리게 하였는데, 강충이 말하기를,

"태자궁(太子宮)에서 찾은 나무 인형이 매우 많고, 또 비단에 적어 놓은 글이 있어 말한 것이 대역무도하니, 황제께 보고해야 합니다."

하였다. 강충이 태자를 잡으려고 매우 심하게 몰아붙이자, 태자는 어찌해야 할 바를 알지 못하다가 그 소부(少傅 : 태자 보좌관) 석덕(石德)의 계책을 따라서 강충 등을 체포하고는, 태자가 직접 임석하여 강충을 죽였는데 꾸짖기를,

"조(趙)나라 오랑캐야! 과거에 너의 나라 국왕 부자 사이를 어지럽히고도 부족했더냐? 다시 우리 부자 사이를 혼란시킨단 말이냐!"

하였다.

○【壺關三老茂上書】

壺關三老茂上書

太子出武庫兵하고 發長樂宮衛卒한대 長安擾亂하여 言太子反이라 帝在甘泉하여 詔捕斬反者하니 太子兵敗하여 南犇하다 上怒甚이러니 壺關三老茂上書曰 皇太子承萬世之業하니 親則皇帝之宗子也어늘 江充은 閭閻之隷臣으로 銜至尊之命迫蹵太子하고 造飾姦詐하니 太子進不得見上하고 退困於亂臣하여 寃結無告하여 不忍忿忿之心하여 起而殺充하니 子盜父兵하여 以救難自免耳니 臣竊以爲無邪心이라하다 書奏에 天子感寤나 然尙未顯言赦之也라

【호관현 삼로 무가 글을 올리다】

태자가 무기고에서 병기를 꺼내고 장락궁(長樂宮)을 호위하는 군사를 출동시키자, 장안이 혼란해져 '태자가 반란하였다.'는 말이 전해졌다. 무제가 감천궁(甘泉宮)에 있으면서 조서를 내려 반란한 사람을 잡아 죽이게 하니, 태자의 군대가 패하여 남쪽으로 도망하였다. 무제가 매우 분노하였는데, 호관현(壺關縣) 삼로(三老 : 향리(鄕里)의 교화 담당 관리)인 영호무(令狐茂)가 글을 올려 말하기를,

"황태자는 만대의 왕업을 계승하니 친함으로는 황제의 적장자입니다. 강충은 시골의 천한 신하로 천자의 명령을 받들고서 태자를 몰아붙이고 짓밟으

면서 간사한 짓을 해서 일을 꾸며댔습니다. 그 때문에 태자께서는 나아가서는 황제를 뵐 수 없었고 물러나서는 나라를 어지럽히는 신하에게 곤욕을 당했습니다. 원통함이 맺히는데 말할 곳은 없으니 분하고 분한 마음을 참지 못하여 군대를 일으켜 강충을 죽인 것입니다. 아들이 아버지 군대를 훔쳐 자신의 화를 면하려 하였을 뿐입니다. 신이 가만히 생각해보니 황태자는 간사한 마음이 없습니다."

하였다. 글이 올라가자 무제가 감격하여 깨달았으나 아직 공개적으로 사면을 반포하지 않았다.

○【戾太子自殺】

戾太子自殺 太子自度不得脫하고 卽自經하다 初에 上爲太子立博望苑하고 使通賓客하여 從其所好라 故賓客多以異端進者러라

【여태자가 자살하다】

태자는 스스로 화를 벗어나지 못할 것이라 짐작하고 곧 스스로 목매어 죽었다. 과거에 무제는 태자를 위하여 박망원(博望苑)을 세우고 태자에게 빈객들과 교유하도록 하여 그가 좋아하는 이를 따르게 했으므로 빈객 중에 유학자가 아니면서도 추천된 이들이 많았다.

○【戾太子不終】

戾太子不終 溫公曰 古之明王敎養太子에 爲之擇方正敦良之士하여 以爲保傅師友하여 使朝夕與之游處하여 左右前後無非正人이요 出入起居無非正道이니이다 然猶有淫放邪僻而陷於禍敗者焉이어늘 今乃使太子自通賓客하여 從其所好하니 夫正直難親이요 諂諛易合이니 此固中人之常情이라 宜太子之不終也이니이다

【여태자가 좋게 끝을 마치지 못하다】

온공이 말하였다.

옛날 현명한 왕이 태자를 가르치고 양육할 적에 그를 위해 방정하고 돈후하고 어진 선비를 가려 스승과 벗을 삼아서 늘 태자와 함께 어울리게 하여 측근들 중에 올바르지 않은 사람이 없었고, 출입하고 일상생활을 하는데 정도(正道)가 아님이 없었습니다. 그런데도 오히려 음탕하고 방자하고 사벽하여 재앙에 빠지는 사람이 있었는데, 지금 태자에게 스스로 빈객과 통하게 하고 그가 좋아하는 바를 따르게 하였습니다. 정직한 자와는 친하기가 어렵고 아첨하는 자와는 영합하기가 쉬우니, 이는 사람들의 일반적인 마음이니, 태자가 좋게 끝을 마치지 못한 것이 당연합니다.

【신묘(辛卯 B.C.90) 정화(征和) 3년】

○ 【田千秋訟太子冤】

田千秋訟太子冤 吏民以巫蠱相告言者를 案驗多不實이라 上頗知太子惶恐無它意러니 會高寢郎田千秋上急變하여 訟太子冤曰 子弄父兵이면 罪當笞니 天子之子過誤殺人이면 當何罪哉잇가하니 上乃大感寤하여 召見千秋하고 謂曰 父子之間은 人所難言也어늘 公獨明其不然이로다 此高廟神靈使公教我니 公當遂爲吾輔佐라하고 立拜千秋爲大

思子宮 鴻臚하고 而族滅江充家하다 上憐太子無辜하여 乃作思子宮하고

歸來望思臺 爲歸來望思之臺於湖하니 天下聞而悲之하다

【전천추가 여태자를 위하여 하소연하다】

관리와 백성들 가운데 무고(巫蠱 : 주술로 저주함)로 사람을 해쳤다고 서로 고발한 자들을 조사해보니 대부분 사실이 아니었다. 무제(武帝)는 태자(太子)가 두려워서 그런 것이고 다른 뜻이 없었음을 잘 알게 되었다. 마침 고침랑(高寢郎 :

고조 능침 담당 관원) 전천추(田千秋)가 긴급 변고를 올려 태자의 원통함을 하소연하기를,

"아들이 아버지의 군대를 자기 마음대로 동원한 것은 태형(笞刑)에 해당합니다. 천자의 아들이 과오로 사람을 죽이면 무슨 죄에 해당하겠습니까?"

하니, 무제는 마침내 크게 감동하고 깨달아 전천추를 불러 만나보고 말하기를,

"부자의 사이는 남이 말하기 어려운 것이거늘, 공(公)만이 그 일이 잘못되었음을 밝혔소. 이는 고묘(高廟 : 고조 유방)의 신령께서 공을 시켜 나를 가르치게 한 것이니, 공은 마땅히 끝까지 나를 위하여 보좌해 주어야 할 것이오."

하고, 즉시 전천추를 임명하여 대홍려(大鴻臚)로 삼고, 강충의 집안을 멸족시켰다. 무제는 태자가 죄 없이 죽은 것을 불쌍히 여겨 사자궁(思子宮 : 아들을 그리워하는 궁)을 짓고 귀래망사대(歸來望思臺 : 돌아오기를 바라며 그리워하는 대)를 호현(湖縣)에 만드니, 천하 사람들이 듣고서 슬퍼하였다.

【임진(壬辰 B.C.89) 정화(征和) 4년】

○【武帝爲方士所欺】

武帝爲方士所欺 上乃言曰 朕卽位以來로 所爲狂悖하여 使天下愁苦하니 不可追悔로다 今事有傷害百姓하고 糜費天下者는 悉罷之하라하니 田千秋曰 方士言神仙者甚衆이나 而無顯功하니 臣請皆罷斥遣之하노이다하니

罷方士 上曰 鴻臚言是也라하고 於是悉罷方士候神人者하다 是後上每對

天下豈有仙人 群臣自歎호대 曏時愚惑하여 爲方士所欺라 天下豈有仙人이리오 盡妖妄耳라 節食服藥이면 差可少病而已라하다

【무제가 방술사들에게 속임을 당하다】

무제(武帝)가 이에 말하기를,

"내가 즉위한 이래로 몹시 교만하고 방자하고 사리에 어긋난 일을 해서 천하 사람들을 근심하고 고생하게 했으니, 후회해도 돌이킬 수가 없다. 지금으로부터 시행하고 있는 일 중에 백성을 해치고 천하의 재물을 소모하는 것이 있으면 모두 중지하라!"

하니, 전천추가 말하기를,

"방술사(方術士)로서 신선술(神仙術)을 말하는 자가 매우 많으나 드러난 공이 없으니, 신은 다 파면하여 해산시키기를 청합니다."

하니, 무제가 말하기를,

"대홍려(大鴻臚 : 전천추)의 말이 옳소!"

하고, 이에 장차 신선이 강림하기를 기다리는 방술사들을 모두 해산시켰다. 이 뒤로 무제는 여러 신하들을 대할 때마다 스스로 탄식하기를,

"내가 지난날에 어리석고 미혹해서 방술사들에게 속임을 당했다. 천하에 어찌 신선이 있으랴, 다 요망스러울 뿐이다! 음식을 절제하고 약을 먹으면 병이 생기는 것을 조금 줄일 수 있을 뿐이다."

하였다.

○ 【田千秋爲一言取相】

田千秋爲一言取相

六月에 以大鴻臚田千秋爲丞相하여 封富民侯하다 千秋無它材能術學하고 又無伐閱功勞로되 特以一言寤意하여 數月取宰相하고 封侯하니 世未嘗有也러라

【전천추가 한 마디 말로 재상이 되다】

6월에 대홍려 전천추(田千秋)를 승상(丞相)으로 삼아 부민후(富民侯)에 봉하였다. 전천추는 별다른 재능이나 학문이 없었고, 또 경력(經歷)과 공로(功勞)도 없었는데, 다만 한 마디 말로 무제를 깨우쳐 몇 개월 만에 재상(宰相)의 지위를 얻고 제후에 봉해졌으니, 세상에 일찍이 없었던 일이었다.

○ 【輪臺之悔】

輪臺之悔 上乃下詔하여 深陳旣往之悔曰 有司奏請遠田輪臺하고 欲起亭隧하니 是擾勞天下요 非所以優民也라 朕不忍聞하노라 當今務在禁苛暴하고 止擅賦하며 力本農하고 修馬復令하여 以補缺毋乏武備而已라하다 由是不復出軍하고 而封田千秋爲富民侯하니 以明休

代田 息하고 思富養民也러라 又以趙過爲搜粟都尉하다 過能爲代田하여 其耕耘田器皆有便巧하고 以敎民하니 用力少而得穀多라 民皆便之하다

【윤대의 후회】

무제는 마침내 조서를 내려 이미 지나간 일에 대한 후회를 심하게 진술하기를,

"담당관이 주청하기를, '멀리 윤대(輪臺)에 둔전을 설치하고 봉화대(烽火臺)를 쌓고 험한 길을 개통하십시오.' 하였는데, 이는 천하를 어지럽히고 고생시키는 것이지 백성을 잘 살게 하는 것이 아니기 때문에 짐은 차마 듣지 못하였다. 지금 힘써야 할 일은 가혹하고 포악한 일을 금지하고 천부법(擅賦法 : 비정규조세)을 중지하고, 본업인 농사에 힘을 다하고, 마복령(馬復令)[6]을 마련하여 변방에 군마가 줄어든 것을 보충하며, 무기가 모자라지 않게 하는 데 있을 뿐이다."

하였다. 이로부터 다시는 군대를 출동시키지 않았고 전천추를 봉하여 부민후(富民侯)로 삼았으니, 이는 백성을 휴식하도록 하고 백성을 부유하게 할 것을 생각하여 백성을 양육할 것을 밝힌 것이다. 또 조과(趙過)를 수속도위(搜粟都尉)로 삼았다. 조과는 돌려가며 경작하여 땅의 힘을 지탱하는데 정통(精通)한 대전법(代田法)[7]을 만들었다. 농업기술과 농기구가 모두 편리하고 정교하였는데 이로써 백성을 가르치니, 힘이 적게 들고 곡식을 많이 얻게 되자, 백성들이 모두

6) 마복령(馬復令) : 말 먹이는 자에게 복호(復戶 : 부역을 면제함)하는 명령.
7) 대전법(代田法) : 토지를 바꿔가며 경작하는 법.

편하게 여겼다.

○【天下未嘗無士】

天下未嘗無士

溫公曰 天下信未嘗無士也라 武帝好四夷之功에 而勇銳輕死之士充滿朝廷하여 闢土廣地를 無不如意러니 及後息民重農에 而趙過之儔敎民耕耘하여 民亦被其利하니이다 此一君之身趣好殊別에 而士輒應之니 誠使武帝兼三王之量以興商周之治면 其無三代之臣乎아

【천하에는 선비가 없었던 적이 없다】

온공이 말하였다.

천하에는 진실로 선비가 없었던 적이 없었습니다. 무제가 사방 오랑캐를 정벌하는 일을 좋아하자 용맹하고 날쌔며 죽음을 가볍게 여기는 장사들이 조정에 가득하여 국토를 개척하고 강토를 넓히는 것을 뜻대로 하지 않음이 없었는데, 뒤에 와서 백성을 쉬게 하고 농사를 중히 여기자, 조과의 무리들이 백성들에게 밭 갈고 김매는 방법을 가르쳐서 백성들이 또한 큰 이익을 받게 되었습니다. 이는 임금 한 사람의 흥취와 애호가 달라지자 선비들이 곧 호응한 것이니, 진실로 무제가 삼왕(三王 : 우왕·탕왕·문왕·무왕)의 도량을 겸하여 상(商)나라와 주(周)나라의 훌륭한 정치를 일으키려 했다면 어찌 삼대(三代 : 하·은·주)의 신하 같은 이가 없었겠습니까!

【계사(癸巳 B.C.88) 후원(後元) 원년】

○【畫周公圖 賜霍光】

畫周公圖賜霍光

時鉤弋夫人之子弗陵이 年數歲에 形體壯大하고 多知라 上奇愛之하여 心欲立焉호대 以其年穉하고 母少하여 猶與久之러니 察群臣하

니 唯奉車都尉霍光이 忠厚可任大事라하여 上乃使黃門畫周公負成王朝諸侯以賜光하다

【주공 그림을 그리게 하여 곽광에게 내려주다】

당시 구익부인(鉤弋夫人)의 아들 유불릉(劉弗陵)이 몇 살 안 되어 몸이 장대하고 아는 것이 많았다. 무제는 그를 기특하게 여기고 사랑하여 마음으로 그를 세우려 하였으나, 그의 나이가 어리고 어머니가 너무 젊어서 오랫동안 망설였다. 여러 신하들을 살펴보니 오직 봉거도위(奉車都尉) 곽광(霍光)만이 충성스럽고 온후하여 큰일을 맡길 만하였다.

무제는 마침내 황문(黃門 : 환관(宦官))을 시켜 주공(周公)이 성왕(成王)을 업고 제후들에게 조회 받는 장면을 그리게 하여 곽광에게 내려주었다.

○ 【殺鉤弋夫人】

殺鉤弋夫人 後數日에 帝譴責鉤弋夫人하다 夫人脫簪珥하고 叩頭하니 帝曰 引持去하여 送掖庭獄하라하니 夫人還顧라 帝曰 趣行하라 汝不得活이라하고 卒賜死하다 頃之오 帝閑居에 問左右曰 外人言云何오하니 左

立子何去母 右對曰 人言且立其子에 何去其母乎아하니 帝曰 然하다 是非兒曹愚人之所知也라 往古國家所以亂은 由主少母壯也라 女主獨居驕蹇하고 淫亂自恣하면 莫能禁也라 汝不聞呂后邪아 故不得不先去之也라하다

【구익부인을 죽이다】

며칠 뒤에 무제는 구익부인(鉤弋夫人)을 꾸짖었다. 구익부인은 비녀와 귀고리를 빼고 머리를 조아리니, 무제가 말하기를,

"끌고 가서 액정옥(掖庭獄 : 궁중 죄인 취조 감옥)으로 보내라!"

하니, 구익부인이 돌아보았다. 무제가 말하기를,

"빨리 가거라, 너는 살아남지 못할 것이다!"

하고, 마침내 죽음을 내렸다. 얼마 뒤에 무제가 한가히 있을 적에 측근에게 묻기를,

"외부 사람들이 어떻게 말하는가?"

하니, 측근이 대답하기를,

"사람들이 '장차 그 아들을 태자로 세우려 하면서 어찌 그의 친어머니를 죽였을까.'라고 합니다."

하였다. 무제가 말하기를,

"그렇다. 이것은 아이들이나 어리석은 자들이 알 바가 아니다. 예부터 국가가 어지러워지는 것은 임금이 어리고 어머니가 젊은 데 기인하였다. 황후가 홀로 거처하면서 오만불손하고 음란하여 스스로 방자하면 막을 수가 없는 것이다. 너는 여후(呂后 : 황제 노릇했던 유방의 아내)의 일을 듣지 못하였느냐! 그러므로 미리 제거하지 않을 수 없었다."

하였다.

【갑오(甲午 B.C.87) 후원(後元) 2년】

○ 【霍光等受顧命】

霍光等受顧命 春正月에 上病篤이어늘 霍光涕泣問曰 如有不諱인댄 誰當嗣者잇고하니 上曰 君未諭前畫意邪아 立少子하고 君行周公之事하라하다

金日磾不如光 光頓首讓曰 臣不如金日磾니이다하니 日磾亦曰 臣은 外國人이라 不如光이요 且使匈奴輕漢矣리이다하다 乙丑에 詔立弗陵爲皇太子하니 時年八歲라 丙寅에 以光爲大司馬大將軍하고 日磾爲車騎將軍하고 太僕上官桀爲左將軍하여 受遺詔輔少主하다

【곽광 등이 고명을 받다】

봄 정월에 무제의 병이 위독해지자, 곽광(霍光)이 눈물을 흘리며 묻기를,

"만일 승하하시게 되면 누구를 후계자로 해야 합니까?"

하니, 무제는 말하기를,

"그대는 전에 준 그림의 뜻을 깨닫지 못하였는가? 막내아들을 세우고 그대가 주공이 했던 일을 행하라!"

하였다. 곽광이 머리를 조아리고 사양하며 말하기를,

"저는 김일제(金日磾)만 못합니다."

하니, 김일제 역시 말하기를,

"저는 외국 사람이므로 곽광만 못하고, 또 흉노(匈奴)에게 한(漢)나라를 경시하도록 할 것입니다."

하였다. 을축일(2월 12일)에 조서로 유불릉(劉弗陵)을 세워 황태자(皇太子)로 삼으니, 당시 나이가 8살이었다. 병인일(2월13일)에 곽광을 대사마(大司馬)와 대장군(大將軍)으로 삼고, 김일제를 거기장군(車騎將軍)으로 삼고, 태복(太僕) 상관걸(上官桀)을 좌장군(左將軍)으로 삼고서 유조(遺詔 : 유언 조서)를 받아 어린 황제를 보좌하게 하였다.

○ 【霍光進止有常處 金日磾篤愼】

霍光進止有常處 金日磾篤愼

光出入禁闥二十餘年에 出則奉車하고 入侍左右하여 小心謹愼하여 未嘗有過라 爲人沈靜詳審하여 每出入下殿門에 進止有常處라 郎僕射竊識視之하니 不失尺寸이러라 日磾在上左右하여 目不忤視者數十年이요 賜出宮女하되 不敢近하고 上欲內其女後宮호대 不肯하니 其篤愼如此라 上尤奇異之러라

【곽광은 나아가고 멈추는데 일정한 곳이 있고, 김일제는 독실 신중하다】

곽광이 대궐을 출입한 20여 년 동안 밖으로 나갈 때는 황제의 수레를 모시고 궁궐에 들어와서는 측근에서 모시면서 조심하고 신중히 하여 과오가 있은

적이 없었다. 사람됨이 침착하고 냉정하며 세심하여 대궐문을 출입하여 전각문에서 내릴 때마다 멈추고 출발하는 일정한 곳이 있기에 낭관과 복야(僕射)가 그가 타고 내리는 곳을 몰래 표시해보니, 한 자 한 치도 틀리지 않았다. 김일제는 무제의 측근으로 있으면서 거역하는 눈빛이 없은 지가 수십 년이었으며, 궁녀를 내려주어도 감히 가까이 하지 않았고, 무제가 김일제의 딸을 후궁(後宮)으로 들이려고 하였으나 기뻐하지 않았다. 그의 독실함과 신중함이 이와 같아서 무제는 더욱 그를 기특하게 여겼다.

○ 丁卯에 帝崩于五柞宮하다

정묘일(2월 14일)에 무제가 오작궁(五柞宮)에서 죽었다.

○ 【武帝有亡秦之失 免亡秦之禍】

武帝有亡秦之失 免亡秦之禍

溫公曰 孝武窮奢極欲하고 繁刑重斂하여 內侈宮室하며 外事四夷하고 信惑神怪하며 巡遊無度하여 使百姓疲敝하여 起爲盜賊하니 其所以異於秦始皇者無幾矣라 然秦以之亡하고 漢以之興者는 孝武能尊先王之道하여 知所統守하고 受忠直之言하여 惡人欺蔽하고 好賢不倦하여 誅賞嚴明하며 晚而改過하고 顧托得人하니 此其所以有亡秦之失而免亡秦之禍乎인저

【무제는 진나라처럼 망할 잘못은 있었으나 진나라처럼 망하는 재앙을 면하다】

온공이 말하였다.

무제(武帝)는 사치함을 지극히 하고 욕망을 다 채우며 형벌을 복잡하게 하고 세금을 무겁게 거두어서 안으로는 궁실을 사치스럽게 꾸미고 밖으로는 사방 오랑캐들을 정벌하였으며, 신선(神仙)과 괴이(怪異)한 말에 미혹되고 순행과 유람에 한도가 없어 백성들을 피폐하게 하여 일어나 도적이 되게 하였으니, 진

시황제(秦始皇帝)와 다를 것이 거의 없었습니다.

그러나 진(秦)나라는 이것으로 멸망하고 한(漢)나라는 이것으로 흥성한 것은 무제가 선왕(先王)의 도를 존중하여 다스려 지킬 것을 알았고, 충직한 말을 받아들여 사람들이 속이고 은폐하는 것을 미워하고, 어진 이를 좋아하기를 게을리하지 않아 상벌을 엄격하고 분명히 하였으며, 말년에는 과오를 고치고 후계자를 부탁할 만한 대신을 얻어서이니, 이것이 그가 진나라처럼 망할 잘못이 있었으나 진나라처럼 망하는 화를 면한 이유일 것입니다.

○ 【天下想聞霍光風采】

天下想聞霍光風采

太子卽位하다 霍光輔幼主하여 政自己出하니 天下想聞其風采하다

【천하 사람들이 곽광의 풍모를 그리워하여 알고자 하다】

태자가 즉위하였다. 곽광이 어린 황제를 보필하여 정사가 그로부터 나오니, 천하 사람들이 그의 풍모를 그리워하여 알고싶어하였다.

▪ 효소황제(孝昭皇帝)

在位十三年이요 壽二十一이라

재위 13년이고, 수명은 21세이다.

名弗陵이요 武帝之子也라 以童稚之年辨霍光之忠하니 何天資之明也오 享國不永惜哉로다

이름이 불릉(弗陵)이고 무제(武帝)의 아들이다. 어린 나이로 곽광(霍光)의 충성을 분별하였으니, 어쩌면 천품(天稟)이 그리도 명석한가! 왕위를 누림이 길지 못하였으니, 애석하다!

【기해(己亥 B.C.82) 시원(始元) 5년】

○ 【雋不疑引經斷獄】

雋不疑引經斷獄

有男子乘黃犢車詣北闕하여 自謂衛太子어늘 詔使公卿將軍中二千石雜識視하니 至者莫敢發言하다 京兆尹雋不疑後到하여 叱從吏收縛하다 不疑曰 昔蒯聵出奔에 輒距而不納하니 春秋是之라 衛太子得罪先帝하여 亡不卽死하고 今來自詣하니 此罪人也라하고 遂送詔獄하다

公卿當用有經術明大誼者

天子與大將軍霍光聞而嘉之曰 公卿大臣當用有經術明於大誼者라하니

不疑名重朝廷

繇是不疑名聲重於朝廷하여 在位者皆自以不及也하다 廷尉驗治하여 竟得奸詐라 坐誣罔不道하여 要斬하다

【전불의가 경전을 인용하여 죄를 결단하다】

어떤 남자가 누런 송아지가 끄는 수레를 타고 미앙궁(未央宮)에 와서 스스로 위태자(衛太子 : 여태자(戾太子) 유거(劉據))라 하였다. 조서를 내려 공(公)・경(卿)・장군(將軍)・중이천석(中二千石)인 사람들에게 함께 식별해보도록 하니, 도착한 자들이 감히 말을 하지 못하였다. 경조윤(京兆尹) 전불의(雋不疑)가 뒤늦게 도착하여 수행 관리를 꾸짖어 잡아 결박하였다. 전불의가 말하기를,

"옛날 괴외(蒯聵)가 도망하자 아들 첩(輒)이 막고서 받아들이지 않았는데, ≪춘추(春秋)≫에서 옳게 여겼다.[8] 위태자는 돌아가신 황제께 죄를 얻었는데 도망하여 죽지 않고 지금 스스로 나왔으니, 이는 죄인이다!"

하고, 드디어 조옥(詔獄 : 황제가 직접 다스리는 옥사)으로 보냈다. 소제(昭帝)는 대장군(大將軍) 곽광(霍光)과 듣고 아름답게 여기며 말하기를,

"공(公)・경(卿) 대신은 마땅히 경전(經典)에 대한 학술이 있고 큰 의리에

---

8) 괴외(蒯聵)가 … ≪춘추(春秋)≫에서 옳게 여겼다 : 춘추(春秋) 위(衛)나라 영공(靈公)의 태자(太子) 괴외(蒯聵)가 영공의 부인(夫人) 남자(南子)를 증오하여 죽이려다 발각되어 진(晉)나라로 망명하였는데, 영공이 죽자 괴외의 아들 첩(輒)이 임금이 되었다. 괴외가 귀국하여 위나라로 돌아오려 하자, 첩은 괴외를 들어오지 못하게 하였는데 ≪춘추≫에서는 첩을 옳게 여겼던 것이다.

밝은 사람을 등용하여야 한다."

하였다. 이로 말미암아 전불의의 명성이 조정에서 중시되어 벼슬에 있는 자들이 모두 스스로 미치지 못한다고 생각하였다. 정위(廷尉)가 조사하여 마침내 간교하게 천자를 속인 것을 밝혀내니, <위태자라고 한 자는> 무망부도(誣罔不道 : 속여 대역무도함) 죄에 걸려들어 허리가 잘렸다.

○ 【杜延年勸光儉約】

杜延年勸光儉約

諫大夫杜延年見國家承武帝奢侈師旅之後하고 數爲大將軍光言호대 年歲比不登하고 流民未盡還하니 宜修孝文時政하여 示以儉約寬和하여 順天心하고 說民意면 年歲宜應이라한대 光納其言하다

【두연년이 곽광에게 검약할 것을 권하다】

간대부(諫大夫) 두연년(杜延年)이 소제(昭帝)가 무제(武帝)의 사치를 부리고 전쟁을 벌이던 것을 계승하는 것을 보고는 자주 대장군 곽광을 위하여 말하기를,

"작황(作況 : 농사)은 계속 좋지 못하고 유랑하는 백성들은 아직 다 고향으로 돌아오지 못했습니다. 당연히 문제(文帝) 시대의 정사를 닦아 검약함과 관대함을 보여 하늘의 뜻을 따르고 백성의 마음을 기쁘게 하면 농사도 풍년이 들 것입니다."

하니, 곽광이 두연년의 말을 받아들였다.

【경자(庚子 B.C.81) 시원(始元) 6년】

○ 【桑弘羊主鹽鐵之議】

桑弘羊主鹽鐵之議

春二月에 詔有司問郡國所擧賢良文學과 民所疾苦敎化之要한대 皆對호대 願罷鹽鐵酒榷均輸官하여 毋與天下爭利하고 示以儉節이라야 然後敎化可興이리이다하니 桑弘羊難하여 以爲호대 此國家大

業으로 所以制四夷하며 安邊足用之本이니 不可廢也라한대 於是鹽鐵之議起焉하다

【상홍양이 염철 논의를 주장하다】

봄 2월에 담당관에게 조서를 내려 군국(郡國)에서 추천한 현량(賢良)・문학(文學)[9]들에게 백성들의 괴로움과 교화의 요체를 물어보게 하였는데, 모두 대답하기를,

"염철관(鹽鐵官 : 소금 철 전매 관원), 주각관(酒榷官 : 술 전매 관원), 균수관(均輸官 : 수송 전매 관원)을 없애 백성들과 이익을 다투지 말고 검소함과 절약함을 보인 뒤에야 교화가 일어날 수 있습니다."

하니, 상홍양(桑弘羊)이 논난하여 말하기를,

"이는 국가의 큰 사업으로 사방 오랑캐를 제어하며 변방을 편안히 하고 재정을 풍족하게 하는 근본이므로 폐기해서는 안 됩니다."

하였다. 이에 소금과 철에 대한 논의가 시작되었다.

○【蘇武還自匈奴】

蘇武還自匈奴 初에 蘇武旣徙北海上하여 杖漢節牧羊하고 臥起操持하니 節旄盡
節旄盡落 落이라 及壺衍鞮單于立에 國內乖離하니 常恐漢兵襲之하여 於是衛律爲單于謀하여 與漢和親하다 漢使至하여 求武等한대 匈奴詭言武死하다 常惠私敎使者謂單于하여 言호대 天子射上林中이라가
鴈足帛書 得鴈하니 足有繫帛書하여 言武等在某澤中이라한대 使者如惠語以讓單于하니 單于驚하여 謝하다 乃歸武하니 武留匈奴凡十九歲라 始以彊壯出이러니 及還에 鬚髮盡白하다

【소무가 흉노에서 돌아오다】

9) 현량(賢良)・문학(文學) : 모두 한나라 때 관리를 선발하는 과목(科目)의 명칭이다.

처음에 소무(蘇武)가 북해(北海 : 바이칼호) 가로 옮겨간 뒤에 한나라 부절을 지니고 양을 길렀는데 누워 있을 때나 일어나 있을 때나 부절을 쥐고 있으니, 부절의 털이 다 해졌다. 호연제 선우(壺衍鞮單于)가 즉위한 뒤 나라 안에 배반하는 자들이 생기니, 한나라 군대가 습격해 올까 늘 두려워하였다. 이에 위율(衛律)이 선우를 위해 한나라와 화친을 도모하였다. 한나라 사신이 이르러 소무 등을 찾자 흉노는 소무가 죽었다고 거짓말 하였다. 상혜(常惠 : 소무의 부하)가 개인적으로 사신을 시켜 선우에게,

"한나라 천자께서 상림원(上林園 : 장안의 동산 이름) 안에서 활을 쏘아 기러기를 잡았는데, 다리에 비단 편지가 묶여 있었는데 '소무 등이 어느 호수에 있다.'고 씌어 있었다."

라고 말하게 하였다. 사신이 상혜의 말대로 선우를 꾸짖자 선우가 놀라 사과하였다. 마침내 소무를 돌려보내니, 소무가 흉노에게 억류된 것이 모두 19년이었다. 과거에는 젊은 나이로 출정하였는데 돌아올 때는 수염과 머리가 다 희어졌다.

○ 【罷榷酤官】

罷榷酤官 秋에 罷榷酤官하니 從賢良文學之議也러라 武帝之末에 海內虛耗하여 戶口減半이라 霍光知時務之要하여 輕徭薄賦하고 與民休息하

稍復文景之業 니 至是匈奴和親하고 百姓充實하여 稍復文景之業焉하다

【각고관을 없애다】

가을에 각고관(榷酤官 : 주류(酒類)를 전매하는 관원)을 없애니, 현량과 문학의 건의를 따른 것이었다. 무제 말년에 천하 재력이 소모되어 호구가 반으로 줄었다.

곽광(霍光)은 당시의 힘써야 할 요점을 알아서 요역(徭役)과 부세(賦稅)를 줄이고 백성들과 함께 휴식하였다. 이에 이르러 흉노와 화친하고 백성들이 풍족해져 점점 문제(文帝)와 경제(景帝)의 업적을 회복하였다.

【신축(辛丑 B.C.80) 원봉(元鳳) 원년】

○ 【上官桀等陷霍光】

上官桀等陷霍光

上官桀之子安有女하니 卽霍光外孫이라 安因光欲內之어늘 光以其幼로 不聽한대 安遂因帝姊蓋長公主하여 內入宮爲婕妤라가 數月餘에 立爲皇后하니 年甫六歲라 於是桀安深怨光而德蓋主러라 知燕王旦以帝兄不得立하여 亦怨望하고 乃詐令人爲燕王上書하다 又引大將軍長史敞無功한대 爲搜粟都尉하고 又擅調益莫府校尉니이다하다 桀欲從中下其事하여 桑弘羊當與諸大臣共執退光하다

【상관걸 등이 곽광을 모함하다】

상관걸(上官桀)의 아들 상관안(上官安)에게 딸이 있었는데, 바로 곽광(霍光)의 외손녀이다. 상관안이 곽광을 통해 그 아이를 궁중에 들여보내려고 하였으나 곽광이 어리다는 이유로 들어주지 않았다. 상관안이 마침내 소제(昭帝)의 누이 개장공주(蓋長公主 : 개후(蓋侯)의 아내가 된 무제의 딸)를 통해 궁중에 들여보내어 첩여(婕妤 : 궁중 여자 관원 명칭)로 삼았다가 수개월 남짓에 세워 황후를 삼으니, 나이가 겨우 6살이었다. 이에 상관걸과 상관안은 곽광을 심히 원망하고 개장공주에게 고마워하였다. 그들은 연왕(燕王) 유단(劉旦)이 소제의 형으로서 즉위하지 못해 원망하는 것을 알고는, 사람을 시켜 허위로 연왕의 상서(上書)를 만들었다. 또 말하기를,

> "대장군장사(大將軍長史) 양창(楊敞)은 공로가 없는데 수속도위(搜粟都尉)로 임명하였고, 또 제멋대로 대장군 막부(莫府)의 교위(校尉)를 늘려 선발하였습니다."

하였다. 상관걸이 궁중에서 그 사건을 회부시켜 상홍양(桑弘羊)이 주관하여 여러 대신들과 공동으로 곽광을 잡아 물러나게 하려고 하였다.

○ 【昭帝辨上官桀之詐】

昭帝辨上官桀之詐

書奏에 光聞之하고 不入한대 上問호대 大將軍安在오하니 桀對曰 以燕王告其罪로 不敢入이니이다하다 有詔호대 召大將軍하라한대 光入하여 免冠頓首謝하다 上曰 將軍冠하라 朕知是書詐也로라 將軍無罪하니라 將軍調校尉하여 未十日에 燕王何以知之리오하다 是時帝年十四라 尙書左右皆驚하고 而上書者果亡이러라 後桀黨與有譖光者면 上輒怒曰 大將軍忠臣이라 先帝所屬以輔朕身이니 有毁者坐之하리라하다 自是桀等不敢復言하다

【소제가 상관걸의 거짓을 분별하다】

글이 올라가자, 곽광은 그 소식을 듣고 들어가지 않았다. 소제(昭帝)가 묻기를,

"대장군은 어디 있는가?"

하니, 상관걸이 대답하기를,

"연왕이 그의 죄를 고발했기 때문에 감히 들어오지 못합니다."

하였다. 조서를 내리기를,

"대장군을 불러와라."

하니, 곽광이 들어와 관을 벗고 머리를 조아리고 사죄하였다. 소제가 말하기를,

"장군은 관을 쓰라! 짐은 이 상서가 허위임을 아노라. 장군은 죄가 없다. 장군이 교위(校尉)를 선임한지 아직 10일이 안되었는데, 연왕이 어떻게 그 사실을 알겠는가!"

하였다. 이 때 소제의 나이가 14살이었는데, 상서(尙書)와 측근 신하들이 모두 놀랐으며 상서한 사람은 과연 도망하였다. 뒤에 상관걸의 무리들 중에서 곽광을 헐뜯는 자가 있으면 소제는 바로 노하여 말하기를,

"대장군(大將軍 : 곽광)은 충신이다. 돌아가신 무제께서 장군에게 짐을 보좌하도록 부탁하였으니, 대장군을 비방하는 사람이 있으면 그의 죄를 물을 것이다!"

하였다. 이로부터 상관걸 등은 감히 다시 말하지 못하였다.

○【上官桀等謀叛伏誅】

上官桀等謀叛伏誅 上官桀等謀令長公主置酒請光하여 伏兵格殺之하고 因廢帝하여 迎立燕王爲天子하다 安又謀誘燕王至而誅之하여 因廢帝立桀이러니 會蓋主舍人知其謀하고 以告한대 詔捕桀安等하여 幷宗族悉誅之하니 蓋主自殺하다 燕王自絞死하고 皇后以年少로 不與謀하고 亦霍光外孫이라 故得不廢하다

更名樓蘭爲鄯善

上官皇后不廢

【상관걸 등이 모반하다가 주살되다】

상관걸 등은 도모하기를, 개장공주(蓋長公主)를 시켜 술자리를 마련하여 곽광(霍光)을 초청한 다음 병사를 잠복시켜 맨손으로 그를 때려죽이고 이어 소제를 폐위시키고 연왕을 영입하여 천자(天子)를 삼으려 하였다.

상관안은 또 도모하기를, 연왕을 유인하여 도착하면 살해하고, 이어서 소제를 폐위시키고 상관걸을 세우고자 하였다. 마침 개장공주의 측근이 그들의 모의를 알고 고발하자, 조서로 상관걸과 상관안 등을 체포하여 그들의 종족을 다 죽이니, 개장공주는 자살하였다. 연왕은 스스로 목매어 죽었고, 상관황후(上官皇后)는 나이가 어려 모반에 관여하지 않은데다 또 곽광의 외손녀이기 때문에 폐위를 당하지 않았다.

【갑진(甲辰 B.C.77) 원봉(元鳳) 4년】

○【傅介子斬樓蘭王】

傅介子斬樓蘭王 樓蘭國最在東垂하여 近漢이라 當白龍堆하여 乏水草하여 常主發導하고 負水擔糧하여 送迎漢使하다 又數爲吏卒所寇어늘 懲艾하여 不便與漢通하다 後復爲匈奴反間하여 數遮殺漢使러니 傅介子使

大宛할새 詔因令責樓蘭龜茲하니 其王皆謝服하다 介子還謂大將軍霍光曰 樓蘭龜茲數反覆하니 不誅면 無所懲艾라 願往刺之以威示諸國하노이다하다 大將軍於是白遣之러니 介子與士卒俱齎金幣하여 揚言以賜外國爲名하니 樓蘭王貪漢物하여 來見使者어늘 介子使壯士刺死之하고 諭以王負漢罪하고 更立王弟尉屠耆爲王하고 更名其國爲鄯善하고 封傅介子爲義陽侯하다

【부개자가 누란국 왕을 참살하다】

누란국(樓蘭國)은 <서역(西域)>의 가장 동쪽 변방에 있어 한(漢)나라와 가까웠다. 백룡퇴(白龍堆) 사막에 막혀 있어서 물과 풀이 부족하여 항상 인도하는 일을 맡아 하였으며 물을 지고 양식을 메어다 주면서 한나라 사신을 전송하거나 영접하였다. 또 자주 한나라 관리 군졸에게 도둑질을 당하자 징계로 얻은 교훈으로 한나라와 교통하는 것을 불편하게 여겼다. 뒤에 다시 흉노를 위해 이중간첩이 되어 자주 한나라 사신을 가로막고 죽였다. 부개자(傅介子)가 대원국(大宛國)에 사신으로 가는데 조서를 내려 누란국(樓蘭國)과 구자국(龜茲國)을 책망하게 하니, 그 왕들이 모두 사죄하고 승복하였다. 부개자가 돌아와 대장군(大將軍) 곽광(霍光)에게 말하기를,

"누란국과 구자국이 자주 배반하니, 죽이지 않으면 두려워하지 않을 것입니다. 제가 가서 그들을 찔러 죽이고 한나라의 위엄을 여러 나라에 보이겠습니다."

하였다. 대장군이 이에 천자에게 보고하고 부개자를 파견하였다. 부개자는 군졸들을 거느리고 황금과 폐백을 준비하고서 외국에 예물을 하사한다는 명분을 발표하였다. 누란왕(樓蘭王)이 한나라 물건을 탐내어 와서 사신을 만났는데, 부개자가 장사를 시켜 그를 찔러 죽이고 누란왕이 한나라를 배반한 죄를 말하고는, 누란왕의 아우 위저기(尉屠耆)를 세워 왕을 삼고 그 나라의 이름을 바꾸어 선선국(鄯善國)이라 하였다. 소제는 부개자를 봉하여 의양후(義陽侯)로 삼았다.

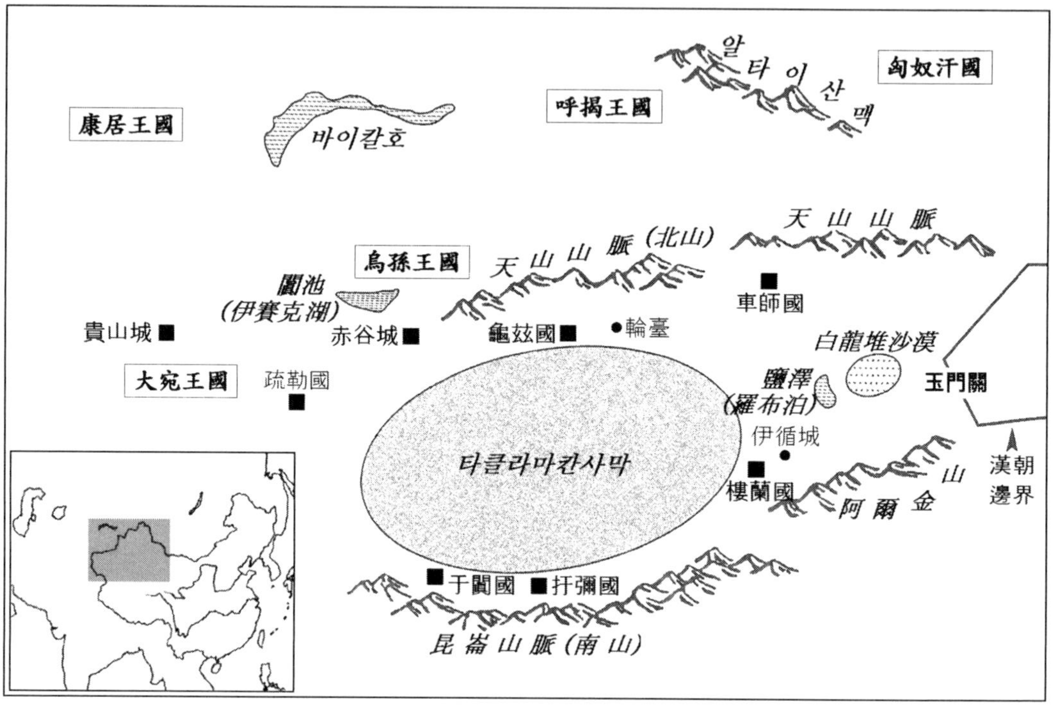

〈지도 14〉 부개자(傅介子)가 누란왕(樓蘭王)을 참수함 (B.C.77년)

○ 【美傅介子以爲奇功 過矣】

美傅介子以爲奇功過矣 溫公曰 王者之於戎狄에 叛則討之하고 服則舍之하시니 今樓蘭王既服其罪어늘 又從而誅之하니 後有叛者면 不可得而懷矣니이다 必以爲有罪而討之하면 則宜陳師鞠旅하여 明致其罰이어늘 今乃遣使者誘以金幣而殺之하시니 後有奉使諸國者면 復可信乎니잇가 且以大漢之彊而爲盜賊之謀於蠻夷는 不亦可羞哉니잇가 論者或美介子以爲奇功은 過矣니이다

【부개자가 기특한 공훈을 세웠다고 찬미하는 것은 잘못이다】

온공이 말하였다.

왕자(王者)는 융적(戎狄 : 서북방 소수 민족)에 대하여 배반하면 토벌하고 승복하면 풀어주었습니다. 지금 누란왕은 이미 그 죄를 승복했는데도 또 죽임을

당하였으니, 뒤에 배반하는 자가 있으면 회유할 수 없을 것입니다. 반드시 누란왕이 죄가 있어서 토벌해야 한다고 하면 마땅히 군사들을 모아놓고 맹세하여 그 징벌함을 분명히 밝혀야 합니다. 지금은 도리어 사자를 보내어 금과 폐백으로 유인하여 죽였으니, 뒤에 명령을 받들고 여러 나라에 사신 가는 자가 있으면 다시 믿게 할 수 있겠습니까! 또 거대한 한(漢)나라의 강성함으로써 도적처럼 기만하는 계책을 오랑캐에게 썼으니, 또한 수치스럽지 않습니까! 의논하는 사람들이 혹은 부개자가 기특한 공훈을 세웠다고 찬미하는 것은 잘못입니다!

【정미(丁未 B.C.74) 원평(元平) 원년】

○ 【霍光立昌邑王】

霍光立昌邑王 四月에 帝崩하니 無嗣라 大將軍光與群臣議하여 迎昌邑王賀하니 賀哀王之子라 在國素狂縱하고 動作無節하다 嘗遊方與할새 不半日馳二百里하다 中尉王吉上疏諫曰 夫廣廈之下와 細旃之上에 明師居前하고 勸誦在後하여 上論唐虞之際하고 下及殷周之盛하여 考仁聖之風하며 習治國之道면 於以養生에 豈不長哉니잇가하되

王吉諫昌邑王 王終不改節하다 六月에 王受皇帝璽綬하고 襲尊號하다

【곽광이 창읍왕을 천자로 세우다】

4월에 소제(昭帝)가 죽었으나, 후계자가 없었다. 대장군 곽광이 여러 신하들과 의논하여 창읍왕(昌邑王) 유하(劉賀)를 맞이하였다. 유하는 애왕(哀王 : 무제(武帝)의 아들 유박(劉髆))의 아들로 본국에 있으면서 평소 경망스럽고 방종하여 행동에 절도가 없었다. 일찍이 방여현(方與縣)에서 놀이를 한 적이 있었는데, 한나절도 안 되어 2백리나 말을 내달렸다. 중위(中尉) 왕길(王吉)이 상소하여 간언하기를,

"넓은 집의 가운데에 고운 털방석 위에서 훌륭한 선생님이 앞에 있고 송독

(誦讀)을 권면하는 학생들은 뒤에 있어서, 위로는 당우(唐虞 : 요순)의 시대를 논의하고 아래로는 은(殷)나라와 주(周)나라의 성대함을 논의하여, 어질고 성스러운 기풍을 고찰하고 나라를 편안히 하는 도리를 익혀 이러한 방법으로 양생하면 어찌 오래가지 않을 수 있겠습니까!"

하였으나, 창읍왕은 끝내 행실을 고치지 않았다.

6월에 창읍왕이 황제의 옥새와 인끈을 받고, 황제의 지위를 계승하였다.

○【田延年勸霍光廢立】

田延年勸霍光廢立 昌邑王既立에 淫戲無度하여 諫多不聽이어늘 光憂懣하여 問所親故吏田延年한대 延年曰 將軍爲國柱石이니 審此人不可인댄 何不建白太后하여 更選賢而立之오하니 光曰 於古有此不아하다 延年曰 伊尹相殷에 廢太甲以安宗廟어늘 後世稱其忠이라 將軍若能行此면 亦漢之伊尹也니이다하다 光乃陰與張安世圖計하다

霍光爲國柱石

【전연년이 곽광에게 창읍왕을 폐하고 다시 세우기를 권하다】

창읍왕은 즉위하고 나서도 음탕함과 희롱함이 한도가 없었으며, 여러 번 간언하였으나 듣지 않았다. 곽광이 고민하여 친하게 지내던 옛 부하 전연년(田延年)에게 묻자, 전연년이 말하기를,

"장군(將軍)은 국가의 주춧돌이십니다. 이 사람이 옳지 않음을 잘 안다면 어찌 태후(太后 : 상관태후(上官太后), 곽광의 외손녀)께 건의하여 다시 현명한 사람을 뽑아 세우지 않으십니까?"

하니, 곽광이 말하기를,

"옛날에 이런 경우가 있었소?"

하였다. 전연년이 말하기를,

"이윤(伊尹)이 은나라의 재상이 되어 태갑(太甲)을 폐하여 종묘를 편안히 하였는데, 후대(後代)에 그의 충성을 칭찬하였습니다. 장군께서 만일 이 일을 해내신다면 또한 한나라의 이윤이 되실 것입니다."

하였다. 곽광은 마침내 은밀히 장안세(張安世)와 계책을 도모하였다.

○ 【夏侯勝諫王出遊】

夏侯勝諫王出遊 王出遊이어늘 光祿大夫夏侯勝當乘輿前諫曰 天久陰不雨하니 臣下有謀上者어늘 陛下出하여 欲何之닛고하다 王怒하여 謂勝爲妖言이라하여 縛以屬吏할새 光乃召問勝한대 勝對言호대 在鴻範傳曰 皇之不極이면 厥罰常陰이라 時則有下人伐上者라하다 光安世大驚하여 以此益重經術士러라

霍光益重經術士

【하후승이 창읍왕의 유람 가는 것을 간언하다】

창읍왕이 유람을 나갈 적에 광록대부(光祿大夫) 하후승(夏侯勝)이 수레 앞을 막고 간언하기를,

"날씨가 오랫동안 흐린데도 비가 내리지 않으니, 신하 중에 임금께 역모하는 자가 있는 것이거늘 폐하께서는 나가서 어디로 가려고 하십니까?"

하였다. 창읍왕은 노하여 하후승이 요사한 말을 한다고 하여 결박하여 관리에게 넘겼다. 곽광이 하후승을 불러 묻자, 하후승이 대답하기를,

"〈홍범전(鴻範傳 : 홍범오행전(洪範五行傳))〉에 이르기를, '임금이 표준이 되지 못하면 그 벌로 날이 항상 흐리다. 이러한 때에는 아래 사람이 윗사람을 치는 경우가 있다.' 하였습니다."

하였다. 곽광과 장안세(張安世)는 크게 놀라서 이때부터 경학(經學)에 밝은 선비를 더욱 존중하였다.

○ 【霍光奏廢昌邑王】

霍光奏廢昌邑王 光安世旣定議하고 乃使田延年報丞相楊敞한대 敞驚懼하여 不知所言하여 汗出洽背하고 徒唯唯而已라 光卽與羣臣俱見하고 白太

楊敞汗出洽背 后하고 具陳昌邑王不可以承宗廟狀한대 皇太后詔하여 昌邑王伏前聽詔하니 光令王起하여 拜受詔하다 光持其手하여 解脫其璽組하고 扶王下殿하여 送至昌邑邸하다 光謝曰 願王自愛하소서 臣長不復左右니이다하다 光涕泣而去하다

【곽광이 아뢰어 창읍왕을 폐하다】

곽광과 장안세가 논의를 정하고 전연년을 시켜서 승상(丞相) 양창(楊敞)에게 보고하게 하였다. 양창은 놀라고 두려워서 말할 바를 모르고 진땀이 나와 등이 흠뻑 젖어서 다만 "알았네. 알았네." 할 뿐이었다. 곽광은 즉시 여러 신하들과 함께 알현하러 가서 태후(太后)께 아뢰고, 창읍왕이 종묘를 계승하는 황제가 되지 못할 정황을 자세하게 진술하였다.

황태후(皇太后)가 조서를 내리자 창읍왕이 앞에 엎드려 조서를 들었는데, 곽광이 창읍왕에게 일어나 절하고 조서를 받게 하였다. 곽광이 창읍왕의 손을 잡고 황제의 옥새와 인끈을 벗기고는 창읍왕을 부축하여 전각에서 내려와 호송하여 창읍왕의 공관으로 보냈다. 곽광은 하직인사하기를,

"왕께서는 스스로 몸을 아끼십시오. 저는 측근에서 다시 모시지 못할 것입니다."

하였다. 곽광이 눈물을 흘리고 떠나왔다.

○【丙吉護養宣帝】

丙吉護養宣帝 初에 衛太子之子史皇孫이 生子病已하니 號皇曾孫이라 皇曾孫生數月에 遭巫蠱事하여 太子男女妻妾皆遇害한대 獨皇曾孫在하고 亦坐收繫獄이러니 丙吉受詔治巫蠱獄할새 吉心知太子無事實하고 重哀皇曾孫無辜하여 擇謹厚女徒하여 令乳養曾孫하여 置閒燥處러니 曾孫高材好學이나 然亦喜游俠하니 以是具知閭里奸邪와 吏治得失하다

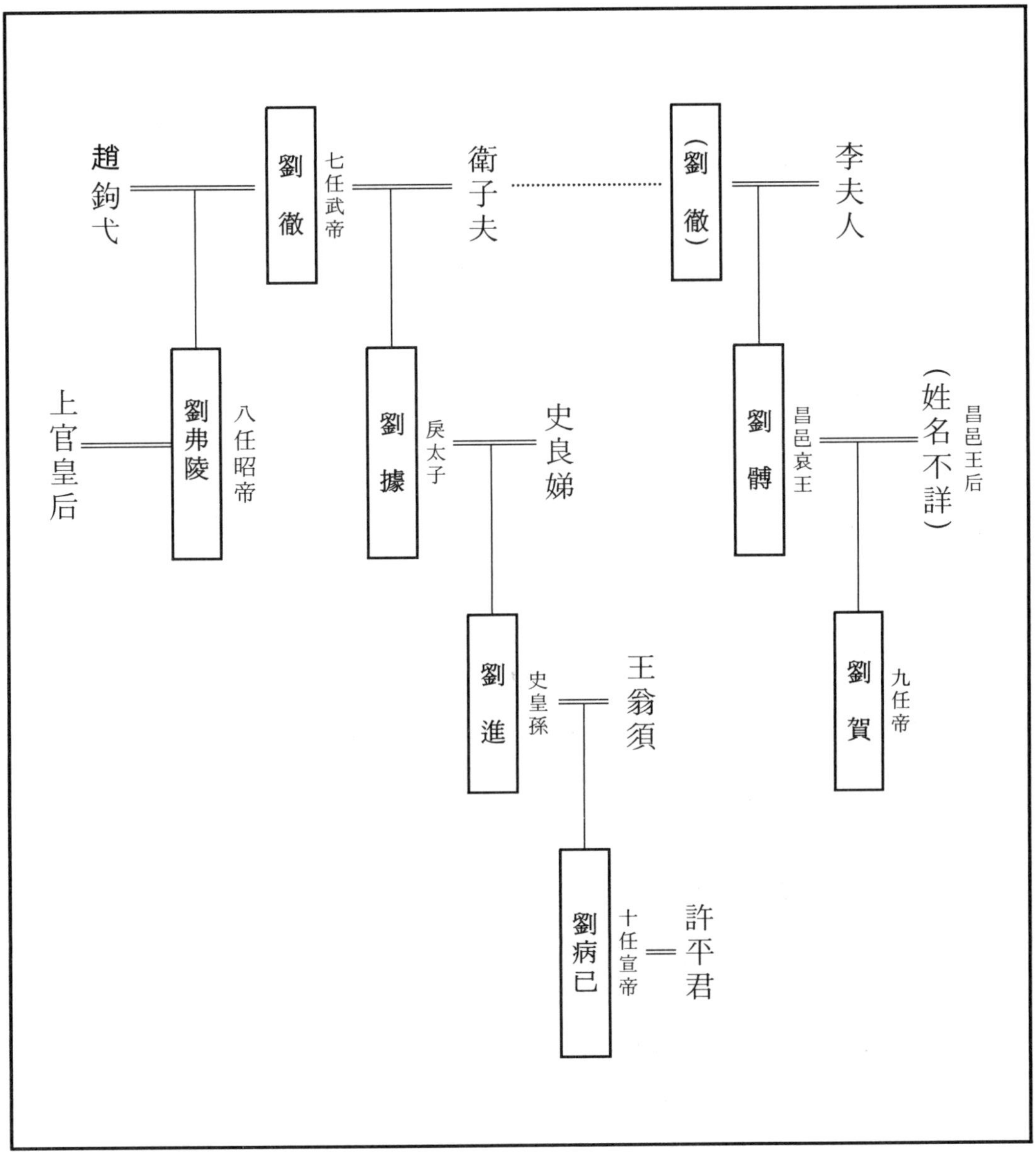

〈계통도 15〉 서한왕조(西漢王朝)의 중기(中期) 제계(帝系) (B.C.74년)

【병길이 선제를 보호하여 기르다】

과거에 위태자(衛太子 : 유거(劉據))의 아들 사황손(史皇孫 : 유진(劉進))이 아들 유병이(劉病已)를 낳았는데 황증손(皇曾孫)이라고 불렀다. 황증손이 태어난 지 몇 달 만에 무고(巫蠱) 사건을 만나 위태자의 아들딸과 처첩이 모두 살해를 당하고 황증손만 살아남았으나 그 역시 얽혀들어 감옥에 잡혀 감금되었다.

병길(丙吉)이 조서를 받아 무고 옥사를 처리하였는데, 병길은 속으로 위태자가 잘못이 없음을 알고 황증손이 죄가 없이 연좌된 것을 매우 슬퍼하여 신중하고 온후한 여자 죄인을 골라 그녀로 하여금 젖을 먹여 황증손을 기르게 하여, 조용하고 쾌적한 곳에 두었다. 황증손이 뛰어난 재주에 학문을 좋아하였으나 또한 유협(游俠 : 호탕한 기질의 인물)을 좋아하였으니, 이 때문에 마을의 간사한 일과 관리들 치적의 잘잘못을 잘 알았다.

○ 【霍光立宣帝】

霍光立宣帝 丙吉奏記光

及昌邑王廢에 霍光與張安世諸大臣議所立에 未定이러니 丙吉奏記光曰 武帝曾孫名病已者는 至今十八九矣라 通經術하고 有美材하며 行安而節和하니 願將軍定大策하소서하다 光與丞相敞上奏曰 武帝曾孫病已는 年十八에 師受詩論語孝經하고 躬行節儉하고 慈仁愛人하니 可以嗣孝昭皇帝後니이다하니 皇太后詔曰 可라하다 迎曾孫하여 卽皇帝位하다

【곽광이 선제를 천자로 세우다】

창읍왕이 폐위된 뒤에 곽광은 장안세와 여러 대신들과 함께 황제로 세울 사람을 의논하였으나 아직 결정하지 못했는데, 병길이 주기(奏記 : 상관에게 의견을 쓴 글)로 곽광에게 아뢰기를,

"무제의 증손으로 이름이 유병이라는 사람이 지금 십팔 구세입니다. 경서를 잘 알고 훌륭한 재질을 가지고 있으며 행실이 안정되고 기질이 온화합니다. 장군(將軍)께서는 큰 대책(對策)을 결정하십시오."

하니, 곽광이 승상(丞相) 양창 등과 함께 아뢰기를,

"무제(武帝)의 증손 유병이는 나이 십팔 세인데 ≪시경(詩經)≫·≪논어(論語)≫·≪효경(孝經)≫을 선생에게 배웠고 몸소 절약·검소를 실행하고 인자하며 사람을 아끼니, 효소황제(孝昭皇帝)의 뒤를 이을 만합니다."

하였다. 황태후가 조서를 내리기를,

"좋다!"

하니, 증손을 맞이하여 황제에 즉위시켰다.

○【嚴延年劾奏霍光】

嚴延年劾奏霍光 侍御史嚴延年劾奏호대 大將軍光擅廢立主하니 無人臣禮라 不道니이다하다 奏雖寢이나 然朝廷肅然敬憚之하다

【엄연년이 곽광을 탄핵하여 아뢰다】

시어사(侍御史) 엄연년(嚴延年)이 탄핵하여 아뢰기를,

"대장군 곽광이 제멋대로 황제를 폐위하고 새 황제를 즉위시키니, 신하의 예절이 없고 대역부도합니다."

하였다. 엄연년이 아뢴 것은 비록 묵살되었으나 조정이 숙연해져 엄연년을 공경하여 두려워하였다.

통감절요증손교주(通鑑節要增損校註) 12권

한기(漢紀)

▪ 중종효선황제(中宗孝宣皇帝) 상(上)

在位二十五年이요 壽四十二이라

재위 25년이고, 수명은 42세이다.

初名病已니 後改名詢이라 武帝曾孫이며 衛太子孫이며 史皇孫子라 信賞必罰하고 吏稱民安하니 可謂中興하며 侔德商周라 然刑名繩下하여 德敎不純하니 漢家之元氣索矣라

처음 이름이 병이(病已)였는데, 뒤에 이름을 순(詢)으로 고쳤다. 무제의 증손이고 위태자(衛太子)의 손자이며, 사황손(史皇孫)의 아들이다. 공로자에게는 상을 확실히 주고 범죄자에게는 형벌을 반드시 주어서 관리 등용이 적절하였고 백성들이 편안하였으니, 중흥이라 말할 수 있으며 덕을 상(商)나라와 주(周)나라에 견줄 만하다. 그러나 형벌로 아랫사람들을 다스려서 도덕과 교화가 순수하지 못하였으니, 한(漢)나라의 원기(元氣)가 삭막해졌다.

【무신(戊申 B.C.73) 본시(本始) 원년(元年)】

○ 【霍光專權】

霍光專權 大將軍光稽首歸政하니 上謙讓不受하여 諸事皆先關白光하고 然

霍光稽首歸政 後奏御하다 自昭帝時로 光黨親連體하고 根據於朝廷이러니 及昌邑

王廢에 光權益重이라 每朝見에 上虛己斂容하여 禮下之已甚하다

【곽광이 권력을 독점하다】

대장군(大將軍) 곽광(霍光)이 머리를 조아리고 정권(政權)을 선제(宣帝)에게 되돌려 주려 하니, 선제가 겸양하고 받지 않아서 여러 가지 일은 모두 먼저 곽광을 경유한 후에 선제에게 아뢰었다. 소제(昭帝) 때부터 곽광의 친척들이 집단을 형성하여 조정에 뿌리를 박았는데 창읍왕(昌邑王 : 유하(劉賀))이 폐위되고 나자 곽광의 권력이 더 커졌다. 조회에 알현할 때마다 선제는 늘 겸허하고 공손한 태도를 갖추어 예우하기를 과분하게 하였다.

○ 【黃霸寬和】

黃霸寬和 初에 上官桀與霍光爭權이러니 光旣誅桀에 遂遵武帝法度하여 以刑罰痛繩羣下하니 由是俗吏皆尙嚴酷以爲能이나 而河南太守丞黃霸獨用寬和爲名하니 上在民間時에 知百姓苦吏急迫이러니 聞霸持法平하고 乃召爲廷尉正하니 數決疑獄에 庭中稱平하다

【황패가 관대하고 온화하다】

과거에 상관걸(上官桀)과 곽광(霍光)이 권력을 다투었는데, 곽광이 상관걸을 죽이고 나서는 드디어 무제(武帝)의 법도를 따라 형벌로 하급 관리와 백성들을 엄하게 다스렸다. 이로 말미암아 세속의 관리들이 모두 엄격함과 혹독함을 숭상하는 것을 유능하다고 생각하였지만, 하남(河南) 태수승(太守丞) 황패(黃霸)만이 홀로 관대함과 온화함으로 유명하였다. 선제(宣帝)가 민간에서 생활할 적에 백성들이 관리들의 다그침에 괴로워함을 알고 있었는데 황패가 법을 집행하는 데에 공평하다는 소문을 듣고는 불러서 정위정(廷尉正)으로 삼았다. 황패가 자주 해결하기 어려운 옥사를 판결해내니, 조정에서 공평하다고 칭송하였다.

【기유(己酉 B.C.72) 본시(本始) 2년】

○【夏侯勝黃霸俱下獄】

夏侯勝黃霸俱下獄

夏에 詔曰 孝武皇帝躬仁誼하고 厲威武하다 功德茂盛이나 而廟樂未稱하니 朕甚悼焉하노니 其與列侯二千石博士議하라하다 群臣皆曰 如詔리이다라한대 夏侯勝獨曰 武帝雖有攘四夷廣土境之功이나 然多殺士衆하고 竭民財力하며 奢泰無度하여 無德澤於民하니 不宜爲立廟樂이니이다하다 於是丞相御史劾奏勝非議詔書하고 毀先帝하니 不道요 及丞相長史黃霸阿縱勝하여 不擧劾이라하니 俱下獄하고 有司遂請尊孝武帝廟하여 爲世宗廟하다

【하후승과 황패가 모두 하옥되다】

여름에 조서를 내리기를,

"무제(武帝)께서 인의(仁義)를 친히 실천하고 위엄과 무력에 힘써 공덕이 성대하였지만 종묘의 음악이 부합하지 못하니, 짐은 이것을 매우 슬퍼하노라. 열후(列侯)와 이천석(二千石) 박사(博士)들과 논의하라!"

하였다. 여러 신하들이 모두 말하기를,

"조서대로 하겠습니다."

하였으나, 하후승(夏侯勝)만은 홀로 말하기를,

"무제께서 비록 사방 오랑캐를 물리치고 영토의 경계를 넓힌 공은 있으나 군사들을 많이 죽였고 백성의 재물과 힘을 고갈시켰으며 사치스러움에 제한이 없고 백성에게 은택을 베푼 것도 없으니, 무제를 위하여 종묘의 음악을 만드는 것은 마땅하지 않습니다."

하였다. 이에 승상(丞相)과 어사대부(御史大夫)가 탄핵하기를, '하후승이 조서를 비난하고 돌아가신 황제[先帝]를 헐뜯으니 대역무도하고, 승상장사(丞相長史) 황패(黃霸)는 하후승에게 아부하고 방종하면서 탄핵하지 않았다.'고 하니, 이에 두 사람을 다 감옥에 보냈다. 담당관리가 드디어 무제의 사당을 높일 것을 요청하여 세종묘(世宗廟)[1]라 하였다.

○ 【黃霸獄中受書】

黃霸獄中受書 夏侯勝黃霸旣久繫에 霸欲從勝受尙書어늘 勝辭以罪死라한대 霸曰 朝聞道면 夕死可矣라하니 勝賢其言하여 遂授之하고 繫再更冬한대 講論不怠하다

【황패가 감옥 안에서 서경을 배우다】

하후승과 황패가 감옥에 갇힌 지 오래되자 황패는 하후승을 따라서 상서(尙書)를 배우고자 하였다. 하후승이 죄를 지어 곧 죽게 될 것이라고 사양하자 황패가 말하기를,

"아침에 도를 들으면 저녁에 죽어도 좋을 것입니다."

하였다. 하후승이 황패의 말을 훌륭하다고 여겨서 드디어 황패에게 가르쳐 주자 감옥에 갇혀 두 번의 겨울이 지나도록 강론을 게을리하지 않았다.

【경술(庚戌 B.C.71) 본시(本始) 3년】

○ 【霍顯毒許后】

---

1) 세종묘(世宗廟) : 세종의 사당. 세종(世宗)은 문치와 무공이 한 시대의 으뜸이라는〔文治武功爲一世之宗〕 뜻의 임금 묘호. 종(宗)은 묘호(廟號 : 사당 신주에 쓰는 호칭)로, 시호(諡號)의 일종이니, 조(祖)와 함께 제왕의 칭호 중에 가장 존귀한 것이다. 일생의 업적을 나타내는 1글자를 앞에 놓아 '○祖'·'○宗', 예컨대 '태조(太祖)'·'세종(世宗)' 등으로 나타낸다. 고대에는 임금마다 조·종(祖宗)을 사용하지 않고 특별한 임금에게만 붙여서, '祖'는 전욱(顓頊)·설(契)·문왕(文王)이고, '宗'은 요(堯)·우(禹)·탕(湯)·무왕(武王)으로 제시되고 있다.(≪禮記≫ 〈祭法〉) 그리고 은(殷)나라에서는 30왕(王) 중에 4왕만 종으로 일컬어 4종(四宗)으로, 태갑(太甲)은 태종(太宗), 태무(太戊)는 중종(中宗), 무정(戊丁)은 고종(高宗)이고, 창업자 탕은 4종에 속한다고 하였으나, 조라고 한 견해도 있다.(≪書集傳或問≫ 卷下 〈說命 上〉) 한(漢)나라에는 첫째 황제 유방(劉邦)이 고조(高祖), 문제가 태종(太宗), 무제가 세종(世宗), 선제(宣帝)가 중종(中宗)이다. 그리고 후한의 첫째 황제 유수(劉秀)가 세조(世祖), 명제(明帝)가 현종(顯宗), 장제(章帝)가 숙종(肅宗)이다. 이후 현명한 황제만 사용하다가 당나라 때부터는 모든 황제에 조(祖)와 종(宗)을 붙여서 황제의 일상 칭호가 되어 불후의 사당이 되는 것을 논의하지 않게 되었다.(宋 林之奇 ≪尙書全解≫ 卷20 〈說命 上〉)

霍顯毒許后 霍光夫人顯欲貴其小女成君이러니 道無從이라 會許后當娠하여 病이라 女醫淳于衍者는 霍氏所愛라 嘗入宮侍疾이어늘 顯使衍因投毒藥以飮皇后러니 有頃에 遂加煩懣하고 崩하다

【곽현이 허 황후를 독살하다】

곽광(霍光)의 부인 현(顯)이 작은 딸 곽성군(霍成君)을 황후(皇后)로 만들고자 하였는데 목적을 달성할 수 있는 방법이 없었다. 마침 허황후(許皇后 : 선제의 황후. 허광한(許廣漢)의 딸)가 회임을 하여 병이 들었다. 순우연(淳于衍)이라는 여자 의원은 곽씨가 아끼던 사람으로, 일찍이 궁중에 들어가 병시중을 들었다. 곽현이 순우연을 시켜 독약을 넣어 황후에게 마시게 하니, 시간이 조금 지나 결국 번문(煩懣 : 열이 나고 숨이 막히는 증세)하다가 죽었다.

○ 【匈奴大虛弱】

匈奴大虛弱 匈奴擊烏孫 冬에 匈奴單于自將數萬騎擊烏孫하여 頗得老弱하여 欲還이러니 會天大雨雪하여 一日深丈餘라 人民畜産凍死하고 還者不能什一이라 於是丁令乘弱攻其北하고 烏桓入其東하고 烏孫擊其西하니 凡三國所殺數萬級이요 馬數萬匹이요 牛羊甚衆이라 匈奴大虛弱이러니 其後漢出三千餘騎爲三道하여 並入匈奴하여 捕虜得數千人還하니 匈奴終不敢取當하여 滋欲鄕和親하니 而邊境少事矣하다

【흉노가 매우 허약해지다】

겨울에 흉노(匈奴) 선우(單于)가 스스로 수만의 기병을 거느리고 오손(烏孫)을 공격하여, 상당히 많은 노약자를 사로잡아서 돌아가려 하였는데, 마침 큰 눈이 내려 하루만에 내린 눈의 깊이가 한 길 남짓이었다. 사람과 가축이 얼어 죽고 귀환한 자는 10분의 1도 되지 않았다. 이때에 정령(丁令 : 흉노의 속국(屬國))이 허약함을 틈타서 흉노의 북쪽을 공격하고, 오환(烏桓)은 흉노의 동쪽으로 침입

하고, 오손(烏孫)은 흉노의 서쪽을 쳤다. 무릇 삼국이 죽인 흉노 사람은 수만 급(級)이었고, 빼앗은 것으로는 말이 수만 필이고 소와 양도 매우 많았기 때문에 흉노가 매우 허약해졌다. 그 후에 한나라는 세 갈래 길로 3천여 기병을 출동시켜 동시에 흉노를 침입하여 수천 명을 포로로 잡아 돌아오니, 흉노는 끝내 감히 맞대응하지 못하고 더욱 한나라와 화친하려 하였다. 이에 변경에 사변이 감소하게 되었다.

○ 【趙廣漢爲鉤鉅】

趙廣漢爲鉤鉅 是歲에 潁川太守趙廣漢爲京兆尹하다 潁川俗에 豪傑相朋黨이어늘 廣漢爲缿筩하여 受吏民投書하여 使相告訐한대 於是更相怨咎하여 姦黨散落하고 盜賊不敢發이라 廣漢尤善爲鉤鉅以得事情하여 閭里銖兩之姦皆知之하다 長安少年數人會窮里空舍하여 謀共劫

發姦擿伏如神 人이라가 坐語未訖에 廣漢使吏捕治하여 具服하니 其發姦擿伏如神이라 京兆政清하니 吏民稱之不容口하고 長老傳以爲自漢興으로 治京兆者莫能及이라하다

【조광한이 구거법을 쓰다】

이 해에 영천태수(潁川太守) 조광한(趙廣漢)이 경조윤(京兆尹)이 되었다. 영천의 풍속에 호걸들이 서로 패거리를 결성하였는데, 조광한이 대통 모양의 함을 만들어서 관리와 백성의 투서를 받아 서로 들추어내어 고발하게 하였다. 이에 서로 번갈아 가며 원망하고 허물하니, 간사한 무리가 해산되고 도적들도 감히 일어나지 못하였다. 조광한은 더욱이 구거법(鉤鉅法 : 낚아채 알아내는 법)을 잘 써서 일의 실정을 알아내어 마을의 자그마한 간사한 일까지도 모두 알았다. 장안(長安)의 젊은이 몇 명이 마을의 후미진 사람이 살지 않는 빈 집에 모여서 함께 사람을 겁탈할 것을 모의하는데 앉아서 말을 다 마치기도 전에 조광한이 관리를 시켜 잡아 다스리게 하니, 모두 승복하였다. 그가 간사한 비밀을 적발하여 지적함이 귀신과 같았다. 경조윤(京兆尹)의 정사가 맑아지니, 관리와 백성

들이 조광한을 칭찬함이 말로 다하지 못하였고, 노인들이 전하여 이르기를 한나라가 개국하고부터 경조(京兆)를 다스린 사람 중에서 조광한을 따라갈 만한 자가 없다고 하였다.

【신해(辛亥 B.C.70) 본시(本始) 4년】

○ 【霍后立】

霍后立 春에 立霍光女爲皇后하다

【곽 황후가 즉위하다】

봄에 곽광(霍光)의 딸을 세워 황후(皇后)로 삼았다.

【임자(壬子 B.C.69) 지절(地節) 원년(元年)】

○ 【于定國治獄無寃】

于定國治獄無寃 于定國爲廷尉하다 定國決疑平法하고 務在哀鰥寡하며 罪疑從輕하여 加審愼之心하니 朝廷稱之曰 張釋之爲廷尉에 天下無寃民이러니 于定國爲廷尉에 民自以不寃이라하다

【우정국이 옥사를 다스려 원통함이 없다】

우정국(于定國)이 정위(廷尉 : 형옥(刑獄) 관원)가 되었다. 우정국이 의심스러운 안건을 해결하며 법을 공평히 적용하였고, 홀아비와 과부를 불쌍히 여기는 데에 힘썼으며, 죄를 판단하기 어려우면 가벼운 죄를 주고, 살피고 신중히 하는 마음을 더하니, 조정에서 우정국을 칭찬하기를,

"장석지(張釋之)로 정위(廷尉)를 삼으니 천하에 원통한 백성이 없었고, 우정국으로 정위를 삼으니 백성이 스스로 원통해 하지 않는다."

하였다.

【계축(癸丑 B.C.68) 지절(地節) 2년】

○ 【霍光薨】

霍光薨 三月에 霍光薨하다

【곽광이 죽다】

3월에 곽광이 죽었다.

○ 【魏相白去副封】

魏相白去副封 上思報大將軍德하여 乃封光兄孫山爲樂平侯하여 使以奉車都尉領尙書事하다 魏相奏封事하여 言春秋譏世卿하고 惡宋三世爲大

魏相諫寵霍氏 夫러니 今光死에 子復爲右將軍하고 兄子秉樞機하고 昆弟諸壻據權勢하여 在兵官하여 驕奢放縱하니 宜有以損奪其權하고 破散陰謀하여 以全功臣之世하소서하다 又故事에 諸上書者皆爲二封하여 署其一曰副라하니 領尙書者先發副封하여 所言不善이면 屛去不奏러니 相復因許伯白去副封以防壅蔽한대 帝善之하여 詔相給事中하고 皆從其議하다

【위상이 아뢰어 상서할 때 부본 봉투를 없애도록 하다】

선제(宣帝)는 대장군(大將軍) 곽광(霍光)의 공덕에 보답하려고 마침내 곽광(霍光)의 형인 곽거병(霍去病)의 손자 곽산(霍山)을 봉하여 낙평후(樂平侯)를 삼아서 봉거도위(奉車都尉)로서 상서(尙書)의 일을 겸직[2]하게 하였다. 위상(魏相)이 봉사(封事)를 올려 아뢰기를,

"≪춘추(春秋)≫에서는 세경(世卿 : 대물려 받는 경)을 나무랐고, 송(宋)나라

---

2) 겸직 : 령(領)은 지위가 높은 사람이 낮은 직위를 겸직할 때 쓰는 용어로, 뒤에는 '녹(錄)'이라고도 하였다.

에서 삼세(三世 : 양공(襄公)·성공(成公)·소공(昭公)) 동안 국내의 대부들과 혼인한 것을 미워하였습니다. 지금 곽광이 죽었는데 곽광의 아들이 다시 우장군(右將軍)이 되고, 곽광의 형의 손자[3]는 추기(樞機 : 領尙書事)를 장악했으며, 형제와 여러 사위들은 권세에 의거하여 병권을 잡아 교만하고 사치하며 방종하니, 마땅히 그 권력을 줄이거나 빼앗아 음모를 분쇄시켜 대대로 계승하는 공신(功臣)을 온전하게 하여야 합니다."

하였다. 또 이전 관례에 따르면 조정에 글을 올리는 사람들이 모두 두 개의 봉투를 만들어 하나에는 '부본(副本)'이라고 썼는데 상서(尙書)를 겸직하는 사람이 먼저 부본(副本) 봉투를 뜯어보고 말한 내용이 좋지 않으면 버리고 아뢰지 않았다. 위상(魏相)이 다시 허백(許伯 : 허광한(許廣漢))을 통하여 원본(原本)만 올리게 하고 부본 봉투를 없애도록 아뢰어, 황제를 속이는 것을 방지하게 하였다. 선제는 그것을 좋다고 생각하여 조서를 내려 위상을 급사중(給事中)에 임명하였으며, 모두 위상의 의견을 따랐다.

○【宣帝厲精爲治】

宣帝厲精爲治

帝興于閭閻하여 知民事之囏難이러니 霍光旣薨에 始親政事하여 厲精爲治할새 五日一聽事하니 自丞相以下各奉職奏事하여 敷奏其言에 考試功能하고 侍中尙書功勞當遷及有異善이어든 厚加賞賜하여 至于子孫히 終不改易하니 樞機周密하고 品式備具하여 上

親問刺史守相

下相安하여 莫有苟且之意러라 及拜刺史守相에 輒親見問하고 觀其所由하고 退而考察所行以質其言하여 有名實不相應이어든 必知其所以然이러다 嘗稱曰 庶民所以安其田里而亡歎息愁恨之心者는 政平訟理也니 與我共此者는 其惟良二千石乎인저하다 以爲

太守吏民之本

太守는 吏民之本이니 數變易則下不安하고 民知其將久면 不可欺

3) 형의 손자 : 원문 '兄子'는 '兄孫'의 잘못이라고 한다.

漢世良吏爲盛

罔하여 乃服從其教化니라 故二千石有治理效면 輒以璽書勉厲하여 增秩賜金하고 或爵至關內侯라가 公卿缺이면 則選諸所表하여 以次用之하니 是故漢世良吏가 於是爲盛하여 稱中興焉이러라

【선제가 힘을 다하여 다스리다】

선제는 민간 출신으로 백성들의 일이 어렵다는 것을 알았다. 곽광이 죽은 후에 처음으로 황제가 직접 정권을 잡고 정력을 다하여 국가를 다스렸는데 5일에 한 번씩 정무를 보았다. 승상(丞相) 이하로부터 각각 맡은 직책에 대한 일을 보고하게 하고 각각 그들이 보고한 후에 관직에 사용하여 공효를 시험하여 고과(考課)하였다. 시중(侍中)과 상서(尙書)를 맡은 사람 중에서 공로가 있어 마땅히 승진시켜야 하는 사람과 또 특이한 선행이 있는 자는 두텁게 포상을 더하여 주기를 자손까지 이르게 하고 끝까지 바뀌지 않게 하였다.

중추 기구가 주밀하고 제도가 갖추어져 위와 아래가 서로 편안하여 구차한 뜻이 없었다. 자사(刺史)·태수(太守)·상국(相國)을 임명하는 경우에는 번번히 직접 만나서 물어보고 경력을 관찰하며 물러나서는 직무를 수행하는 바를 고찰하고 말을 검증하여 말과 행실이 서로 부합되지 않으면, 반드시 원인을 알아내었다. 선제가 항상 말하기를,

"백성이 고향 마을을 편안히 여기고 탄식하거나 근심하고 원망하는 마음이 없는 까닭은 정사가 공평하고 소송이 잘 처리되기 때문이다. 나와 이를 함께 할 사람은 오직 훌륭한 이천석(二千石) 관원일 뿐이다!"

하였다. 선제는 '태수는 관리와 백성의 근본이기 때문에 자주 바꾸면 아랫사람이 불안해하고, 백성이 태수가 오래 있을 것을 알면 속일 수 없어서 마침내 그의 교화에 복종할 것이다'라고 생각하였다. 그러므로 이천석 관원에게 치적의 효과가 있으면 직접 황제의 인장을 찍은 글로 격려하여 품계를 올려주고 황금을 하사하였으며, 어떤 경우는 벼슬이 관내후(關內侯)에 이르게 했다가 공(公)과 경(卿)에 결원이 생기면 표창한 사람들 중에서 선발하여 차례대로 등용하였다. 이 때문에 한나라 시대에 훌륭한 관리가 이에 많이 나온 것이니 '중흥(中興)'이라고 일컬을 수 있다.

【갑인(甲寅 B.C.67) 지절(地節) 3년】

○ 【詔賞王成】

詔賞王成 春에 詔曰 有功不賞하고 有罪不誅면 雖唐虞不能以化天下라 今膠東相王成이 勞來不怠하여 流民自占八萬餘口요 治有異等之效하니 其賜成爵關內侯하고 秩中二千石하라하니 未及徵用하여 會病卒官이러니 後詔使丞相御史問郡國上計長史守丞以政令得失한대 俗吏多爲虛名 或對言호대 前膠東相成僞自增加以蒙顯賞하여 是後俗吏多爲虛名云이러라하다

【조서를 내려 왕성에게 상을 주다】

봄에 조서를 내리기를,

"공로자에게 상(賞)주지 않고 죄인에게 벌(罰)주지 않으면 비록 요임금과 순임금이라도 천하를 교화시킬 수 없다. 지금 교동국(膠東國) 상국(相國)인 왕성(王成)은 백성을 위로하고 오게 하는 것을 게을리 하지 않아서, 유랑하는 백성들 중에 스스로 호적에 신고한 사람이 8만여 명이나 되어, 치적에 특등의 효과가 있었다. 왕성에게 관내후(關內侯)라는 벼슬을 내리고, 계급을 중이천석(中二千石)으로 하라!"

하였는데, 그를 불러 등용하기 전에 공교롭게도 병으로 관청에서 죽었다. 이후 조서를 내려 승상(丞相)과 어사(御史)를 시켜 군국(郡國)에서 회계를 올리는 장사(長史)와 수승(守丞)에게 정치 명령의 잘잘못을 묻게 하였다. 어떤 사람이 대답하기를,

"과거 교동국 상국 왕성이 인구수를 늘려서 허위보고하여 빛나는 포상을 받으니, 이후에 저속한 관리들이 헛된 명예를 얻는 사람이 많았다."

하였다.

○ 【丞相致仕自賢始】

丞相致仕自賢始

丞相韋賢以老病乞骸骨어늘 賜黃金百斤安車駟馬하여 罷就第하니 丞相致仕自賢始라 六月에 以魏相爲丞相하다

【승상이 자진해서 사직한 것은 위현에게서 시작되다】

승상(丞相) 위현(韋賢)이 늙고 병듦으로 사직을 청하자, 황금 100근과 4마리 말이 끄는 안거(安車 : 좌석 수레)를 주어 사직하고 집으로 가도록 하였다. 승상이 자진해서 사직한 것은 위현에게서 시작되었다.

6월에 위상(魏相)을 승상(丞相)으로 삼았다.

○ 【抑霍氏】

抑霍氏

霍氏驕侈縱橫어늘 上頗聞霍氏毒殺許后而未察이러니 乃徙光諸壻하여 收其印綬하고 諸領羽林及兩宮衛將屯兵을 悉易以所親許史子弟代之하다

【곽씨를 억제하다】

곽씨(霍氏)는 교만하며 사치하고 방종하였는데, 선제(宣帝)는 곽씨(곽현(霍顯))가 허황후(許皇后)를 독살하였다는 말을 자주 들었으나 명백히 조사하지 않았다가 결국 곽광(霍光)의 여러 사위를 인사이동시키고 그 도장과 인끈을 몰수하였다. 우림(羽林 : 천자 경호 부대)을 통솔하고 양궁(兩宮 : 미앙궁과 장락궁)의 주둔군을 통솔하는 자를 모두 자신과 친근한 허씨(許氏)와 사씨(史氏)의 아들이나 아우로 교체하였다.

○ 【律令煩苛】

律令煩苛

初에 孝武之世에 徵發煩數하여 百姓貧耗하고 窮民犯法하여 姦軌不勝이라 於是使張湯趙禹之屬으로 條定法令할새 作見知故縱監臨部主之法하여 緩深故之罪하고 急縱出之誅하니 其後姦猾巧法

轉相比況하여 禁罔寖密하고 律令煩苛하여 文書盈於几閣하니 典者不能徧睹라 是以郡國承用者駮하여 或罪同而論異하고 姦吏因緣爲市하여 所欲活則傅生議하고 所欲陷則予死比하니 議者咸冤傷之러라

【율령이 번잡하고 가혹하다】

과거에 무제(武帝)의 시대에 징발을 번거롭게 하여 백성이 가난하고 피폐하며 곤궁한 백성들이 법을 범하여 간사한 사람들을 감당할 수 없었다. 이에 장탕(張湯)과 조우(趙禹)에게 소속된 사람들을 시켜서 법령을 조목별로 정할 때에 견지법(見知法)[4]과 고종법(故縱法)[5]과 감림부주법(監臨部主法)[6]을 만들어 심고(深故)의 죄[7]를 느슨히 하며 종출(縱出)의 주벌[8]을 급박하게 하였다. 이후로는 간사하고 교활한 자들이 법을 교묘하게 피하며 돌려가며 서로 유사한 사례에 비교하여 맞추어, 금지하는 법망이 점점 치밀해지고 율령이 번잡하고 가혹해져서 법령과 소송문서가 책상과 집안에 가득했으니, 담당자가 다 볼 수 없었다. 이 때문에 군국에서 법조문을 받들어 적용하는 관리들이 <법조문을 잘 이해하지 못해> 난잡하게 사용하여, 간혹 죄가 같은데도 판결에서 차이가 났다. 간사한 관리는 이런 기회를 타서 장사꾼 노릇을 하여 살리고자 하는 사람에게는 살릴 논의를 붙이고 모함하고자 하는 사람에게는 죽일 죄를 붙여주니, 논의하는 사람들이 모두 원통해하고 서글퍼하였다.

○【路溫舒上尙德緩刑書】

路溫舒上尙德緩刑書

廷尉史路溫舒上書曰 陛下初登至尊하시니 宜改前世之失하시고

4) 견지법(見知法) : 타인이 죄를 범한 것을 알고도 고발하지 않을 때 그 사람을 같은 죄로 처벌하는 형법이다.

5) 고종법(故縱法) : 타인이 죄가 있는 줄 알면서도 고의로 놓아주었을 때 처벌하는 형법이다.

6) 감림부주법(監臨部主法) : 정부 관원이 파견되어 감독해 임하는 부서의 주관자가 되어 죄를 지으면 그 휘하 관원들도 모두 죄에 걸려들게 하는 형법이다.

7) 심고(深故)의 죄 : 관리가 심각하게 해쳐 일부러 법망에 빠지게 한 죄이다.

8) 종출(縱出)의 주벌 : 관리가 죄인을 석방했을 때 놓아 보냈다고 의심되는 경우에 대한 주벌이다.

正始受命之統하사 滌煩文하고 除民疾하여 以應天意하소서 臣聞秦有十失에 其一尙存하니 治獄之吏是也니이다 夫獄者는 天下之大命也니 死者不可復生이요 絶者不可復屬이니 書曰 與其殺不辜론 寧失不經이라하니 今治獄吏則不然하여 上下相敺하여 以刻爲明하니 深者獲公名하고 平者多後患이라 故治獄之吏皆欲人死는 非憎人也니이다 自安之道在人之死하니 太平之未洽이 凡以此也니이다 俗語曰 畫地爲獄이라도 議不入하고 刻木爲吏라도 期不對라하니 此皆疾吏之風이요 悲痛之辭也니이다 唯陛下省法制하여 寬刑罰이면 則太平之風可興於世리이다하니 上善其言하다

與其殺不辜 寧失不經

畫地爲獄 議不入

【노온서가 덕을 높이고 형벌을 완화해야 한다는 내용의 글을 올리다】

정위사(廷尉史 : 정위 소속 관원) 노온서(路溫舒)가 글을 올리기를,

“폐하께서 처음 황제에 오르셨으니 마땅히 이전 시대의 실책을 개선하시고, 천명을 받은 계통을 바르게 시작하여 번다한 법조문을 제거하시고, 백성의 고통을 없애서 하늘의 뜻에 순응하여야 합니다. 제가 듣건대 진(秦)나라에 10가지 실책이 있었는데 그 한 가지가 아직도 남아있으니, 감옥을 다스리는 관리가 그것입니다. 옥(獄)은 천하의 중요하고도 큰 일입니다. 죽은 사람은 다시 살릴 수 없고 몸이 절단된 사람은 다시 붙일 수 없습니다. ≪서경(書經)≫에 이르기를, ‘무죄한 사람을 죽이는 것보다는 차라리 법을 어기는 잘못을 하겠다.’라고 했는데, 지금 감옥을 다스리는 관리는 그렇지 않고 위와 아래가 서로 몰아가서 각박한 것을 현명하다고 여깁니다. 심한 사람은 공무를 잘 했다는 명예를 얻고 공평한 자는 후환이 많습니다. 그러므로 옥사를 다스리는 관리가 모두 사람들을 죽이려고 하는 것은 사람들을 미워해서가 아니라 자신을 편안하게 하는 방법이 사람을 죽이는 데에 있기 때문입니다. 태평스런 시대가 오지 않은 것은 대체로 이러한 까닭입니다. 속담에 이르기를, ‘땅에 금을 그어 감옥을 만들더라도 들어가지 않기를 강구하고, 나무를 조각하여 옥리(獄吏)를 삼더라도 마주하지 않기를 꾀한다.’ 하였으니

이는 모두 옥리를 미워하는 풍조이고, 비통한 말입니다. 오직 폐하께서 형법 제도를 줄이시고 형벌을 관대히 하신다면, 태평의 기풍을 세상에 일으킬 수 있을 것입니다.”

하였다. 선제는 그 말을 좋게 여겼다.

○【宣帝齋居決事】

宣帝齋居決事 十二月에 詔曰 間者吏用法巧文寖深하여 使不辜蒙戮하니 朕甚傷之하노라 今遣廷史與郡鞠獄하되 任輕祿薄하니 其爲置廷尉平하여 秩六百石하고 員四人하니 其務平之하여 以稱朕意하라하다 於是每季秋後請讞時에 上常幸宣室하여 齋居而決事하니 獄刑號爲平矣러라

【선제가 재계하고 나서 일을 결재하다】

12월에 조서를 내리기를,

“요사이 관리가 법을 운용함이 교묘하고 법조문이 점점 각박하여 죄 없는 사람에게 죽음을 받게 하니, 내가 매우 슬프구나. 지금 정위사(廷尉史)를 보내어 군(郡)과 공동으로 범인을 심문하고 있으나 임무가 낮고 녹봉도 적다. 그러므로 정위평(廷尉平)을 두어 계급을 육백석(六白石)으로 하고 인원을 4명으로 한다. 심리를 공평하게 하기에 힘써서 나의 뜻에 부합하게 하라!”

하였다. 이에 매년 계추(季秋 : 9월) 이후에 죄를 평결(評決)할 때마다[9] 선제(宣帝)는 항상 선실(宣室 : 장안 미앙궁의 전각)로 행차하시어 재계하고 나서 일을 결재하셨으니, 옥사와 형벌의 판결이 공평하다고 일컬어졌다.

○【鄭昌請刪定律令】

9) 계추(季秋 : 9월) 이후에 평결(評決)할 때마다 : 계추는 음기(陰氣)가 만물을 죽이는 때이므로, 이 기운에 맞추어 죄수 처단을 계추에 한다.

鄭昌請刪定律令

涿郡太守鄭昌上疏言하되 今明主躬垂明聽하시니 雖不置廷平이라도 獄將自正이어니와 若開後嗣인댄 不若刪定律令이니이다 律令一定이면 愚民知所避하고 姦吏無所弄矣리이다 今不正其本하고 而置廷平以理其末하니 政衰聽怠면 則廷平將招權而爲亂首矣리이다 하다

【정창이 율령을 산정할 것을 청하다】

탁군태수(涿郡太守) 정창(鄭昌)이 상소하기를,

"지금 밝으신 황제께서 밝게 살피시고 판결을 직접 내리시니, 비록 정위평을 두지 않더라도 옥사는 장차 저절로 바르게 될 것입니다. 만약 후대 사람들을 계도하려고 한다면 율령(律令)을 산정(刪定)하는 것보다 좋은 것이 없습니다. 율령이 한 번 정해지면 어리석은 백성이 피할 것을 알고, 간사한 관리는 농간을 부릴 수가 없습니다. 지금 근본(根本 : 율령 산정)을 바로잡지 않고 정위평을 두어 말단을 다스리니, 정사가 쇠퇴하고 판결이 나태해지면 정위평이 장차 권력을 휘둘러서 어지러움의 단초가 될 것입니다."

하였다.

【을묘(乙卯 B.C.66) 지절(地節) 4년】

○ 【霍氏謀反伏誅】

霍氏謀反伏誅

五月에 霍顯及禹山雲自見日侵削하고 數相對啼泣自怨하여 謀廢天子라가 事發覺하여 七月에 雲山自殺하고 禹要斬하고 顯及諸女昆弟皆棄市하고 皇后霍氏廢하다

【곽씨가 모반하다가 주살되다】

5월에 곽현(霍顯)과 곽우(霍禹)·곽산(霍山)·곽운(霍雲)이 자신들의 가문이 날로

침탈되는 것을 보고 자주 서로 마주보고 울면서 스스로 원망하여, 천자의 폐위를 도모하다가 일이 발각되었다.

7월에 곽운과 곽산은 자살하고 곽우는 허리가 잘리는 형벌을 받았고, 곽현과 여러 딸들과 형제들은 모두 시체가 시가에 버려지는 형벌을 받았고, 황후 곽씨는 폐위되었다.

○【徐福請抑制霍氏】

徐福請抑制霍氏

初에 霍氏奢侈하니 茂陵徐福이 上疏言호대 宜以時抑制니이다하다 其後霍氏誅滅하고 而告者皆封이어늘 人爲徐生上書曰 臣聞客有過主人者러니 見其竈直突하고 傍有積薪어어늘 客謂主人하되 更爲曲突하고 遠徙其薪하라 不者면 且有火患하리라하니 主人不應이러니 俄而家果失火어늘 鄰里共救之하여 幸而得息이라 於是殺牛置酒하고 謝其鄰人할새 灼爛者在於上行하고 餘各以功次坐어늘 而不錄言曲突者하니 人謂主人曰鄕使聽客之言이런들 不費牛酒하고 終亡火患이어늘 今論功而請賓에 曲突徙薪無恩澤하고 焦頭爛額爲上客邪아하니 主人乃寤而請之라하니이다 今茂陵徐福이 數上書言霍氏且有變하니 宜防絶之니이다하니 鄕使福說得行이면 則國無裂土出爵之費하고 臣無逆亂誅滅之敗라 往事旣已어니와 而福獨不蒙其功하니 唯陛下察之하사 貴徙薪曲突之策하여 使居焦髮灼爛之右하소서하다 上乃賜福帛十匹하고 後以爲郎하다

曲突徙薪無恩澤

焦頭爛額爲上客

【서복이 곽씨를 억제할 것을 청하다】

과거에 곽씨가 사치를 하자 무릉(茂陵)의 서복(徐福)이 상소하기를,

"마땅히 수시로 억제시켜야 합니다."

하였다. 그 뒤에 곽씨가 죽고 멸족을 당하였는데, 고발한 사람들이 모두 봉작을 받게 되자, 어떤 사람이 서생을 위해서 글을 올리기를,

"신이 들으니 손님이 주인을 방문하였는데 그 집의 부엌이 곧은 굴뚝인데다 곁에 쌓여 있는 나무가 있는 것을 보고는 주인에게 말하기를, '굴뚝을 굽게 바꾸시고 그 곁에 있는 땔나무를 멀리 옮기시오. 그렇지 않으면 장차 화재가 날 것입니다.' 하였는데, 주인이 대응하지 않았습니다. 얼마 후 그 집에 과연 불이 났는데 이웃 사람들이 함께 구제하여 다행히도 불을 끌 수 있었습니다. 이에 소를 잡고 술자리를 마련하여 이웃 사람에게 사례하는데, 불에 덴 사람이 상석(上席)을 차지하고 나머지는 각각 공이 있는 차례대로 앉았으나 굴뚝을 굽게 만들라고 말한 자는 끼지도 않았습니다. 어떤 사람이 주인에게 말하기를, '이전에 만일 손님의 말을 들었다면 소와 술을 마련하는 비용을 쓰지 않고 끝내 화재도 없었을 것입니다. 지금 공을 논의하여 손님을 초청하는데 굴뚝을 굽게 만들고 나무를 옮기라고 한 사람은 은택이 없고, 머리카락을 태우고 이마를 데인 사람은 높은 손님으로 삼으십니까?' 하자, 주인이 마침내 깨닫고 그를 초청했다고 합니다. 지금 무릉의 서복이 자주 글을 올려 말하기를, '곽씨는 장차 변란을 일으킬 것이니 마땅히 막아 단절해야 할 것입니다.' 했으니, 이전에 만일 서복의 말이 시행되었다면 국가는 땅을 나누어 제후로 봉하여 주는 비용이 없었을 것이며 신하는 대역무도로 멸족당하는 큰 재앙이 없었을 것입니다. 지나간 일은 이미 어쩔 수 없으나 서복만 유독 그 공을 받지 못했습니다. 폐하께서는 살피셔서 땔나무를 옮기며 굴뚝을 굽게 하는 계책을 중요시하시어 머리카락을 태우며 이마를 데인 사람의 위에 있게 하십시오!"

하였다. 선제(宣帝)는 마침내 서복에게 비단 10필을 하사하고 후에 낭관으로 삼았다.

○ 【霍氏之禍萌於驂乘】

霍氏之禍萌於驂乘

帝初立에 謁見高廟할새 大將軍光驂乘하니 上內嚴憚之하여 若有芒刺在背라 後車騎將軍張安世代光驂乘하니 天子從容肆體하여

芒刺在背

甚安近焉이라 及光身死而宗族竟誅이라 故俗傳霍氏之禍萌於驂乘이라하다

【곽씨의 재앙은 황제를 수레에 모시고 타는 데에서 싹트다】

선제가 처음 즉위하여 고조의 사당에 알현할 적에 대장군(大將軍) 곽광(霍光)이 황제를 수레에 모시고 탔다. 선제는 마음으로 대단히 두려워하며 등에 가시나무가 있는 듯이 느꼈다. 뒤에 거기장군(車騎將軍) 장안세(張安世)가 곽광과 교대하여 모시고 타니 천자는 차분히 몸을 펴고 그를 매우 편안하고 친근하게 여겼다. 곽광이 죽고 종족이 주살됨에 이르자 이 때문에 세속에 전하기를, '곽씨의 재앙은 황제를 수레에 모시고 타는 데에서 싹텄다.'라고 하였다.

○【宣帝少恩】

宣帝少恩

溫公曰 霍光之輔漢室은 可謂忠矣니이다 然卒不能庇其宗은 何也니잇고 夫威福者는 人君之器也니이다 人臣執之하고 久而不歸면 鮮不及矣니이다 以孝昭之明으로 十四而知上官桀之詐하니 固可以親政矣니이다 況孝宣十九卽位하여 聰明剛毅하고 知民疾苦로대 而光久專大柄하고 不知避去하여 多置親黨하고 充塞朝廷하여 使人主蓄憤於上하고 吏民積怨於下하여 切齒側目하고 待時而發하니 其得免於身幸矣니이다 況子孫以驕侈趣之哉잇가 雖然이나 鄕使孝宣專以祿秩賞賜富其子孫하고 使之食大縣하여 奉朝請이면 亦足以報盛德矣리라 乃復任之以政하고 授之以兵하여 事叢釁積한대 更加裁奪하여 遂至怨懼以生邪謀하니 豈徒霍氏之自禍哉잇가 亦孝宣醞釀以成之也라 昔鬪椒作亂於楚에 莊王滅其族而赦箴尹克黃하고 以爲子文無後면 何以勸善이리잇고하니 夫以顯禹雲山之

罪는 雖應夷滅이로되 而光之忠勳不可不祀한대 遂使家無噍類하니 孝宣亦少恩哉인저

【선제는 은혜가 적다】

온공이 말하였다.

곽광이 한나라 황실을 보필한 것은 충성스럽다고 할 수 있습니다. 그러나 끝내 자신의 종족을 보호하지 못한 것은 무엇 때문입니까? 위엄과 복록은 임금의 도구인데, 신하가 이것을 잡고 오랫동안 돌려주지 않으면 화가 미치지 않은 자가 드뭅니다. 효소황제(孝昭皇帝)는 명철함으로 14세에 상관걸(上官桀)의 속임수를 알았으니, 진실로 직접 정치할 수 있었습니다. 더구나 효선황제(孝宣皇帝)는 19세에 즉위하여 총명하고 굳세며 백성들의 고통을 알고 있었습니다. 그런데도 곽광이 오랫동안 대권을 독차지하고 피하여 떠날 줄을 모르고 친족들을 많이 배치하고 조정에 꽉 채워서 위로는 황제에게 분함을 쌓이게 하고 아래로는 관리와 백성에게 원한을 쌓이게 하였습니다. 그리하여 이를 갈고 눈을 흘기며 때를 기다려 발동하게 하였으니, 곽광 자신이 화를 면한 것만도 요행입니다. 더구나 자손들이 교만 사치함으로 화를 재촉함에 있어서야 어떠하겠습니까? 비록 그러나 지난번에 만일 효선황제가 오로지 녹봉과 상사(賞賜)로써 자손들을 부유하게 하고 큰 현을 식읍으로 주어서 조청(朝請 : 조회(朝會))을 받들게 했더라면 또한 충분히 곽광의 성대한 덕에 보답할 수 있었을 것입니다. 이에 다시 정사를 맡기고 병권을 주어서 일이 얽히고 허물이 쌓이자, 다시 제재하고 빼앗아서 마침내 원망하고 두려워하여 간사한 꾀를 내게 하였으니, 어찌 곽씨가 스스로 화를 부른 것일 뿐이겠습니까? 또한 효선황제가 빚어내어 완성한 것입니다. 옛날 투초(鬪椒)가 초나라에서 난리를 일으키자, 장왕(莊王)이 그의 종족을 멸하면서도 잠윤(箴尹)인 극황(克黃)을 사면하고 이르기를, '자문(子文 : 鬪穀於菟)에게 후손이 없으면 어떻게 착한 사람들을 권면하겠는가!' 하였습니다.[10] 곽현·곽우·곽운·곽산의 죄로 볼 때 비록 종족을 멸해야 하지만 곽

10) 옛날 투초(鬪椒)가 … 권면하겠는가?' 하였습니다. : 투초는 초나라 영윤(令尹 : 수상) 자문(子文 : 투누오도(鬪穀於菟))의 조카. 투초가 난을 일으키자 초 장왕이 투초의 종족을 멸망시키면서 잠윤(箴尹) 관직에 있는 자문의 손자 극황(克黃)을 죽이지 않아서 착한 사람을 권면하도록 하였는데, 사마광이 이를 거론한 것은 선제(宣帝)가 곽씨 자손을 멸망시킨 것이 초 장왕의 경우보다 은혜가 적었다고 비판한 것이다.

광의 충성과 공훈은 제사지내지 않을 수 없는데, 마침내 집안에 살아남은 사람이 없게 하였으니 효선황제도 은혜가 적다고 할 것입니다.

○ 【朱邑以治行第一】

朱邑以治行第一 北海太守朱邑以治行第一入爲大司農하다

【주읍이 업적과 행실로 일등을 하다】

북해 태수(北海太守) 주읍(朱邑)이 지방을 잘 다스린 업적과 행실로 일등을 하였기 때문에 조정으로 들어와 대사농(大司農)이 되었다.

○ 【龔遂治渤海】

龔遂治渤海 渤海太守龔遂入爲水衡都尉하다 先是에 渤海左右郡歲飢하여 盜賊並起하니 二千石不能擒制어늘 上選能治者할새 丞相御史擧遂어늘 上拜爲渤海太守하고 召見하고 問호대 何以治渤海하여 息其盜賊고하니 對曰 海瀕遐遠하여 不霑聖化하니 其民困於飢寒而吏不

赤子弄兵潢池 恤이라 故使陛下赤子盜弄陛下之兵於潢池中耳니이다 今欲使臣勝之邪잇가 將安之也잇가하니 上曰 選用賢良은 固欲安之也라하다

治亂民猶治亂繩 遂曰 治亂民猶治亂繩이니 不可急也라 唯緩之라야 然後可治니이다 臣願丞相御史且無拘臣以文法하고 得一切便宜從事하노이다하니 上許焉하고 加賜黃金하여 乘傳至渤海界한대 郡聞新太守至하고 發兵以迎이어늘 遂皆遣還하고 移書敕屬縣하여 悉罷逐捕盜賊吏하노라 諸持鉏鉤田器者皆爲良民이니 吏毋得問이요 持兵者乃

單車至府 爲賊이라하고 遂單車獨行至府하니 盜賊聞遂教令하고 即時解散하

여 棄其兵弩而持鉤鉏하니 於是悉平하다 遂乃開倉廩假貧民하고 選用良吏慰安牧養焉하다 遂見齊俗奢侈하고 好末技하여 不田作하고 乃躬率以儉約하여 勸民務農桑하다 民有帶持刀劍者어든 使

帶牛佩犢

賣劍買牛하고 賣刀買犢하여 曰호대 何爲帶牛佩犢고하고 勞來循行하니 郡中皆有畜積하고 獄訟止息하다

【공수가 발해군을 다스리다】

발해 태수(渤海太守) 공수(龔遂)가 조정으로 들어와 수형도위(水衡都尉)가 되었다. 이에 앞서 발해 인근의 군(郡)에 흉년이 들어 도적이 모두 일어났는데 이천석(二千石)이 제어하지 못하였다. 선제가 잘 다스릴 수 있는 사람을 선발하는데 승상(丞相)과 어사(御史)가 공수(龔遂)를 추천하자, 선제는 발해 태수로 임명하였다. 선제가 불러서 알현하게 하고 묻기를,

"어떻게 발해를 다스려서 도적을 잠재우겠는가?"

하니, 대답하기를,

"바닷가이기 때문에 서울로부터 멀리 떨어져 있어 성상의 교화를 접하지 못하였습니다. 그 백성들이 굶주림과 추위에 곤궁하여도 관리들이 구휼하지 않았기 때문에 폐하의 순진한 백성들이 폐하의 무기를 폐하의 황궁에서 훔쳐 장난하도록 했을 뿐입니다. 지금 신이 백성들을 이기게 하려고 하십니까, 백성들을 장차 편안하게 하려고 하십니까?"

하였다. 선제가 말하기를,

"현명하고 어진 사람을 선발하는 것은 본래 백성을 편안하게 하고자 함이다."

하니, 공수가 말하기를,

"어지러운 백성을 다스리는 것은 어지럽게 얽힌 실을 푸는 것과 같아서 급하게 해서는 안 됩니다. 오직 느슨하게 한 뒤에야 다스릴 수 있습니다. 신은 승상과 어사가 장차 저를 법조문으로 속박하지 말고 일체 편의대로 일하게 해 주시기를 원합니다."

하였다. 선제는 그것을 허락하고 황금을 평소보다 더 하사하였다. 공수가 역말을 타고 발해군 경계 지역에 도착하자 발해군에서는 신임 태수가 도착한다는 말을 듣고 군대를 출동하여 맞이하였다. 공수는 모두 돌려보내고, 공문을 보내 소속 현(縣)에 명령하기를,

"도적을 쫓아가 잡는 관리를 다 폐지한다. 호미와 낫과 농기구를 가지고 일하는 사람은 모두 선량한 백성으로 여길 것이니, 관리들은 심문하지 말라. 무기를 가진 사람은 바로 도적이다."

하였다. 공수는 한 대의 수레로 혼자 관청에 이르렀다. 도적들은 공수의 명령을 듣고 즉시 해산하여 그 무기와 쇠뇌를 버리고 낫과 호미를 잡았으니, 이에 다 평정되었다. 공수는 창고를 열어 가난한 백성에게 곡식을 주고 선량한 관리를 선발하여 백성을 위안하며 돌보았다. 공수는 제(齊)지역의 풍속이 사치하고 상공업을 경영하기를 좋아하여 농사짓지 않는 것을 알고 이에 몸소 검약함으로 솔선하고 백성에게 농업과 잠업에 힘쓸 것을 권장하였다. 백성 중에 칼과 검을 차고 다니는 사람이 있으면 검을 팔아 소를 사게 하고 칼을 팔아 송아지를 사게 하고는 말하기를,

"어찌하여 소를 차고, 송아지를 차고 있는가!"

하고, 위로하고 순찰하니, 발해군 안이 모두 저축이 생기고 옥사와 송사가 감소하였다.

【병진(丙辰 B.C.65) 원강(元康) 원년(元年)】

○ 【趙廣漢以剛愎誅】

趙廣漢以剛愎誅

趙廣漢好用世吏子孫新進年少者하고 專厲彊壯蠭氣하여 見事風生하고 無所回避하여 率多果敢之計하여 莫爲持難하니 終以此敗하니라 廣漢以私怨論殺男子榮畜이어늘 人上書言之한대 事下丞相御史按驗이라 廣漢疑丞相夫人殺侍婢하여 欲以此脅丞相하니 帝

百姓追思廣漢

惡之하여 下廣漢廷尉獄하다 吏民守闕號泣者數萬人이요 或言호대

臣生無益縣官하니 願代趙京兆死하여 使牧養小民하노이다하나 廣漢竟坐要斬하다 廣漢爲京兆尹하여 廉明하여 威制豪彊하여 小民得職이라 百姓追思歌之하다

【조광한이 강경한 것으로 주살되다】

조광한(趙廣漢)은 대대로 관리를 지낸 집안의 자손 중에 새로 나온 젊은 사람을 등용하기를 좋아하고, 오로지 강건하며 날카로운 기세를 드날려, 일을 처리함에 바람이 일듯이 빨랐고 회피하는 바가 없이 대개 과감한 계책이 많아 신중하지 못하였으니 끝내 이 때문에 패망하였다. 조광한이 사사로운 원망으로 남자(男子) 영축(榮畜)을 판결하여 죽이자 어떤 사람이 글을 올려 말하였는데, 사건을 승상(丞相)과 어사(御史)에게 회부하여 살펴 검증하게 하였다. 조광한은 승상의 부인이 시중드는 여종을 질투하여 죽였다고 의심하여 이것으로 승상을 협박하려 하였다. 선제(宣帝)는 그것을 미워하여 조광한을 정위(廷尉) 담당 감옥에 가두게 하였다. 관리와 백성중에 대궐에 나아와 울부짖는 자가 수만 명이었는데, 혹자가 말하기를,

"저는 살아도 천자께 유익함이 없으니, 원컨대 경조윤(京兆尹) 조광한을 대신하여 죽어, 그에게 백성들을 다스리게 하고자 합니다!"

하였으나, 조광한은 마침내 요참형(腰斬刑)으로 처단되었다. 조광한은 경조윤이 되어 청렴결백하고 잘 살펴서, 위엄으로 강포한 자들을 제어하여, 백성들이 일정한 자리를 얻었으므로 백성들이 그를 추모하여 노래하였다.

○ 【蕭望之不欲外補】

蕭望之不欲外補

上選博士諫大夫通政事者補郡國守相한대 以蕭望之爲平原太守하니 望之上疏曰 陛下哀愍百姓하고 恐德化之不究하여 悉出諫官以補郡吏니이다 朝無爭臣이면 則不知過니 所謂憂其末而忘其本者也니이다하다 上乃徵望之入守少府하다

【소망지가 지방관에 임명 받으려 하지 않다】

선제(宣帝)는 박사(博士)와 간대부(諫大夫)로서 정무에 통달한 사람을 선발하여 군국(郡國)의 태수(太守)와 승상(丞相)으로 임명했는데, 소망지(蕭望之)로 평원 태수(平原太守)를 삼자, 소망지가 상소하기를,

"폐하께서 백성을 불쌍하게 여기시고 은덕의 교화가 천하에 미치지 못할까 염려하여, 간관(諫官)을 모두 내보내어 군(郡)의 관리로 임명하셨습니다. 조정에 간쟁하는 신하가 없으면 과실을 알지 못하니, 이른바 그 말단을 근심하면서 근본을 잊은 것입니다."

하였다. 선제가 마침내 소망지를 불러서, 들어와 소부(少府)의 서리(署理)를 맡게 하였다.

○【尹翁歸爲右扶風】

尹翁歸爲右扶風 東海太守尹翁歸가 以治郡高第入爲右扶風하다 翁歸爲人이 公廉明察하여 郡中吏民賢不肖及奸邪罪名盡知之하여 各有記籍하여
披籍取人 輒披籍이라 取人必於秋冬課吏大會中及出行縣하고 不以無事時하며 其有所取也엔 以一警百하니 吏民皆服하고 恐懼하여 改行自新이러라 其爲扶風에 選用廉平疾奸吏以爲右職하여 接待以禮하여 好惡與同之하고 其負翁歸에 罰亦必行이라 然溫良謙退하여 不以行能驕人이라 故得名譽於朝廷하다

【윤옹귀가 우부풍이 되다】

동해(東海) 태수(太守) 윤옹귀(尹翁歸)가 군(郡)을 다스린 성적이 우수하여 우부풍(右扶風)이 되었다. 윤옹귀는 사람됨이 공정하고 청렴결백하며 잘 살펴서 군(郡)안의 관리와 백성들의 현명함과 못남과 간사한 사람들의 죄명을 모두 알아 각각 장부에 기록하여 두었다가 체포할 때면 바로 장부를 펼쳐보았다. 사람을 체포하는 것은 반드시 가을과 겨울에 관리를 고과하는 큰 모임 및 각 현을 나

가서 순찰할 때 하고 평시에는 하지 않았으며, 그를 체포할 적에는 한사람으로써 백사람을 경계하였다. 관리와 백성이 다 승복하고 두려워하여, 행실을 고쳐 스스로 새로워졌다. 그가 우부풍이 되어서는 청렴하고 공평하여 간악함을 미워하는 관리를 선발하여 등용하여 높은 직책을 맡기고, 예(禮)로 대접하고 자기가 좋아하는 사람이나 싫어하는 사람이나 동일하게 대하고, 윤옹귀의 명령을 위반하면 벌 또한 기필코 시행하였다. 그러나 온순하고 겸양하여 덕행과 능력을 가지고도 남에게 교만하지 않았으므로 조정에서 명예를 얻었다.

○ 【馮奉世矯制破莎車】

馮奉世矯制破莎車

馮奉世使西域이러니 會故莎車王弟呼屠徵自立爲王하여 畔漢이어늘 奉世遂以節發諸國兵하여 擊斬之하여 傳其首詣長安하다 上甚悅하여 議封奉世어늘 蕭望之曰 奉世矯制發兵하여 雖有功效나 不可以爲後法하노이다 卽封奉世면 開後奉使者利以奉世爲比하고 爭逐發兵하여 要功萬里之外하고 爲國家生事於夷狄하리니 漸不可長이라 奉世不宜受封이니이다하니 上善望之議하여 以奉世爲光祿大夫하다

蕭望之諫封馮奉世

【풍봉세가 황제 명령을 사칭하여 사거국을 격파하다】

풍봉세(馮奉世)가 서역(西域)으로 사신 갔는데, 마침 옛 사거왕(莎車王)의 아우 호도징(呼屠徵)이 스스로 즉위하여 왕이 되어 한나라를 배반하자 풍봉세가 드디어 부절로 여러 나라의 군대를 발동하여 공격하고 참수하여 그 머리를 장안에 보냈다. 선제는 매우 기뻐하여 풍봉세를 봉작하도록 논의하였다. 소망지가 말하기를,

"풍봉세가 황제의 명령을 사칭하여 군사를 출동시켜 비록 공로가 있으나 후세의 법으로 삼게 할 수 없습니다. 만일 풍봉세를 봉작하면 후세에 사신가는 이들이 풍봉세의 행위를 이로워하여 모방하고 경쟁적으로 군대를 출동시켜 만 리 밖에서 공을 세우게 되고 국가를 위하여 오랑캐 지역에서 사변을

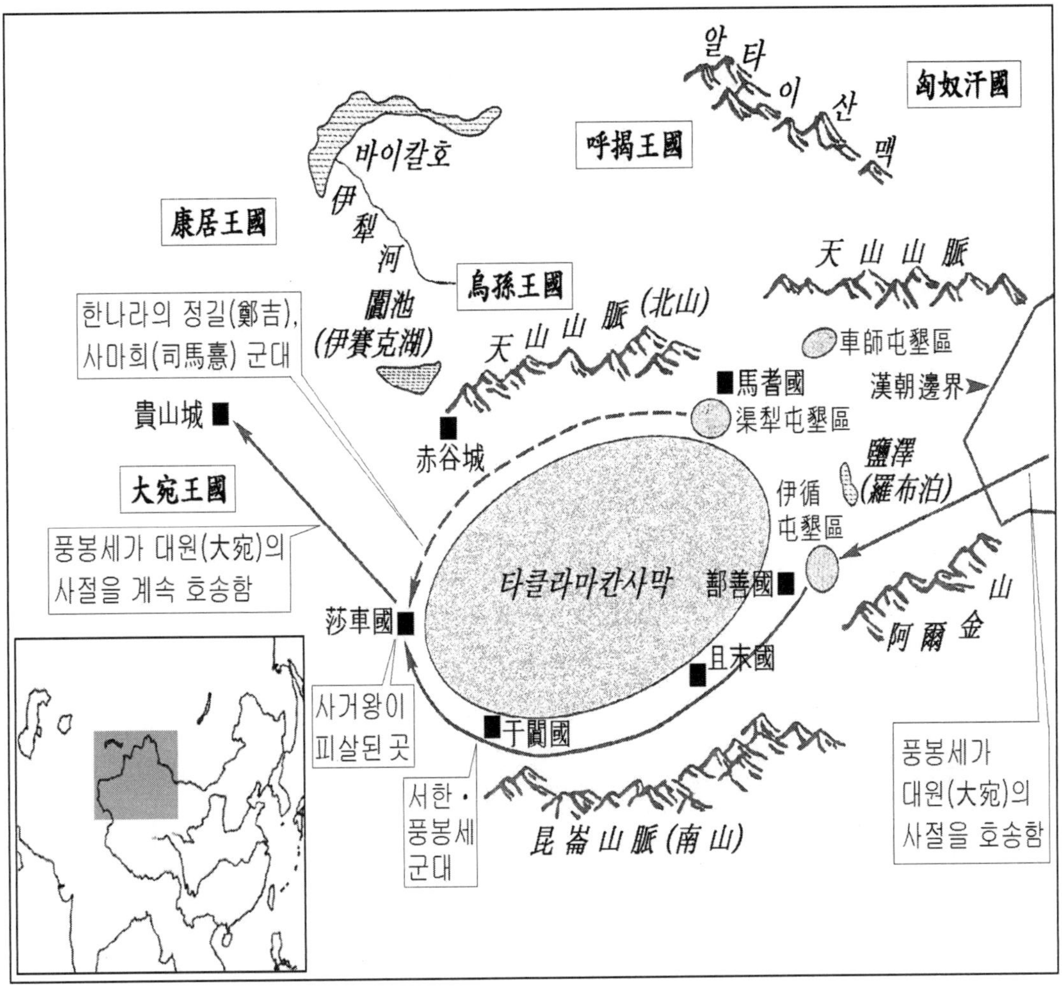

〈지도 16〉 풍봉세(馮奉世)가 사거왕(莎車王)을 참수함 (B.C.65년)

일으키게 될 것이니, 이런 일을 점진적으로 조장해서는 안 됩니다. 풍봉세가 봉작을 받는 것은 마땅하지 않습니다."

하였다. 선제는 소망지의 논의를 훌륭히 여겨 풍봉세를 광록대부(光祿大夫)로만 삼았다.

【정사(丁巳 B.C.64) 원강(元康) 2년】

○ 【魏相諫伐匈奴】

魏相諫伐匈奴

上與趙充國等議하여 欲因匈奴衰弱하여 出兵擊其右地하여 使不敢復擾西域하다 魏相上書諫曰 救亂誅暴을 謂之義兵이니 兵義者王하고 敵加於已하여 不得已而起者를 謂之應兵이니 兵應者勝하고 爭恨小故하여 不忍憤怒者를 謂之忿兵이니 兵忿者敗하고 利人土地貨寶者를 謂之貪兵이니 兵貪者破하며 恃國家之大하고 矜民人之衆하며 欲見威於敵者를 謂之驕兵이니 兵驕者滅하니이다 間者匈奴未有犯於邊境이어늘 今聞欲興兵入其地라하니 臣愚不知此兵何名者也니이다 今年計子弟殺父兄妻殺夫者凡二百二十二人이라 臣愚以爲此非小變也이니이다 今左右不憂此하고 乃欲發兵하여 報纖介之忿於遠夷하니 殆孔子所謂吾恐季孫之憂不在顓臾而在蕭牆之內也니이다하니 上從相言하다

【위상이 흉노 정벌에 대해 간언하다】

선제가 조충국(趙充國) 등과 의논하여 흉노가 쇠약함을 틈타서 군대를 출동시켜 서쪽을 공격하여 감히 다시는 서역(西域) 각국을 어지럽히지 못하게 하고자 하였다. 위상(魏相)이 글을 올려 간언하기를,

"어지러움을 구제하고 포악한 사람을 죽이는 것을 의로운 군대라고 말하니, 출병하여 의로운 경우 왕 노릇을 합니다. 적이 자기에게 침해를 가하여 부득이하게 일어나 싸우는 것을 응징의 군대라고 말하니, 출병하여 응징하는 경우는 승리합니다. 작은 일에 원망하고 다투어 분노를 참지 못하는 것을 분노의 군대라고 말하니, 출병하여 분노하는 경우 패배합니다. 남의 토지와 재화를 탐내는 것을 탐욕의 군대라고 말하니, 출병하여 탐욕 부리는 경우 격파됩니다. 국가의 강대함을 믿고 백성이 많음을 자랑하며 적에게 위엄을 보이고자 하는 것을 교만한 군대라고 말하니, 출병하여 교만한 경우 멸망합니다. 근래에 흉노가 변경을 침범하지 않았는데도 지금 들으니 우리가 군대를 일으켜 그 땅으로 침입하려 한다 하니 저는 이번 출병이 무슨 명분으로

하려는지 알지 못하겠습니다. 올해 아들과 동생이 아버지와 형을 죽이고, 아내가 남편을 죽인 사람이 모두 222명으로 헤아려집니다. 제가 생각해보니 이는 작은 변고가 아닌데, 지금 측근 신하들은 이를 근심하지 않고 군대를 출동시켜 작은 분노를 가지고 먼 흉노에게 앙갚음 하려고 하니, 아마 공자(孔子)가 말한 '나는 계손(季孫)의 근심이 전유(顓臾)에 있지 않고 담장 안에 있을까 두렵다'11)는 것과 같은 일일 것입니다."

하였다. 선제는 위상의 말을 따랐다.

○ 【魏相條漢便宜】

魏相條漢便宜 魏相好觀漢故事及便宜章奏하여 數條漢興已來國家便宜行事及賢臣賈誼鼂錯董仲舒等所言하고 奏請施行之하다 相敕掾史按事郡國하고 及休告하여 從家還至府하면 輒白四方異聞케하다 或有逆

魏丙同心輔政 賊風雨災變이로되 郡不上이면 相輒奏言之하다 與御史大夫丙吉同心輔政하니 上皆重之하다

【위상이 한나라의 편의한 일을 조목으로 정리하다】

위상이 한나라의 옛 일과 국가의 편리한 상소문을 살펴보기를 좋아하여, 한나라가 일어난 이래로 국가에 편리하게 시행한 일과 현명한 신하인 가의(賈誼)·조조(鼂錯)·동중서(董仲舒) 등이 말한 것을 여러 번 조목으로 정리하고, 아뢰어 시행하기를 요청하였다. 위상이 연사(掾史 : 승상 소속 하급 관리)에게 명령하여 군국의 일을 조사하거나 집으로 휴가를 갔다가 관청으로 돌아오게 되면 곧바로 사방의 특이한 소식을 보고하도록 하였다. 혹 역적이 있었고 비바람으로 재해가 있었는데도 군(郡)의 관리들이 올려 보고하지 않으면, 위상이 곧바로

11) 나는 계손(季孫)의 근심이 … 두렵다 : ≪논어(論語)≫ 〈계씨(季氏)〉에서 공자가 한 말이다. 계씨는 춘추 시대 노나라의 귀족이고, 전유는 노나라에 딸린 부용(附庸) 소국(小國)이다. 공자의 제자 중유(仲由)와 염구(冉求)가 계씨에게 벼슬하고 있었는데 전유를 공격하려는 것을 도왔다. 이에 대해 공자는 두 명 제자들에게 계손의 근심이 멀리 있지 않고 가까이 있을 것을 경계시켰던 것이다.

아뢰었다. 어사대부(御史大夫) 병길(丙吉)과 합심하여 정치를 도우니, 선제가 모두 존중하였다.

○ 【丙吉絶口不道前恩】

丙吉絶口不道前恩 丙吉爲人深厚하여 不伐善하여 自曾孫遭遇로 吉絶口不道前恩이러니 會掖庭宮婢가 自陳嘗有阿保之功하고 辭引使者丙吉知狀하다 上親見問하고 然後知吉有舊恩而終不言하고 上大賢之하다

【병길이 입을 다물고 과거의 은공을 말하지 않다】

병길은 사람됨이 깊고 후중하여 장점을 자랑하지 않아, 증손(曾孫 : 무제의 증손 선제)과 만난 이후로 병길은 입을 다물고 과거의 은공을 말하지 않았다. 마침 액정(掖庭 : 비빈(妃嬪)의 방)의 궁중 하녀가 일찍이 선제의 보모(保姆) 노릇을 한 적이 있다고 스스로 말하고, 공사(供辭 : 진술하는 말)에 그 때 옥을 다스렸던 사자(使者) 병길이 정황을 안다고 끌어들였다. 선제가 직접 만나 물은 뒤에 병길이 과거에 은공이 있었는데도 끝내 말하지 않았음을 알고, 선제는 그를 매우 현명하다고 여겼다.

○ 【蕭望之爲左馮翊】

蕭望之爲左馮翊 帝以蕭望之經明持重하고 議論有餘하여 材任宰相이라하여 欲詳試其政事하여 復以爲左馮翊하다 望之從少府出爲左遷이라 恐有不合意하여 卽移病하다 上聞之하고 使侍中金安上諭意曰 所用皆更治民以考功하노니 君前爲平原太守日淺이라 故復試之於三輔요 非有所聞也라하니 望之卽起視事하다

【소망지가 좌빙익이 되다】

선제는 소망지(蕭望之)가 경서에 밝고 행실이 신중하며 논의를 잘하여 재능

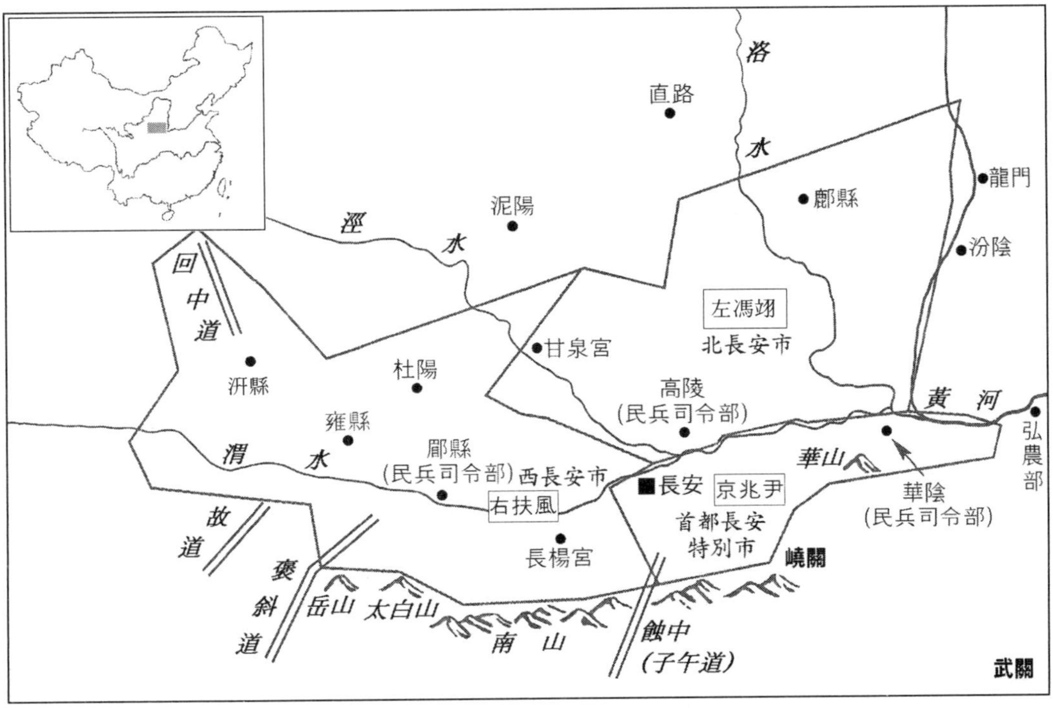

〈지도 17〉 서한왕조(西漢王朝) 삼보지구(三輔地區) (B.C.29년)

이 재상을 감당할 만하다고 여겨, 그의 정무 능력을 상세히 시험하고자 다시 좌빙익(左馮翊[12])으로 삼았다. 소망지는 소부(少府)에서 나가서 좌천되자, 선제의 뜻에 맞지 않음이 있는가 두려워하여 즉시 병을 이유로 사직을 청하였다. 선제가 그것을 듣고, 시중(侍中) 김안상(金安上)을 시켜 뜻을 유시(諭示)하기를,

"등용되는 사람은 모두 백성을 다스린 경력으로 공적을 살핀다. 그대가 과거에 평원태수(平原太守)로 재직한 근무일수가 적기 때문에 다시 삼보(三輔)[13]로 시험하려는 것이지, 단점을 들은 바가 있어서가 아니다."

하니, 소망지가 즉시 나와서 일을 처리하였다.

【무오(戊午 B.C.63) 원강(元康) 3년】

12) 좌빙익(左馮翊) : 지금까지 '좌풍익'이라고 독해한 것은 '좌빙익'의 잘못된 표현이다.
13) 삼보(三輔) : 경기(京畿) 지구의 3개 직관(職官)의 합칭으로, 경조윤(京兆尹), 좌빙익(左馮翊), 우부풍(右扶風)이다.

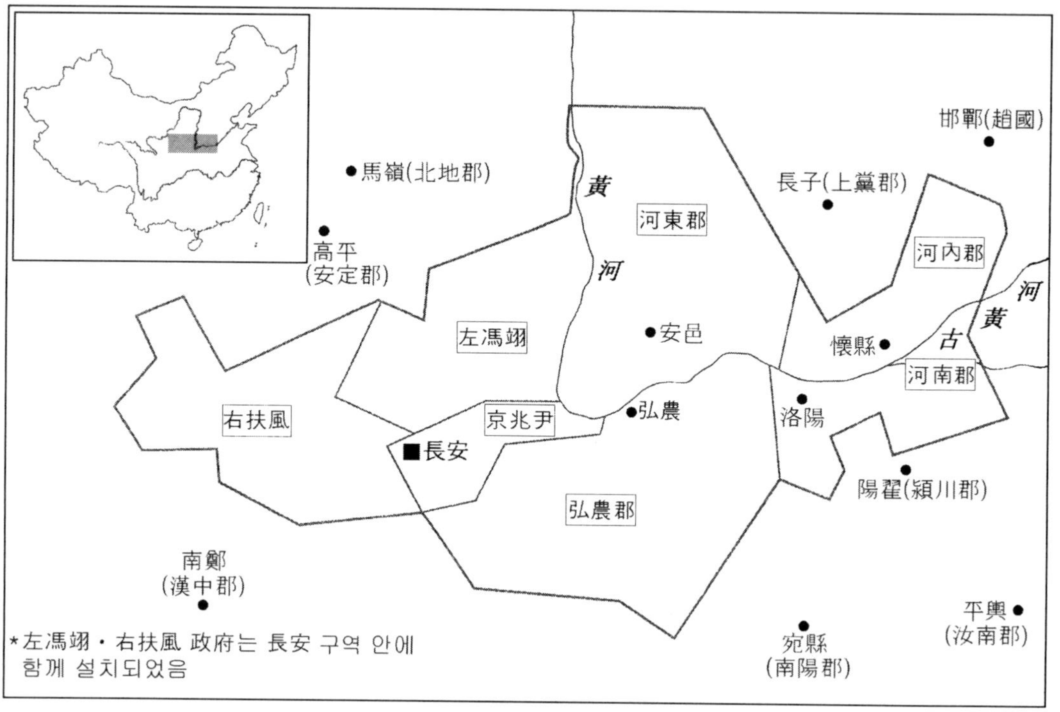

〈지도 18〉 삼보의 사예칠군(司隷七郡) (B.C.4년 4월)

○ 【張安世謹愼】

張安世謹愼 張安世以父子封侯하니 在位太盛이라하여 乃辭祿이어늘 詔都內別藏張氏無名錢以百萬數라 安世謹愼周密하여 每定大政하고 已決에 輒移病出이라 聞有詔令이면 乃驚하여 使吏之丞相府問焉이라 自朝廷大臣으로 莫知其與議也하다 嘗有所薦이러니 其人來謝어늘 安世大恨하여 以爲擧賢達能에 豈有私謝邪아하고 絶弗復與通이러라 有郎功高不調하여 自言安世어늘 安世應曰 君之功高는 明主所知라 人臣執事何長短을 而自言乎리오하고 絶不許러니 已而郎果遷하다

【장안세가 신중하다】

장안세(張安世)는 아버지와 아들이 제후에 봉해지니, 벼슬에 있는 것이 너무 성대하다고 하여 마침내 녹봉을 사양하였다. 조서를 내려 도내(都內 : 관청 이름)의 장씨무명전(張氏無名錢 : 장안세의 공식 장부에 기록되지 않은 돈)을 별도로 보관하게 하니, 수백만 전이나 되었다. 장안세는 신중하고 주도면밀하여 국가의 큰 정무를 확정하고 결재가 난 뒤에는 곧 병이 있다고 하고 사택으로 옮겨가 있다가 조서 명령이 있음을 듣고는 이에 놀라, 관리를 시켜 승상부(丞相府)로 가서 조서에 대하여 묻도록 하였다. 조정의 대신으로부터 그가 국가의 국사 논의에 참여했었는지를 아는 사람이 없었다. 일찍이 사람을 추천한 적이 있었는데, 그 사람이 와서 감사해 하자, 장안세는 크게 한스러워 하여 말하기를,

"어질고 능력 있는 자를 등용하고 추천하는 것에 어찌 개인적으로 감사해야 하겠는가?"

하고, 사절하고 다시는 만나보지 않았다. 어떤 낭관(郎官)이 공이 높으나, 승진하지 못하자 스스로 장안세에게 말하니, 장안세가 대답하기를,

"그대의 공이 높은 것은 밝은 황제께서도 아시는 일인데, 신하가 일을 집행함에 어찌 공과(功過)를 스스로 말하시오?"

하고, 거절하고 허락하지 않았는데 얼마 뒤에 그 낭관이 과연 승진되었다.

○ 【二疏請老】

二疏請老 皇太子年十二에 通論語孝經하다 太傅疏廣謂少傅受曰 吾聞知足不辱하고 知止不殆라하니 今仕宦至二千石하여 宦成名立하니 如此不去면 懼有後悔라하고 卽日에 父子俱移病하고 上疏乞骸骨하다 上皆許之하고 加賜黃金二十斤하고 皇太子贈五十斤하다 公卿故

賢哉二大夫 人設祖道供張東都門外하니 送者車數百兩이라 道路觀者皆曰 賢哉二大夫여하고 或歎息爲之下泣하다

【소광과 소수가 은퇴를 요청하다】

황태자가 12살에 ≪논어(論語)≫와 ≪효경(孝經)≫을 통달하였다. 태부(太傅)인 소광(疏廣)이 소부(少傅)인 소수(疏受 : 소광의 조카)에게 말하기를,

"내가 듣건대 '만족할 줄 알면 욕되지 않고 그칠 줄 알면 위태롭지 않다' 고 한다. 지금 벼슬이 이천석(二千石)에 이르러 벼슬도 이루고 명예도 이루었다. 이와 같은데도 떠나지 않는다면 후회가 있을까 두렵다."

하고, 그 날로 숙질이 함께 병이 있다 하고 상소하여 은퇴를 요청하였다. 선제는 모두 허락하고 황금 20근을 추가로 주었으며 황태자는 50근을 주었다. 공경(公卿)과 옛 친구들이 동도문(東都門 : 장안성의 동쪽 성문) 밖에서 휘장을 치고 송별 잔치를 하였는데, 전송하는 사람들의 수레가 수백 대였다. 길에서 구경하던 사람들이 모두 말하기를,

"어질도다. 두 대부여!"

하고, 혹은 감탄하며 그들을 위해 눈물을 흘렸다.

○ 【二疏不以財累子孫】

二疏不以財累子孫 廣受歸鄕里하여 賣金共具하여 請族人故舊賓客하여 與相娛樂하다 或勸廣以其金爲子孫頗立產業者어늘 廣曰 吾豈老誖不念子孫

賣金共具 哉아 顧自有舊田廬하니 令子孫勤力其中이면 足以共衣食하여 與

賢而多財則損其志愚而多財則益其過 凡人齊하리니 今復增益之以爲贏餘면 但敎子孫怠墮耳라 賢而多財면 則損其志하고 愚而多財면 則益其過하나니라 且富者衆之怨也라 吾旣無以敎化子孫하니 不欲益其過而生怨이로라 又此金者

不爲子孫立產 는 聖主所以惠養老臣이라 故樂與鄕黨宗族共饗其賜하여 以盡吾餘日하노니 不亦可乎아하니 於是族人悅服하다

【소광과 소수가 재물로 자손에게 누를 끼치지 않게 하다】

소광과 소수는 고향으로 돌아와서는 황금을 팔아 술자리를 마련하고 종족, 옛 친구, 빈객들을 초청하여 함께 즐겼다. 어떤 사람이 소광에게 그 돈으로 자

손을 위해 생업을 마련하라고 권하자, 소광이 말하기를,

"내가 어찌 노망하여 자손을 염려하지 않는 것이겠소? 생각해 보면 나는 오래된 농지와 집이 있으니, 자손에게 그 안에서 부지런히 힘을 쓰게 한다면 충분히 옷과 음식을 공급받아 일반 사람들과 같이 살아갈 수 있소. 지금 다시 더해주어 풍부하게 하면 단지 자손에게 나태함을 가르칠 뿐이오. 어질면서 재물이 많으면 그 뜻을 손상시키게 되고, 어리석으면서 재물이 많으면 그 과실을 늘리게 되오. 또 부자는 대중들이 원망하는 대상인데, 내가 이미 자손을 교화시키지 못했으니, 그 과실을 늘려 원망이 생기게 하고 싶지 않소. 또 이 황금은 황제께서 이 늙은 신하를 은혜로이 양육하는 물건이므로 마을·종족 사람들과 즐기고 그 은혜로운 하사품을 함께 누려서 나의 여생을 다하고자 하니 또한 옳지 않겠소?"

하였다. 이에 종족들이 기쁘게 승복하였다.

○【黃霸治爲天下第一】

黃霸治爲天下第一 潁川太守黃霸力行敎化而後誅罰하여 務在成就全安長吏라 許丞老하고 病聾이어늘 督郵白欲逐之한대 霸曰 許丞廉吏라 雖老나 尙能拜起送迎하니 重聽何傷고하다 或問其故한대 霸曰 數易長吏면 送故迎新之費하고 及姦吏因緣하여 絶簿書하고 盜財物하여 公私費耗甚多한대 皆當出於民이요 所易新吏又未必賢하니 或不如其故면 徒相益爲亂이라 治道去其泰甚者 凡治道는 去其泰甚者耳니라하다 霸以外寬內明으로 得吏民心하고 戶口歲增하여 治爲天下第一이라 徵守京兆尹하다

【황패의 다스림이 천하제일이다】

영천 태수(潁川太守) 황패(黃霸)는 부지런히 교화를 행한 뒤에 주벌을 시행하여 요직의 관리를 성취시키는데 힘썼다. 허현(許縣)의 현승(縣丞)이 늙고 병들어

귀가 먹었는데 독우(督郵 : 관직 이름)가 아뢰어 내쫓고자 하였다. 황패가 말하기를,

"허현의 현승은 청렴한 관리이다. 비록 늙었으나 아직도 절하고 일어나며 전송하고 맞이하는 일반 업무를 감당할 수 있으니, 귀먹음이 어찌 해가 되겠는가?"

하였다. 어떤 사람이 그 까닭을 묻자 황패가 말하기를,

"자주 지방 관리를 바꾸면 구관을 보내고 신관을 맞이하는 비용이 들고, 간사한 관리가 그 기회를 틈타서 문서를 찢고 재물을 훔쳐, 공적・사적비용의 소모가 매우 많은데 이는 모두 백성에게서 나와야 한다. 교체되는 새 관리가 또 반드시 어질지는 않을 터, 혹 구관만 못하면 더욱 혼란해질 뿐이다. 다스리는 방도는 지나치게 심한 것을 제거하는 것일 뿐이다."

하였다. 황패는 겉으로는 관대하며 안으로는 잘 살펴서 관리와 백성의 마음을 얻었고, 인구가 해마다 증가하여 정사를 다스림이 천하에 제일이었으므로 불러들여 경조윤(京兆尹) 서리(署理)를 시켰다.

【경신(庚申 B.C.61) 신작(神爵) 원년】

○ 【求金馬碧雞之神】

求金馬碧雞之神 春正月에 上始行幸甘泉하여 郊泰畤하고 三月에 行幸河東하여 祠后土하다 上頗修武帝故事하여 謹齋祀之禮하고 以方士言增置神

用方士 祠하다 聞益州有金馬碧雞之神하여 可醮祭而致하고 於是遣諫大夫蜀郡王褒使持節求之하다

【금마와 벽계의 신을 구하다】

봄 정월에 선제가 처음으로 감천궁(甘泉宮)에 행차하여 태치(泰畤 : 하늘 제사 지내는 단)에서 교(郊)제사를 지내고, 3월에 하동(河東)에 행차하여 후토(后土 : 땅 신)에 제사하였다. 선제는 무제(武帝)의 옛 일을 상당히 실행하여, 재계・제사의

예절을 신중히 하고, 방술사의 말을 따라 신사(神祠)를 늘려 설치하였다. 익주(益州)에 금마(金馬 : 황금 말)와 벽계(碧雞 : 푸른 옥 닭)의 신(神)이 있어 초제(醮祭 : 제사 이름)를 지냄으로써 이르게 할 수 있다는 말을 듣고, 이에 간대부(諫大夫)인 촉군(蜀郡) 사람 왕포(王褒)를 보내 사자로서 부절을 가지고 가서 신(神)을 찾게 하였다.

○ 【王褒聖主得賢臣頌】

王褒聖主得賢臣頌

賢者國家之器用

伊尹勤於鼎俎 太公困於鼓刀 百里自鬻 甯子飯牛

初에 上聞褒有俊才하고 召見하여 使爲聖主得賢臣頌하니 其辭曰 夫賢者는 國家之器用也라 故君人者勤於求賢而逸於得人하나니 昔賢者之未遭遇也에 圖事揆策하면 則君不用其謀하고 陳見悃誠하면 則上不然其信이라 是故伊尹勤於鼎俎하고 太公困於鼓刀하고 百里自鬻하고 甯子飯牛하니 離此患也라 及其遇明君遭聖主也하여는 運籌合上意하고 諫諍卽見聽하여 進退得關其忠하고 任職得行其術이라 故世必有聖知之君하고 而後有賢明之臣이니이다 故虎嘯而風冽하고 龍興而致雲하며 蟋蟀俟秋唫하고 蜉蝣出以陰하니이다 易曰 飛龍在天에 利見大人이라하고 詩曰 思皇多士가 生此王國이라하니 故世平主聖이면 俊艾將自至하여 明明在朝하고 穆穆布列이니라 聚精會神하여 相得益章하니 雖伯牙操遞鍾하고 逢門子彎烏號라도 猶未足以喩其意也니이다 故聖主必待賢臣而弘功業하고 俊士亦俟明主以顯其德이라 上下俱欲하여 驩然交欣이면 翼乎如鴻毛遇順風하고 沛乎如巨魚縱大壑하여 休徵自至하고 壽考無疆하리니 何必偃仰屈伸若彭祖하고 呴噓呼吸如喬松하여 眇然絶俗離世哉잇가하다 是時上頗好神僊이라 故褒對及之하다

【왕포의 성스러운 임금이 어진 신하를 얻는 찬송】

과거에 선제는 왕포(王褒)에게 영특한 재주가 있음을 듣고 불러 알현하게 하고 성주득현신송(聖主得賢臣頌)을 짓게 하였는데, 그 말에 이르기를,

"어진 사람은 국가에서 쓰는 그릇입니다. 그러므로 임금은 어진 사람을 구하는데 부지런해야 하니, 사람을 얻음에서 편안해집니다. 옛날에 어진 사람이 때를 만나지 못하면 일을 도모하고 계책을 세우면 임금은 그 계책을 쓰지 않고, 진정을 펴 보이면 임금은 불신으로 대하였습니다. 이 까닭으로 이윤(伊尹)은 솥과 도마를 가지고 고생하였고,[14] 태공(太公)은 백정 노릇에 곤궁하였고,[15] 백리해(百里奚)는 스스로 팔려갔고,[16] 영자(寧子 : 영척(寗戚))는 소를 먹였으니[17], 이는 이러한 환란을 만났기 때문입니다. 그 밝은 임금과 성스러운 임금을 만나면 계책을 운용하면 임금의 뜻에 맞고, 간쟁하면 곧 허락을 받았고, 나아가고 물러감에 그 충성이 통하고, 직책을 맡게 되어서는 그 술법을 시행할 수 있었습니다. 그러므로 세상에는 반드시 성스러우며 지혜로운 임금이 있은 뒤에야 어질고 밝은 신하가 있는 것입니다. 그러므로 호랑이가 울부짖으면 바람이 일어나고, 용이 일어나면 구름이 생기며, 귀뚜라미는 가을을 기다려 울고, 하루살이는 날이 흐릴 때에 나오는 것입니다.

≪주역(周易)≫에 말하기를, '나는 용이 하늘에 있으니 대인(大人)을 만나는 것이 이롭다.' 하였고, ≪시경(詩經)≫에 말하기를, '아름다운 많은 선비가 이 왕국에 태어났다.' 하였습니다. 그러므로 세상이 평화롭고 임금이 성스러우면 준걸한 사람이 장차 스스로 이르러, 지혜가 밝은 임금이 조정에 계시고 용모 단정한 신하가 벼슬에 있게 됩니다. 정신을 모아 서로 협력하면 더

---

14) 이윤(伊尹)은… 고생하였고 : 이윤은 음식을 조리하는 솥·도마를 지고 상(商)나라 탕왕(湯王)에게 벼슬을 요구하였다. 그 후에 상나라 재상이 되었다.

15) 태공(太公)은… 곤궁하였고 : 상나라 말기에 강태공(姜太公)은 조가(朝歌)에서 소 잡는 일을 하다가 칼을 두들기면서 노래하였다. 그 후에 주(周)나라 문왕(文王)을 만나 상나라를 멸망시키고 주나라를 세우는 데에 크게 기여하였다.

16) 백리해(百里奚)는 스스로 팔려갔고 : 백리해는 우(虞)나라 대부(大夫)였는데 우나라가 멸망하자 진(秦)나라 목공(穆公)에게 양가죽 다섯 장에 팔려가 국정을 담당하였다.

17) 영자(寧子 : 영척(寗戚))는 소를 먹였으니 : 영척은 위(衛)나라 사람으로 장사를 하다가 제나라 동문(東門) 밖에서 밤을 보내면서 소를 먹이고 소 뿔을 두들기며 노래하였는데 제나라 환공(桓公)이 듣고 불러 대화하고 대부로 삼았다.

욱 빛나니, 비록 백아(伯牙)가 체종(遞鍾 : 금(琴) 악기 이름)을 잡고 방문자(逢門子 : 방몽(逢蒙))가 오호(烏號 : 활 이름)를 당기더라도, 오히려 임금과 신하가 맞는 뜻을 비유하기에 부족합니다. 그러므로 성스러운 임금은 반드시 어진 신하를 기다려 공적을 크게 하고, 준수한 선비도 또한 밝은 임금을 기다려 그 덕을 빛내는 것입니다. 위와 아래가 함께 원하여 즐겁게 서로 기뻐하면 훨훨 기러기 깃이 순풍을 만나듯 하고, 충만하게 큰 물고기가 바다에서 마음껏 노닐듯이 하여 아름다운 징조가 절로 이르고 만수무강할 것이니 어찌 몸을 구부렸다 펴기를 팽조(彭祖 : 옛적의 신선)와 같이 하고 숨을 내쉬고 들이마시기를 왕교(王僑 : 옛적의 신선)와 적송자(赤松子 : 옛적의 신선)처럼 하여 멀리 세속을 떠날 필요가 있겠습니까!"

하였다. 이 때 선제는 신선술을 꽤 좋아하였으므로, 왕포의 대답이 이에 이르렀던 것이다.

○【罷尙方待詔】

罷尙方待詔 京兆尹張敞亦上疏諫曰 願明主時忘車馬之好하고 斥遠方士之虛語하시며 游心帝王之術이면 太平庶幾可興也리이다하다 上由是悉罷尙方待詔하다

【상방대조를 없애다】

경조윤(京兆尹) 장창(張敞)도 상소하여 간언하기를,

"바라오니 밝으신 황제께서는 늘 수레와 말을 타는 즐거움을 잊으시고 방술사의 헛된 말을 물리쳐 멀리하시며, 제왕의 치술(治術)에 마음을 두십시오. 그렇게 되면, 태평을 거의 일으킬 수 있을 것입니다."

하였다. 선제는 이로 말미암아 상방대조(尙方待詔 : 약 처방을 맡아 조칙을 기다리는 사람)를 모두 없앴다.

○【張敞能繼趙廣漢】

張敞能繼趙廣漢 初에 趙廣漢死後에 爲京兆尹者皆不稱職이러니 惟敞能繼其迹하다 其方略耳目不及廣漢이나 然頗以經術儒雅文之하다

【장창이 조광한을 잘 계승하다】

과거 조광한(趙廣漢)이 죽은 뒤에, 경조윤이 된 사람들은 모두 직책에 걸맞지 않았는데 오직 장창만이 조광한의 자취를 잘 계승하였다. 그의 계획・책략과 정사를 보고 듣는 것은 조광한에게 미치지 못하였지만 경학(經學)의 술법과 유학(儒學)의 고상함으로 상당히 빛났다.

○【王吉謝病歸】

王吉謝病歸 上頗修飾하여 宮室車服盛於昭帝時하고 外戚許史王氏貴寵이라 王吉上疏曰 陛下躬聖質로 總萬方하사 惟思世務하여 將興太平하시니 詔書每下에 民欣然若更生하니이다 臣伏而思之컨대 可謂至恩이나 未可謂本務也니이다 欲治之主不世出이니이다 公卿幸得遭遇其時하여 言聽諫從이나 然未有建萬世之長策하여 擧明主於三代之隆也요 其務在於期會簿書斷獄聽訟而已니 此非太平之基也니이다 臣願陛下承天心하고 發大業하여 與公卿大臣延及儒生히 述舊禮하고 明王制하여 敺一世之民躋之仁壽之域이면 則俗何以不若成康이며 壽何以不若高宗이리잇고하다 上以其言爲迂闊하여 不甚寵異也하니 吉謝病歸하다

【왕길이 병을 핑계로 귀향하다】

선제는 상당히 치장하여 궁실・수레・복장이 소제(昭帝) 때보다 성대하였고, 외척인 허씨(許氏)・사씨(史氏)・왕씨(王氏)가 존귀해지고 총애를 받았다. 왕길(王吉)이 상소하기를,

"폐하께서는 몸소 성인의 자질로 만방을 통치하시어 오직 세상 일을 생각하여 장차 태평을 일으키려 하시니, 조서가 내려질 때마다 백성이 흔연히 새로 살아나는 듯이 여깁니다. 신이 생각하건대 지극한 은혜라고는 말할 수 있어도 정무의 기본이라고 할 수 없습니다. 치적을 내려는 황제는 대대로 나오지는 않습니다. 공(公)·경(卿)이 다행히 그러한 때를 만나 말을 하면 들어주고 간언을 하면 따라 주었지만 만대의 장구한 계책을 세워 밝은 임금을 삼대(三代)의 융성함으로 끌어올린 것은 없었습니다. 그 임무는 조회와 재정관리 문서를 맞추어 모이고 옥사(獄事)의 판결과 송사를 다스리는 데에 있을 뿐이니, 이는 태평의 기반이 아닙니다. 신이 원하옵건대 폐하께서 천심을 받들고 대업을 펴시어, 공경 대신들로부터 유생에 이르기까지 모두 옛 예절을 전술(傳述)하고 왕의 제도를 밝혀 한 시대의 백성을 몰아 어질고 장수하는 지경에 올라가게 한다면, 좋은 풍속이 어찌 성왕(成王)·강왕(康王)[18] 때만 못하며 장수함이 어찌 은(殷)나라 고종(高宗)[19]만 못하겠습니까!"

하였다. 선제는 왕길의 말이 현실에 맞지 않다고 여겨 그다지 총애하거나 기특하게 여기지는 않았다. 왕길은 병을 핑계로 귀향하였다.

○ 【趙充國擊先零】

趙充國擊先零 先零與諸羌으로 劫略小種하여 背畔犯塞라 時趙充國年七十餘라

無踰老臣 上老之하여 使丙吉問誰可將者한대 充國對曰 無踰於老臣者矣리

兵難遙度 이다하다 復問호대 將軍度羌虜何如며 當用幾人고하다 充國曰 兵難遙度하니 願至金城하여 圖上方略하리이다하니 乃大發兵詣金城하다

【조충국이 선령을 격파하다】

선련(先零)이 여러 강족(羌族)들과 함께 작은 종족들을 겁탈하여 한나라를 배

18) 성왕(成王)·강왕(康王) : 서주(西周) 시대 왕으로, 매우 잘 다스려진 시대를 말한다. 이 시대의 치세(治世)를 성강지치(成康之治)라고 한다.

19) 고종(高宗) : 은나라 왕 무정(武丁)으로, 나라를 백 년 동안 통치하였다.

반하고 변방을 침범하였다. 당시 조충국(趙充國)은 나이가 70세 즈음이었는데, 선제는 그를 늙었다고 여겨서 병길을 시켜 누가 장수에 적합한 사람인지를 물어 보게 하였다. 조충국이 대답하기를,

"저보다 나은 사람이 없을 것입니다."

하였다. 다시 묻기를,

"장군이 예측하기에 강족의 오랑캐들은 어떠하며, 몇 명을 써야 하겠소?"

하자, 조충국이 말하기를,

"전쟁은 먼 곳에서 예측하기 어려우니, 금성(金城)에 이르러 지형을 그려서 방책을 올리겠습니다."

하였다. 마침내 병력을 크게 출동시켜 금성에 이르렀다.

○【罕幵不煩兵而下】

罕幵不煩兵而下

充國常以遠斥堠爲務하며 行必爲戰備하고 止必堅營壁하고 尤能持重하고 愛士卒하여 先計而後戰하다 遂西至西部都尉府하여 日饗軍士하니 士皆欲爲用이라 虜數挑戰이로되 充國欲以威信招降罕幵及劫略者하여 解散虜謀하고 徼其疲劇하여 乃擊之러니 酒泉太守辛武賢奏호대 以七月出兵擊罕幵하소서하니 充國以爲先零首爲畔逆하니 先誅先零已면 則罕幵之屬不煩兵而服矣리이다하니 璽書報하여 從充國計焉이러니 後罕幵竟不煩兵而下하다

【한·견 종족과 전쟁하지 않고 항복 받다】

조충국은 항상 척후병을 멀리 보내 정찰하는 데 힘쓰고 행군할 때에는 반드시 전투 대비를 하였으며, 멈출 때에는 반드시 진영 성벽을 견고히 하고 더욱 신중하게 하였으며 군졸을 아껴서 먼저 계획을 세우고 그 다음에 싸웠다. 마침내 서쪽으로 서부도위부(西部都尉府)에 이르러 날마다 군사들을 배불리 먹이니, 군사들은 모두 쓰이기를 바랐다. 오랑캐가 자주 싸움을 걸었으나 조충국은

위엄과 신의로써 한(罕)·견(幵) 및 선련에게 위협당한 자들을 불러 항복을 받아 오랑캐의 계책을 무산시키고, 그들이 극도로 지치기를 기다려 이에 공격하려 하였다. 주천태수(酒泉太守) 신무현(辛武賢)이 아뢰기를,

"7월에 군대를 출동하여 한과 견을 공격하십시오."

하자, 조충국이 말하기를,

"선련이 앞장서서 반역하였으니 먼저 선련을 완전히 주살하면 한과 견의 무리는 군대를 출동하지 않고도 항복시킬 수 있을 것입니다."

하였다. 황제의 조서는 조충국의 계책을 따른다고 하였는데, 뒤에 한·견 종족은 결국 전쟁을 하지 않고 항복 하였다.

○【趙充國屯田】

趙充國
屯田

上詔進擊先零하다 時羌降者萬餘人矣라 充國度其必壞하고 欲罷騎兵하고 屯田以待其敝러니 作奏未上이라 會得進兵璽書라 充國子使客諫令出兵이어늘 充國歎曰 本用吾言이런들 羌虜得至是邪아 往者金城湟中穀斛八錢이라 吾謂耿中丞호대 糴三百萬斛穀이면 羌人不敢動矣라한대 耿中丞請糴百萬斛하여 乃得四十萬斛耳라 義渠再使에 且費其半하니 失此二冊하여 羌人故敢爲逆이라하고 遂上屯田奏曰 臣所將吏士馬牛食所用糧穀茭藁가 調度甚廣하니 徭役不息이면 恐生它變하며 且羌易以計破요 難用兵碎也라 故臣愚以爲擊之不便하니이다 計度臨羌東至浩亹히 羌虜故田及公田을 民所未墾이 可二千頃以上이니 臣願罷騎兵하고 留步兵萬二百

以全取
勝 貴
謀賤戰
百戰百
勝 非
計之善
者

八十一人하여 分屯要害處하여 浚溝渠하고 賦人二十畮하면 省大費하리이다하다 帝報曰 卽如將軍計면 虜當何時伏誅오 熟計其便하여 復奏하라하다 充國上狀曰 臣聞帝王之兵은 以全取勝이라 是

先爲不可勝以待敵之可勝

留田便宜十二事

以貴謀而賤戰하나니이다 百戰而百勝이라도 非計之善者也라 故先爲不可勝以待敵之可勝이라하나니 謹條不出兵留田便宜十二事하노이다하다 奏每上에 輒下公卿議臣하니 初是充國計者什三요 中什五요 最後什八이라 有詔詰前言不便者하니 皆頓首服하다 魏相曰 臣愚不習兵事利害라 後將軍數畫軍冊에 其言常是하니 臣任其計必可用也하노이다하다 上於是報充國하여 嘉納之하다 詔罷兵하고 獨充國留屯田하다

【조충국이 둔전을 하다】

선제는 조서를 내려 전진하여 선련을 공격하게 하였다. 당시에 강족으로서 항복한 자가 만여 명이었다. 조충국은 그들이 반드시 무너질 것을 헤아리고는 기마병을 해산하고서 둔전을 하면서 그들이 지치기를 기다리려고 하였는데, 보고서를 만들어 아직 올리지는 않았다. 마침 군대를 진격시키라는 황제의 명령서를 받으니 조충국의 아들이 빈객을 시켜 군대의 출동을 간언하게 하자, 조충국은 탄식하기를,

"당초에 내 말을 들었다면 강족 오랑캐가 이 지경에 이르렀겠는가? 지난 번 금성과 황중(湟中)에 곡식이 1곡(斛)에 8전(錢)이었다. 내가 경중승(耿中丞 : 중승 경수창(耿壽昌))에게 말하기를, '3백만 곡(斛)의 곡식을 사들이면 강족들이 감히 움직이지 못할 것이요.' 하였는데, 경중승이 백만 곡을 사들이기를 요청하여 4십만 곡만 얻었을 뿐이었다. 의거(義渠)로 두 번 사신 갈 적에 또 그 반을 소비하였으니 이 두 계책[20]을 잘못써서 강족들이 이 때문에 감히 반역하게 되었다."

하고, 마침내 둔전을 요청하는 보고서를 올리기를,

"신이 거느린 관리·군사들과 말·소를 먹이는데 쓸 양식과 건초(乾草)·짚 등 조달할 것이 매우 많으니 이 요역(徭役 : 부역)을 그치지 않으면 다른 변고가 생길까 우려되고, 또 강족은 계책으로 격파하기는 쉬워도 군대로 쳐부

20) 두 계책 : 사 들인 곡식이 적고, 의거에 사신 보낸 일을 말한다.

수기는 어렵습니다. 그러므로 저는 공격하는 것이 온당치 않다고 생각합니다. 예측해 보니 임강현(臨羌縣)으로부터 동쪽으로 고문현(浩亹縣)에 이르기까지 강족 오랑캐의 옛날 농지와 한나라의 농지를 백성들이 개간하지 않은 것이 대략 2천 경(頃) 이상입니다. 신은 원컨대 기마병을 해산하고 보병 1만 2백 81명을 남겨 요충지에 나누어 주둔시켜 도랑을 치고, 사람마다 20묘씩 분배해 주십시오. 그렇게 되면 큰 비용을 줄일 것입니다."

하였다. 선제가 답하기를,

"만일 장군의 계획대로 한다면 오랑캐를 어느 때에 승복시키고 주살하겠소? 온당한 계책을 자세히 헤아려 다시 보고하시오!"

하였다. 조충국이 장계(狀啓)를 올려 말하기를,

"신이 들으니 제왕의 군대는 온전한 방법으로 승리를 취하기 때문에 계책을 중시하고 전투를 천시합니다. 손자병법(孫子兵法)에 '백번 싸워 백번 이겨도 좋은 계책이 아니다. 그러므로 먼저 적이 이길 수 없게 만들고서 적을 이길 수 있는 것을 기다린다.' 고 하니, 군대를 출동하지 않고 머물러 둔전하는 것에 편리한 열두 가지 일을 삼가 조목으로 올립니다."

하였다. 조충국이 상소를 올릴 때마다 곧 공(公)·경(卿)과 계책을 세우는 신하들에게 회부시켰다. 처음에는 조충국의 계책과 뜻을 같이 하는 사람이 10에 3이었는데 중간에는 10에 5였고 마지막에는 10에 8이었다. 조서를 내려 과거에 온당치 않다고 말한 자를 힐책하자 모두 머리를 조아리고 수긍하였다. 위상(魏相)이 말하기를,

"저는 군사상의 일의 이해관계를 잘 알지 못하지만 후장군(後將軍 : 조충국)이 여러 차례 군사 전략을 세웠는데 그의 말이 항상 옳았으니, 저는 그의 계책이 반드시 쓸 수 있을 것이라고 보증합니다."

하였다. 선제는 이에 조충국에게 회답하여 기꺼이 받아들인다고 하였다. 조서를 내려 군대를 해산시키고 조충국만 머물러 둔전하라고 하였다.

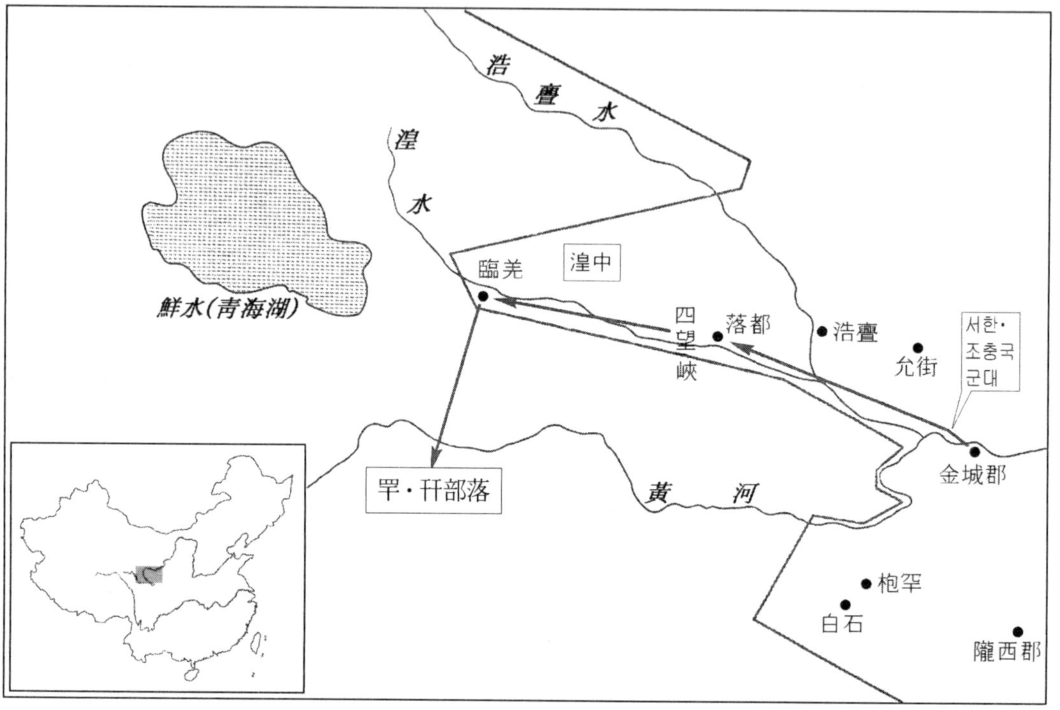

〈지도 19〉 조충국(趙充國)이 선령강(先零羌)을 정복함 (B.C.61년)

통감절요증손교주(通鑑節要增損校註) 13권

한기(漢紀)

▪ 중종효선황제(中宗孝宣皇帝) 하(下)

【신유(辛酉 B.C.60) 신작(神爵) 2년】

○ 【充國振旅而還】

充國振旅而還 夏에 充國奏言호대 羌本可五萬人이러니 已降幷斬首級溺河湟飢餓死者四萬有餘하니 請罷屯兵하노이다한대 奏可라하니 充國振旅而

置金城屬國 還하다 秋에 羌人降하니 漢初置金城屬國以處降羌하다

【조충국이 군대를 정돈하여 돌아오다】

여름에 조충국(趙充國)이 보고하기를,

"강족(羌族)이 본래 5만 명쯤 되었는데 이미 항복하였고 머리를 베이거나 황하(黃河)와 황수(湟水)에 빠져 죽거나 굶어 죽은 사람을 합하면 4만 여명이니, 둔전하고 있는 군대를 해산하기를 청합니다."

하니, 보고한 것을 허락하였다. 조충국은 군대를 정돈하여 돌아왔다. 가을에 강족 사람들이 항복하자 한나라는 처음으로 금성속국(金城屬國)[1]을 설치하여 항복한 강족을 살게 하였다.

○ 【蓋寬饒自剄】

---

1) 금성속국(金城屬國) : 속국 이름. 속국은 자기 나라의 풍속을 바꾸지 않은 채로 한나라에 소속된 나라이다.

蓋寬饒自剄

司隷校尉蓋寬饒는 剛直公淸하여 數干犯上意하다 時上方用刑法하여 任中書官할새 寬饒奏封事曰 方今聖道浸微하고 儒術不行하여 以刑餘爲周召하고 以法律爲詩書니이다하고 又引易傳言호대 五帝官天下하고 三王家天下니이다 家以傳子孫하고 官以傳賢聖하니이다하다 書奏하니 上以爲寬饒怨謗이라하여 下其書中二千石하다 九月에 下寬饒吏한대 寬饒引佩刀自剄北闕下하니 衆莫不憐之하다

【합관요가 자살하다】

사예교위(司隷校尉) 합관요(蓋寬饒)는 강직하고 공정하고 청렴하여 자주 선제의 뜻에 저촉되었다. 당시 선제는 형법을 사용하려 하여 중서관(中書官 : 환관)을 임용하였는데, 합관요는 봉사(封事 : 밀봉한 상소)를 올려 말하기를,

"지금 성인의 도리가 점점 쇠퇴해지고 유학이 시행되지 않아, 환관을 주공(周公)·소공(召公)과 같은 명신으로 여기고[2] 법률을 ≪시경(詩經)≫과 ≪서경(書經)≫처럼 생각합니다."

하고, 또 ≪역전(易傳)≫을 인용하여 말하기를,

"오제(五帝)는 천하를 공적인 것으로 여겼고, 삼왕(三王)은 천하를 사적인 것으로 여겼습니다. 사적인 것으로 여겨 자손에게 전하고 공적인 것으로 여겨 현인과 성인에게 전하였습니다."

하였다. 글을 올리자 선제는 합관요가 원망하고 비방한다 생각하여 그 글을 중이천석(中二千石 : 최고급 관원)에게 맡겨 처리하게 하였다. 9월에 합관요를 형리에게 맡겨 처리하게 하자 합관요는 북쪽 궐문(闕文)에서 차고 있던 칼을 빼서 자살하니, 대중들 중에 가련하게 여기지 않는 이가 없었다.

○ 【都護之置 自鄭吉始】

都護之置 自鄭吉始

日逐王素與握衍朐鞮單于有隙하여 率其衆欲降漢이어늘 騎都尉

2) 환관을 주공(周公) … 명신으로 여기고 : 환관을 주공과 소공의 자리에 앉혔으므로 이렇게 말한 것이다. 주공과 소공은 주(周)나라 초기의 왕족으로서 가장 훌륭한 재상이었다.

鄭吉發渠犁龜玆諸國五萬人迎日逐王하여 將詣京師하니 漢封日

日逐王降 逐王爲歸德侯하다 吉旣破車師하고 降日逐하고 威震西域하고 遂

幷護車師以西北道하여 故號都護하다 都護之置는 自吉始焉하다

【도호를 둔 것은 정길로부터 시작되다】

일축왕(日逐王)이 평소 악연구제선우(握衍朐鞮單于)와 틈이 있어서 그 무리를 이끌고 한나라에 항복하려 하였다. 기도위(騎都尉) 정길(鄭吉)이 거려(渠犁)와 구자(龜玆) 등 여러 나라에서 5만 명을 동원하여 일축왕을 맞이하고 인솔하여 서울[京師 : 장안]에 이르니, 한나라는 일축왕을 봉하여 귀덕후(歸德侯)로 삼았다.

정길이 거사국(車師國)를 격파하고 일축왕을 항복시키니, 위세가 서역(西域)에까지 떨쳤다. 마침내 거사국 서쪽의 남북 2도(道)[3])를 아울러 통솔한 까닭으로 도호(都護)라고 호칭하였다. 도호를 둔 것은 정길로부터 시작되었다.

【임술(壬戌 B.C.59) 신작(神爵) 3년】

○ 【丙吉知大體】

丙吉知大體 春에 魏相薨하고 丙吉爲丞相하다 吉上寬大하고 好禮讓하며 不親

小事하니 時人以爲知大體라하더라

【병길이 대체를 알다】

봄에 위상(魏相)이 죽고 병길(丙吉)이 승상이 되었다. 병길은 관대함을 숭상하고 예절과 겸양을 좋아하며 자잘한 일을 직접하지 않았으니, 당시 사람들이 대체(大體)를 안다고 하였다.

○ 【益小吏俸】

3) 거사국 서쪽의 남북 2도(道) : 서역(西域)의 남도(南道)와 북도(北道) 2도(道)의 여러 나라를 말한다.

益小吏俸 八月에 詔曰 吏不廉平하면 則治道衰라 今小吏皆勤事而俸祿薄하니 欲無侵漁百姓이나 難矣라 其益吏百石已下俸十五하라하다

【낮은 관원의 봉록을 올려주다】

8월에 조서를 내리기를,

"관리가 청렴하고 공평하지 않으면 다스리는 도가 쇠퇴한다. 지금 낮은 관리들이 모두 일에 힘쓰고 있으나 봉록이 적으니 백성의 재산을 침해하지 않으려 해도 어려움이 있을 것이다. 백석(百石 : 연봉 백석) 이하 관리에게는 녹봉에 10분의 5를 더해 주도록 하라."

하였다.

○ 【韓延壽恩信周徧】

韓延壽恩信周徧 是歲에 東郡太守韓延壽爲左馮翊하다 始에 延壽爲潁川太守할새 潁川承趙廣漢構會吏民之後라 俗多怨讐러라 延壽改更하여 教以禮讓하다 黃霸代延壽居潁川하니 霸因其迹而大治하다 延壽爲吏에 上禮義하고 好古教化하며 接待下吏에 恩施甚厚而約誓明이라 或欺負之者어든 延壽痛自刻責曰 豈其負之아 何以至此오하니 吏聞者自傷悔하 至自刺自剄하다 其在東郡三歲에 令行禁止하고 斷獄大減하니 由是入爲馮翊이라 延壽出行縣至高陵이러니 民有昆弟相與訟田하여 自言이라 延壽大傷之曰 幸得備位하여 爲郡表率이어늘 不能宣明教化하고 至令民有骨肉爭訟하니 既傷風化로다 咎在馮翊이로다하고 閉閤思過 因閉閤思過하다 於是訟者自悔하여 願以田相移하고 終死不敢復爭하다 郡中翕然하고 相敕厲하여 不敢犯이라 延壽恩信周徧二十四縣하여 莫復以辭訟自言者라 推其至誠하여 吏民

不忍欺紿하다

【한연수의 은덕과 믿음이 두루 미치다】

이 해에 동군태수(東郡太守) 한연수(韓延壽)가 좌빙익(左馮翊)이 되었다. 전에 한연수는 영천태수(潁川太守)로 있었는데 영천에는 조광한(趙廣漢)이 관리와 백성들을 서로 밀고하게 하여 다스린 뒤라서 풍속에 원수를 짓는 일이 많았으나 한연수는 이를 개선하여 예의와 겸양으로 교화하였다. 황패(黃霸)는 한연수 후임으로 영천에 있게 되었는데 황패는 한연수가 영천에 있을 때의 업적을 따라 크게 치적을 이루었다.

한연수는 관리가 되어서 예절과 의리를 숭상하고 옛날의 교화를 좋아하고, 아래 관리들을 대할 때에는 은혜를 매우 두터이 베풀었고 약속을 엄격히 지켰다. 혹 속이고 배반하는 자가 있으면 한연수는 호되게 자신을 매우 꾸짖기를,

"내가 그를 저버린 것이 아니겠는가, 어찌하여 그가 이 지경에 이르렀는가!"

하니, 관리들 중에 이 말을 들은 자는 스스로 상심하고 뉘우쳤으며 심지어 스스로 찌르거나 목을 베어 죽는 자도 있었다. 그가 동군(東郡)에 부임한지 3년에 명령하면 시행되고 금지하면 중지되어 재판 사건이 크게 감소되었으니 이 때문에 내직으로 들어가 빙익(馮翊)이 되었다.

한연수가 나가서 소속 현(縣)을 순찰하다가 고릉현(高陵縣)에 이르렀는데 백성 중에 형제이면서 농지 문제로 소송하겠다고 스스로 말하는 자가 있었다. 한연수가 매우 상심하며 말하기를,

"요행히 자리를 차지하여 영천군의 모범이 되어야 하는데 교화를 밝게 펼치지 못하고 심지어 혈육관계에 있는 백성들로 하여금 서로 소송하게 하였으니, 이미 미풍의 교화를 망쳐 버렸구나! 잘못은 빙익에게 있도다!"

하고, 이 때문에 문을 닫아걸고 잘못을 생각하였다. 이에 소송을 한 사람은 스스로 잘못을 뉘우쳐 농지를 서로 양보하며 죽을 때까지 다시 다투지 않겠다고 하였다. 영천군은 화목하고 서로 신칙하며 격려하여 감히 법에 저촉되지 않았다. 한연수의 은덕과 믿음이 관하 24현(縣)에 두루 미쳐서 다시는 소송을 하겠다고 스스로 말하는 사람이 없었다. 한연수가 지극한 정성으로 사람을 대하여, 관리와 백성이 차마 속이지 못하였다.

【계해(癸亥 B.C.58) 신작(神爵) 4년】

○【黃霸在郡 政事愈治】

黃霸在郡 政事愈治

潁川太守黃霸在郡前後八年에 政事愈治하니 是時鳳凰神爵數集郡國한대 潁川尤多하다 詔賜爵關內侯하고 後數月에 徵霸爲太子太傅하다

【황패가 영천군에 있었을 적에 정사가 더욱 잘 다스려지다】

영천태수(潁川太守) 황패(黃霸)가 영천군에 있었던 전후 8년 동안 정사가 더욱 잘 다스려졌다. 이때에 봉황과 신비스러운 참새가 자주 군국(郡國)에 날아와 모였는데, 영천군이 특히 많았다. 조서를 내려 관내후(關內侯)라는 작위를 하사하고 몇 개월 뒤에 황패를 불러 태자태부(太子太傅)로 삼았다.

○【嚴延年以殘酷誅】

嚴延年以殘酷誅

嚴延年素輕黃霸爲人

時에 河南太守嚴延年爲治陰鷙酷烈하여 素輕黃霸爲人이러니 及比郡爲守에 褒賞反在己前하니 心內不服이라 河南界中又有蝗蟲하여 府丞義出行蝗이라가 還하여 見延年한대 延年曰 此蝗豈鳳凰食耶아하니 義年老하나 素畏延年이러니 恐見中傷이라 上書言延年罪하여 事下御史丞按驗하니 得怨望誹謗數事라 延年坐不道하여 棄市라 初에 延年母從東海來하여 欲從延年臘이라가 到洛陽하여

人不可獨殺

適見報囚하고 母大驚이라 謂延年曰 天道神明하니 人不可獨殺이라 我不意當老見壯子被刑戮也로다 行矣어다 去汝東歸하여 掃除

東海賢智延年母

墓地耳라하고 遂去하여 歸郡이러니 後歲餘에 果敗하니 東海莫不賢智其母러라

【엄연년이 잔혹함 때문에 죽임을 당하다】

이때에 하남태수(河南太守) 엄연년(嚴延年)은 다스리는 것이 음험하고 악랄하며 형벌을 가혹하게 하였고, 평소 황패의 사람됨을 경시하였다. 황패가 하남군과 인접한 군의 군수가 되어 포상이 도리어 자기를 추월하자, 마음으로 승복하지 않았다. 하남 경계 안에서 또 메뚜기 떼의 피해가 있자 부승(府丞 : 군수 보좌관) 의(義)가 메뚜기를 잡으러 나갔다가 돌아와서 엄연년을 뵈었다. 엄연년이 말하기를,

"이 메뚜기가 어찌 봉황의 좋은 먹이가 아니겠느냐!"

하니, 의의 나이가 많았으나 평소 엄연년을 무서워한 것은, 중상모략을 당할까 두려워하였기 때문이다. 글을 올려 엄연년의 죄를 말하였는데, 어사승(御史丞 : 어사 소속관원)에게 맡겨 조사하게 하니 조정을 원망하고 비방한 몇 가지 일을 알아내었다. 엄연년은 대역무도한 죄에 걸려들어 시가에 시체가 버려졌다.

과거에 엄연년의 어머니가 동해군(東海郡)에서 와서 엄연년을 따라 납제(臘祭)를 지내려고 낙양(洛陽)에 이르렀는데, 마침 엄연년이 죄수를 판결하는 것을 보고 어머니가 크게 놀랐다. 어머니가 엄연년에게 말하기를,

"하늘의 도는 신비하며 밝으니 사람을 많이 죽이면 너도 죽임을 당하게 된다.[4] 내가 늙어서 뜻밖에 장성한 아들이 사형을 당할 것을 보게 될 줄이야! 떠나야겠다. 너를 떠나 동쪽으로 귀향하여 묘지 청소나 해야겠구나![5]"

하고, 마침내 떠나서 동해군으로 돌아갔는데 1년여 만에 과연 죽임을 당했다. 동해군에서 그의 어머니를 현명하며 지혜롭다고 여기지 않는 사람이 없었다.

【갑자(甲子 B.C.57) 오봉(五鳳) 원년(元年)】

○ 【韓延壽以奢僭誅】

韓延壽以奢僭誅 韓延壽代蕭望之爲左馮翊하다 望之聞延壽在東郡時放散官錢

4) 사람을 많이 죽이면 너도 죽임을 당하게 된다 : 원문의 '人不可獨殺'은 "사람은 혼자 죽을 수 없다"로 직역된다.
5) 묘지 청소나 해야겠구나 : 엄연년의 어머니가 엄연년이 반드시 죽을 것을 알았기 때문에 묘지를 청소하며 시신이 돌아오기를 기다리겠다는 말을 의미한다.

千餘萬하고 使御史案之하다 延壽聞知하고 即部吏案校望之在馮翊時廩犧官錢放散百餘萬하니 望之自奏호대 職在總領天下하니 聞事不敢不問한대 而爲延壽所拘持로소이다한대 上由是不直延壽하여 各令窮考하니 望之卒無事實러라 而望之遣御史案東郡者하니 得其試騎士日奢僭逾制하고 鑄刀에 效尙方等事하니 竟坐하여 棄市한대 百姓莫不流涕러라

【한연수가 사치함과 참람함 때문에 죽임을 당하다】

한연수(韓延壽)가 소망지(蕭望之)의 후임으로 좌빙익(左馮翊)이 되었다. 소망지는 한연수가 동군(東郡)에 있을 때 관청의 돈 천여만 전을 방만하게 소모하였다는 소문을 듣고는 어사(御史)에게 조사하도록 하였다. 한연수가 소문을 들어 알고는 바로 관리를 배정하여 소망지가 빙익으로 있을 때 늠희관(廩犧官 : 곡식 희생 담당관)이 돈 백여만 전을 방만하게 소모하였다는 사실을 조사하게 하였다. 소망지가 스스로 아뢰기를,

"저의 직책이 천하를 총괄함에 있으니 그 일을 듣고서는 감히 조사하지 않을 수 없는데 한연수에게 속박을 받고 있습니다."

하였다. 선제는 이로 말미암아 한연수를 정직하지 않다고 하여 각각 끝까지 조사하게 하니, 소망지는 끝내 그런 사실이 없었다. 그러나 소망지가 어사를 보내 동군을 조사하게 하니, 기사(騎士) 선발 시험을 치르는 날에 한연수의 사치함과 참람함이 법규를 벗어났으며 도검을 주조(鑄造)할 때에 상방(尙方 : 황실 기물 담당 관청)의 법제를 본떴던 것 등의 일을 알아냈다. 한연수가 마침내 연좌되어 시체가 시가에 버려지니, 백성들 가운데 눈물을 흘리지 않는 사람이 없었다.

【을축(乙丑 B.C.56) 오봉(五鳳) 2년】

○【楊惲怨】

楊惲怨

光祿勳楊惲은 廉潔無私나 然伐其行能하고 又性刻害하며 好發人陰伏이러니 由是多怨於朝廷이라 與太僕戴長樂相失이러니 長樂上書告惲罪하니 事下廷尉하다 廷尉定國奏惲怨望하고 爲妖惡言이라하니 上不忍加誅하고 有詔皆免惲長樂爲庶人하다

【양운이 원망을 품다】

광록훈(光祿勳) 양운(楊惲)은 청렴결백하여 사사로움이 없었으나, 행실과 재능을 과시하는데다 성격이 각박하였으며 남의 감춰진 비밀을 들추어내기를 좋아하였다. 이로 말미암아 조정에서 원망하는 사람이 많았다. 태복(太僕) 대장락(戴長樂)과 서로 사이가 좋지 않았는데, 대장락이 글을 올려 양운의 죄를 고발하자, 사건을 정위(廷尉 : 법관)에게 담당하도록 하였다. 정위 우정국(于定國)이 아뢰기를,

"양운은 원망을 품고서 요사스럽게 남을 비방하는 말을 하였습니다."

하였다. 선제는 차마 죽이지 못하고 조서를 내려 양운과 대장락을 파면하여 평민으로 삼았다.

【병인(丙寅 B.C.55) 오봉(五鳳) 3년】

○ 春에 丙吉薨하다

봄에 병길(丙吉)이 죽었다.

○ 【黃霸功名損於治郡時】

黃霸功名損於治郡時

黃霸爲丞相하다 霸材長於治民이러니 及爲丞相하얀 功名損於治郡이러라 時京兆尹張敞舍鶡雀飛集丞相府어늘 霸以爲神雀이라하여 議欲以聞이라가 後知從臣敞舍來하고 乃止라 然自漢興으로 言

治民吏엔 以霸爲首하다

【황패의 공적과 명성이 군을 다스릴 때보다 못하다】

황패(黃霸)가 승상(丞相)이 되었다. 황패는 백성을 다스리는 것에 뛰어난 재주를 지녔는데, 승상이 되어서는 공적과 명성이 군(郡)을 다스릴 때보다 못하였다. 이 때 경조윤(京兆尹) 장창(張敞)의 집에 있는 개작(鶡雀 : 새 이름)[6]이 승상부에 날아와 모이자, 황패는 신령스러운 참새라고 여겨서 논의해 천자에게 보고하려고 하다가 뒤에 대신 장창의 집에서 온 것을 알고는 바로 중지했다. 그러나 한나라가 건국된 뒤로 백성을 잘 다스린 관리를 말할 때에는 황패를 최고라 하였다.

【정묘(丁卯 B.C.54) 오봉(五鳳) 4년】

○ 【初置常平倉】

初置常平倉 大司農丞耿壽昌奏言호대 歲數豊穰하여 穀賤하니 農人少利이니이

耿壽昌策漕運 다 故事에 歲漕關東穀四萬斛以給京師한대 用卒六萬人하니 宜糴三輔弘農河東上黨太原郡穀하여 足供京師하고 可以省關東漕卒過半이니이다하니 上從其計하다 壽昌又白호대 令邊郡皆築倉하고 以穀賤增其賈而糴하여 以利農하고 穀貴時減賈而糶하여 名曰常平倉하소서하다 民便之하여 上乃詔賜壽昌爵關內侯하다

【처음으로 상평창을 설치하다】

대사농승(大司農丞) 경수창(耿壽昌)이 아뢰기를,

"농사가 자주 풍년이 들어 곡식 값이 싸니 농민들은 이익이 많지 않습니다. 과거의 사례를 보면, 해마다 관동(關東) 곡식 4백만 곡(斛)을 배로 운반하

---

6) '鶡'은 음이 '분(鳻)'(안사고(顔師古)의 설)과 '개(鳸)'(송기(宋祁)의 설)로 혼용한다.

여 서울에 공급하였는데 군졸 6만 명을 동원하였습니다. 마땅히 삼보(三輔)·홍농(弘農)·하동(河東)·상당(上黨)·태원(太原) 등의 군(郡) 곡식을 사들여 서울에 충분히 공급하고 관동에서 수운(水運)에 동원되는 군졸의 수를 절반 이상 줄일 수 있습니다."

하니, 선제가 그 계책을 따랐다. 경수창이 또 아뢰기를,

"변방 군에 모두 창고를 지어 곡식 값이 싼 경우에는 값을 올려서 사들여 농민에게 이익되게 하시며, 곡식 값이 비쌀 경우에는 값을 내려서 팔도록 하시고 상평창(常平倉)이라 이름 하십시오."

하니, 백성이 그것을 편리하게 여겼다. 선제는 조서를 내려 경수창에게 관내후(關內侯) 벼슬을 내렸다.

○ 【楊惲以怨望誅】

楊惲以怨望誅

惲旣失爵位하여 家居治産業하여 以財自娛러니 其友安定太守孫會宗與惲書하여 諫戒之하여 爲言호대 大臣廢면 當闔門惶懼요 不當治産業하고 通賓客하며 有稱譽로다하다 惲은 宰相子로 有材能하여 少顯朝廷이라가 一朝以晻昧語言見廢하니 內懷不服이라 報會宗書曰 過大行虧하니 當爲農夫以沒世라 田家作苦하니 歲時伏臘에 亨羊하며 炰羔하여 斗酒自勞라가 酒後耳熱이어든 仰天拊缶而呼烏烏하니 其詩曰田彼南山하니 蕪穢不治로다 種一頃豆하니 落而爲萁로다 人生行樂耳니 須富貴何時오하니 誠荒淫無度라도 不知其不可也로다하다 會有日食之變이어늘 騶馬猥佐成上書告호대 惲驕奢하여 不悔過니이다 日食之咎는 此人所致니이다하니 章下廷尉하여 按驗한댄 得所予會宗書하니 帝見而惡之러라 廷尉當惲大逆無道하여 腰斬하다

(楊惲報孫會宗書 / 南山種豆歌)

【양운이 원망하다가 주살되다】

양운(楊惲)이 작위를 잃은 후에 집에서 거처하면서 집안 살림을 다스리며 재물을 가지고 스스로 즐겼다. 친구 안정 태수(安定太守) 손회종(孫會宗)이 양운에게 편지를 보내 경고하여 말하기를,

"대신(大臣)이 파직되면 마땅히 문을 닫고 두려워해야 할 것이지, 집안 살림을 다스리고 빈객과 교제하여 칭찬을 듣는 것은 마땅하지 않소."

하였다. 양운은 재상(宰相)의 아들로 재능이 있어 젊어서는 조정에서 이름을 날리다가, 갑자기 불분명한 말로 파직을 당하여 내심으로는 승복하지 않았다. 손회종의 편지에 답하기를,

"과실이 크고 행실이 어그러졌으니 마땅히 농부나 되어 세상을 마쳐야 하겠지요. 농가에서 애를 쓰다가 설과 복날〔三伏〕과 납일(臘日)에는 양을 삶고 새끼 양을 구워, 한 말 술로 스스로 위로하다가 술 마신 뒤에 귀가 따뜻하도록 취하면 하늘을 쳐다보고 질장구를 치며 오오(烏烏)라고 하면서 시를 지어 말하기를, '저 남산에 농사를 짓는데, 거친 잡초를 김매지 않는구나. 한 뙈기에 콩을 심었는데, 떨어져 콩 대만 남았도다. 인생은 즐거움을 행할 뿐이니, 부귀를 기다린들 어느 때에 오겠는가!' 진실로 방탕하여 법도가 없지만 그 옳지 않음을 알지 못하겠구려."

하였다. 마침 일식(日食)의 변고가 있자, 추리(騶吏 : 낮은 관직)에 속하는 마외좌(馬猥佐 : 말 담당자) 성(成 : 이름)이 글을 올려 고발하기를,

"양운이 교만 사치하고 과오를 뉘우치지 않습니다. 일식의 변고는 이 사람이 오게 한 것입니다."

하였다. 상소를 정위(廷尉)에게 내려 사실을 조사하게 하였는데, 손회종에게 회답한 편지를 찾아내니, 선제는 보고서 그를 미워하였다. 정위가 양운을 대역무도로 판결하여 허리를 잘랐다.

○ **【韓延壽獨蒙其辜】**

韓延壽獨蒙其辜 溫公曰 以孝宣之明으로 魏相丙吉爲丞相하고 于定國爲廷尉로되

而趙蓋韓楊之死皆不厭衆心하니 惜哉라 其爲善政之累大矣니이다 周官司寇之法에 有議賢議能하니 若廣漢延壽之治民은 可不謂能乎며 寬饒惲之剛直은 可不謂賢乎아 然則雖有死罪라도 猶將宥之니 況罪不足以死乎아 揚子雲以韓馮翊之愬蕭爲臣之自失이라 夫所以使延壽犯上者는 望之激之也어늘 上不之察하여 而延壽獨蒙其辜하니 不亦甚哉아

【한연수가 홀로 죄를 받다】

온공이 말하였다.

선제(宣帝)의 명철함으로 위상(魏相)과 병길(丙吉)을 승상(丞相)으로 삼았고 우정국(于定國)을 정위(廷尉)로 삼았는데, 조광한(趙廣漢)·합관요(蓋寬饒)·한연수(韓延壽)·양운(楊惲)의 죽음이 모두 사람들의 마음에 들지 않았으니 애석합니다! 선제의 선정(善政)에 최대의 오점입니다.

주관(周官 : 책 이름)에 사구(司寇) 직책의 규정에는 '현명한가를 따져보고 능력 있는가를 따져보는 것'이 있었는데, 조광한과 한연수가 백성을 다스린 것은 능력이라고 말하지 않을 수 있겠습니까! 합관요와 양운의 강직함은 현명하다고 말하지 않을 수 있겠습니까! 그렇다면 비록 죽을 죄가 있더라도 그들을 용서해 줄 수 있을 터인데, 하물며 죽을 만한 죄가 아님에야 어떠하겠습니까! 양자운(揚子雲)은 한빙익(韓馮翊 : 한연수)이 소망지를 참소한 것을 들어 신하가 스스로 잘못한 것이라고 하였으나, 한연수에게 윗사람을 조사하도록 만든 것은 소망지가 격발(激發)시킨 것입니다. 선제가 이것을 살피지 못하여 한연수만 그 죄를 받았으니, 또한 심하지 않습니까!

【무진(戊辰 B.C.53) 감로(甘露) 원년】

○ 【張敞五日京兆】

張敞五日京兆 楊惲之誅也에 公卿奏京兆尹張敞은 惲之黨友니 不宜處位라호대

上惜敞材하여 獨寢其奏하고 不下하다 敞使掾絮舜有所案驗이어늘 舜私歸其家曰 五日京兆耳니 安能復案事리오한대 敞聞舜語하고 卽部吏收舜繫獄하여 晝夜驗治하여 竟致其死事하다 舜當出死에 敞使主簿持敎告舜曰 五日京兆竟何如오 冬月已盡하니 延命乎아 하고 乃棄舜市하다 會立春에 行冤獄使者出이어늘 舜家載尸幷編敞敎하여 自言使者하다 使者奏敞賊殺不辜라하니 上欲令敞得自便하고 卽先下敞前坐楊惲奏하여 免爲庶人하다 敞詣闕上印綬하고 便從闕下亡命하다

【장창은 5일 동안의 경조윤】

양운(楊惲)이 죽임을 당한 후에 공경(公卿)들이 탄핵하기를,

"경조윤(京兆尹) 장창(張敞)은 양운의 친구이니, 그 직위에 두는 것이 마땅하지 않습니다."

하였으나 선제가 장창의 재주를 아껴 유독 그 주장(奏章)을 묵살하고 회부하지 않았다. 장창이 연리(掾吏) 서순(絮舜)에게 조사하여 증거를 찾게 한 일이 있었는데, 서순이 몰래 자기 집에 돌아가며 말하기를,

"장창은 5일 동안의 경조윤 일 뿐이니 어찌 다시 사건을 조사할 수 있겠나?"

하였다. 장창은 서순의 말을 듣고는 즉시 관리를 파견하여 서순을 잡아 감옥에 가두고 밤낮으로 조사해 다스려서 끝내 서순이 죽을 죄에 이르게 하였다. 서순이 죄를 판결받아 감옥에서 나가 죽을 적에 장창이 주부(主簿)에게 교령을 가지고 가서 서순에게 말하게 하기를,

"5일 경조윤이 결국 어떠하냐? 겨울이 이미 다 갔으니,7) 목숨을 연장할 수 있겠는가?"

하고, 마침내 서순의 시체를 시가(市街)에 버렸다.

---

7) 겨울이 이미 다 갔으니 : 즉시 사형 집행이 될 것을 말한다. 사형은 모두 겨울에 집행하고 봄에는 집행하지 않으므로 '겨울이 다 갔다'는 것은 봄이 되기 전에 즉시 집행될 것을 의미한다.

마침 입춘이 되어 원통한 옥사를 살피는 사자가 순시를 나오자, 서순의 집에서는 시체를 싣고 장창의 교령을 소장(訴狀)에 붙여서 직접 사자에게 말하였다. 사자는 장창이 죄 없는 사람을 죽였다고 아뢰었다. 선제는 장창에게 가벼운 죄를 얻게 하려고 즉시 장창이 이전에 양운과 연루된 상소를 먼저 내려주어 파면하여 평민으로 삼았다. 장창이 대궐에 나아가 인장과 인끈을 올리고 곧 대궐에서 도망하였다.

○ 【敞復就徵】

敞復就徵 數月에 京師吏民解弛하여 枹鼓數起하고 而冀州部中有大賊이어늘 天子思敞功效하여 使使者卽家在所召敞하다 敞身被重劾이라 及使者至에 妻子皆泣하되 而敞獨笑曰 吾身亡命爲民이라 郡吏當就捕어늘 今使者來하니 此天子欲用我也로다하다 裝隨使者하여 詣公車上書曰 臣前幸得備位列卿하여 待罪京兆라가 坐殺掾絮舜하니이다 舜本臣敞素所厚吏어늘 以臣有章劾當免이라하여 謂臣五日京兆라하고 背恩忘義어늘 臣枉法以誅之니이다 雖伏明法이라도 死無所恨이니이다하다 天子引見敞하고 拜爲冀州刺史하다 敞到部盜賊屛迹 敞到部하니 盜賊屛迹하다

【장창을 다시 직책에 나오라고 부르다】

수개월이 지나 서울의 관리와 백성들이 해이해져서 북을 쳐서 경계하는 일이 자주 일어나고[8] 기주(冀州) 구역 안에 큰 도적이 들었다. 선제는 장창의 공적을 생각하여 사자에게 집에 가서 장창을 불러오게 하였다. 장창이 무거운 탄핵을 받은 상태에서 사자가 오자 처와 자식들이 모두 울었지만 장창은 홀로 웃으며 말하기를,

"내가 도망하여 평민이 되었으니 군(郡)의 관리가 당연히 와서 잡아가야 하

8) 북을 쳐서 … 자주 일어나고 : 도적이 자주 일어남을 말한다.

는데, 지금 사자가 왔으니 이는 천자가 나를 등용하고자 하는 것이다."

하였다. 행장을 꾸리고 사자를 따라 공거(公車 : 관청 이름)에 나가 글을 올리기를,

"신은 과거에 요행히 경(卿)의 지위를 얻어, 경조윤으로 근무하다가 연리 서순을 죽인 죄에 연루되었습니다. 서순은 본래 제가 평소 후하게 대우한 관리였는데, 제가 탄핵 상소로 파면을 당할 것이라 하여 저를 '5일 경조'라고 말하였습니다. 은혜를 저버리고 의리를 잊었기에 제가 법을 어겨서 그를 죽였습니다. 비록 밝은 법으로 처벌을 받아 죽는다 해도 여한이 없습니다."

하였다. 천자는 장창을 불러 알현하게 하고, 기주자사(冀州刺史)로 임명하였다. 장창이 기주 구역에 도착하자 도적들이 자취를 감추었다.

○【漢家自有制度】

漢家自有制度

皇太子柔仁好儒라 見上所用多文法吏하여 以刑名繩下하고 嘗侍燕從容言호대 陛下持刑太深하시니 宜用儒生이니이다하니 帝作色曰 漢家自有制度하여 本以霸王道雜之하니 奈何純任德敎하여 用周政乎아 且俗儒不達時宜하고 好是古非今하여 使人眩於名實하고 不知所守하니 何足委任이리오하고 乃歎曰 亂我家者太子也로다하다

【한나라는 본디 제도가 있다】

황태자 유석(劉奭)은 성격이 온유하고 어질며 유학자(儒者)를 좋아하였는데 선제가 등용한 자들이 법률에 엄격한 관리가 많아 형벌로 백성들을 제어하는 것을 보고 일찍이 잔치에서 모시고 있을 적에 조용히 말하기를,

"폐하께서 형벌을 의지함이 너무 심하시니, 마땅히 유생들을 등용해야 합니다."

하니, 선제는 노한 기색을 나타내며 말하기를,

"한나라는 본디 제도가 있어서 본래 패도(霸道)와 왕도(王道)를 섞어 쓰는데, 어찌하여 순전히 덕의 교화에 맡겨 두는 주(周)나라의 정치를 따르겠는가! 또 속된 유학자들은 시의적절한 일을 할 줄 모르고, 옛것이 옳고 지금

것은 잘못이라고 논의하기를 좋아하여, 사람들에게 명분과 실제를 혼동하게 하고 지킬 바를 알지 못하게 하니, 어찌 맡길 수 있겠는가!"

하고는 이에 탄식하여 말하기를,

"우리나라를 어지럽힐 사람은 태자로다!"

하였다.

○ 【宣帝過甚】

宣帝過甚 溫公曰 王霸無異道니 皆本仁祖義니이다 任賢使能하고 賞善罰惡하고 禁暴誅亂하나니 顧名位有尊卑하고 德澤有深淺하며 功業有鉅細耳니 非若白黑甘苦之相反也니이다 漢之所以不能復三代之治者는 由人主之不爲요 非先王之道不可復行於後世也니이다 夫儒有君子하고 有小人이니이다 彼俗儒者는 誠不足與爲治也나 獨不可求眞儒而用之乎리오 稷契皐陶伯益伊尹周公孔子는 皆大儒也니 使漢得而用之면 功烈豈若是而止邪아 孝宣謂太子懦而不立하고 闇於治體하여 必亂我家라하니 則可矣나 乃曰王道不可行이요 儒者不可用이라하니 豈不過甚矣哉니잇고 殆非所以訓示子孫하여 垂法將來者也니이다

【선제가 너무 지나치다】

온공이 말하였다.

왕도와 패도는 도가 다르지 않고 모두 인을 근본으로 하고 의를 조종으로 삼습니다. 어진 사람을 임명하고 능력 있는 사람을 등용하며, 선한 사람에게는 상을 주고 악한 사람에게는 벌을 주며, 포악한 사람을 금하고 난동을 일으키는 사람을 죽입니다. 이 두 가지는 다만 명분과 지위에 존귀함과 비천함의 분별이 있으며, 덕과 은택에 깊고 얕음이 있으며, 공로와 업적에서도 크고 작음

이 있을 뿐이니 흰 것과 검은 것, 단맛과 쓴맛처럼 서로 반대되는 것이 아닙니다.

한나라가 삼대(三代 : 하·은·주)의 정치를 회복할 수 없었던 까닭은 군주가 하지 않았기 때문이지 선왕(先王)의 도가 후세에 다시 행해질 수 없었기 때문이 아닙니다. 유학자(儒者)에는 군자가 있고 소인도 있습니다. 저 속된 유학자들은 진실로 함께 치적을 내기에는 부족하지만 진실한 유학자를 찾아서 등용할 수는 없습니까? 후직(后稷)·설(契)·고요(皐陶)·백익(伯益)·이윤(伊尹)·주공(周公)·공자(孔子)는 모두 큰 유학자였으니, 만일 한나라가 이런 사람들을 얻어 등용 하였다면 공적이 어찌 이와 같은 데에서 그쳤겠습니까! 선제가 "태자가 나약하여 자립하지 못하고, 정치의 요체에 어두워서 반드시 우리나라를 어지럽힐 것이다."라고 한 것은 옳으나, "왕도를 시행할 수 없고 유학자를 등용할 수 없다."고 하였으니, 어찌 너무 지나친 것이 아니겠습니까? 자손들에게 훈시하여 후세에 법으로 물려 줄 만한 것은 아닙니다.

【기사(己巳 B.C.52) 감로(甘露) 2년】

○ 【單于位在諸侯王上】

單于位在諸侯王上

匈奴呼韓邪單于款五原塞하여 願奉國珍朝어늘 詔議其儀하다 丞相御史曰 宜如諸侯王하되 位次在下니이다하니 太傅蕭望之以爲호대 宜待以不臣之禮하고 位諸侯王上이니이다하니 天子采之하여 下詔曰 令單于位在諸侯王上하고 贊謁稱臣而不名하라하다

【선우의 지위를 제후왕의 위에 있게 하다】

흉노(匈奴)의 호한야선우(呼韓邪單于)가 오원새(五原塞 : 오원군(五原郡) 요새)에 찾아와서 흉노의 진귀한 보물을 바치고 조회하기를 원하자 조서를 내려 의전(儀典)을 논의케 하였다. 승상(丞相)과 어사(御史)가 말하기를,

"의당 제후왕(諸侯王)처럼 하되 지위 서열은 제후왕의 아래에 두어야 합니다."

하니, 태자태부(太子太傅) 소망지(蕭望之)가 말하기를,

"마땅히 손님으로 대우하고[9] 지위는 제후왕의 위에 있도록 해야 합니다."

하였다. 선제가 소망지의 말을 채택하여 조서를 내려 말하기를,

"선우의 지위는 제후왕의 위에 있게 하고, 알현할 때에 '신(臣)'이라고 일컫되 이름을 부르지 않도록 하라."

하였다.

【경오(庚午 B.C.51) 감로(甘露) 3년】

○ 【呼韓邪單于來朝】

呼韓邪單于來朝 匈奴呼韓邪單于來朝하다

【호한야선우(呼韓邪單于)가 와서 조회하다】

흉노(匈奴) 호한야선우(呼韓邪單于)가 와서 조회하였다.

○ 【烏孫等諸國咸尊漢】

烏孫等諸國咸尊漢 先是에 自烏孫以西至安息諸國近匈奴者가 皆畏匈奴而輕漢이러니 及呼韓邪單于朝漢後로 咸尊漢矣하다

【오손 등 여러 나라가 모두 한나라를 존중하다】

이전에는 오손(烏孫)으로부터 서쪽으로 안식국(安息國) 등 여러 나라에 이르기까지 흉노에 가까운 나라들은 모두 흉노를 두려워하고 한나라를 경시하였는데, 호한야선우가 한나라에 조회한 뒤로는 모두 한나라를 높이게 되었다.

○ 【圖功臣於麒麟閣】

---

9) 손님으로 대우하고 : 신하의 예로 대우하지 않는 지극히 공경함을 말한다.

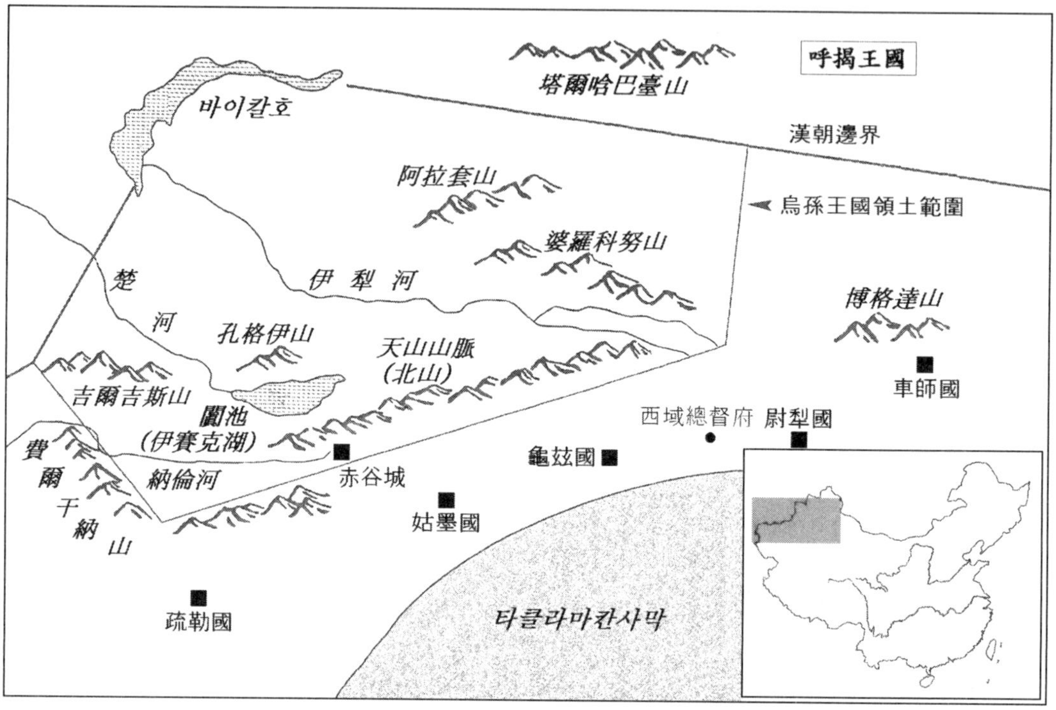

〈지도 20〉 오손왕국(烏孫王國) (B.C.53년)

圖功臣於麒麟閣 上以戎狄賓服으로 思股肱之美하여 乃圖畫其人於麒麟閣하여 法其形貌하고 署其官爵姓名하되 唯霍光不名하여 曰 大司馬大將軍博陸侯인 姓霍氏라하고 其次張安世韓增趙充國魏相丙吉杜延年劉德梁丘賀蕭望之蘇武로 凡十一人하니 皆有功德하여 知名當世

唯霍光不名 하니 是以表而揚之하여 明著中興輔佐하여 列於方叔召虎仲山甫焉하다

【공신들을 기린각에 그려 놓다】

선제는 융적이 굴복하니, 보필하는 신하들의 아름다움을 생각하여 그 사람들을 기린각(麒麟閣)에다 그려 놓았는데 그 사람들의 생김새를 본떠서 그리고 그 직책과 작위와 성명을 썼다. 오직 곽광(霍光)만은 이름을 쓰지 않고 이르기를,

"대사마대장군박륙후 성 곽씨(大司馬大將軍博陸侯 姓霍氏)"

라고 우대하고, 그 다음은 장안세(張安世)・한증(韓增)・조충국(趙充國)・위상(魏相)・병길(丙吉)・두연년(杜延年)・유덕(劉德)・양구하(梁丘賀)・소망지(蕭望之)・소무(蘇武)로 모두 11명이었는데, 모두 공로와 덕망이 있어서 당시에 이름이 알려졌다. 이 때문에 표창해 드러내어 중흥의 보좌한 공로를 분명히 밝히고, 옛날의 방숙(方叔)・소호(召虎)・중산보(仲山甫)[10]와 비견하게 하였다.

○【講五經同異】

講五經同異 詔諸儒講五經同異한대 蕭望之等平奏其議어늘 上親稱制臨決焉

立三經博士 하다 乃立梁丘易大小夏侯尙書穀梁春秋博士하다

【오경을 독해함이 해석이 같고 다른 점을 강론하도록 하다】

조서를 내려 여러 유학자들에게 오경(五經)을 독해함이 같고 다른 점을 강론하도록 하였는데, 소망지(蕭望之) 등이 그들이 논한 것을 공평하게 상주하자 선제는 친히 제(制 : 황제 명령)를 칭하고 임석하여 결정하였다. 이에 양구하(梁丘賀)가 주해한 ≪주역(周易)≫에 대한 박사, 하후승(夏侯勝)과 하후건(夏侯建)이 주해한 ≪상서(尙書)≫에 대한 박사, 곡량적(穀梁赤)이 주해한 ≪춘추(春秋)≫에 대한 박사(博士) 관직을 설치하였다.

【임신(壬申 B.C.49) 황룡(黃龍) 원년】

○帝崩하고 太子卽皇帝位하다

선제(宣帝)가 서거하고 태자(太子 : 유석(劉奭))가 황제에 즉위하였다.

---

10) 방숙(方叔)・소호(召虎)・중산보(仲山甫) : 주(周)나라 선왕(宣王)을 보좌하여 중흥(中興)시킨 사람들이다.

통감절요증손교주(通鑑節要增損校註) 14권

한기(漢紀)

▪ 효원황제(孝元皇帝)

在位十六年이요 壽四十三이라

재위 16년이고, 수명은 43세이다.

名奭이니 宣帝長子라 牽制文義하고 優游不斷하여 孝宣之業衰焉하다

이름이 석(奭)이니, 선제(宣帝)의 장자(長子)이다. 유교의 조문(條文)에 속박되고 우유부단해서 효선황제의 업적이 쇠퇴하였다.

【계유(癸酉 B.C.48) 초원(初元) 원년】

○ 【貢禹勸節儉】

貢禹勸節儉 上素聞王吉貢禹皆明經潔行하고 遣使者徵之한대 吉道病卒하고 禹至어늘 拜爲諫大夫하다 上數虛己問以政事한대 禹奏言호대 古者人君節儉하여 什一而稅하고 亡他賦役이라 故家給人足이니이다 臣愚以爲如太古難이나 宜少放古以自節焉이라하다 天子納善其言하여 詔令諸宮館希御幸者勿繕治하고 太僕減穀食馬하고 水衡省肉食獸하다

【공우가 절약과 검소를 권하다】

원제는 평소에 왕길(王吉)과 공우(貢禹)가 모두 경학(經學)에 밝으며 행실이 청렴결백하다는 것을 듣고는 사자를 보내 그들을 불렀다. 왕길은 도중에 병이 나서 죽었고 공우가 도착하자 간대부(諫大夫)에 임명하였다. 원제는 자주 허심탄회하게 정치에 대해 물었는데, 공우가 말하기를,

"옛날에 임금이 절약하고 검소하여 10분의 1을 세금으로 내게 하고, 다른 부역은 없었습니다. 그러므로 집집마다 넉넉하고 사람들은 풍족하였습니다. 신이 생각하기로는 아주 먼 옛날과 같이 하기는 어렵더라도 조금이라도 옛날을 본받아 스스로 절약해야 마땅할 것입니다."

하였다. 원제는 공우의 말을 훌륭한 건의로 받아들이고, 조서를 내려 원제가 여러 궁관 중에 가끔 사용하는 궁관(宮館)은 수리하지 말게 하고, 태복(太僕)에게는 곡식 먹이는 말의 숫자를 줄이게 하고, 수형(水衡 : 상림원을 맡은 벼슬)에게는 고기 먹이는 짐승을 모두 없애게 하였다.

○ 【貢禹烏得爲賢】

貢禹烏得爲賢

溫公曰 忠臣之事君也에 責其所難이면 則其易者不勞而正하고 補其所短이면 則其長者不勸而遂라 孝元踐位之初에 虛心以問禹하니 禹宜先其所急하고 後其所緩이라 然則優游不斷하여 讒佞用權이 當時之大患也어늘 而禹不以爲言이라 恭謹節儉은 孝元之素志也어늘 而禹孜孜言之는 何哉오 使禹之智不足以知면 烏得爲賢이리오 知而不言이면 爲罪愈大矣니이다

【공우가 어찌 현명할 수 있겠는가】

온공이 말하였다.

충신이 군주를 섬길 적에 군주가 하기 어려운 일을 요구하면 쉬운 것은 애쓰지 않아도 바르게 되고, 군주가 부족한 것을 보충하면 훌륭한 점은 권하지 않아도 이루어집니다. 원제가 즉위한 초기에 허심탄회하게 공우에게 물었으니,

공우는 마땅히 시급한 것을 먼저 말하고 늦추어도 되는 것은 뒤에 말했어야 했습니다. 그러나 원제가 우유부단하여 사악한 무리들이 권력을 장악한 것이 당시의 큰 병폐였는데, 공우가 이런 것을 말하지 않았습니다. 삼가 공손하고 절약함은 원제의 평소 뜻이었는데 공우가 이러한 것을 부지런히 말한 것은 무엇 때문입니까? 만일 공우의 지혜가 이것을 알기에 부족했다면 어찌 어질다고 할 수 있겠습니까! 알면서도 말하지 않았다면 죄가 더욱 큰 것입니다.

【갑술(甲戌 B.C.47) 초원(初元) 2년】

○【史高充位】

史高充位

史高以外屬領尙書事하고 蕭望之周堪皆以師傅舊恩으로 天子任之하여 數宴見에 言治亂하고 陳王事러니 望之選白宗室明經有行하여 劉更生與金敞並拾遺左右하니 史高充位而已라 由是與望之有隙하다

劉更生明經有行

【사고는 자리만 채울뿐이다】

사고(史高)는 <원제의> 외척으로 상서사(尙書事)를 담당하였다. 소망지(蕭望之)와 주감(周堪)은 모두 원제의 태자 때에 선생이었던 은혜로 원제가 신임하여, 자주 개인적으로 뵐 적에 국가의 다스려짐과 어지러움을 말하고 제왕의 일을 진술하였다. 소망지(蕭望之)가 종실 중에 경서에 밝으며 행실이 있는 이를 추천하여 유갱생(劉更生)과 김창(金敞)을 보필하는 측근 신하가 되게 하니, 사고는 자리만 채울 뿐이었다. 이 때문에 소망지와 틈이 생겼다.

○【蕭望之請罷中書宦官】

蕭望之請罷中書宦官

中書令弘恭僕射石顯이 自宣帝時久典樞機하여 明習文法이러니 帝卽位多疾하고 以顯久典事하니 遂委以政하여 事無大小히 因顯

白決하다 望之等患苦許史放縱하고 又疾恭顯擅權하여 建白以爲호대 中書政本이요 國家樞機니 宜以通明公正處之니이다 武帝游宴後庭이라 故用宦者하시니 非古制也니이다 宜罷中書宦官하여 應古不近刑人之義니이다하다 由是大與高恭顯忤하다

【소망지가 중서환관을 파직하기를 요청하다】

중서령(中書令) 홍공(弘恭)과 복야(僕射) 석현(石顯)이 선제(宣帝) 때부터 정부의 기밀을 오래 담당하여 법률조문을 상세히 알았다. 원제가 즉위해서는 병이 많았고 석현이 오랫동안 일을 담당했기 때문에 마침내 정무를 맡겨 큰일이나 작은 일이나 할 것 없이 석현을 통하여 아뢰고 결정되었다. 소망지 등은 외척인 허씨(許氏)와 사씨(史氏)의 방종함을 싫어하였고, 또 홍공과 석현이 권력을 제멋대로 함을 미워하여 원제께 건의하기를,

"중서(中書)는 정무의 근본이고 국가의 중추 기관이니, 마땅히 공명정대한 사람으로 이 일을 처리하게 해야 합니다. 무제(武帝)께서는 후궁(後宮)에서 놀며 잔치함으로 인하여 환관을 등용하였으니, 이것은 옛날의 제도가 아닙니다. 마땅히 환관이 겸임하는 중서관직을 파직하여, 옛날의 군주가 내시를 가까이 하지 않았던 예법에 부응해야 할 것입니다."

하였다. 이로 말미암아 소망지는 사고·홍공·석현과 크게 알력이 생겼다.

○ 【恭顯陷蕭望之】

恭顯陷蕭望之

恭顯因奏호대 望之堪更生朋黨하여 毁離親戚하고 欲以專擅權勢하니 請召致廷尉하노이다하니 上曰 蕭太傅素剛하니 安肯就吏리오하다 顯等曰 人命至重하고 望之所坐는 語言薄罪이니 必無所憂리이다하니 上乃可其奏하다

太傅安肯就吏

【홍공·석현이 소망지를 모함하다】

홍공·석현이 이어 아뢰기를,

"소망지·주감·유갱생이 붕당을 이루어 황제의 친척을 헐뜯으며 이간질시키고 권세를 독점하려고 하니, 정위(廷尉)에게 불러 들이도록 하십시오."

하였다. 원제가 말하기를,

"소태부(蕭太傅 : 소망지)는 평소 성격이 강직한데, 어찌 옥리에게 나가려하겠는가!"

하니, 석현 등이 말하기를,

"사람의 목숨이 가장 소중하고, 소망지가 연루된 것은 언어상의 경미한 죄이니 굳이 근심할 것이 없을 것입니다."

하였다. 원제가 마침내 석현의 말을 허락하였다.

○【蕭望之自殺】

蕭望之自殺 使者召望之한대 望之仰天歎曰 吾嘗備位將相하여 年踰六十矣라 老入牢獄하여 苟求生活하면 不亦鄙乎아하고 飮鴆自殺하니 天子聞之驚하고 拊手曰 曩固疑其不就牢獄이러니 果然殺吾賢傅라하다 上乃卻食하고 爲之涕泣하니 哀動左右하다 於是召顯等責問하여

殺吾賢傅 以議不詳하니 皆免冠謝하여 良久然後已하다

【소망지가 자살하다】

사자가 소망지를 부르자, 소망지는 하늘을 쳐다보고는 탄식하여 말하기를,

"내가 이전에 장군과 정승을 역임하였고 나이가 60세를 넘었다. 늙어서 감옥에 들어가서 구차하게 살기를 바란다면 또한 비천하지 않겠는가?"

하고, 독약을 마시고 자살하였다. 천자는 그 보고를 듣고 크게 놀라 손을 치며 말하기를,

"지난번에 진실로 그가 감옥에 나아가지 않을 것이라고 우려하였는데, 과연 나의 어진 선생을 죽였구나!"

하였다. 원제는 마침내 음식을 물리치고 소망지를 위해 울어 슬퍼함이 측근들을 감동시켰다. 이에 석현 등을 불러 문책하여 자세히 살피지 못했던 것을 따지자 모두 관을 벗어 사죄하기를 한참한 뒤에야 그쳤다.

○ 【元帝不能誅恭顯】

元帝不能誅恭顯

溫公曰 甚矣孝元之爲君이여 易欺而難寤也로다 夫恭顯之譖訴望之는 其邪說詭計를 誠有所不能辨也이나 至於始疑望之不肯就獄하고 恭顯以爲必無憂하되 已而果自殺하니 則恭顯之欺亦明矣이니이다 在中智之君이면 孰不感動奮發以底邪臣之罰이리오 孝元則不然하여 雖涕泣不食以傷望之로대 而終不能誅恭顯하고 纔得其免冠謝而已니 如此면 則姦臣安所懲乎아 是使恭顯得肆其邪心而無復忌憚者也니이다

【원제가 홍공과 석현을 죽이지 못하다】

온공이 말하였다.

심합니다. 원제의 임금노릇 함이여! 속기는 쉽고 깨닫기는 어려웠습니다. 홍공과 석현이 소망지를 참소할 때에는 그 간사한 말과 속임수를 진실로 분별할 수 없었습니다. 원제는 애초에 소망지가 감옥에 기꺼이 나아가지 않을 것이라고 의심하였고 홍공과 석현은 필시 근심할 것이 없다고 말했는데 얼마 후 과연 소망지가 자살하였으니 홍공과 석현의 속임수였음이 또한 분명해졌습니다. 중급의 지혜를 가진 임금이라면 누군들 감정이 격발하여 간사한 신하에게 벌을 내리지 않겠습니까마는 원제는 그렇게 하지 않았습니다. 비록 눈물을 흘리고 밥을 먹지 않으면서 소망지의 죽음을 애도하였으나 결국 홍공과 석현을 죽이지 않고, 겨우 관을 벗고 머리를 땅에 두드리며 사죄하게만 했을 뿐입니다. 이와 같이 한다면 간신들을 어찌 징벌할 수 있겠습니까! 이것이 홍공과 석현이 간사한 마음을 방자하게 하여 다시는 꺼리는 것이 없게 한 것입니다.

○ 【賈捐之請棄珠厓】

賈捐之請棄珠厓

初에 武帝滅南越하고 置珠厓儋耳郡하니 在海中洲上하여 率數年一反이러니 上卽位之明年에 珠厓山南縣反이어늘 上博謀於羣臣하여 欲大發軍擊之하시니 待詔賈捐之曰 臣聞堯舜禹之聖德으로도 地方不過數千里니 東漸于海하고 西被流沙하고 朔南暨聲教하니 言欲預聲教則治之하고 不欲預者不强治也하니 臣竊以往者羌軍言之면 暴師曾未一年에 兵出不踰千里하고 費四十餘萬萬하니 大司農錢盡하여 乃以少府禁錢續之하니이다 夫一隅爲不善에 費尙如此어늘 況於勞師遠攻에 亡士毋功乎아 臣願遂棄珠厓하고 專用恤關東爲憂하노이다하니 上從之하다

【가연지가 주애군을 버리자고 청하다】

과거에 무제(武帝)가 남월(南越)을 멸망시키고 주애군(珠厓郡)·담이군(儋耳郡)을 설치했는데, 바다 가운데 섬에 있어서 대개 몇 년에 한 번씩 반란을 일으켰다. 지금 원제가 즉위한 다음 해에 주애군의 산남현(山南縣)이 반란하였다. 원제는 널리 여러 신하들과 모의하여 크게 군대를 출동시켜 공격하려 하였다. 대조(待詔) 가연지(賈捐之)가 말하기를,

"신이 들으니 요·순·우임금의 성스러운 덕으로도 땅이 사방 수 천리에 지나지 않았는데 동쪽으로는 바다에 닿고 서쪽으로는 사막에 이르고 삭방군(朔方郡) 이남에 은택과 교화가 미쳤다고 하니 은택과 교화에 참여하고자 하는 자는 다스리고, 참여하려고 하지 않은 자는 억지로 다스리지 않아야 함을 말하는 것입니다. 신이 생각해보니 과거에 서강(西姜)의 군대가 반란한 것으로 말해보면 군사 작전을 한 지 일 년이 안 되었을 적에 군사 출동이 천 리를 넘지 않았으나 비용이 40여 억이 들어 대사농(大司農)이 돈이 고갈되자 소부(少府 : 황실 재정 담당 관청)에서 황실 돈으로 대어주었습니다. 한 구석이 잘못되어도 비용이 오히려 이와 같거늘 하물며 군대를 고생

시키며 멀리 공격하여 군사가 죽고 공적이 없는 것임에야 더 말할 것이 있겠습니까! 신은 원컨대 주애군을 버리시고 오로지 관동(關東)을 구휼하는 것만 근심하시기를 바랍니다.!"

하니, 원제는 그 말을 따랐다.

【을해(乙亥 B.C.46) 초원(初元) 3년】

○春에 詔罷珠厓하다

봄에 조서를 내려 주애군을 버렸다.

【무인(戊寅 B.C.43) 영광(永光) 원년(元年)】

○ 【薛廣德諫御樓船】

薛廣德諫御樓船 秋에 上酎祭宗廟할새 出便門하여 欲御樓船이어늘 薛廣德當乘輿車하여 免冠頓首曰 宜從橋니이다하니 詔曰 大夫冠하라 廣德曰 陛下不聽臣하시면 臣自刎하여 以血汙車輪하리니 陛下不得入廟矣시
主聖臣直 리이다하다 上不說이어늘 光祿大夫張猛進曰 臣聞主聖臣直이라하니 乘船危하고 就橋安이라 聖主不乘危하나니 御史大夫言可聽이니다하
曉人不當如是邪 니 上曰 曉人不當如是邪아하고 乃從橋하다

【설광덕이 누선을 타려는 것을 만류하다】

가을에 원제가 종묘에 주제(酎祭 : 세 번 내린 술로 지내는 제사)를 지내려 할 때에 편문(便門 : 문 이름)으로 나와 누선(樓船 : 망루가 있는 전투선)을 타려고 하였는데, 설광덕(薛廣德)이 수레를 막고서 관을 벗고 머리를 조아리고 말하기를,

"마땅히 다리로 나아가셔야 합니다."

하였다. 원제가 명하기를,

"대부(大夫 : 어사대부(御史大夫) 설광덕)는 관을 쓰라!"

하니, 설광덕이 말하기를,

"폐하께서 신의 말을 들어주지 않으시면 신은 스스로 목을 찔러 피로 수레 바퀴를 더럽힐 것이니, 폐하께서 사당에 들어갈 수 없으실 것입니다."

하였다. 원제가 기뻐하지 않자, 광록대부(光祿大夫) 장맹(張猛)이 나서서 말하기를,

"신이 들으니 임금이 성스러우면 신하가 강직하다고 합니다. 배를 타는 것은 위태롭고 다리로 나아가는 것은 안전하니, 성스러운 임금은 위태로움을 행하지 않습니다. 어사대부의 말을 받아들여야 합니다!"

하니, 원제가 말하기를,

"남을 깨우치려면 마땅히 그대와 같이 해야 하지 않겠는가!"

하고, 마침내 다리로 갔다.

○【劉更生上書】

劉更生上書

石顯憚周堪張猛等하여 數譖毁之어늘 劉更生懼其傾危하여 上書曰 臣聞舜命九官에 濟濟相讓은 和之至也라 衆臣和於朝면 則萬物和於野라 故簫韶九成에 鳳凰來儀러니 至周幽厲之際하여 朝廷不和하여 轉相非怨하니 則日月薄蝕하고 水泉沸騰하고 山谷易處하고 霜降失節하니 由此觀之컨대 和氣致祥하고 乖氣致異라 祥多者其國安하고 異衆者其國危하나니 天地之常經이요 古今之通義也니이다 正臣進者는 治之表요 正臣陷者는 亂之機也라 夫執狐疑之心者는 來讒賊之口하고 持不斷之意者는 開羣枉之門하나니 讒邪進則衆賢退하고 羣枉盛則正士消라 故易有否泰하니 小人道長하고

和氣致祥 乖氣致異

小人道長 君子道消 君子道長 小人道消

君子道消면 則政日亂하고 君子道長하고 小人道消면 則政日治하나니 今以陛下明知로 誠深思天地之心하사 杜閉羣枉之門하시고 廣開衆正之路하사 使是非炳然可知면 則百異消滅而衆祥並至하리니 太平之基며 萬世之利也니이다하다 顯見其書하고 愈與許史比而怨更生等하다

【유갱생이 글을 올리다】

석현(石顯)이 주감(周堪)·장맹(張猛) 등을 꺼려 자주 헐뜯자 유갱생은 주감·장맹이 위태로울까 우려하여 글을 올리기를,

“신이 들으니 순(舜)임금이 아홉 관원을 임명할 적에 많은 이들이 서로 양보한 것은 화합의 극치입니다. 여러 신하들이 조정에서 화합하면 민중들은 재야에서 화합합니다. 그러므로 소소(簫韶 : 순(舜)의 음악)의 9곡의 연주를 마치자 봉황이 와서 모습을 보였습니다. 주(周)나라 유왕(幽王)·여왕(厲王) 때에 이르러 조정이 불화(不和)하여 번갈아 서로 비방하며 원망하니 해·달이 서로 가리어 일식·월식이 되고, 샘물이 솟아오르고 산골짜기가 위치를 바꾸고 서리 내림이 절기를 그르쳤습니다. 이것으로 살펴보면 화목한 기운은 상서로움을 이르게 하고 불화(不和)한 기운은 괴이함을 이르게 합니다. 상서로움이 많은 경우 그 나라가 편안하고, 괴이함이 많은 경우 그 나라가 위태로우니, 이는 하늘과 땅의 정상적인 법칙이며 옛날과 지금의 통용되는 도리입니다. 바른 신하가 등용되는 것은 다스려질 징표이고, 바른 신하가 모함당하는 것은 어지러워질 기미입니다. 의심하는 마음을 지닌 자는 비방하여 해치는 말을 불러오게 하고 우유부단한 뜻을 지닌 자는 많은 그릇된 문을 열게 합니다. 비방을 하는 사악한 자가 등용되면 여러 현인들이 물러나고, 많은 그릇된 자들이 성대해지면 바른 사대부가 사라집니다. 그러므로 ≪주역(周易)≫에 비괘(否卦)와 태괘(泰卦)가 있습니다. 소인의 도가 자라나고 군자의 도가 사라지면 정치가 날마다 어지러워지고, 군자의 도가 자라나고 소인의 도가 사라지면 정사가 날마다 다스려집니다. 지금 폐하의 밝은 지혜로 진실로 권선징악 하는 천지의 마음을 깊이 생각하시어, 많은 그릇된

문을 막으시고 여러 바른 길을 크게 열어서 옳고 그름을 훤히 알 수 있게 한다면, 온갖 괴이함이 소멸되고 여러 상서로움이 아울러 이르게 될 것이니 이는 태평의 기반이며 만대의 이익입니다."

하였다. 석현이 그 글을 보고, 더욱 허씨·사씨와 더불어 붕당을 지어 유갱생 등을 원망하였다.

【기묘(己卯 B.C.42) 영광(永光) 2년】

○ 【元帝說匡衡言】

元帝說匡衡言 匡衡上疏曰 治天下者는 審所上而已니 教化之流는 非家至而人說之也니이다 賢者在位하고 能者布職하여 朝廷崇禮하고 百僚敬讓하여 道德之行이 由內及外하여 自近者始라야 然後民知所法하여 遷善日進而不自知也니이다하니 上說其言하여 遷衡爲光祿大夫하다

【원제가 광형의 말을 좋아하다】

광형(匡衡)이 상소하기를,

"천하를 다스리는 이는 숭상하는 것을 살필 뿐입니다. 교화의 시행은 집집마다 이르러서 사람마다 권면하는 것이 아닙니다. 현명한 자가 벼슬에 있고 재능이 있는 자가 직위에 배치되며, 조정은 예를 숭상하고 모든 관료는 경건하고 겸양하여, 도덕의 시행이 안으로부터 밖에 미쳐가서 가까운 자부터 시작한 뒤라야 백성이 본받을 바를 알아서 선으로 옮겨가 날마다 진취하면서도 스스로 알지 못하는 것입니다."

하였다. 원제는 그 말을 좋아하여 광형을 진급시켜 광록대부(光祿大夫)에 임명하였다.

【임오(壬午 B.C.39) 영광(永光) 5년】

○ 【元帝好儒術文辭】

元帝好儒術文辭

上好儒術文辭하여 頗改宣帝之政하니 言事者多進見이라 人人自以爲得上意라하다

【원제가 경학과 문학을 좋아하다】

원제가 경학(經學)과 문학(文學)을 좋아하여 선제(宣帝)의 정치를 상당히 고쳤다. 일을 말하는 자들이 많이 나와 알현하였는데 사람마다 스스로 원제의 뜻을 얻었다고 생각하였다.

【갑신(甲申 B.C.37) 건소(建昭) 2년】

○ 【京房考功課吏法】

京房考功課吏法

初에 京房對上曰 古之帝王以功擧賢하니 則萬化成하고 瑞應著러니 末世以毁譽取人이라 故功業廢而致灾異하니 宜令百官各試其功하면 灾異可息이리이다하다 詔使房作其事하니 房奏考功課吏法하다 上令公卿朝臣與房會議溫室한대 皆以房言煩碎하여 令上下相司하여 不可許라하되 上意鄕之하다

【경방의 고공과리법】

과거에 경방(京房)이 원제(元帝)를 대면하여 말하기를,

"옛날의 제왕은 공적으로 현명한 이를 등용하니 모든 교화가 완성되고 상서로움의 감응이 나타났습니다. 말세에는 험담과 칭찬을 가지고(기준으로) 사람을 채택하였으므로, 공적이 폐기되고 재앙과 변괴가 이르렀습니다. 의당 모든 관원에게 각각 그 공적을 심사하게 하면, 재앙과 변괴가 사라지게 할

수 있을 것입니다."

하였다. 조서를 내려 경방에게 그 일을 하게 하자, 경방은 고공과리법(考功課吏法)[1)]을 건의하였다. 원제는 공경(公卿)들과 조정 신하들에게 경방과 온실(溫室: 전각 이름)에서 모여 논의하도록 하였는데, 모두 말하기를,

"경방의 말이 번잡하고 잔달아 윗사람과 아랫사람이 서로를 감시하도록 만드니, 허락해서는 안 됩니다."

하였으나 원제는 마음으로 고공과리법을 찬동하였다.

○ 【京房論石顯】

京房論石顯

是時에 石顯顓權이라 京房嘗宴見할새 問上曰 幽厲之君何以危며 所任者何人也잇고하니 上曰 君不明而所任者巧佞이니라하다 房曰 陛下視今爲治邪잇가 亂邪잇가하니 上曰 亦極亂耳니 今爲亂者誰哉오하다 房曰 明主宜自知之시리이다하니 上曰 不知也로라 如知인대 何故用之리오하다 房曰 上最所信任하여 與圖事帷幄之中하여 進退天下之士者是矣니이다하다 房指謂石顯이어늘 上亦知之하고 謂房曰 已諭로라하다 房罷出이나 後上亦不能退顯也하다

【경방이 석현을 논의하다】

이 때 석현이 권력을 독단하였다. 경방이 일찍이 단독으로 뵐 적에 원제에게 묻기를,

"유왕(幽王)·여왕(厲王) 같은 임금은 무엇 때문에 위태로워졌으며, 임용된 사람은 어떤 사람이었습니까?"

하니, 원제가 말하기를,

"임금이 똑똑하지 못했고 임용된 사람이 간교하며 아첨하였다."

1) 고공과리법(考功課吏法) : 공적을 조사하여 관리를 시험하는 법으로 고과법(考課法)을 의미한다.

하였다. 경방이 말하기를,

"폐하께서 보시기에 지금 잘 다스려집니까, 어지럽습니까?"

하니, 원제가 말하기를,

"또한 지극히 어지러울 뿐이다. 지금 어지럽게 하는 자는 누구인가?"

하였다. 경방이 말하기를,

"밝으신 황제께서 의당 스스로 아실 것입니다."

하니, 원제가 말하기를,

"알지 못한다. 만일 알았다면 무슨 까닭으로 그를 등용했겠는가!"

하였다. 경방이 말하기를,

"폐하께서 가장 신임하여 유악(帷幄 : 조정)의 안에서 함께 일을 계획하여 천하의 선비를 나오게도 하며 물러가게도 하는 사람이 그 사람입니다."

하니, 경방은 석현을 지목하여 말한 것이다. 원제는 역시 알아차리고, 경방에게 말하기를,

"이미 알았다."

하였다. 경방이 말을 마치고 나갔으나 이후에 원제는 역시 석현을 물리치지 못하였다.

○ 【石顯疾京房】

石顯疾京房 石顯五鹿充宗皆疾房하여 欲遠之하고 建言하대 宜試以房爲郡守하다 帝於是以房爲魏郡太守하여 得以考功法治郡하다

【석현이 경방을 미워하다】

석현과 오록충종(五鹿充宗)은 모두 경방을 미워하여 멀리 쫓아 보내려고 마땅히 경방이 군수로 백성을 잘 다스리는지 시험해 보아야 한다고 건의하였다. 원제는 이에 경방을 위군태수(魏郡太守)로 임명하여 고공과리법(考功課吏法)으로 군을 다스리게 하였다.

○ 【殺京房】

殺京房 房去月餘에 竟徵下獄하다 初에 淮陽憲王舅張博이 傾巧無行한대 多從王求金錢하여 欲爲王求入朝하다 博從京房學하여 以女妻房이라 房每朝見에 退輒爲博道其語하니 石顯知之하고 告房與張博通謀하고 非謗政治하며 歸惡天子하고 詿誤諸侯王하니이다하니 皆下獄이라가 棄市하고 妻子徙邊하다

【경방을 죽이다】

경방이 떠난 지 한 달 남짓하여 마침내 불러 하옥시켰다. 과거에 회양헌왕(淮陽憲王 : 유흠(劉欽))의 외삼촌 장박(張博)이 간사하고 품행이 나빴는데, 경방이 회양헌왕을 잘 따르고 금전을 요구하여 헌왕이 입조하는 것을 돕고자 하였다. 장박은 경방을 따라 공부하였고 딸을 경방에게 시집보냈다. 경방이 매번 조회하여 알현할 때마다 물러 나와서는 바로 장박에게 조정의 말을 해주었다. 석현이 그것을 알고는 고하기를,

"경방이 장박과 통하여 모의하고 정치를 비방하며 죄악을 천자에게 돌리고 제후왕(諸侯王)에게 죄를 짓게 하였습니다."

하니, 모두 하옥하였다가 시가에서 죽이고 아내와 자식들은 변방으로 쫓아 보냈다.

【을유(乙酉 B.C.36) 건소(建昭) 3년】

○ 【甘陳矯制立功】

甘陳矯制立功 冬에 西域都護甘延壽副校尉陳湯共誅斬郅支單于於康居하다

【감연수와 진탕이 황제의 명령을 속여 공을 세우다】

겨울에 서역도호(西域都護) 감연수(甘延壽)와 부교위(副校尉) 진탕(陳湯)이 함께

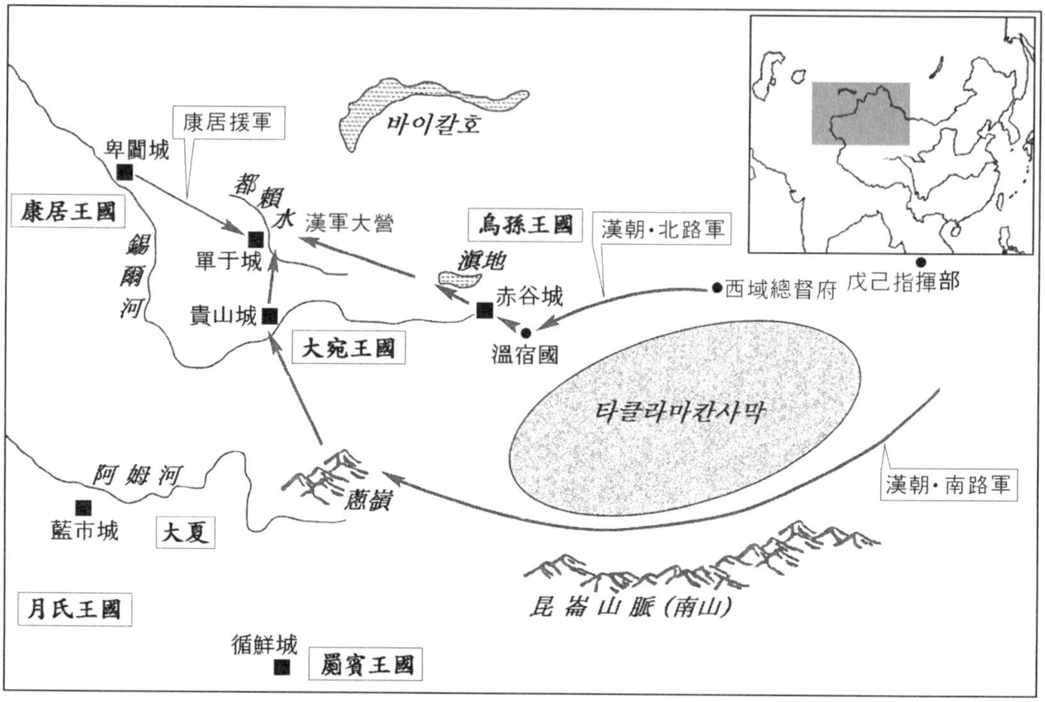

〈지도 21〉 진탕(陳湯)이 질지선우(郅支單于)를 참수함 (B.C.36년)

질지선우(郅支單于)를 강거(康居)에서 주살하였다.

【무자(戊子 B.C.33) 경녕(竟寧) 원년】

○ 【召信臣治行常第一】

召信臣治行常第一 河南太守召信臣爲少府하다 信臣先爲南陽太守하고 後遷河南하니 治行常第一이라 視民如子하고 好爲民興利하여 躬勸耕稼하고

召父 開通溝瀆하니 戶口增倍하고 吏民親愛하여 號曰 召父라하다

【소신신의 치적과 행실이 항상 일등이다】

하남 태수 소신신(召信臣)이 소부(少府)가 되었다. 소신신은 먼저 남양태수(南陽太守)로 있다가 뒤에 하남(河南)으로 옮겼는데, 치적과 행실이 항상 일등이었

다. 백성을 돌보기를 자식처럼 하고 백성을 위하여 이익을 일으키기를 좋아하여, 친히 농사짓기를 권장하고 도랑을 파서 물을 소통하게 하니, 호구(戶口)가 배나 증가하였고 관리와 백성들이 모두 그를 공경하고 사랑하여 '소부(召父)'라고 불렀다.

○【匡衡論甘陳之罪】

匡衡論甘陳之罪

甘延壽陳湯이 旣至하여 論功이러니 石顯匡衡以爲호대 延壽湯擅興師矯制하니 幸得不誅어니와 如復加爵土면 則後奉使者爭欲乘危徼幸하여 生事於蠻夷하여 爲國招難하리이다하니 帝內嘉延壽湯功而重違衡顯之議하여 久之不決하다

【광형이 감연수와 진탕의 죄를 논하다】

감연수와 진탕이 도착하자 공로를 논의하였는데, 석현과 광형이 말하기를,

"감연수와 진탕이 제멋대로 군대를 이동하여 황제의 명령을 사칭하였으니, 목을 베지 않은 것만해도 다행이거늘 만일 다시 작위와 땅을 추가로 주신다면 뒤에 파견되어 나가는 사절들이 다투어 위태로움을 틈타서 요행히 성공하기를 기대하고 오랑캐 지역으로 가서 사건을 일으켜 국가에 재앙을 불러올 것입니다."

하니, 원제는 마음으로 감연수·진탕의 공을 훌륭하게 여겼으나 광형과 석현의 뜻을 어기기 어려워 오래도록 결정하지 못하였다.

○【劉向論甘陳之功】

劉向論甘陳之功

故宗正劉向上疏曰 貳師將軍李廣利가 捐五萬之師하고 靡億萬之費하고 經四年之勞하여 而僅獲駿馬三十匹하고 雖斬宛王毋寡之首나 猶不足以復費요 其私罪惡甚多로대 孝武以爲萬里征伐이라하사 不錄其過하시고 遂封拜兩侯三卿二千石百有餘人이라 今康

居之國이 强於大宛하고 郅支之號가 重於宛王하고 殺使者罪는 甚於留馬어늘 而延壽湯不煩漢士하고 不費斗糧하니 比於貳師컨대 功德百之니이다하니 於是天子下詔赦延壽湯罪勿治하고 令公卿議封焉하다 四月에 封延壽爲義成侯하고 賜湯爵關內侯하다

【유향이 감연수와 진탕의 공을 논하다】

과거의 종정(宗正) 유향(劉向)이 상소하기를,

"이사장군(貳師將軍) 이광리(李廣利)가 5만의 군대를 잃고, 억만의 비용을 소비하고 4년의 고생을 거쳐서야, 겨우 준마 30필만을 얻었을 뿐입니다. 비록 대원왕(大宛王) 무과(毋寡)의 머리를 베었으나 아직 비용을 보상 받기에는 부족하고, 그 개인적 죄악도 매우 많습니다. 그런데도 무제(武帝)께서는 만 리 밖에까지 정벌하였다고 하여, 그의 과실을 심사하여 기록하지 않고 드디어 두 명의 제후, 세 명의 경(卿), 이천석(二千石) 백여 명을 봉해주었습니다. 지금 강거국(康居國)은 대원보다 강하고 질지선우(郅支單于)의 칭호가 대원왕보다 무겁고, 우리 사신을 죽인 죄는 말을 숨기고 바치지 않은 것보다 심합니다.[2] 그런데 감연수와 진탕은 한나라 군사를 번거롭게 하지 않았고 한 말의 양식도 소비하지 않았으니, 이사장군에 비교해 보면 그들의 공덕이 백 배나 됩니다."

하였다. 이에 원제는 조서를 내려 감연수와 진탕의 죄를 사면하여 다스리지 말도록 하고, 공과 경들에게 그들을 봉해 줄 것을 의논하게 하였다. 4월에 감연수를 의성후(義成侯)로 봉하고, 진탕에게 관내후 작위를 내렸다.

○ 【王鳳爲大將軍】

王鳳爲大將軍 夏五月에 帝崩하다 六月에 太子卽皇帝位하여 以元舅陽平侯王鳳

---

2) 우리 사신을… 심합니다 : 한나라 무제가 대원(大宛) 이사성(貳師城)의 훌륭한 말을 좋아하여 사신을 보내 많은 돈을 가지고 가서 말을 요구하였으나 대원왕은 말을 숨기고 사신을 죽였다. 무제는 노하여 장군 이광리(李廣利)를 보내어 대원성을 공격하게 하였는데 훌륭한 말 수십 필과 중급 말 3천 필을 획득하여 돌아왔다.

爲大司馬大將軍領尙書事하다

【왕봉이 대장군이 되다】

여름 5월에 원제가 서거하였다. 6월에 태자 유오(劉驁)가 황제(皇帝)에 즉위하여 큰외삼촌 양평후(陽平侯) 왕봉(王鳳)으로 대사마(大司馬) 대장군(大將軍) 영상서사(領尙書事)로 삼았다.

▪ 효성황제(孝成皇帝)

在位二十六年이요 壽四十五이다

재위 26년이고, 수명이 45세이다.

名驁니 元帝長子라 湛於酒色하여 委政外家하다 哀平短祚하고 莽遂簒位하니 蓋其威福所由來者漸矣라

이름이 오(驁)이니, 원제(元帝)의 장자(長子)이다. 주색에 빠져서 정사를 외가에 맡겼다. 애제(哀帝)와 평제(平帝)의 재임기간이 짧았고 왕망(王莽)이 마침내 천자의 지위를 찬탈하였으니, 왕씨(王氏)의 위엄과 복의 유래가 여기에서 시작하였다.

【신묘(辛卯 B.C.30) 건시(建始) 3년】

○ 【食震同日】

食震同日 十二月 朔에 日食하고 其夜에 地震未央宮殿中이어늘 詔擧賢良方正能直言極諫之士한대 杜欽及谷永上對하여 乃皆以爲後宮女寵太盛하며 嫉妬專上하니 將害繼嗣之咎니이다하다

【일식과 지진이 같은 날에 일어나다】

12월 1일에 일식이 있고, 그날 밤에 미앙궁 전각 안에서 지진이 일어났다. 조서를 내려 현량·방정으로서 능히 바른 말로 지극히 간언하는 인물을 추천케 하였는데, 두흠(杜欽) 및 곡영(谷永)이 대책(對策)을 올려 말하기를,

모두 "후궁 여자들을 총애함이 너무 커서 황제를 독차지하려고 질투를 하니, 장차 후계자에게 해를 끼치는 재앙이 될 것입니다."

하였다.

○【匡衡免爲庶人】

匡衡免爲庶人 匡衡坐取封邑四百頃과 監臨盜所主守直十金以上하니 免爲庶人하다

【광형이 파면되어 서민이 되다】

광형이 봉읍보다 4백 경(頃)을 더 차지한 것과 그가 감독하던 소속 관원이 10금(金)의 가치가 넘는 관물(官物)을 훔친 것에 걸려들으니, 파면되어 서민이 되었다.

【임진(壬辰 B.C.29) 건시(建始) 4년】

○【谷永陰託王鳳】

谷永陰託王鳳 白虎殿對策 三月에 以王尙爲丞相하다 夏에 召前所擧直言之士하여 詣白虎殿對策하다 是時上委政王鳳하니 議者多歸咎焉한대 谷永知鳳方見柄用하고 陰欲自託하여 乃曰 方今四夷賓服하여 皆爲臣妾하니 北無薰粥冒頓之患하고 南無趙他呂嘉之難하여 三垂晏然하여 靡有兵革之警하며 諸侯大者乃食數縣이라 漢吏制其權柄하여 無吳楚

燕梁之勢하며 骨肉大臣有申伯之忠하여 洞洞屬屬하고 小心畏忌하여 無重合安陽博陸之亂이니이다 三者無毛髮之辜하니 不可歸咎諸舅니이다 切恐陛下舍昭昭之白過하시고 忽天地之明戒하시며 聽晻昧之瞽說하사 歸咎乎無辜하시며 倚異乎政事하사 重失天心이 不可之大者也니이다하다 上以其書示後宮하고 擢永爲光祿大夫하다

【곡영이 은밀하게 왕봉에게 의탁하다】

3월에 왕상(王尙)을 승상으로 삼았다. 여름에 과거에 등용했던 바른 말을 하는 선비들을 불러 백호전(白虎殿)에 나아와 황제의 질문에 대답할 책문을 만들게 하였다. 이때에 성제(成帝)가 정치를 왕봉에게 맡겼는데, 의논하는 사람들이 대부분 왕봉에게 허물을 돌렸다. 곡영은 왕봉이 바로 정권을 장악할 것을 알아차리고 은밀히 스스로 의탁하고자 하여 말하기를,

"지금 사방 오랑캐가 와서 복종하여 모두 신하가 되었습니다. 북으로는 훈육묵돌(薰粥冒頓 : 흉노의 선우)의 환난이 없고, 남으로는 조타(趙他 : 南越王)·여가(呂嘉 : 南越 大臣)의 난리가 없어 북·서·남쪽의 변방이 태평하여 전쟁을 경계할 것이 없습니다. 큰 제후국도 식읍이 몇 현을 넘지 않아서 한나라 관리가 제후왕들의 권력을 제어하여, 오·초·연·양나라와 같은 반란 형세가 없고, 골육 대신들은 신백(申伯)[3]의 충성이 있어, 공경하고 근신하며 조심하고 두려워하여 중합후(重合侯 : 馬通)·안양후(安陽侯 : 上官桀)·박륙후(博陸侯 : 霍禹)와 같은 난리가 없습니다. 왕봉은 이 세 사람의 죄와 같은 것은 조금도 없으니, 외삼촌(왕봉)에게 허물을 돌려서는 안 됩니다. 삼가 두려워하건대 폐하께서는 명백한 과실을 방치하시고 천지의 분명한 경고를 소홀히 하시며, 소경처럼 어리석은 사람들의 말을 들으시어 죄 없는 사람에게 허물을 돌리시며 정치를 믿을 수 없는 사람에게 의탁하시어, 하늘의 마음을 크게 잃으심은 매우 옳지 않습니다."

하였다. 성제는 그 글을 후궁에게 보이고, 곡영을 광록대부로 발탁하였다.

---

3) 신백(申伯) : 주 선왕(周宣王)의 큰 외삼촌으로, 왕실에 충성한 인물이다. 여기서는 왕봉의 충성을 암시하는 말로 사용되었다.

【을미(乙未 B.C.26) 하평(河平) 3년】

○ 【求遺書】

求遺書 上以中秘書頗散亡이라하여 使謁者陳農求遺書於天下하다

【유실된 책을 찾다】

성제는 궁중에 소장된 도서가 상당량 유실되었기 때문에 알자(謁者) 진농(陳農)에게 유실된 책을 천하에서 찾도록 하였다.

○ 【劉向論王氏專權】

劉向論王氏專權 劉向以王氏權位太盛하고 而上方嚮詩書古文이라하여 向乃因尙書洪範하여 集合上古以來로 歷春秋六國至秦漢符瑞災異之記호대 推迹行事하여 連傳禍福하고 著其占驗하여 比類相從하여 各有

劉向進洪範五行傳論 條目하니 凡十一篇이라 號曰洪範五行傳論이라하여 奏之하다 天子心知向忠精이라 故爲鳳兄弟起此論也나 然終不能奪王氏權하다

【유향이 왕씨가 권력을 독점함을 논하다】

유향은 외척 왕씨의 권력과 지위가 지나치게 크고 성제가 한창 ≪시경(詩經)≫과 ≪서경(書經)≫같은 고문에 뜻이 있다고 여겼다. 유향이 이에 ≪상서(尙書)≫의 <홍범(洪範)>에 근거하여, 상고 이래로 춘추(春秋)와 전국(戰國)시대를 거쳐 진(秦)과 한(漢)에 이르기까지 상서로운 조짐과 재앙의 괴이한 기록을 모아 합쳤는데, 지나온 일의 자취를 추론하고 재앙과 복록의 관계를 이어 해설해 달고 점괘와 증험의 결과를 제시하고, 종류별로 서로 모아 각각 조목을 두었다. 모두 11편이었는데 책이름을 ≪홍범오행전론(洪範五行傳論)≫이라고 하여 성제께 올렸다. 성제는 유향이 충성스러워서 왕봉의 형제 때문에 이 홍범오행전론을 지었음을 마음속으로는 알았으나 끝내 왕씨의 권력을 빼앗지 못하였다.

【정유(丁酉 B.C.24) 양삭(陽朔) 원년】

○ 【王章劾王鳳】

王鳳殺王章 京兆尹王章素剛直敢言하여 雖爲鳳所擧나 非鳳專權하여 不親附鳳이러니 乃奏封事하여 言호대 日食之咎는 皆鳳專權蔽主之過니이다하다 王章薦馮野王 於是章薦馮野王하여 忠信質直한대 上自爲太子時로 數聞野王名이라 方倚欲以代鳳이러니 鳳聞之하고 甚憂懼러니 上使尙書 王章劾王鳳 劾奏章하고 廷尉致其大逆罪하여 竟死獄中하니 自是公卿見鳳에 側目而視하더라

【왕장이 왕봉을 탄핵하다】

경조윤 왕장(王章)이 평소 강직하고 용감하게 말하여, 비록 왕봉에게 천거를 받았으나 왕봉이 권력을 독차지함을 비난하여 왕봉에게 친근하게 의지하지 않고, 마침내 밀봉 상소로 아뢰기를,

"일식의 재앙은 모두 왕봉이 권력을 전담하여 황제의 총명을 가린 잘못 때문에 발생하였습니다."

하였다. 이에 왕장이 풍야왕(馮野王 : 馮奉世의 아들)을 추천하여 충성스럽고 진실하며 질박하고 정직하다고 하였는데 성제는 태자였을 때부터 자주 풍야왕의 이름을 들었으므로 장차 풍야왕을 의지하여 그로써 왕봉을 대체하려고 하였다. 왕봉이 그것을 듣고 매우 두려워하자 성제는 상서(尙書)에게 왕장을 탄핵하는 내용을 아뢰게 하고 정위(廷尉)는 대역 죄인으로 치밀하게 얽어매어 왕장이 마침내 감옥 안에서 죽었다. 이로부터 공경들이 왕봉을 만나면 곁눈질로 흘겨보았다.

【무술(戊戌 B.C.23) 양삭(陽朔) 2년】

○ 【王氏愈盛】

王氏愈盛 以王音爲御史大夫하다 於是王氏愈盛하여 郡國守相刺史皆出其門下하다 五侯羣弟爭爲奢侈하니 賂遺珍寶가 四面而至하다 皆通

王氏五侯 敏人事하여 好士養賢하고 傾財施予以相高尙하니 賓客滿門하여 競爲之聲譽하다 劉向上封事極諫하니 書奏에 天子召見向하고 嘆息悲傷其意하여 謂曰 君且休矣하라 吾將思之호리라하다 然終不能用其言하다

【왕씨가 더욱 번성하다】

왕음(王音)을 어사대부(御史大夫)로 삼았다. 이에 왕씨의 권세가 더욱 번성하여 군국(郡國 : 군과 봉국(封國))의 태수(太守)·국상(國相) 및 주자사(州刺史)가 모두 그의 문하에서 나왔다. 오후(五侯)[4]의 여러 아우들이 다투어 사치하니 뇌물로 보낸 진주와 보옥이 사방에서 몰려들었다. 오후는 모두 인사(人事)에 통달하여 선비를 좋아하고 현자를 길렀으며, 재산을 내놓아 베풀어 주며 서로 치켜세우자 빈객이 문에 가득하여 왕씨 가문의 명예를 다투어 전파하였다. 유향이 밀봉상소를 올려 극력으로 간언하니 글이 올라가자 성제는 유향을 불러 만나고, 탄식하면서 그 뜻을 애처로워하며 말하기를,

"그대는 우선 중지하라! 내가 장차 생각해보겠다!"

하였다. 그러나 끝내 유향의 말을 쓰지는 못하였다.

【기해(己亥 B.C.22) 양삭(陽朔) 3년】

○秋에 王鳳薨하니 以王音爲大司馬하다

가을에 왕봉(王鳳)이 죽자, 왕음(王音)을 대사마로 삼았다.

---

4) 오후(五侯) : 왕담(王譚)·왕상(王商)·왕립(王立)·왕근(王根)·왕봉(王逢)을 말하는데 이들은 모두 성제(成帝)의 외숙(外叔)이었다.

【을사(乙巳 B.C.16) 영시(永始) 원년】

○【王莽匿情求名】

王莽匿情求名 王莽折節爲恭儉 封莽爲新都侯

五侯子가 乘時侈靡하여 以輿馬聲色佚游相高하되 王曼子莽因折節爲恭儉하여 勤身博學하여 外交英俊하고 內事諸父하여 曲有禮意러니 鳳且死에 以莽託太后及帝러니 久之에 封莽爲新都侯하니 爵位益尊하되 節操愈謙하고 衣裘振施賓客하여 家無所餘하니 虛譽隆洽하여 傾其諸父矣하다

【왕망이 마음을 숨기고 명예를 구하다】

오후(五侯)의 아들들이 부귀한 때에 이용하여 수레와 말과 음악과 여색으로 즐겨 노닐며 서로 높은체 하였는데 왕만(王曼)의 아들 왕망(王莽)은 몸을 굽혀 남에게 낮추고 공손하며 검소하고 몸을 부지런히하여 학문을 널리 하며 밖으로 영특한 이들과 교제하고 안으로는 여러 백숙부들을 섬겨 곡진하게 예우하는 뜻을 지녔다. 왕봉이 죽을 적에 왕망을 태후 및 성제에게 부탁하였다. 오랜 뒤에 왕망을 신도후(新都侯)로 임명하였는데 작위가 높아질수록 예절을 지키는 것이 더욱 겸손했고 옷과 가죽옷 등을 빈객들에게 주어 자기 집에는 남은 재물이 없었으니, 거짓 명예가 높고 융성하여 그의 여러 백숙부들을 앞질렀다.

【병오(丙午 B.C.15) 영시(永始) 2년】

○王音薨하니 以王商爲大司馬하다

왕음(王音)이 죽자, 왕상(王商)을 대사마로 삼았다.

【정미(丁未 B.C.14) 영시(永始) 3년】

○ 【梅福請收威柄】

梅福請收威柄 故南昌尉梅福上書曰 昔高祖納善若不及하시며 從諫如若轉圜하더시니 陳平起於亡命而爲謀主하고 韓信拔於行陳而建上將하니 故爵祿束帛者는 天下之砥石이라 高祖所以厲世摩鈍也니이다 至秦則不然하여 張誹謗之罔以爲漢敺除하고 倒持泰阿하여 授楚其柄하니 故誠能勿失其柄이면 天下雖有不順이나 莫敢觸其鋒하리이다 今陛下旣不納天下之言하시고 又加戮焉하시니 天下以言爲戒하니 最國家之大患也니이다 方今君命犯而主威奪이어늘 外戚之權이 日以益隆하니 陛下不見其形이어든 願察其景하소서 埶陵於君하고 權隆於主하고 然後防之면 亦無及已니이다하나 上不納하다

【매복이 권력을 거두어들이기를 청하다】

남창위(南昌尉)를 역임한 매복(梅福)이 글을 올리기를,

"옛날 고조(高祖 : 유방)께서 선언(善言)을 받아들이시기를 마치 이르지 못할 듯이 하셨으며 간언을 따르기를 마치 굴렁쇠를 굴리듯이 빠르게 하셨습니다. 진평(陳平)은 망명한 사람들 중에서 기용되어 중요한 참모가 되었고, 한신(韓信)은 군졸 중에서 발탁되어 상장군(上將軍 : 최고의 장군)이 되었습니다. 그러므로 작위·녹봉과 묶은 비단은 천하를 면려하기 위한 숫돌과 같아서 고조께서 그것을 가지고 노둔한 세상 사람들을 분발하게 하는 수단이었습니다. 진(秦)나라에 와서는 그렇지 않아서 비방하면 벌주는 법망을 쳐서 한(漢)나라를 위하여 길을 터 주었고, 태아검(泰阿劒 : 명검 이름)을 거꾸로 쥐어5) 초나라 항우(項羽)에게 그 자루를 주었습니다. 진실로 태아검 자루만 잃지 않으면, 천하에 비록 순종하지 않더라도 감히 태아검의 칼날에 맞서지 못합니다. 지금 폐하께서는 천하 사람의 말을 받아들이지 않으시고, 또 언

5) 태아검(泰阿劒 : 명검 이름)을 거꾸로 쥐어 : 경솔하게 권력을 남에게 주고 자기가 도리어 그 해를 받음을 비유한 말이다.

급한 사람에게 죽음을 내렸습니다. 천하 사람들이 말하는 것을 경계하니, 국가의 가장 큰 걱정입니다. 지금 군주의 명령은 침해되고 권위는 약탈되어 외척의 권력이 날이 갈수록 더욱 융성해지고 있습니다. 폐하께서 그 형상을 보지 못하시겠거든 원컨대 그 그림자〔災異를 가리킴〕를 살펴보십시오. 세력이 임금을 앞서고 권력이 주상보다 융성한 뒤에 막으면 또한 미치지 못합니다."

하였으나, 성제는 받아들이지 않았다.

【무신(戊申 B.C.13) 영시(永始) 4년】

○ 【何武去後見思】

何武去後見思

司隷校尉何武爲京兆尹하다 武爲吏에 守法盡公하고 進善退惡하니 其所居無赫赫名이로대 去後常見思하다

【하무가 떠난 뒤에 사모함을 받다】

사예교위 하무(何武)를 경조윤으로 삼았다. 하무는 관리가 되어 법을 지키는 데에 공정함을 다하였고, 선한 사람을 진취시키고 악한 사람을 물리쳤다. 그가 지위에 있을 때에는 빛나는 명성이 없었으나 떠난 뒤에는 항상 사모함을 받았다.

【기유(己酉 B.C.12) 원연(元延) 원년】

○王商薨하니 以弟根爲大司馬하다

왕상이 죽자 아우 왕근(王根)을 대사마로 삼았다.

○ 【成帝由張禹言 不疑王氏】

成帝由張禹言不疑王氏

安昌侯張禹雖家居나 以特進爲天子師하니 國家每有大政이면 必

與定議하다 時吏民多上書言災異之應하고 譏切王氏專政所致라하니 上意頗然之하여 親問禹以天變한대 禹曰 春秋日食地震이 或爲諸侯相殺하고 夷狄侵中國이라하니 災變之意는 深遠難見이어늘 新學小生이 亂道誤人하니 宜無信用이니이다하다 上雅信愛禹라 由此不疑王氏하다

【성제가 장우의 말에 의해 왕씨를 의심하지 않다】

안창후(安昌侯) 장우(張禹)가 비록 관직 없이 집에 있었으나, 특진(特進 : 관명)으로서 천자의 스승이 되었다. 국가에 큰 정무가 있을 때마다 반드시 장우와 함께 의논하여 결정하였다. 당시의 관리와 백성 중에 많은 사람들이 글을 올려 재앙이 출현한 것을 말하고, 왕씨(王氏)가 정권을 독점하여 재앙을 초래하였다고 비난하였다. 성제는 마음으로 상당히 그렇다고 여겨 장우에게 하늘의 변고에 대해 직접 물었는데, 장우가 말하기를,

"≪춘추(春秋)≫에 기록된 일식과 지진은 혹 제후들이 서로 죽이며 오랑캐가 중국을 침략하였기 때문이라고 하였습니다. 재앙과 변고의 뜻은 매우 심원하여 알기 어려운데 갓 배우는 낮은 선비들이 도(道)를 어지럽히고 사람들을 오도하고 있으니, 그들을 믿어 임용하지 않아야 합니다."

하였다. 성제는 평소 장우를 믿고 아꼈는지라, 이 때문에 왕씨를 의심하지 않게 되었다.

○ 【朱雲折檻】

朱雲折檻 尸位素餐 願賜尙方劍斷佞臣頭

故槐里令朱雲上書求見하니 公卿在前이라 雲曰 今朝廷大臣이 皆尸位素餐하니 臣願賜尙方斬馬劍이면 斷佞臣一人頭以厲其餘하노이다하니 上問 誰也오하니 對曰 安昌侯張禹니이다하다 上大怒曰 小臣居下訕上하고 廷辱師傅하니 罪死不赦라하다 御史將雲下하니 雲攀殿檻하여 檻折이라 雲呼曰 臣得下從龍逢比干遊於地下에 足

辛慶忌救朱雲 矣니이다하니 御史遂將雲去하다 於是左將軍辛慶忌免冠하고 解印綬하고 叩頭殿下曰 此臣素著狂直하니 使其言是인댄 不可誅요 其言非라도 固當容之니이다 臣敢以死爭이니이다하다 慶忌叩頭流血하니 上意解하다

輯檻以旌直臣 及後當治檻하여 上曰 勿易하고 因而輯之하여 以旌直臣하라하다

【주운이 난간을 부러뜨리다】

과거에 괴리현령(槐里縣令)을 역임한 주운(朱雲)이 글을 올려 뵙기를 요청하였는데 공·경들이 앞에 있었다. 주운이 말하기를,

"지금 조정의 대신이 모두 자리만 차지하여 공밥을 먹습니다. 신에게 상방(尙方)의 참마검(斬馬劍)[6]을 내려주시면 아첨하는 신하 한 사람의 목을 잘라 그 나머지 사람들에게 경고하겠습니다!"

하니, 성제가 묻기를,

"누구냐?"

하였다. 대답하기를,

"안창후(安昌侯) 장우(張禹)입니다!"

하였다. 성제가 크게 노하기를,

"낮은 신하가 아래에 있으면서 윗사람을 비방하고 조정에서 황제의 스승을 욕보이니, 죽을 죄이니 용서받지 못할 것이다!"

하였다. 어사가 주운을 잡아끌고 전각 아래로 내려가려고 하자 주운이 <끌려가지 않으려고> 전각 난간을 잡아서 난간이 부러졌다. 주운이 소리치기를,

"신은 용방(龍逄)과 비간(比干)[7]을 따라 지하에서 노는 것에 만족합니다!"

하니, 어사가 마침내 주운을 끌고갔다. 이에 좌장군(左將軍) 신경기(辛慶忌)가 관

6) 상방(尙方)의 참마검(斬馬劍) : 상방은 황실의 물건을 제공하는 관청이고 참마검은 한나라 보검의 이름으로, 말을 벨 수 있을 만큼 날카로운 칼이다. 참마검을 상방에 보관하므로 속칭 '상방보검(尙方寶劍)'이라고 일컫는다.

7) 용방(龍逄)과 비간(比干) : 용방은 걸(桀)의 신하이고 비간은 주(紂)의 신하로 모두 간언하다가 죽었다.

을 벗고 직인(職印)과 인끈을 풀어 놓고 전각 아래에서 머리를 조아리고 말하기를,

"이 신하는 평소에 솔직하고 강직함으로 유명하였습니다. 만일 주운의 말이 옳다면 목 벨 수 없고, 주운의 말이 잘못되었더라도 진실로 용서해야 합니다. 저는 감히 죽음으로 간쟁합니다."

하였다. 신경기가 바닥에 머리를 두드려 피가 흐르자, 성제의 노여운 마음이 풀렸다. 뒤에 난간을 수리하려고 하자 성제가 말하기를,

"난간을 바꾸지는 말고 그대로 보수하여 바른 신하를 표창하라!"

하였다.

【임자(壬子 B.C.9) 원연(元延) 4년】

○【谷永黨王氏】

谷永黨王氏 王根薦谷永이어늘 徵入하여 爲大司農하다 永前後所上四十餘事어늘 略相反覆하여 專攻上身與後宮而已러라 黨於王氏하니 上亦知之하고 不甚親信也러라

【곡영이 왕씨의 패거리가 되다】

왕근이 곡영(谷永)을 추천하자, 왕이 조정으로 불러들여 대사농으로 삼았다. 곡영이 이전부터 지금까지 40여 가지 일을 상서하였는데, 대략 서로 반복되어 오로지 성제와 후궁을 공격하였을 뿐이었다. 왕씨의 패거리가 되자 성제가 또한 그것을 알아차리고 그다지 친애하거나 신임하지 않았다.

【계축(癸丑 B.C.8) 유화(綏和) 원년】

○二月에 立定陶王欣爲皇太子하다

2월에 정도왕(定陶王) 유흔(劉欣)을 세워 황태자로 삼았다.

○【王莽秉政】

王莽秉政

四父

十二月에 王根因薦莽自代하다 丙寅에 以莽爲大司馬하니 時年三十八이라 莽旣拔出同列하여 繼四父而輔政이라 欲令名譽過前人하여 聘諸賢良以爲掾史하고 賞賜邑錢悉以享士하고 愈爲儉約하다

【왕망이 정권을 잡다】

12월에 왕근이 이어서 왕망(王莽)을 추천하여 자기의 후임으로 삼았다. 병인(26)일에 왕망을 대사마로 임명하였는데, 당시 나이가 38세였다. 왕망이 이미 동렬들 중에서 뛰어나서 4명의 제부(諸父 : 백숙부)를 이어 정치를 보좌하였다. 자기의 명예가 과거 사람들보다 뛰어나고자 하여 여러 현량(賢良)을 초빙하여 연사(掾史 : 관직 명칭)로 삼고, 황제의 포상과 봉읍의 수입을 모두 선비를 대접하는데 사용하였으며, 더욱 검소하며 절약하였다.

○【劉向請興禮樂】

劉向請興禮樂

得古磬一十六枚

犍爲郡於水濱得古磬一十六枚하니 議者以爲善祥이라 劉向因是說上호대 宜興辟雍하고 設庠序하여 陳禮樂하여 以風化天下니이다 如此而不治는 未之有也니이다 或曰 不能具禮라하나 禮以養人爲本하니 如有過差라도 是過而養人也니이다 刑罰之過或至死傷하니 今之刑非皐陶之法也어늘 而有司請定法하여 削則削하고 筆則筆하여 救時務也니이다 至於禮樂하여는 則曰不敢이라하니 是敢於殺人不敢於養人也로소이다 夫教化之比於刑法이면 刑法輕하니 是舍所重而急所輕也니이다 教化는 所恃以爲治요 刑法은 所以助治也어

늘 今廢所恃而獨立其所助하니 非所以致太平也니이다하다 帝以向言下公卿議한대 丞相翟方進大司空何武奏請立辟雍이나 未作而罷하다

【유향이 예악을 일으키기를 청하다】

건위군(犍爲郡)에 사는 사람이 물가에서 옛날 경쇠 16개를 얻자 의논하는 사람들이 상서롭고 좋은 일이라고 하였다. 유향이 이로 말미암아 성제를 설득하기를,

"마땅히 서울에 벽옹(辟雍 : 대학)을 설립하고 지방에 상서(庠序 : 지방 학교)를 설립하여, 예악을 펼쳐서 천하를 교화시켜야 합니다. 이와 같이 하고서 다스려지지 않은 적은 아직 없습니다. 혹은 '예의를 갖출 수 없다'라고 말하지만 예의는 사람을 기르는 것을 근본으로 삼으니, 만일 착오가 있더라도 이는 착오로써 사람을 기른 것입니다. 형벌의 착오는 혹 죽거나 다치는 데에 이르니, 지금의 형법은 고요(皐陶)의 모범되는 법이 아니거늘 담당관이 법의 제정을 요청하면 삭제할 것은 삭제하고 써넣을 것은 써넣어서 시무(時務)를 구제하고 있습니다. 예악에 대해서는 '감히 하지 못한다.'라고 말하니, 이는 사람을 죽이는 데에는 용감하면서도 사람을 기르는 데에는 용감하지 못한 것입니다. 교화를 형법과 비교해보면 형법이 낮으니 이는 소중한 것을 버리고 가벼운 것을 시급해 하는 것입니다. 교화는 그것에 의지하여 잘 다스려짐을 시행하는 것이고, 형법은 잘 다스려짐을 보조하기 위한 것입니다. 지금 의지해야 할 것은 폐기하고 다만 보조할 것만 세우니, 태평을 이루기 위한 방책이 아닙니다."

하였다. 성제가 유향의 말을 공・경들에게 회부하여 논의하게 하자, 승상 적방진(翟方進)과 대사공 하무(何武)가 벽옹을 세울 것을 아뢰어 요청하였으나, 이루지 못하고 그만두었다.

○ 【劉向三十年不遷】

劉向三十年不遷 劉向自見得信於上이라 故常顯訟宗室하고 譏刺王氏及在位大臣

하다 其言多痛切하여 發於至誠이라 上數欲用向爲九卿호대 輒不爲王氏居位者及丞相御史所持라 故終不遷하고 居列大夫官前後三十餘年而卒이러니 後十三歲而王氏代漢하다

【유향이 30년 동안 승진하지 못하다】

유향이 성제에게 신임을 받고 있음을 스스로 알았으므로 항상 유씨(劉氏) 종실을 위해 드러내 쟁변하고, 왕씨(王氏) 및 대신의 지위에 있는 사람들을 비평하고 풍자하였다. 그의 말은 대부분 매우 간절하여 지극한 정성에서 나왔다. 성제는 누차 유향을 임용하여 구경(九卿)으로 삼으려고 하였으나 매번 왕씨이면서 높은 벼슬에 있는 사람 및 승상·어사들에게 지지받지 못하였다. 그래서 끝내 승진하지 못하고 열대부(列大夫 : 7급 작위)의 관직에 모두 30여 년간 있다가 죽었다. 그 뒤 13년 만에 왕씨가 한나라를 대신 취하였다.

【갑인(甲寅 B.C.7) 유화(綏和) 2년】

○ 三月에 帝崩하다

3월에 성제가 서거하였다.

○ 【哀帝政由己出】

哀帝政由己出

夏四月 丙午에 太子卽皇帝位하다 哀帝初立에 躬行儉約하여 省減諸用하고 政事由己出하니 朝廷翕然望至治焉하다

【애제가 정무를 자신이 결재하여 처리하다】

여름 4월 병오(18)일에 태자가 황제에 즉위하였다. 애제는 즉위 초기에 스스로 검소와 절약을 시행하여 여러 가지 비용을 줄였고, 정사를 자신이 결재하여 처리하였다. 조정이 흡족해 하고, 크게 다스려지기를 기대하였다.

○ 【師丹請限民田】

師丹請限民田

初에 董仲舒說武帝호대 以秦用商鞅之法하여 除井田하니 民得賣買하여 富者田連阡陌하고 貧者亡立錐之地니이다 邑有人君之尊하고 里有公侯之富하니 小民安得不困이리오 古井田法雖難卒行이나 宜少近古하여 限民名田以贍不足하고 塞幷兼之路하고 薄賦斂하고 省繇役하여 以寬民力이니 然後可善治也리이다하다 及上卽位에 師丹復建言호대 今累世承平에 豪富吏民訾數鉅萬이로대 而貧弱愈困하니 宜略爲限이니이다하다 天子下其議하니 丞相光大司空武奏請호대 自諸侯王列侯公主名田各有限하고 關內侯吏民名田皆毋過三十頃하고 奴婢毋過三十人하고 期盡三年하되 犯者沒入官하노이다하다 時田宅奴婢賈爲減賤하니 貴戚近習不便也라 詔書에 且須後라하더니 遂寢不行하다

【사단이 백성의 토지소유 제한을 청하다】

과거에 동중서(董仲舒)가 무제(武帝)를 설득하는데,

"진(秦)나라가 상앙(商鞅)의 법을 적용하여 정전법을 없애니, 백성이 땅을 사고 팔 수 있게 되어, 부유한 사람은 밭두둑이 끝없이 이어지고, 가난한 사람은 송곳을 꽂을 만한 땅도 없습니다. 현읍에는 임금 만한 귀인이 있고, 향리에는 공후 만한 부자가 있으니, 백성이 어찌 곤궁하지 않을 수 있겠습니까! 옛날 정전법은 비록 갑자기 시행하기 어렵더라도, 마땅히 조금이라도 옛날 제도에 근접하게 하여 백성이 소유하는 농지를 제한하여 부족한 사람들에게 넉넉하게 해주고, 토지를 겸병하는 통로를 막고, 세금을 적게 하며 부역을 줄여서 백성의 힘을 여유롭게 해야 합니다. 그런 뒤에야 잘 다스려질 것입니다."

하였다.

애제가 즉위하자 사단(師丹)이 다시 건의하기를,

"지금 여러 대 동안 태평성세에 권세가, 부자, 관리는 재물이 수만금이 되었지만, 가난하고 약한 사람들은 더욱 곤궁해 졌으니 마땅히 〈토지 점유 수량을〉 약간 제한해야겠습니다."

하니, 애제가 사단의 논의를 회부시키자, 승상 공광(孔光)과 대사공 하무(何武)가 아뢰어 요청하기를,

"제후왕·열후·공주가 소유한 농지부터 각각 제한을 두고, 관내후와 관리·백성이 점유한 농지는 모두 30경(頃)을 넘지 못하게 하고, 노비는 30명을 넘지 못하게 하며, 기한을 3년으로 정하되, 규정을 위반한 사람은 재산을 몰수하여 관청에 들이십시오."

하였다. 당시에 농지·집·노비의 값이 내려 싸지므로 황제의 귀척과 근신들이 불편해하자, 조서에

"우선 훗날을 기다려라."

하였는데, 결국 묵살되어 시행되지 않았다.

▪ 효애황제(孝哀皇帝)

在位六年이요 壽三十五이라

재위 6년이고, 수명이 35세이다.

名欣이니 元帝孫이요 定陶共王子也라 成帝無子일새 召入立爲太子하다

欲强主威하여 以則武宣이나 而剛愎不明하고 尊寵嬖倖하니 其能濟乎아

이름이 흔(欣)이며, 원제의 손자이자 정도공왕(定陶共王)의 아들이다. 성제가 아들이 없었으므로 불러들여서 태자로 세웠다. 임금의 권위를 강화하여 무제(武帝)·선제(宣帝)를 본받으려 하였으나 완고하며 고집이 세어 현명하지 못하였

고 시녀·내시들을 높여주고 총애하였으니, 이룰 수 있었겠는가?

【정사(丁巳 B.C.4) 건평(建平) 3년】

○【王嘉請久任】

王嘉請久任 四月에 王嘉爲丞相하다 嘉以時政苛急하여 郡國守相數有變動이라하여 乃上疏曰 孝文時에 吏居官者或長子孫하여 以官爲氏하니 倉氏庫氏則倉庫吏之後也라 其二千石長吏亦安官樂職하고 然後上下相望하여 莫有苟且之意니이다 其後稍稍變易하여 公卿以下傳相促急하고 又數改更政事하여 司隸部刺史擧劾苛細하여 發揚陰私하여 吏或居官數月而退하니 中材苟容求全하고 下材懷危內顧라 唯陛下留神於擇賢하사 記善忘過하소서 此方今急務也니이다하다

【왕가가 관리 재임 기간을 길게 하도록 청하다】

4월에 왕가(王嘉)가 승상이 되었다. 왕가는 당시 정치가 가혹하고 급박하여, 군국의 수령과 정승이 자주 변동이 있다고 여겨 마침내 상소하기를,

"문제(文帝) 때에는 관리로서 관직에 있는 사람이 혹 자손이 장성할 때까지 지속하게 하여 관직으로 성씨를 삼았으니, 창씨와 고씨는 창고 담당 관리의 후손입니다. 이천석(二千石)의 고급 관원도 역시 관직에 편안하고 직책에 즐거워 하였으니, 그런 연후에야 서로 기대하고 면려하여 구차한 뜻이 없었습니다. 그 뒤로는 점점 바뀌어 공경 이하들은 역말을 타고 다니면서 서로 세금 독촉을 하고 또 정사가 자주 바뀌었으며, 사예교위(司隸校尉)와 부자사(部刺史 : 자사의 원래 명칭)가 검거하여 탄핵하는 것이 가혹하여, 남의 은밀한 사정을 들추어내어 관리가 간혹 관직에 있은 지 몇 달 만에 파면당하니, 중간급 인재들은 〈아래 사람들에게〉 구차하게 너그러이 해주어 온전하기를

구하고, 하급 인재들은 위태로울까 생각하고 사사로운 일만을 돌아봅니다. 오직 폐하께서는 현인을 선발하는 데 정신을 집중하시고, 잘한 일을 기억하고 잘못을 잊으십시오. 이것이 지금 시급한 일입니다."

하였다.

【무오(戊午 B.C.3) 건평(建平) 4년】

○ 【董賢貴幸】

董賢貴幸

二月에 駙馬都尉侍中董賢得幸於上하여 出則參乘하고 入御左右하니 賞賜累鉅萬이라 貴震朝廷하다

【동현이 귀해지고 총애받다】

2월에 부마도위·시중 동현(董賢)이 애제에게 총애를 얻어, 궁궐을 나가면 황제를 모시고 수레를 탔고 궁궐에 들어오면 측근에서 시중들었다. 포상으로 하사받은 것이 몇 만금이었기 때문에 그의 귀함이 조정에 떨치게 되었다.

○ 【揚雄諫絶單于】

揚雄諫絶單于

六經之治 貴於未亂 兵家之勝 貴於未戰

匈奴單于上書願朝五年이라 公卿以爲虛費府帑이니 可且勿許니이다하다 單于使辭去하고 未發에 揚雄上書諫曰 臣聞六經之治는 貴於未亂이요 兵家之勝은 貴於未戰이라하니이다 今單于上書求朝어늘 國家不許而辭之하니 臣愚以爲漢與匈奴從此隙矣리이다 匈奴本五帝所不能臣이요 三王所不能制니 其不可使隙明甚이니이다

【양웅이 선우와 관계를 단절하려는 것에 대해 간언하다】

흉노(匈奴) 선우(單于)가 글을 올려 건평(建平) 5년(내년)부터 조공을 바치겠다고 청원하니, 공경들이 말하기를,

"공연히 국가의 재물만 낭비할 뿐이니, 허락하지 말아야 합니다."

하였다. 선우의 사신이 하직인사를 하고 나가서 아직 출발하지는 않았는데, 양웅(揚雄)이 글을 올려 간언하기를,

"신이 들으니 육경(六經)에서 잘 다스리는 방도는 어지러워지기 전에 제압하는 것을 귀하게 여기고, 병가의 승리는 싸우기 전에 이루는 것을 귀하게 여기는 것이라고 합니다. 지금 흉노의 선우가 글을 올려 조공을 바치겠다고 청하는데도 국가에서 수락하지 않고 사절하시니, 신의 생각에는 우리나라와 흉노는 이 일로 틈이 생길 것입니다. 흉노는 본래 오제(五帝)도 신하로 삼을 수 없었으며 삼왕(三王)도 제압할 수 없었으니, 틈이 생기게 해서는 안 될 것이 매우 분명합니다.

徒費財勞師 一虜不可得見

以秦始皇之彊과 蒙恬之威로도 然不敢窺西河하여 乃築長城以界之하고 會漢初興에 以高祖之威靈으로도 三十萬衆困於平城하고 高皇后時에 匈奴悖慢이어늘 大臣權書遺之하여 然後得解하고 及孝文時에 匈奴侵暴北邊하여 候騎至雍甘泉이라 京師大駭하여 發三將軍屯細柳棘門霸上以備之라가 數月乃罷하고 孝武即位에 設馬邑之權하여 欲誘匈奴라가 徒費財勞師하고 一虜不可得見이어든 況單于之面乎잇가 其後深惟社稷之計하여 規恢萬載之策하고 乃大興師數十萬하여 使衛青霍去病操兵이 前後十餘年이라 於是浮西河하고 絶大幕하며 破寘顏하고 襲王庭하여 窮極其地하여 追奔逐北하여 封狼居胥山하고 禪於姑衍하고 以臨瀚海하니 自是之後로 匈奴震怖하여 益求和親이나 然而未肯稱臣也하니이다

진나라 시황제(始皇帝)의 강력함과 몽염(蒙恬)의 위엄으로도 감히 서하(西河)를 엿보지 못해, 결국 장성(長城)을 쌓아 경계로 삼았으며 한나라가 처음 일어날 때 한나라 고황제의 위엄과 영특함으로도, 한나라 군사 30만이 흉

노에게 평성에서 곤욕을 당하였습니다. 고황후 때에 흉노의 태도가 무례하고 거만하였는데 대신들이 임시방편으로 편지를 보내게 한 뒤에야 화해할 수 있었습니다. 문제(文帝) 때에 와서 흉노가 북쪽 변방을 침입해 적의 척후 기병들이 옹주(雍州)의 감천궁(甘泉宮)에까지 이르자, 서울에서는 크게 놀라 세 장군을 세류(細柳)·극문(棘門)·패상(霸上)에 파견하여, 방비하다가 수개월이 지나서야 마침내 철수하였습니다. 무제(武帝)께서 즉위하고 나서 마읍(馬邑)에 술수를 써서[8] 흉노를 유인하려 하다가 그저 재정을 낭비하고 군사들만 고생시키고는 흉노는 한 사람도 볼 수가 없었거늘 하물며 선우(單于 : 흉노의 황제)의 얼굴을 볼 수 있겠습니까! 그 뒤에 사직을 위할 계책을 곰곰이 생각하여 만 년 동안 편안히 지낼 수 있는 대책을 수립하고는 수십만 대군을 동원하여, 위청(衛青)·곽거병(霍去病)에게 군대를 통솔하게 한 것이 모두 10여 년이었습니다. 이에 서하를 건너고, 한해(瀚海 : 큰 사막)을 횡단하여, 전안산(寘顏山)에서 쳐부수고 흉노 선우의 왕정(王庭 : 흉노 조정)을 습격하였습니다. 그리고 흉노지역 끝까지 쳐들어가 도망가는 선우와 장졸을 추격하여 낭거서산(狼居胥山)에서 하늘에 제사지내고 고연(姑衍)에서 땅에 제사지낸 후 한해(瀚海)에 도착하였습니다. 이러한 뒤로는 흉노가 놀라 두려워하여 더욱 화친을 요구하였으나, 여전히 한나라를 향하여 신하라고 말하려 하지 않았습니다.

且夫前世豈樂傾無量之費하고 役無罪之人하여 快心於狼望之北哉리오마는 以爲不壹勞者不久佚하고 不暫費者不永寧이라하여 是以忍百萬之師以摧餓虎之喙하고 運府庫之財塡盧山之壑而不悔也하니이다 至本始之初하여 匈奴有桀心하여 欲掠烏孫侵公主어늘 乃發五將之師十五萬騎以擊之하니 時鮮有所獲이요 徒奮揚威

漢兵若雷風

武하여 明漢兵若雷風耳라 雖空行空反이나 尙誅兩將軍이니이다 故北狄不服하고 中國未得高枕安寢也니이다

8) 마읍(馬邑)에 술수를 써서 : 무제 원광(元光) 2년(前133)에 마읍에 복병을 숨기고서 흉노를 유인하려 한 일을 가리킨다.

또 이전 시대에 어찌 셀 수 없는 재물을 낭비하고 죄가 없는 사람들을 요역시키기를 즐거워하여 흉노 땅 낭망(狼望)의 북쪽에 도달하게 하는 것으로 마음을 통쾌하게 하였겠습니까? 그것은 한 번 고생하지 않으면 오랫동안 편안하지 못하고 잠시 경비를 쓰지 않으면 영원하게 편안하지 못하다고 여겨, 이런 까닭으로 모질게 마음먹고 100만의 군대를 주린 호랑이의 아가리에 집어넣고, 창고의 재물을 옮겨 노산(盧山)의 골짜기를 메우면서도 후회하지 않았습니다. 본시(本始 : 선제(宣帝) 연호)의 초기에 이르러 흉노는 포악한 마음을 가지고 오손(烏孫)을 노략질하여 공주(公主)[9]를 침해하려고 하거늘, 마침내 다섯 장군이 이끄는 군사 15만 기병을 출동시켜 공격하게 하였습니다. 당시 죽이거나 사로잡은 자가 너무나 적었고, 다만 위엄스러운 무용만 떨쳐 한나라 군대가 바람과 우레처럼 빠름을 밝혔을 뿐이었습니다. 헛되이 갔다가 헛되이 돌아와서 한나라의 장군을 두 명이나 죽였습니다. 그러므로 흉노는 굴복하지 않고, 중국은 베개를 높이 하여 편히 잠잘 수 없었습니다.

欲朝者不距 不欲者不彊

逮至元康神爵之間하여 大化神明하고 鴻恩溥洽하니이다 而匈奴內亂하여 五單于爭立이라 日逐呼韓邪攜國歸死하여 扶伏稱臣이나 然尙羈縻之하고 計不顓制하니 自此之後로 欲朝者不距하고 不欲者不彊이라 今單于歸義어늘 奈何消往昔之恩하고 開將來之隙이니잇가 夫疑而隙之하여 使有恨心하고 因以自絶하여 終無北面之心하여 威之不可하고 諭之不能이면 焉得不爲大憂乎니잇고하다 書奏에 天子寤焉하고 更報單于書而許之하다

원강(元康 : 선제 연호)·신작(神爵 : 선제 연호) 연간에 와서는 큰 교화가 신령스럽고 밝게 되고 황제의 은혜가 넓고도 넉넉하였는데 흉노는 국내 정치가 혼란하여 다섯 선우가 다투어 일어나게 되었습니다. 일축왕(日逐王)과 호

9) 공주(公主) : 한 무제 때 종실(宗室)의 딸을 공주(公主)로 호칭하여 오손에 시집보낸 여인을 말함. 강도왕(江都王) 유건(劉建)의 딸 세군(細君)을 공주로 삼아 오손에 보냈는데, 오손의 곤막(昆莫 : 오손왕 호칭)이 우부인(右夫人)으로 삼았다.

한야선우(呼韓邪單于)가 나라를 이끌고 귀순하여 엎드려 신하라고 스스로 말하였지만, 아직도 얽매어 있게만 하고 계획적으로 완전히 제어하지는 않았습니다. 그 이후로 조회하려는 나라는 막지 않고, 조회하기를 원하지 않는 나라에 강요하지도 않았습니다. 지금 선우가 의리로 귀순하는데, 어찌하여 과거의 은혜를 없애버리고 미래의 불화를 열게 하려는 것입니까! 의심으로 불화를 만들어 원한을 품게 하고, 그로 인하여 스스로 단절하고 마침내 신하가 되려는 마음이 없어져, 위협할 수도 없고 타이를 수도 없게 만든다면 어찌 큰 근심이 되지 않겠습니까!"

하였다. 글이 임금에게 올라가자 애제는 깨닫고, 선우에게 주는 답장을 바꾸어 써서 조공하도록 허락하였다.

【기미(己未 B.C.2) 원수(元壽) 원년】

○ 【孔光敬禮董賢】

孔光敬禮董賢 以孔光爲丞相하다 光知上欲尊寵董賢하고 下車에 拜謁하여 不敢以賓客鈞敵之禮하니 賢由是權與人主侔矣하다
董賢權與人主侔

【공광이 동현에게 절하다】

공광(孔光)을 승상으로 삼았다. 공광은 애제가 동현을 높여 총애하려는 것을 알고 동현이 수레에서 내리자 절하여 뵈면서 감히 빈객의 대등한 예로 대하지 못하니, 동현이 이로 말미암아 권세가 황제와 비등하였다.

【경신(庚申 B.C.1) 원수(元壽) 2년】

○ 【漢業遂衰】

漢業遂衰 六月에 帝崩하다 帝睹孝成之世祿去王室이러니 及卽位에 屢誅大臣하여 欲彊主威以則武宣이나 然而寵信讒諂하고 憎疾忠直하니

漢業由是遂衰하다

【한나라의 왕업이 마침내 쇠하다】

6월에 애제(哀帝)가 서거하였다. 애제는 성제(成帝) 시대에 황실에서 정권이 떠나가는 것을 목도하였는데[10] 즉위하고 나서 누차 대신들을 죽여서 황제의 위엄을 강화하여 무제(武帝)와 선제(宣帝)를 본받으려고 하였다. 그러나 참소하고 아첨하는 자[11]를 총애하여 믿었고, 충성하고 직언하는 자[12]를 미워하였으므로 한나라의 왕업이 이로 말미암아 드디어 쇠퇴하였다.

▪ 효평황제(孝平皇帝)

在位五年에 王莽弑之하니 壽一十四이라

재위 5년 만에 왕망(王莽)이 그를 시해하니 나이가 14세였다.

名衎이니 元帝之孫이요 中山孝王之子라 哀帝崩에 無子라 太皇太后議迎立爲太子하다 九月에 卽皇帝位하니 帝年方九歲라 太皇太后臨朝하고 大司馬莽秉政하다

孝平不造하고 新都作宰하여 不伊不周하니 喪我四海하다

이름이 간(衎)이니, 원제(元帝)의 손자이고 중산효왕(中山孝王 : 劉興)의 아들이다. 애제(哀帝)가 죽었는데 아들이 없으므로 태황태후(太皇太后)가 의논하여 맞이해 세워 태자로 삼았다. 9월에 황제에 즉위하니, 황제의 나이가 9세였다. 태황태후가 조회를 다스리고 대사마(大司馬) 왕망(王莽)이 정권을 잡았다.

평제가 왕업을 이루지 못하였고 신도후(新都侯 : 왕망)가 재상이 되어서 이윤(伊尹)과 주공(周公)처럼 보좌하지 않으니 우리 한나라 천하를 잃게 되었다.

---

10) 성제(成帝)의 시대에 … 목도하고는 : 외척인 왕씨(王氏)의 집안에서 정권을 장악한 것을 알아차린 것을 말한다.
11) 참소하고 아첨하는 자 : 조창(趙昌) · 동현(董賢) · 식부궁(息夫躬)을 말함.
12) 충성하고 직언하는 자 : 사단((師丹) · 부희(傅喜) · 정숭(鄭崇)을 말함.

【신유(辛酉 A.D.1) 원시(元始) 원년】

○ 【王莽受安漢公號】

王莽受安漢公號

春正月에 王莽風益州하여 令塞外蠻夷自稱越裳氏重譯獻白雉一黑雉二하다 於是羣臣盛陳莽功德호대 致周成白雉之瑞하니 莽宜賜號安漢公이니이다하다 莽爲惶恐하고 不得已而起하여 受太傅安漢公號하다

【왕망이 '안한공' 이라는 칭호를 받다】

봄 정월에 왕망이 익주(益州)의 관원에게 넌지시 암시하여, 변방 밖의 오랑캐에게 스스로 월상씨(越裳氏)라고 말하도록 하고, 여러 번 통역을 거쳐 흰 꿩 1마리와 검은 꿩 2마리를 바치게 하였다. 이에 여러 신하들이 왕망의 공덕을 성대히 말하기를,

"주나라 성왕(成王)이 흰 꿩을 얻은 것과 같은 상서로움이 이르렀으니, 왕망에게 안한공(安漢公)이라는 칭호를 하사해야 합니다."

하였다. 왕망은 황공해 하면서 부득이 일어나 태부(太傅)와 안한공의 칭호를 받았다.

【임술(壬戌 A.D.2) 원시(元始) 2년】

○ 【王莽功德比周公】

王莽功德比周公

春에 越嶲郡上言黃龍游江中이라하다 太師孔光大司徒馬宮等咸稱호대 莽功德比周公하니 宜告祠宗廟니이다하다

【왕망의 공덕이 주공에 비견되다】

봄에 월수군(越嶲郡)에서 글을 올려

"황룡이 장강(長江)의 물 속에서 헤엄을 치고 있었습니다."

하였다. 태사 공광(孔光)과 대사도 마궁(馬宮) 등이 모두 칭송하기를,

"왕망의 공덕이 주공(周公)에 견줄만하니 종묘에 고하여 제사지내야 합니다."

하였다.

○ 【梅福爲吳市門卒】

梅福爲吳市門卒 梅福知王莽必簒漢祚하고 一朝棄妻子去하여 不知所之러니 其後에 人有見福於會稽者한대 變名姓爲吳市門卒云이라하다

【매복이 오현 시장의 문을 지키는 군졸이 되다】

매복(梅福)은 왕망이 반드시 한나라 황제의 자리를 찬탈할 것임을 알아차리고, 어느 날 아내와 자식을 버리고 떠났는데 간 곳을 알지 못하였다. 그 뒤에 회계(會稽)에서 매복을 본 사람이 있었는데, 성명을 바꾸고 오현(吳縣) 시장의 문을 지키는 군졸이 되었다고 하였다.

【계해(癸亥 3) 원시(元始) 3년】

○ 【逄萌掛冠】

逄萌掛冠 北海逄萌謂友人曰 三綱絶矣라 不去면 禍將及人이라하고 卽解冠掛東都城門하고 歸하여 將家屬浮海하여 客於遼東하다

【방맹이 관을 걸어놓고 사직하다】

북해군(北海郡) 방맹(逄萌)이 친구에게 말하기를,

"삼강(三綱)이 끊어졌으니, 떠나지 않으면 재앙이 장차 사람들에게 미칠 것이다."

하고, 즉시 관을 벗어 동도성문(東都城門)에 걸어놓고 돌아가 집안 식구들을 데리고 바다를 건너 요동에서 타향살이하였다.

【갑자(甲子 4) 원시(元始) 4년】

○ 【王莽爲宰衡】

王莽爲宰衡 夏에 采伊尹周公稱號하여 加安漢公爲宰衡하다

【왕망이 재형이 되다】

여름에 이윤(伊尹 : 阿衡)과 주공(周公 : 冢宰)의 칭호에서 글자를 뽑아 안한공에게 재형(宰衡)의 칭호를 보태주었다.

【을축(乙丑 5) 원시(元始) 5년】

○ 【王莽加九錫】

王莽加九錫 夏五月에 策命安漢公莽以九錫하다

【왕망에게 아홉 가지 기물을 하사하다】

여름 5월에 책서(策書)로 안한공 왕망에게 아홉 가지 기물[九錫]을 하사하도록 명령하였다.

○ 【王莽弑平帝】

王莽弑平帝 冬十二月에 莽因臘日上椒酒할새 置毒酒中이러니 帝有疾이라 莽
王莽藏策金縢 作策하여 請命於泰畤하고 願以身代러라 藏策金縢하여 置于前殿하고 敕諸公莫敢言이러니 丙午帝崩하다

【왕망이 평제를 시해하다】

겨울 12월에 왕망이 납제일(臘祭日)에 초주(椒酒 : 산초 술)를 올렸는데, 술 속에 독을 넣었다. 평제가 병이 나자, 왕망은 책문(策文)을 지어, 태치(泰畤 : 제천단)에서 기도하며 평제의 목숨을 보존하도록 청하고, 자신이 대신 죽기를 원하였다. 책문을 황금 끈 궤짝에 간직하여 전전(前殿 : 정전(正殿))에 놓고, 여러 공들에게 경계하여 감히 말하지 못하게 하였다. 병오일에 평제가 죽었다.

○【王莽居攝踐阼】

王莽居攝踐阼 是月에 前輝光謝囂奏武功長孟通浚井得白石하니 上圓下方하고 有丹書著石이어늘 文曰 告安漢公莽爲皇帝라하노라하다 符命之起가 自此始矣라 於是羣臣奏太后하여 請安漢公踐阼하고 謂之攝皇帝하소서하니 太后詔曰 可라하다

符命起

【왕망이 서리로 황제 섬돌을 밟다】

이 달에 전휘광(前輝光 : 장안 이남 지역 통치 관직) 사효(謝囂)가 아뢰기를,

"무공현장(武功縣長) 맹통(孟通)이 우물을 파다가 흰 돌이 나왔는데, 위는 둥글고 아래는 네모졌습니다. 붉은 글씨가 돌에 쓰여 있었는데 글에, '안한공 왕망이 황제가 될 것을 알리노라.'라고 하였습니다."

하였다. 부명(符命 : 제왕이 될 예언)의 발단이 이로부터 시작되었다. 이에 여러 신하들이 태후에게 아뢰어,

"안한공이 황제 섬돌을 밟아 가게 하고, 그를 '섭황제(攝皇帝 : 서리황제)'로 일컫게 하십시오."

하니, 태후가 조서를 내리기를,

"좋다!"

하였다.

통감절요증손교주(通鑑節要增損校註) 15권

한기(漢紀)

▪ 유자 영(孺子嬰)[1]

在位三年이라

재위 3년이다.

廣戚侯勳之孫이요 顯之子也니 年二歲에 王莽立之라

附王莽이라 僭位一十八年에 漢兵殺之하다

王莽은 字巨君이요 王曼子라 莽改國號曰新이라

莽匿情求名하고 繼四父而輔政하여 遂移漢祚러니 恃其邪慝하고

煩民玩兵하여 罪盈怨積하니 而天下畔之하다

광척후(廣戚侯) 유훈(劉勳)의 손자이며, 유현(劉顯)의 아들이다. 나이 2살에 왕망이 그를 세웠다.

왕망을 붙였다. 왕망이 지위에 참람하게 있은 지 18년 만에 한(漢)나라 군대가 그를 죽였다.

왕망은 자가 거군(巨君)이고, 왕만(王曼)의 아들이다. 왕망은 나라 이름을 고쳐 '신(新)'이라 하였다.

왕망은 실정을 숨겨 명예를 구하고 4명의 백숙부를 이어 정무를 보좌하다가 마침내 한나라 황실을 빼앗았다. 사특한 재주를 믿고 백성을 번거롭게 하고 군대를 농락하여 죄가 가득차고 원망이 쌓이자 천하 사람들이 반란을 일으켰다.

---

1) 유자 영(孺子嬰) : 선제(宣帝)의 현손(玄孫) 광척후 유훈의 손자이며, 유현의 아들이다. 나이 2살에 평제(平帝)에게 후사가 없자, 왕망(王莽)은 그의 나이 어림을 이로워하여 맞이해 그를 세웠다. 왕망은 유자 영의 자리를 빼앗고 폐위시켜 정안공(定安公)으로 삼았다.

【병인(丙寅 6) 거섭(居攝) 원년】[2)]

居攝

○ 【柳嬰爲孺子】

柳嬰爲孺子 三月에 莽立宣帝玄孫嬰爲皇太子하고 號曰孺子라하다

【유영(劉嬰)이 유자(孺子)가 되다】

3월에 왕망이 효선황제 현손 유영(劉嬰)을 세워 황태자로 삼고, 호칭을 유자(孺子)라고 하였다.

○ 【莽稱假皇帝】

莽稱假皇帝 五月에 太后詔莽稱假皇帝하다

【왕망이 '가황제'라고 일컫다】

5월에 태후가 조서를 내려 왕망을 '가황제'라고 일컫게 하였다.

【정묘(丁卯 7) 거섭(居攝) 2년】

○ 【翟義起兵】

翟義起兵 東郡太守翟義가 擧兵西하여 誅不當攝者라하고 移檄郡國하니 衆十餘萬이라 莽聞之하고 惶懼不能食하여 乃使王邑等擊義하다 十

王莽作大誥 月에 莽依周書作大誥하여 諭告天下하되 以當返位孺子之意하니 於是吏士攻義破之하다 義與劉信棄軍亡이라가 至固始界中하여 捕得義하여 尸磔陳都市나 卒不得信하다

---

2) 거섭(居攝) : 대신이 천자 자리에서 정무를 대리하여 처리함을 말한다. 왕망이 국정을 대리하면서 연호를 '居攝'이라고 고쳤다.

【적의가 군대를 일으키다】

동군 태수(東郡太守) 적의(翟義)가 군대를 일으켜 서쪽으로 진격하며 부당하게 황제를 대리하는 자를 죽여야한다고 하고, 군국에 격문을 보내자, 모여든 무리가 10여만 명이었다.

왕망이 그 소식을 듣고, 겁이 나 잘 먹지도 못하고, 왕읍(王邑) 등을 시켜 적의를 공격하게 하였다. 10월에 왕망은 ≪서경(書經)≫ <주서(周書)>를 본 따 <대고(大誥)>를 지어[3] 마땅히 유자에게 천자 자리를 반환할 것이라는 뜻으로 천하에 유시하였다. 이에 관리와 군사들이 적의를 쳐서 격파하였다. 적의와 유신(劉信)이 군대를 버리고 도망치다가 고시현(固始縣) 경계에 이르렀는데, 적의를 붙잡아 진현(陳縣)의 시가에서 찢어 죽였으나 끝내 유신을 붙잡지 못했다.

【무진(戊辰 8) 초시(初始) 원년】

○【王莽卽眞位 國號曰新】

王莽卽眞位國號曰新 莽自謂威德日盛하여 大獲天人之助라하여 遂謀卽眞之事矣라 十一月에 以居攝三年爲初始元年하고 卽眞天子位하여 定有天下之號曰新이라하다

【왕망이 정식 황제에 즉위하여 국호를 신이라 하다】

왕망이 혼자서 '위엄스러운 공덕이 날로 성대하여 크게 하늘과 사람의 도움을 얻었다'라고 생각하여 드디어 정식 황제에 즉위할 일을 도모하였다. 11월에 거섭 3년을 초시(初始) 원년(元年)으로 삼고, 정식 천자에 즉위하여 천하를 소유한 호칭을 정하여 '신(新)' 이라고 하였다.

【기사(己巳 9) 신망(新莽) 시건국(始建國) 원년】

3) ≪서경(書經)≫〈주서(周書)〉를 … 지어 : ≪서경≫〈주서〉의 〈대고〉편은 주(周)나라 초기에 주공(周公)이 동쪽에 있으면서 반란을 평정할 때 대의(大義)를 밝혀 천하에 유시한 글이다.

○【王莽廢孺子】

王莽廢孺子 春正月에 莽廢孺子爲定安公하고 孝平皇后爲定安太后하다

【왕망이 유자를 폐위시키다】

봄 정월에 왕망이 유자를 폐위시켜 정안공(定安公)으로 삼고, 효평황후(孝平皇后)를 정안태후(定安太后)로 삼았다.

○【更制度爲疏闊】

更制度爲疏闊 莽因漢承平之業과 府庫百官之富하니 百蠻賓服하고 天下晏然이라 莽一朝有之하나 其心意未滿하여 陋小漢家制度하고 欲更爲疏闊하여 乃曰 古者一夫田百畝하고 什一而稅하니 則國給民富而頌聲作이러니 秦壞聖制하여 廢井田하니 是以兼并起하고 貪鄙生하여 彊者規田以千數하고 弱者曾無立錐之居라 漢氏減輕田租하여 三十而稅一호되 常有更賦하여 罷癃咸出하고 而豪民侵陵하여 分田劫假하니 厥名三十稅一이나 實什稅伍也라 故富者犬馬餘菽粟하여 驕而爲邪하고 貧者不厭糟糠하여 窮而爲姦하여 俱陷于辜하여

王田 刑用不錯라 今更名天下田曰王田이라하고 奴婢曰私屬이라하여 皆不得賣買하고 其男口不盈八而田過一井者는 分餘田予九族鄰里鄕黨하고 敢有非井田聖制하여 無法惑衆者어든 投諸四裔하여 以禦魑魅하라하다

【제도를 고쳐 간략하게 만들다】

왕망이 한나라의 태평한 왕업(王業)과 창고와 백관의 부유한 것을 이어받았으니 모든 오랑캐가 신하로 승복하여 천하가 안정되었다. 왕망은 갑자기 한나

라를 차지하고도 마음에 차지 않아, 한나라의 제도가 협소하다고 여겨 고쳐 간략하게 하려고 하였다. 왕망은 말하기를,

"옛날에는 세대주 한 사람이 농지 100묘(畝)를 경작하여 10분의 1을 세금으로 내도록 하니, 나라는 넉넉하고 백성은 부유하여 칭송하는 여론이 일어났다. 진(秦)나라는 성인의 제도를 무너뜨려 정전법(井田法)을 폐기시키니 이 때문에 겸병(兼幷)이 발생하고 탐욕이 생겨나 강한 사람은 점유한 토지가 1천 묘를 헤아리고, 빈약한 사람은 다만 송곳을 꽂을만한 땅도 없었다. 한나라는 토지에 부과하는 세금을 줄여 30분의 1을 세금으로 받았지만, 항상 경부(更賦 : 변방에서 병역에 종사하는 대신 내는 세금)가 있어 늙거나 병든 사람도 모두 세금을 내야 했고, 호민(豪民)은 침탈을 자행하여 농지를 나누어주고 빌려준 농지에 대한 농작물을 겁탈하였다. 그러니 명색은 30분의 1을 세금으로 받는다고 하였지만, 실제로는 10분의 5를 세금으로 받았다. 그러므로 부자는 개와 말에게도 콩과 곡식이 남아돌아 교만하고 사악한 짓을 하고, 가난한 사람은 술지게미와 쌀겨도 배부르게 먹지 못해서 곤궁하여 간악한 짓을 하니, 모두 죄에 빠져서 형벌이 그치지 않았다. 이제 천하의 토지 이름을 '왕전(王田 : 왕의 토지)'이라 고치고, 노비(奴婢)를 '사속(私屬)'이라고 고쳐서, 모두 사고팔 수 없게 하며 세대주 남자가 8명이 되지 않는데 농지가 1정(井 : 900묘)이 넘는 경우는 남는 토지를 분할하여 구족(九族), 인리(隣里 : 작은 마을), 향당(鄕黨 : 큰 마을) 사람들에게 주며 감히 성인(聖人)의 제도인 정전법을 비방하여 국법을 무시하고 대중을 현혹시키는 사람이 있으면, 사방의 변방으로 귀양 보내서 악인들을 막도록 하라!"

하였다.

【경오(庚午) 10) 시건국(始建國) 2년】

○ 【王莽擊匈奴】

王莽擊匈奴 莽恃府庫之富하고 欲立威匈奴하여 乃遣孫建等하여 率十二將分道並出하다

【왕망이 흉노를 공격하다】

왕망이 창고가 넉넉함을 믿고 흉노에게 위엄을 세우고자 하여, 마침내 손건(孫建) 등을 파견하여 12장군을 거느리고 행로를 나누어 동시에 출발하게 하였다.

【신미(辛未 11) 시건국(始建國) 3년】

○ 【嚴尤諫王莽擊匈奴】

嚴尤諫王莽擊匈奴

嚴尤諫曰 匈奴爲害가 所從來久矣로되 未聞上世有必征之者也니이다 後世三家周秦漢征之나 然而未有得上策者也니이다 周得中策하고 漢得下策하고 秦無策焉이라 周宣王時에 玁狁內侵하여 至於涇陽이어늘 命將征之하여 盡境而還하니 其視戎狄之侵을 譬猶蟁蝱하여 敺之而已라 故天下稱明하니 是爲中策이니이다 漢武帝選將練兵하고 約齎輕糧하여 深入遠戍하여 雖有克獲之功이나 胡輒報之라 兵連禍結三十餘年에 中國罷耗하고 匈奴亦創艾하여 而天下稱武하니 是爲下策이니이다 秦皇不忍小耻而輕民力하여 築長城하니 延袤萬里라 轉輸之行이 起於負海하여 疆境旣完하되 中國內竭하여 以喪社稷하니 是爲無策이니이다 今天下比年饑饉한대 北邊尤甚하니 大用民力이라도 功不可必立이니 臣伏憂之하노이다하다 莽不聽하다

嚴尤三策

【엄우가 왕망의 흉노 정벌 계획에 대해 간언하다】

엄우(嚴尤)가 간언하기를,

"흉노가 피해를 끼친 것은 그 유래가 오래 되었으나, 상고 시대에 기필코

정벌하고 말겠다고 마음먹은 자가 있었다는 것을 듣지 못하였습니다. 후세에 삼가(三家 : 세 나라) 주(周)・진(秦)・한(漢)나라도 정벌하였으나, 상급의 책략을 쓴 나라는 아직 없었습니다. 주나라는 중급 책략을 썼고, 한나라는 하급 책략을 썼으며, 진나라는 책략이라고 할 것이 없었습니다. 주나라 선왕(宣王) 시대에 험윤(玁狁 : 흉노, 호(胡))이 중원(中原)을 침입하여 경양(涇陽)에까지 들이닥치자 선왕이 장군들에게 명령하여 적들을 정벌하여 변경 끝까지 몰아내고 돌아오게 한 것은 융적(戎狄)의 침략을 보기를 모기와 등에에 물린 것처럼 여겨 쫓아버리기만 할 뿐이었습니다. 그래서 천하가 현명하다고 칭송하였으니, 이것이 중급 책략입니다. 한나라 무제(武帝)는 장수를 뽑고 군대를 훈련시켜, 가벼운 장비와 양식을 휴대하고 흉노 지역 깊이 들어가서 멀리까지 수비하여 비록 승리하여 노획한 공로가 있었으나, 험윤이 곧 보복해 왔습니다. 30여 년이나 전쟁이 연속되고 재앙이 이어져서 중국은 피폐하고, 흉노도 상처를 입었지만 천하 사람들은 그 무용(武勇)을 칭송하였으니, 바로 하등 책략입니다. 진나라 시황제는 작은 부끄러움을 참지 못하고 백성의 힘을 경솔히 징발하여 장성을 쌓았으니, 길이가 만 리나 되어, 군량을 수송하는 길이 바닷가에서 시작되어 국경에 이미 완전해졌습니다. 그러나 중국은 안으로 고갈되어 국가를 잃었으니, 이것이 계책이 없다는 것입니다. 지금 천하가 해마다 기근이 드는데 북쪽 변방은 더욱 심합니다. 크게 백성의 힘을 쓰더라도 반드시 성공한다고 장담할 수 없으니, 신은 이것을 근심합니다."

하였으나, 왕망은 듣지 않았다.

○ 【邊隙復開】

邊隙復開

北邊自宣帝以來로 數世不見煙火之警하여 人民熾盛하고 牛馬布野러니 及莽撓亂匈奴하여 與之構難에 邊民死亡係獲하니 數年之間에 北邊空虛하고 野有暴骨矣하다

【변방의 사변이 다시 시작되다】

북쪽 변방은 한나라 선제 이래 몇 대에 걸쳐 전쟁의 경보를 받지 않아 백성이 많아지고 소와 말이 들에 널려 있었다. 그런데 왕망이 흉노를 소란케 하여 그들과 전쟁을 벌이게 되자 변방 백성들이 죽거나 포로가 되니, 몇 년 사이에 북쪽 변방이 텅 비고 들에는 해골이 나뒹굴었다.

○ 【龔勝不食而卒】

龔勝不食而卒 莽遣使者奉璽書印綬迎龔勝하니 勝稱病篤이어늘 使者以印綬就加勝身한대 勝輒推不受하고 謂門人高暉等曰 吾受漢家厚恩이어늘 無以報요 今年老矣라

誼豈以一身事二姓 誼豈以一身事二姓이리오하고 語畢에 遂不復開口飮食하여 積十四日死하다

【공승이 음식을 먹지 않고 죽다】

왕망이 사자를 보내어 옥새 찍은 문서와 도장과 인끈을 받들어 공승(龔勝)을 맞이하게 하였는데 공승이 병이 심하다고 핑계를 대자, 사자는 도장과 인끈을 공승의 몸에 올려놓았다. 공승은 곧 밀쳐버려 받지 않고, 문하생 고휘(高暉) 등에게 말하기를,

"내가 한나라의 후한 은혜를 입었으나 보답하지도 못했고 이제는 나이도 늙어버렸다. 의리상 어찌 한 몸으로 두 성씨(姓氏)를 섬기랴!"

하였다. 말을 마치자 다시는 입을 벌려 음식을 먹지 않고 14일만에 죽었다.

○ 【薛方欲守箕山之節】

薛方欲守箕山之節 是時淸名之士에 又有紀逡薛方郇越郇相唐林唐尊하니 皆以明經飭行顯名於世라 紀逡兩唐皆仕莽하고 郇相爲莽太子四友하다 莽以安車迎薛方한대 方辭曰 堯舜在上에 下有巢由라 今明主方隆唐虞之德하시니 小臣欲守箕山之節하노이다하다 莽說其言하여 不彊

致하다

【설방이 기산의 절개를 지키려 하다】

이때에 청렴하다고 명성이 있는 선비로는 또 기준(紀逡)・설방(薛方)・순월(郇越)・순상(郇相)・당림(唐林)・당준(唐尊)이 있었는데, 모두 경서(經書)에 밝고 행실을 신중히 하여 세상에 이름을 드날렸다. 기준과 당림・당준은 모두 왕망의 조정에서 벼슬하였고, 순상은 왕망의 태자사우(太子四友)가 되었다. 왕망이 안거(安車 : 편히 앉는 수레)를 보내 설방을 맞이하자, 설방이 사절하기를,

"요・순이 임금으로 있을 때에 아래에는 소부・허유가 있었습니다. 지금 명철한 임금께서 바야흐로 요・순의 공덕을 높이시니, 소신(小臣)은 기산(箕山)의 절개[4]를 지키고자 합니다."

하였다. 왕망은 그 말에 기뻐하여, 억지로 오게 하지 않았다.

【임신(壬申 12) 시건국(始建國) 4년】

○【王莽性躁擾】

王莽性躁擾 莽性躁擾하여 不能無爲라 每有所興造에 動欲慕古하여 不度時宜하고 制度又不定하니 吏緣爲姦이라 天下謷謷하여 陷刑者衆하다

【왕망의 성질이 조급하고 번잡하다】

왕망은 성질이 조급하고 번잡하여 가만히 있지를 못하였다. 새로 일을 시작할 때마다 걸핏하면 옛 것을 모방하려고만 하여, 당시의 마땅함을 헤아리지 않고 제도도 정해지지 않으니, 관리들이 이를 이용하여 간사한 짓을 자행하므로 천하의 사람들이 원망하고 성토하여 형벌에 빠지는 사람이 많았다.

---

4) 기산(箕山)의 절개 : 요제(堯帝)가 임금 자리를 소부(巢父)와 허유(許由)에게 물려주려 하자 두 사람은 받지 않고 기산에 은거하여 지조를 지킨 절개를 말한다.

【정축(丁丑 17) 천봉(天鳳) 4년】

○ 【綠林兵起】

綠林兵起 莽法令煩苛하니 民搖手觸禁하여 不得耕桑하고 繇役煩劇하며 而枯旱蝗蟲相因하고 獄訟不決이라 吏用苛暴立威하고 旁緣莽禁하여 侵刻小民하니 富者不能自保하고 貧者無以自存이라 於是並起爲盜賊이라 荊州新市人王匡王鳳南陽馬武潁川王常成丹이 共攻離鄕聚하여 藏於綠林山中한대 數月間至七八千人하다

【녹림산의 군대가 일어나다】

왕망의 법령이 번잡하고 가혹하니 백성들이 손만 움직이면 금법에 걸려서 농사와 잠업(蠶業)을 할 수 없었으며 부역이 번잡하며 극심한데다 가뭄과 메뚜기의 재해가 연이어 일어나고, 옥사와 소송이 판결되지 못하였다. 관리는 가혹함과 포악함으로 위엄을 세우고, 왕망의 금법에 의지하여 백성들을 침해하였다. 부유한 사람은 스스로 보전할 수 없었고, 가난한 사람은 스스로 생존할 수 없어서 이에 모두 일어나 도적이 되었다.

형주(荊州) 신시(新市) 사람 왕광(王匡)·왕봉(王鳳), 남양(南陽) 사람 마무(馬武), 영천(潁川) 사람 왕상(王常)·성단(成丹)이 함께 이향취(離鄕聚)를 공격하고, 녹림산(綠林山)에 숨어들었는데 몇 개월 사이에 그 무리가 7천~8천 명으로 불어났다.

【무인(戊寅 18) 천봉(天鳳) 5년】

○ 【莽大夫揚雄死】

莽大夫揚雄死 莽大夫揚雄死하다 雄作太玄法言한대 鉅鹿侯芭師事焉하다 劉棻

揚雄作太玄法言 嘗從雄學作奇字러니 及棻坐事誅에 辭連及雄이라 時雄校書天祿閣上할새 使者來하여 欲收之하니 雄恐不能自免하여 迺從閣上自

揚雄投閣 投下하여 幾死라 莽聞之하고 以雄不知情으로 詔勿問하다 然又雄

劇秦美新之文 作法言卒章에 盛稱王莽功德 可比伊尹周公이라하고 又作劇秦美新之文以頌莽하니 君子病焉하다

【왕망의 대부 양웅이 죽다】

왕망(王莽)의 대부(大夫)[5] 양웅(揚雄)이 죽었다. 양웅은 ≪태현경(太玄經)≫과 ≪법언(法言)≫을 지었는데 거록(鉅鹿)사람 후파(侯芭)가 그를 스승으로 섬겼다. 유분(劉棻 : 유흠(劉歆)의 아들)이 일찍이 양웅을 따라 기자(奇字 : 글자체 이름)를 배웠는데, 유분이 사건에 연루되어 죽게 되었을 때 취조하는 말에 양웅이 언급되었다. 당시 양웅이 천록각(天祿閣)에서 책을 교정하고 있었는데, 사자가 와서 그를 잡으려고 하자 양웅은 스스로 피할 수 없을까 두려워하여 마침내 천록각 위에서 스스로 몸을 던져 거의 죽을 지경이었다. 왕망은 그 소식을 듣고 양웅은 내막을 몰랐다고 여겨 조서를 내려 문책하지 말라고 하였다. 그리고 또 양웅은 법언의 마지막장에 왕망의 공덕이 이윤(伊尹)과 주공(周公)에 비견될만 하다고 극도로 칭송하고, 또 진(秦)나라 왕은 무도(無道)함이 심하고 신(新)나라가 아름답다는 문장을 지어서 왕망을 칭송하니, 군자가 그것을 결점으로 여겼다.

○ 【樊崇起兵】

樊崇起兵 琅琊樊崇起兵於莒한대 一歲間至萬餘人하다

【번숭이 군대를 일으키다】

낭야의 번숭(樊崇)이 거(莒)에서 군대를 일으켰는데, 1년 동안에 만여 명에 이르렀다.

【임오(壬午 22) 지황(地皇) 3년】

5) 왕망(王莽)의 대부(大夫) : 원문 '莽大夫'는 주자(朱子)의 ≪자치통감강목(資治通鑑綱目)≫에서 일컬은 것으로 양웅(揚雄)을 격하시킨 칭호이다. ≪자치통감≫에는 '莽大夫'가 없이 "양웅이 죽었다(揚雄卒)"로만 기술되어 있다.

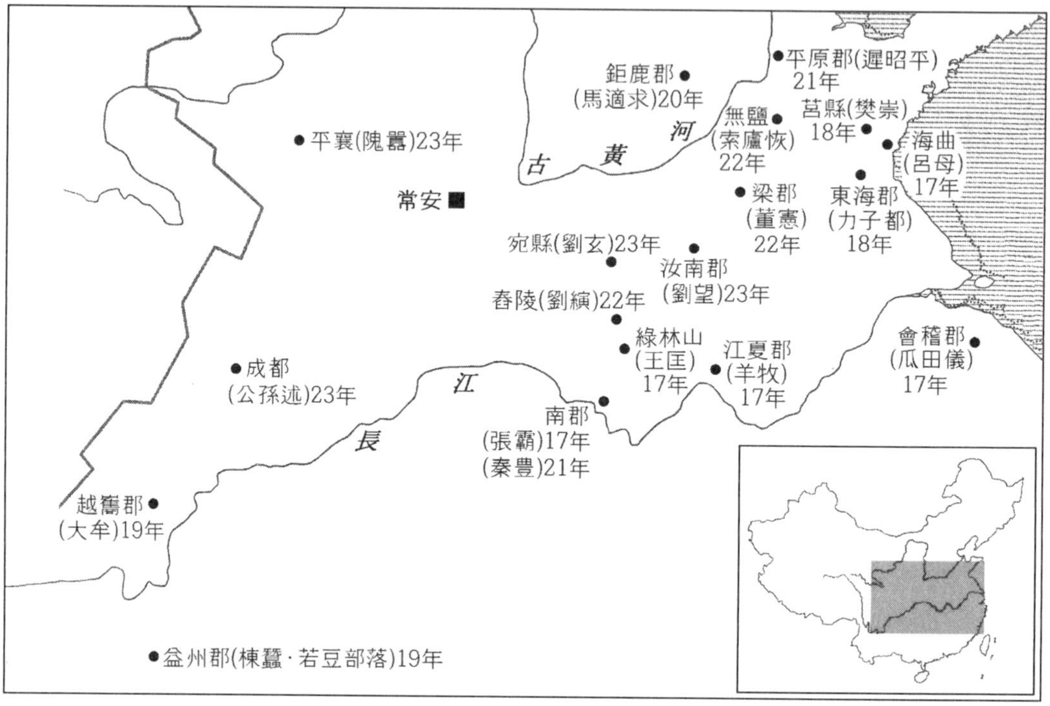

〈지도 22〉 신왕조(新王朝) 민중봉기(17~23년)

○ 【樊崇兵自號赤眉】

樊崇兵自號赤眉 樊崇等聞莽將討之하고 恐其衆與莽兵亂하여 乃皆朱其眉以相識別하니 由是號曰赤眉라하다

【번숭의 군대가 자칭 적미라고 하다】

번숭 등은 왕망이 장차 자신들을 토벌할 것이라는 소식을 듣고, 자신들의 무리와 왕망의 군대가 뒤섞일까 우려하여, 마침내 눈썹을 붉게 칠하여 서로 표시해 구별하였으니, 이로 말미암아 호칭을 적미(赤眉)라고 하였다.

○ 【劉秀起兵春陵】

劉秀起兵春陵 初에 長沙定王發四世孫南頓令欽이 生三男하니 縯仲秀라 縯性剛毅하고 慷慨有大節하며 秀隆準日角이요 性勤稼穡하니 縯常非笑

之하여 比於高祖兄仲하다 宛人李守가 好星曆讖記러니 嘗謂其子

劉氏當興 李氏爲輔

通曰 劉氏當興이니 李氏爲輔라하더라 及新市平林兵起하여 南陽騷動이어늘 通從弟軼謂通曰 今四方擾亂하니 漢當復興이라 南陽

劉伯升兄弟可與謀大事

宗室에 獨劉伯升兄弟汎愛容衆하니 可與謀大事라한대 通笑曰 吾意也라하고 遣軼往迎秀하여 與相約結하여 定謀議하고 通使軼與秀歸春陵擧兵以相應하다 於是縯自發春陵子弟한대 諸家子弟恐懼하여 皆亡匿이러니 及見秀絳衣大冠하고 皆驚曰 謹厚者亦復爲之라하고 乃稍自安하여 凡得子弟七八千人하여 與下江將王常及新市平林兵合하니 於是諸部齊心하여 銳氣益壯하다

【유수가 용릉에서 군대를 일으키다】

과거에 장사정왕(長沙定王) 유발(劉發)의 4세손 남돈현령(南頓縣令) 유흠(劉欽)이 아들 셋을 낳았는데, 유연(劉縯)·유중(劉仲)·유수(劉秀: 후일 광무황제)였다. 유연은 성품이 굳세고 강개하여 큰 절도가 있었으며, 유수는 높은 코에 이마가 앞으로 튀어 나왔고, 성격은 근면하여 농사를 좋아하였는데, 유연이 항상 유수를 비웃으며 고조(高祖: 유방(劉邦))의 형 유희(劉喜)와 비교하였다.

원(宛) 사람 이수(李守)가 점성술·역법(曆法)과 도참서적을 좋아하였는데, 일찍이 아들 이통(李通)에게 말하기를,

"유씨가 일어날 것이니, 이씨가 보좌하게 될 것이다."

하였다. 신시(新市)와 평림(平林)의 군대가 일어나 남양(南陽)이 떠들썩해지자, 이통의 종제(從弟) 이일(李軼)이 이통에게 말하기를,

"지금 사방이 어지러우니, 한나라가 마땅히 다시 일어날 것입니다. 남양(南陽)의 종실(宗室) 중에 유독 유백승(劉伯升: 유연(劉縯)) 형제가 박애하며 대중을 포용하니, 함께 큰일을 도모할 수 있습니다."

하니, 이통이 웃으며 말하기를,

"나의 뜻도 그렇다."

하고, 이일을 보내 유수를 맞이하여 함께 약속하여 도모할 것을 정하고는, 이통은 이일을 시켜 유수와 함께 용릉(舂陵)으로 돌아가 군대를 일으켜 서로 호응하게 하였다. 이에 유연이 스스로 용릉의 젊은이들을 동원하였으나, 여러 집안의 젊은이들이 겁내어 모두 도망해 숨었다가 유수의 붉은 옷과 큰 관의 장군복장을 보고는 모두 놀라 말하기를,

"신중하며 온후한 사람이 또 다시 이 일을 하는구나!"

하고, 마침내 점점 스스로 편안히 여겼다. 도합 젊은이 7천·8천명을 모아서, 하강(下江)의 장군 왕상(王常) 및 신시·평림의 군대와 합류하였다. 이에 여러 부대가 일치단결하여 용맹한 기세가 더욱 장대해졌다.

▪ 회양왕(淮陽王)

在位는 二年이라

재위는 2년이다.

名玄이요 字聖公이니 光武族兄이라 莽末漢兵起하나 無所統一이라 諸將共議立聖公爲帝러니 其後兵敗하여 降於赤眉라 建武元年에 光武詔封爲淮陽王하다 人心思漢하여 衆共立之나 天下大器를 豈庸才所能得哉리오

이름이 현(玄)이고, 자(字)가 성공(聖公)이니, 광무황제(光武皇帝 : 劉秀)의 족형(族兄)이다. 왕망(王莽) 말년에 한나라 군대가 일어났으나 통솔이 일치되지 못하였다. 여러 장수들이 함께 의논하여 성공을 세워 황제로 삼았는데, 그 후에 군대가 패배하여 적미(赤眉)에게 항복하였다. 건무(建武) 원년(元年 : 25)에 광무황제가 조서를 내려 회양왕(淮陽王)에 봉하였다.

민심이 한나라를 그리워하여 대중들이 공동으로 그를 세웠으나, 천하의 큰 그릇을 어찌 용렬한 재주로 얻을 수 있는 것이겠는가!

【계미(癸未 23) 경시(更始) 원년】

○ 【新市平林將帥立劉玄】

新市平林將帥立劉玄

正月에 漢兵圍宛하다 春陵戴侯曾孫玄在平林兵中하여 號更始將軍이라하니 時漢兵已十餘萬이라 欲立劉氏以從人望할새 南陽豪桀及王常等皆欲立劉縯이로되 而新市平林將帥樂放縱하여 憚縯威明하고 貪玄懦弱하여 先共定策立之하다

【신시·평림의 장군들이 유현을 군주로 세우다】

정월에 한나라 군대가 원(宛)성을 포위하였다. 용릉대후(舂陵戴侯：유웅거(劉熊渠))의 증손 유현(劉玄：유수의 족형)이 평림(平林) 군사들 속에 있으면서, 경시장군(更始將軍)이라고 불렀다. 당시 한나라 군사들이 이미 10여만 명이 되었는데, 유씨 성을 가진 황족을 세워 사람들의 바람을 따르려고 하였다. 남양의 호걸들과 왕상(王相) 등은 모두 유연(劉縯)을 세우려고 하였으나, 신시·평림의 장군들은 방종함을 즐겨서 유연의 위엄과 명철함을 꺼리고 유현의 나약함을 탐내어, 우선 공동으로 계책을 정하여 유현을 황제로 세웠다.

○ 【劉玄卽帝位 羞愧流汗】

劉玄卽帝位 羞愧流汗 擧手不能言

二月에 玄卽皇帝位하여 朝羣臣할새 羞愧流汗하고 擧手不能言하니 由是豪桀失望하여 多不服하다

【유현이 황제에 즉위하여 수줍음으로 땀을 흘리다】

2월에 유현이 황제에 즉위하여 여러 신하들에게 조회를 받았는데, 수줍어 땀을 흘리고 손을 들고 제대로 말을 하지 못했다. 이 때문에 호걸들이 실망하여 대부분 복종하지 않았다.

○ 【王莽發兵定山東】

王莽發兵定山東

三月에 偏將軍劉秀等徇昆陽定陵郾하여 皆下之하다 莽遣王邑王尋發兵平定山東하고 又驅諸猛獸虎豹犀象之屬以助威武하고 號百萬이라하여 縱兵圍昆陽하다

【왕망이 군대를 보내서 산동 지방을 평정하다】

3월에 편장군(偏將軍) 유수 등이 곤양(昆陽)·정릉(定陵)·언(郾)을 돌며 모두 항복받았다. 왕망이 왕읍(王邑)·왕심(王尋)을 파견하여, 군대를 출동시켜 산동(山東)을 평정하게 하고 또 맹수인 호랑이·표범·무소·코끼리 등속을 몰고 가서 위엄과 용맹을 더하게 하고는 백만 대군이라 호칭하여 군대를 풀어 곤양을 포위하였다.

○ 【更始都宛】

更始都宛

岑彭守宛이러니 漢兵攻之數月에 乃擧城降하여 更始入都之하다

【경시가 원에 도읍하다】

잠팽(岑彭)이 원(宛)성을 수비하였는데, 한나라 유현(劉玄) 군대가 공격한 지 수개월 만에 마침내 원성에 소속된 모든 현(縣)이 항복하였다. 경시황제가 원성에 들어가 도읍하였다.

○ 【劉秀小怯大勇】

劉秀小怯大勇

劉秀至郾定陵하여 悉發諸營兵할새 諸將貪惜財物하여 欲分兵守之라 秀與諸營兵俱進할새 自將步騎千餘爲前鋒하니 尋邑亦遣兵數千合戰할새 秀犇之하여 斬首數十級한대 諸將喜曰 劉將軍平生見小敵怯이러니 今見大敵勇하니 甚可怪也라하다

【유수가 작은 적에게는 겁내고 큰 적에게는 용감하다】

유수가 언・정릉에 이르러 군영(軍營)의 군대를 다 출동시킬 적에 장수들이 재물을 탐내고 아까워하여 출동하는 병사를 나누어 머물러 지키게 하려고 하였다. 유수는 여러 군영의 군대와 함께 전진할 적에, 스스로 보병과 기병 천여 명을 지휘하여 선봉이 되었다. 왕망의 부하 장수 왕심과 왕읍도 병사 수천 명을 보내와서 교전하자, 유수는 그들을 쫓아 머리 수십 급을 베었다. 여러 장군들이 기뻐하기를,

"유장군께서 평상시 작은 적을 보고 겁냈었는데, 지금 큰 적을 보고 용감하니 매우 괴이하도다!"

하였다.

○ 【劉秀大破莽兵於昆陽下】

劉秀大破莽兵於昆陽下

秀復進한대 尋邑兵却이어늘 諸部共乘之하여 斬首數百千級하고 連勝하여 遂前하니 諸將膽氣益壯하여 無不一當百이라 漢兵乘銳崩之하여 遂殺王尋하고 城中亦鼓譟而出하여 中外合勢하니 震呼動天地라 莽兵大潰하다 會大雷風하여 屋瓦皆飛하고 雨下如注하여 滍川盛溢하니 虎豹皆股戰하고 士卒赴水溺死者以萬數라 水爲不流러라 王邑嚴尤輕騎乘死人度水逃去어늘 盡獲其軍實輜重하니

豪傑用漢年號

於是海內豪傑翕然響應하여 皆殺其牧守하고 自稱將軍하여 用漢年號以待詔命하다

【유수가 왕망의 군대를 곤양에서 크게 격파하다】

유수가 다시 전진하자, 왕심과 왕읍의 군대는 퇴각하였다. 여러 부대가 함께 이를 틈타 머리를 수백 급에서 천 급을 베고, 연전연승하여 마침내 전진하니, 여러 장군들은 담력이 더욱 커져서 한 명이 백 명을 당하지 못하는 자가 없었다. 한나라 군대는 예리한 기세를 틈타서 드디어 왕심을 죽였다.

성 안에서는 또한 북치고 고함치며 나와 안팎이 세력을 합하니, 고함소리가

천지에 진동하였다. 왕망의 군대가 크게 무너졌는데, 마침 크게 천둥이 치고 바람이 불어서 지붕의 기와가 다 날아가고 비가 물 붓듯이 쏟아져 치천(滍川)이 범람하니, 왕망 쪽의 호랑이와 표범도 모두 두려워서 다리를 떨었고 사졸이 물가에 이르러 빠져 죽는 자가 만 명을 헤아렸다. 이 때문에 물이 흐르지 못했다. 왕읍과 엄우는 경무장한 기병을 데리고 죽은 사람을 밟고 치수를 건너 도망해 가니, 유수는 그 군용품과 중장비를 모두 획득하였다. 이에 천하의 호걸들이 일제히 메아리처럼 호응하여 그 주목(州牧)과 군수(郡守)를 모두 죽이고 스스로 장군이라 일컫고, 한나라 연호를 사용하면서 경시황제의 조서를 기다렸다.

○【王莽發策金縢】

王莽發策金縢 莽聞漢兵言莽鴆殺平帝하고 乃會公卿하여 開所爲平帝請命金縢之策하여 泣以示群臣하다

【왕망이 금등의 책문을 써둔 것을 열어보이다】

왕망은 "한나라 군대에서 왕망이 평제를 짐독(鴆毒)으로 죽였다."고 말하는 것을 듣고 마침내 공과 경을 모아놓고, 평제의 목숨을 위하여 자신이 대신 죽기를 청한 금등(金縢 : 황금 끈 궤짝)의 책문(策文)을 펼치고 울면서 여러 신하들에게 보여 주었다.

○【更始殺劉縯】

更始殺劉縯 新市平林諸將以劉縯兄弟威名益盛이라하여 陰勸更始除之한대 更始不敢發이러니 縯部將劉稷이 聞更始立하고 怒曰 本起兵圖大事者는 伯升兄弟也어늘 今更始何爲者耶오하니 更始收稷하여 將誅之어늘 縯固爭하다 李軼朱鮪勸更始幷執縯하니 卽日殺之하다

【경시가 유연을 죽이다】

신시와 평림의 여러 장군들은 유연의 형제가 위엄과 명예가 더욱 성대해진다고 하여, 은밀히 경시에게 그들을 제거하도록 권하였다. 경시가 감히 명령하지 못했는데 유연의 부장(部將) 유직(劉稷)이 경시의 즉위 소식을 듣고 노하기를,

"본래 군대를 일으켜 큰일을 도모한 사람은 유백승 형제인데, 지금 경시는 무엇 하는 사람이냐?"

하니, 경시가 유직을 잡아 목베려 하자 유연이 강력하게 반대하였다. 이일(李軼)과 주유(朱鮪)가 경시에게 유연까지 아울러 잡을 것을 권하니 그날로 둘 다 죽였다.

○【劉秀不伐昆陽之功】

劉秀不伐昆陽之功

官屬迎弔秀어늘 秀不與交私語하고 惟深引過而已요 未嘗自伐昆陽之功하며 又不敢爲縯服喪하고 飮食言笑如平常하니 更始以是慙하여 拜秀爲破虜大將軍하고 封武信侯하다

【유수가 곤양성의 전공을 자랑하지 않다】

유연의 관청 관리들이 유수를 맞이하여 위로하자, 유수는 함께 사사로운 말을 나누지 않고 오직 자기의 과실이라고 크게 자책할 뿐이었다. 곤양을 공격한 공로를 스스로 자랑한 적이 없었으며 또 감히 유연을 위하여 상복을 입지 않고, 평상시처럼 먹고 말하고 웃었다. 경시는 이 때문에 부끄러워하여 유수를 임명하여 파로대장군(破虜大將軍)으로 삼고, 무신후(武信侯)에 봉하였다.

○【王莽憂懣不能食】

王莽憂懣不能食

莽憂懣不能食하고 但飮酒하고 啗鰒魚하며 讀軍書倦이면 因馮几寐하고 不復就枕矣하다

【왕망이 번민하여 잘 먹지 못하다】

왕망이 번민하여 잘 먹지도 못하고, 단지 술을 마시며 전복만 먹었다. 병서

를 잃다가 피곤하면 그대로 안석에 기대어 자고 다시 잠자리로 나아가지 못하였다.

○【隗囂起兵】

隗囂起兵 成紀人隗崔與周宗等起兵以應漢하다 崔兄子囂가 素有名이러니 移檄郡國하고 勒兵十萬하여 分遣諸將徇隴西武都하여 皆下之하다

【외효가 군대를 일으키다】

성기(成紀)사람 외최(隗崔)가 주종(周宗) 등과 군대를 일으켜 한나라에 호응하였다. 외최의 형의 아들 외효(隗囂)는 평소 명망이 있었는데, 군국(郡國)에 격문을 보내고 군대 10만 명을 거느리고 여러 장군들을 나누어 파견하고 농서(隴西)와 무도(武都)를 순행하여 모두 항복받았다.

○【公孫述起兵】

公孫述起兵 茂陵公孫述이 起兵成都하여 自稱輔漢將軍이라하고 兼益州牧하다

【공손술이 군대를 일으키다】

무릉(茂陵)의 공손술(公孫述)이 성도(成都)에서 군대를 일으켜 스스로 보한장군(輔漢將軍)이라 일컫고 익주목(益州牧)을 겸임하였다.

○【漢兵斬莽首】

漢兵斬莽首 更始遣將攻武關하니 三輔震動이라 析人鄧曄于匡起兵應漢하여 開武關迎漢兵하고 諸縣大姓亦各起兵稱漢將軍하고 而長安旁兵四會城下하다 九月戊申朔에 兵從宣平城門入하니 火及掖庭承明이라 莽避火宣室하여 旋席隨斗柄而坐하고 曰 天生德於予하시니

漢兵其如予何리오하다 庚戌 旦明에 羣臣扶莽之漸臺러니 下晡時에 衆兵上臺하여 斬莽首하고 分莽身하여 節解臠分하니 爭相殺者數十人이라 傳莽首詣宛이어늘 縣於市하니 百姓共提擊之하고 或切食其舌하니라

【한나라 군사가 왕망의 머리를 베다】

경시가 장군을 보내어 무관(武關)을 공격하게 하니 삼보(三輔 : 경기 지구) 지역이 진동하였다. 석현(析縣)사람 등엽(鄧曄)과 우광(于匡)이 군사를 일으켜 한나라에 호응하고, 무관을 열어 한나라 군대를 맞이하였다. 여러 현의 큰 성씨들도 또한 각각 군대를 일으켜 한나라 장군이라 일컬었으며, 장안 부근의 군대들이 사방에서 모여 성 아래에 도착하였다. 9월 무신일(1일)에 군대가 선평성문(宣平城門)으로 들어가니, 불이 액정(掖庭 : 궁에 붙은 곁채)과 승명전(承明殿)까지 붙었다.

왕망은 불을 피해 미앙궁의 선실전(宣室殿)으로 가서, 자리를 돌려서 북두성 자루를 향해 앉아 말하기를,

"하늘이 나에게 덕을 주셨으니, 한나라 군대가 나에게 어떻게 하겠느냐!"[6)]

하였다. 경술일(3일) 새벽에 여러 신하들이 왕망을 부축하여 미앙궁의 점대(漸臺)로 갔다. 하포(下晡 : 오후 5시 45분)에 많은 병사들이 점대에 올라 왕망의 머리를 베고, 왕망의 몸을 찢어 사지 관절을 분해하고 살덩이를 쪼개어, 다투어 죽이는 자가 수십 명이었다. 왕망의 머리를 원(宛)에 보내니[7)] 시가에 매달았다. 백성들이 함께 때리거나 공격하고 혹자는 왕망의 혀를 잘라 먹었다.

○ 【吏士喜見漢官威儀】

吏士喜見漢官威儀

更始將都洛陽할새 以劉秀行司隸校尉하고 使前整修宮府어늘 秀

6) 하늘이 … 어떻게 하겠느냐 : 공자(孔子)의 말을 왕망이 인용한 것이다. 공자가 환퇴(桓魋)에게 곤경을 당할 때 "하늘이 나에게 덕을 주셨으니, 환퇴가 나에게 어떻게 하겠느냐!"라고 한 것을 바꾸어 말한 것이다.(≪論語≫ 〈述而〉)

7) 왕망의 머리를 원(宛)에 보내니 : 황제 경시가 원에 도읍하여 머물렀기 때문에 그곳으로 왕망의 머리를 보내서 보고한 것이다.

乃置僚屬하고 作文移하고 從事司察을 一如舊章하다 時三輔吏士東迎更始할새 見諸將過에 皆冠幘而服婦人衣하니 莫不笑之러니 及見司隷僚屬하여는 皆歡喜不自勝하고 老吏或垂涕曰 不圖今日復見漢官威儀라하니 由是識者皆屬心焉하다

【관리와 군사가 한나라 관원의 위엄스러운 풍채를 보고 기뻐하다】

경시는 장차 낙양에 도읍하려 하려고 유수로 사예교위(司隷校尉)를 겸직시키고 미리 낙양의 궁부를 수리하게 하였다. 유수는 마침내 소속 관원을 두고 공문을 만들고, 종사관(從事官)으로 사찰케 하기를 한결같이 옛 법도대로 하였다. 당시 삼보의 관리와 군사가 동쪽 낙양에 가서 경시를 맞이할 때, 여러 장군들이 지나가는 것을 보았는데 모두 수건을 쓰고 부인의 옷을 입고 있으니 웃지 않는 자가 없었다. 그러나 사예교위의 소속 관원을 보고는 모두 기쁨을 이기지 못하였으며, 늙은 관리가 혹 눈물을 흘리며 말하기를,

"뜻밖에 오늘 다시 한나라 관원의 위엄스러운 풍채를 보는구나!"

하였다. 이로 말미암아 식자들은 모두 유수에게 마음을 돌렸다.

○ 【劉秀除莽苛政】

劉秀除莽苛政 更始拜劉秀行大司馬事하여 持節北度河하여 鎭慰州郡이라秀至

劉秀巡河北 河北하여 所過郡縣에 考察官吏하여 黜陟能否하고 平遣囚徒하며 除王莽苛政하고 復漢官名하니 吏民悅喜하여 爭持牛酒迎勞어늘 秀皆不受하다

【유수가 왕망의 가혹한 정무를 제거하다】

경시는 유수를 임명하여 대사마(大司馬) 일을 겸직시키고, 부절을 가지고 북으로 황하를 건너 주(州)와 군(郡)을 무마하여 위로하게 하였다. 유수는 하북(河北)에 이르러 지나는 곳의 군과 현에 관리를 고찰하여, 능력자와 무능력자를 승진

하고 강등시키며 오판 받은 복역자들을 시정하여 돌려보내고, 왕망의 가혹한 정무를 제거하고 한나라 관명을 회복시켰다. 관리와 백성이 기뻐하여 앞 다투어 소고기와 술을 가져와 맞이하며 위로하였으나 유수는 모두 받지 않았다.

○ 【鄧禹杖策追劉秀】

鄧禹杖策追劉秀 南陽鄧禹杖策追秀하여 及於鄴이어늘 秀曰 我得專封拜하니 生遠來는 寧欲仕乎아하니 禹曰 不願也요 但願明公威德加於四海어든 垂功名於竹帛 禹得効其尺寸하여 垂功名於竹帛爾로이다하다 秀笑하고 因留宿이러니 禹進說曰 今山東未安하여 赤眉青犢之屬動以萬數요 更始旣是常才而不自聽斷하고 諸將皆庸人屈起라 志在財幣하여 爭用威力하여 朝夕自快而已요 非有忠良明智深慮遠圖하여 欲尊主安民也라 明公素有盛德大功하여 爲天下所嚮服이라 軍政齊肅하고 賞罰明信하니 爲今之計컨대 莫如延攬英雄하고 務悅民心하여 立高祖之業하고 救萬民之命이니 以公而慮컨대 天下不足定也니이다하니 秀大悅하고 因令禹常宿止於中하여 與定計議하고 每任使諸將에 多訪於禹하니 皆當其才하다

【등우가 말을 채찍질하며 유수를 따르다】

남양의 등우가 말을 채찍질하며 유수를 따라가서 위군(魏郡)의 업현(鄴縣)에서 따라붙었다. 유수가 말하기를,

"나는 봉작과 임명을 독단으로 처리 할 수 있소. 선비께서 멀리서 온 것은 어찌 벼슬을 원해서가 아니겠소?"

하니, 등우가 말하기를,

"벼슬을 원하지 않습니다. 다만 명예와 지위가 있는 자의 위엄과 덕이 천하에 더해지거든 제가 저의 작은 재주를 밝혀서 공적과 명예를 역사에 남기려

고 할 뿐입니다."

하였다. 유수는 웃고, 이어서 유숙하였다. 등우가 나서서 유세하기를,

"지금 산동이 편안하지 못하여 적미(赤眉)와 청독(靑犢)의 무리들이 많은 수로 움직입니다. 경시는 이미 평범한 인물이어서 스스로 진술을 자세히 들어도 정사를 결단하지 못하는데다, 여러 장군들은 모두 용렬한 사람들이 일어났기 때문에 뜻이 재물과 돈에 있어 다투어 위력을 사용하고, 아침부터 저녁까지 스스로 만족해 할 뿐입니다. 충성과 정직, 총명과 지혜, 깊은 생각과 원대한 도모로 임금을 높이며 백성을 편안케 하고자 함이 아닙니다. 명철한 공께서는 평소 성대한 덕성과 큰 공로를 지니셔서, 천하 사람들이 귀순하여 복종하였습니다. 군대와 행정이 엄숙하고 상과 벌을 공개적으로 하여 신의를 지키셨습니다. 지금을 위한 계획으로는 영웅들을 맞이해 부르시고 힘써 백성의 마음을 기쁘게 하여, 고조(高祖 : 유방)의 사업을 세우시고, 온 백성의 생명을 구제하는 것 만한 것이 없습니다. 공께서 도모하신다면 천하는 평정하기에 어렵지 않을 것입니다."

하니, 유수가 크게 기뻐하여 이어서 등우를 항상 군막 안에서 자고 머물게 하면서 함께 계획하여 논의를 결정하였다. 여러 장군들을 임명하여 보낼 적마다 등우에게 많이 상의하였는데, 모두 그 재주에 적합하게 하였다.

○ 【馮異說劉秀】

耿純謁劉秀 秀自兄縯之死로 每獨居輒不御酒肉하고 枕席有涕泣處라 主簿馮異獨寬譬한대 秀止之曰 卿勿妄言하라하니 異因進說曰 更始政亂에 百姓無所依戴라 夫人久飢渴이면 易爲充飽하나니 今公專命方面하시니 宜分遣官屬循行郡縣하여 宣布惠澤하소서하니 秀納之하다

【풍이가 유수를 설득하다】

유수는 형 유연이 살해당한 이후로 항상 혼자 있을 때면 번번히 술과 고기를 먹지 않았고, 베개와 자리엔 눈물 흘린 자국이 있었다. 주부(主簿) 풍이(馮異)만이 너무 상심하지 마시라고 위로하였는데, 유수가 그의 말을 그치게 하며

말하기를,

"경은 허망한 말을 하지 마시오!"

하니, 풍이가 이어 나서서 설득하기를,

"경시의 정치가 어지러워 백성들이 의지해 떠받들 곳이 없었습니다. 대저 사람은 오래 굶주리고 목마르면 배부르게 하기 쉽습니다. 지금 공께서 한 방면에서 명령을 독단으로 처리할 수 있으니, 마땅히 관리를 나누어 파견하여 군과 현을 순행시켜 은택을 베푸십시오."

하니, 유수가 그 말을 받아들였다.

○【耿純謁劉秀】

馮異說劉秀

騎都尉耿純謁秀於邯鄲이러니 退하여 見官屬將兵法度不與他將同하고 遂自結納하다

【경순이 유수를 뵙다】

기도위(騎都尉) 경순(耿純)이 유수를 한단(邯鄲)에서 뵈었는데, 물러나서 관리와 장병의 법도가 다른 장군들과 같지 않음을 보고 드디어 스스로 친교를 맺었다.

○【王郎稱帝】

王郎稱帝

王莽時에 長安中有自稱成帝子子輿者어늘 莽殺之러니 邯鄲卜者王郎緣是詐稱眞子輿라한대 百姓多信之하다 趙林等率車騎數百晨入邯鄲城하여 止于王宮하여 立郎爲天子하니 趙國以北遼東以西皆望風響應하다

【왕랑이 황제라고 사칭하다】

왕망 때에 장안 안에 스스로 한나라 성제(成帝)의 아들 유자여(劉子輿)라고 말

하는 사람이 있자, 왕망이 그를 죽였다. 한단의 점쟁이 왕랑(王郎)은 이 사건을 이용하여 자기가 진짜 유자여라고 사칭하니, 백성들 대부분이 그의 말을 믿었다. 조림(趙林) 등이 기마병 수백 명을 인솔하고 새벽에 한단성으로 들어와 옛날 조(趙)나라 왕궁에 머물면서 왕랑을 세워 천자로 삼으니, 조나라 북쪽과 요동(遼東) 서쪽이 모두 풍문만 듣고도 메아리처럼 호응하였다.

【갑신(甲申 24) 경시(更始) 2년】

○ 【更始委政於趙萌】

更始委政於趙萌 更始至長安하여 居長樂宮할새 升前殿하니 郎吏以次列庭中이라
俛首刮席 更始羞怍하여 俛首刮席하며 不敢視하다 更始納趙萌女爲夫人이라
故委政於趙萌하고 日夜飮讌後庭하여 以至羣小膳夫皆濫授官爵
竈下養中郎將 爛羊胃騎都尉 하니 長安爲之語曰 竈下養은 中郎將이요 爛羊胃는 騎都尉요 爛羊
爛羊頭關內侯 頭는 關內侯라하니 由是關中離心하고 四海怨叛하다

【경시가 조맹에게 정치를 맡기다】

경시가 장안에 이르러 장락궁(長樂宮)에 거처할 적에 전전(前殿 : 정전(正殿))에 오르자, 낭관들이 차례로 뜰 안에 늘어섰다. 경시는 부끄러워 머리를 숙이고 자리만 문지른 채, 감히 쳐다보지 못하였다. 경시가 조맹(趙萌)의 딸을 맞이하여 부인으로 삼았다. 그러므로 조맹에게 정치를 맡기고 밤낮으로 뒤뜰에서 술 마시며 잔치하여, 관직이 낮은 요리사들에게도 모두 함부로 관작을 제수하였다. 장안 사람들은 이 때문에 노래를 만들어 부르기를,

> "부뚜막의 주방장(廚房長)은 중랑장(中郎將)에 올랐고, 양(羊) 위장을 볶는 사람은 기도위(騎都尉)에 올랐고, 양(羊) 대가리를 삶는 사람은 관내후(關內侯)에 올랐다네."

하였다. 이로 말미암아 관중에 민심이 떠나가고 천하가 원망하며 반란하였다.

○【馮異上豆粥】

馮異上豆粥 大司馬秀至薊하니 會故廣陽王子接起兵薊中以應王郎이라 城內

燕蔞亭 擾亂이어늘 秀趣駕而出하여 不敢入城邑하다 舍食道傍하며 至燕蔞亭하니 時天寒烈어늘 馮異上豆粥이라 至下曲陽하니 傳聞王郎兵

滹沱河 在後하고 從者皆恐이라 至滹沱河하니 候吏還白호대 河水流澌하고 無船하여 不可濟니이다하니 秀使王霸往視之한대 霸恐驚衆하고 欲

王霸詭曰 冰堅可度 且前하여 阻水還하여 卽詭曰 冰堅可度라하니 官屬皆喜라 秀笑曰 候吏果妄語也로다하고 遂前하다 比至河하니 河冰亦合이라 乃令王霸護度한대 未畢數騎而冰解하다

【풍이가 콩죽을 유수에게 올리다】

대사마 유수가 계현(薊縣 : 광양국(廣陽國))에 이르렀는데, 마침 옛날 광양왕(廣陽王)의 아들 유접(劉接)이 계현에서 군대를 일으켜 왕랑에게 호응하였다. 성 안이 요란해지자 유수가 수레를 재촉해 나와, 감히 성읍으로 들어가지 못하였다. 길가에서 숙식하면서 무루정(蕪蔞亭)에 도착하니 당시 추위가 혹독했는데, 풍이가 콩죽을 유수에게 올렸다. 하곡양(下曲陽)에 도착해서, 왕랑의 군대가 뒤에 있다는 것을 전해 듣자 따르는 사람들이 모두 두려워하였다. 호타하(滹沱河)에 도착하였는데, 선두 염탐 군관이 되돌아와 보고하기를,

"하수에 얼음이 떠내려가고 배가 없어 건널 수 없습니다."

하니, 유수가 왕패(王霸)를 시켜 가서 살펴보게 하였다. 왕패는 대중들이 놀랄까 두렵고 전진하고자 하여, 하수와 맞닿는 곳에서 돌아와 곧 거짓으로 말하기를,

"얼음이 단단해 건널 수 있습니다."

하니, 관리들이 다 기뻐하였다. 유수는 웃으며 말하기를,

"선두 정탐 군관이 과연 거짓말을 했구나!"

하고, 드디어 전진하였다. 하수에 이르니 하수의 얼음이 역시 얼어 있었다. 왕

패를 시켜 감독하여 건너게 하였는데, 몇 명 기마병만이 미처 다 건너지 못한 상태에서 얼음이 깨졌다.

○ 【邳肜獻策】

邳肜獻策 鄧禹爇火 馮異進麥飯

至南宮하여 遇大風하여 秀引車入道傍空舍하니 馮異抱薪하고 鄧禹爇火라 秀對竈燎衣러니 馮異復進麥飯하다 馳赴信都하니 是時郡國皆降王郎하되 獨信都太守任光和戎太守邳肜不肯從이러니 光聞秀至하여 大喜하고 邳肜亦自和戎來會하다 議者多言可因信都兵自送하여 西還長安이라하다 邳肜曰 吏民歌吟思漢久矣라 今卜者王郎이 假名因勢하여 驅集烏合之衆하여 遂振燕趙之地나 無有根本之固하니 明公奮二郡之兵以討之면 何患不克이리오 今釋此而歸면 豈徒空失河北이리오 必更驚動三輔하여 墮損威重하리니 非計之得者也니이다하니 秀乃止하다

【비융이 계책을 올리다】

남궁현(南宮縣)에 이르러 큰 바람을 만나자 유수가 수레를 끌고 길 옆의 빈 집으로 들어가니 풍이는 땔나무를 안아 오고, 등우는 불을 피웠다. 유수는 부뚜막을 향하여 옷을 말리고 있었는데, 풍이가 다시 보리밥을 지어 올렸다. 유수가 말을 달려 신도(信都)에 이르렀다. 이 때 군국이 모두 왕랑에게 항복하였으나, 유독 신도태수 임광(任光)과 화융태수(和戎太守) 비융(邳肜)만이 복종하려 하지 않았다. 임광은 유수가 도착하였다는 소식을 듣고는 크게 기뻐하였고, 비융도 화융에서 와서 모였다. 유수 쪽의 의논하는 자들 중 많은 사람들이 신도의 병사들에게 의지하여 유수를 호송하여 서쪽으로 장안에 돌아가야 한다고 말하였다. 비융이 말하기를,

"관리와 백성들이 노래 부르며 한나라를 생각한지 오래되었습니다. 지금 점쟁이 왕랑이 이름을 빌리고 세력을 이용하여 훈련받지 못한 무리를 끌어 모

아 마침내 연(燕)과 조(趙)의 땅에서 떨치고 일어났으나, 근본의 견고함은 없습니다. 현명하신 공께서 두 군(郡)의 병사들을 분발시켜 그들을 토벌하면, 어찌 이기지 못함을 근심하겠습니까? 지금 이들을 놓아두고 돌아가면, 어찌 공연히 하북(河北)만 잃을 뿐이겠습니까? 반드시 또 삼보(三輔) 지역을 놀라고 동요시켜 공의 위엄이 훼손될 것이니 좋은 계책이 아닙니다."

하니, 유수가 마침내 장안으로 가지 않았다.

○ 【郡縣響應於劉秀】

郡縣響應於劉秀

秀以二郡兵弱하여 欲入城頭子路力子都軍中한대 任光以爲不可라하다 乃發傍縣하여 得精兵四千人하고 拜任光爲左大將軍이라 昌城人劉植聚兵數千人據昌城하여 迎秀하니 秀以劉植爲驍騎將軍이라 耿純率宗族賓客二千餘人하고 老病者皆載木自隨하여 迎秀於育하니 拜純爲前將軍하고 進攻下曲陽하여 降之하다 衆稍合하여 至數萬人이라 移檄邊郡共擊邯鄲하니 郡縣還復響應하다

【군과 현이 유수에게 메아리처럼 호응하다】

유수는 두 군(郡)의 병력이 약하기 때문에 성두자로(城頭子路 : 농민군 장군)와 역자도(力子都)의 부대 안으로 들어가려 하였으나 임광이 허락하지 않았다. 마침내 옆의 현에서 병사를 징발하여 정예 병사 4천 명을 얻고 임광을 임명하여 좌대장군(左大將軍)으로 삼았다.

창성(昌城)사람 유식(劉植)이 병사 수천 명을 모아 창성에 웅거하면서 유수를 맞이하자 유수는 유식을 효기장군(驍騎將軍)으로 삼았다. 경순(耿純)은 종족과 빈객 2천여 명을 거느리고 왔는데, 늙고 병든 사람도 모두 관(棺)을 싣고 스스로 따라와서 유수를 육현(育縣)에서 맞이하니 경순을 임명하여 전장군(前將軍)으로 삼았다. 하곡양으로 진격하여 항복받아 무리가 점점 합세하여 수만 명에 이르렀다. 변두리 군에 격문을 보내어 함께 한단을 공격하자, 군과 현이 다시 메아리처럼 호응하였다.

○ 【劉秀披輿地圖】

劉秀披輿地圖 秀披輿地圖하여 指示鄧禹曰 天下郡國如是어늘 今始乃得其一하니 子前言以吾慮天下不足定은 何也오하니 禹曰 方今海內殽亂하여 人思明君을 猶赤子之慕慈母하나니 古之興者在德薄厚요 不以大小也니이다하다

【유수가 지도를 펼쳐보다】

유수가 여지도(輿地圖 : 지도)를 펴서, 등우에게 가리켜 보이며 말하기를,

"천하의 군국(郡國)이 이와 같이 많은데 이제야 비로소 그 중에 하나를 얻었소. 그대가 이전에 '나의 생각에 천하는 굳이 평정할 것이 없다' 라고 말한 것은 어째서이오?"

하니, 등우가 말하기를,

"지금 천하가 혼란하여 사람들이 영명한 임금을 바라기를 갓난아이가 자애로운 어머니를 그리워하듯이 합니다. 옛날에 흥성했던 사람은 공덕이 두터워서이지 땅이 커서가 아닙니다!"

하였다.

○ 四月에 秀進攻邯鄲하여 連戰하여 破之하다

4월에 유수가 한단으로 진격하여 연이어 싸워 격파하였다.

○ 【劉秀平王郎】

劉秀平王郎 令反側子自安 五月에 王霸追斬王郎하다 秀收郎文書하여 得吏民與郎交關謗毁者數千章이나 秀不省하고 會諸將軍燒之하고 曰 令反側子自安하노라하다

【유수가 왕랑을 평정하다】

5월에 왕패가 왕랑을 추격하여 목을 베었다. 유수가 왕랑의 문서를 거두어 들여 관리와 백성들이 왕랑과 교통하면서 비방한 글 수천 건을 얻었으나, 유수는 살펴보지 않고 여러 장군을 모아놓고 문서들을 불태우며 말하기를,

"불안한 사람들을 스스로 안심하게 하노라!"

하였다.

○【士願屬大樹將軍】

士願屬大樹將軍 馮異大樹

秀部分吏卒各隷諸軍할새 士皆言願屬大樹將軍이라하니 大樹將軍者는 偏將軍馮異也라 爲人謙退不伐하여 敕吏士非交戰受敵이면 常行諸營之後하고 每所止舍에 諸將並論功이어든 異常獨屛樹下라 故軍中號曰 大樹將軍이라하다

【군사들이 대수장군에게 소속되기를 원하다】

유수가 관리와 군졸을 부서 별로 나누어 각각 여러 군대에 예속시키는데, 군사들이 모두 '대수장군(大樹將軍)에게 소속되고 싶습니다.'라고 말하였다. 대수장군은 편장군(偏將軍) 풍이(馮異)였다. 풍이는 사람됨이 겸손하여 자랑하지 않고, 관리와 군사들에게 명령을 내려서 교전하거나 적에게 공격받을 때가 아니면 항상 여러 군영의 뒤에 행군하게 하였다. 도착하여 머무는 곳마다 여러 장군이 함께 공로를 논의하면, 풍이는 늘 홀로 나무 아래로 피하였다. 그러므로 군대 안에서 '대수장군' 이라고 불렀다.

○【耿弇勸蕭王勿罷兵】

耿弇勸蕭王勿罷兵 劉秀爲蕭王

更始遣使立秀爲蕭王하고 悉令罷兵이어늘 耿弇進曰 百姓患苦王莽하여 復思劉氏러니 今更始爲天子에 而諸將擅命하고 貴戚縱橫하여 虜掠自恣하니 元元叩心하여 更思莽朝라 是以知其必敗也하노이다 公功名已著하니 以義征伐이면 天下可傳檄而定也라 天下至

劉秀貳於更始

重하니 公可自取하고 毋令他姓得之하소서하다 蕭王乃辭以河北未平하고 不就徵하니 始貳於更始하다

【경감이 소왕에게 군대를 해산하지 말라고 권하다】

경시가 사신을 보내, 유수를 세워 소왕(蕭王)으로 삼고, 군대를 모두 해산하라고 명령하자, 경감이 나아가 말하기를,

"백성들이 왕망때문에 근심과 고통을 받아 다시 유씨(劉氏)를 그리워하고 있었는데, 지금 경시가 천자가 되어 여러 장군들은 제멋대로 명령을 내리고 귀척들은 방자하여 노략질을 자행하니, 백성들이 가슴을 치며 다시 왕망의 조정을 생각하고 있습니다. 이것으로 경시가 반드시 실패할 것을 알 수 있습니다. 공께서는 공로와 명예가 이미 드러났으니, 의리로 정벌하다면 천하는 격문만 돌리더라도 평정할 수 있을 것입니다. 천하는 지극히 중하니, 공께서는 스스로 취하시어 다른 성씨가 소유하게 하지 마십시오!"

하였다. 소왕이 마침내 하북이 아직 평정되지 않았다는 이유로 군대 해산을 거부하고 부름에 나아가지 않으니, 비로소 경시와 벌어지게 되었다.

○ 【蕭王推赤心置人腹中】

蕭王推赤心置人腹中

是時에 諸賊銅馬鐵脛尤來大槍上江青犢五校五幡五樓富平獲索等各領部曲하여 衆合數百萬人이라 所在寇掠이러니 秋에 蕭王擊銅馬於鄡할새 吳漢將突騎來會淸陽한대 士馬甚盛이라 銅馬食盡

蕭王破降銅馬諸賊

하여 夜遁이어늘 蕭王追擊於館陶하고 悉破降之하여 封其渠帥爲列侯하다 諸將未能信賊하고 降者亦不自安하다 王知其意하고 敕令降者各歸營勒兵하고 自乘輕騎按行部陳한대 降者更相語曰 蕭王推赤心置人腹中하니 安得不投死乎리오하고 由是皆服이어늘 悉以

劉秀爲銅馬帝

降人分配諸將하니 衆遂數十萬이라 故關西號秀爲銅馬帝라하다

【소왕이 진심을 옮겨 군인들의 뱃속에 두다】

이때에 도적떼들인 동마(銅馬)·철경(鐵脛)·우래(尤來)·대창(大槍)·상강(上江)·청독(靑犢)·오교(五校)·오번(五幡)·오루(五樓)·부평(富平)·획색(獲索) 등이 각각 부곡(部曲 : 소속 부대)을 거느려 그 무리가 도합 수백만 명이었는데, 자리잡는 곳마다 노략질 하였다. 가을에 소왕이 교현(鄡縣)에서 동마를 치자, 오한이 돌격 기병을 지휘하여 청양현에 와서 모였는데, 군사와 말이 매우 많았다. 동마가 식량이 다 떨어져 밤에 달아나자, 소왕은 관도현(館陶縣)으로 추격하고, 다 격파하고 항복받아 그 우두머리 장수를 봉하여 열후(列侯)로 삼았다. 그런데 유수의 부하 장군들이 항복한 적들을 믿지 못하고, 항복한 사람들도 스스로 편하지 않았다. 소왕이 그들의 마음을 알고 항복한 자들에게 각각 군영으로 돌아가 군사를 지휘하도록 명령하고, 자신은 갑옷을 벗은 채 말을 타고서 부대를 순찰했다. 항복한 자들이 번갈아 서로 말하기를,

"소왕께서 진심을 옮겨 우리들의 뱃속에 놓았으니, 어찌 목숨을 바치지 않겠는가?"

하였다. 이로 말미암아 모두 복종하자, 항복한 군인들을 다 여러 장군들에게 나누어 배치하니, 무리가 드디어 수십만 명이었다. 그러므로 관서(關西)에서는 유수를 동마제(銅馬帝)라고 불렀다.

○ 【蕭王使鄧禹入關】

蕭王使鄧禹入關

赤眉樊崇等將兵하고 攻長安이어늘 蕭王將北徇燕趙라가 度赤眉必破長安하고 又欲乘釁幷關中이나 而不知所寄하여 乃拜鄧禹前將軍하여 中分麾下精兵二萬人하여 遣西入關하다

【소왕이 등우를 관중으로 들어가게 하다】

적미의 번숭(樊崇) 등이 군대를 거느리고 장안을 공격하였다. 소왕이 북쪽으로 연(燕)과 조(趙)의 땅을 순행하려다가, 적미가 반드시 장안을 격파하고, 또 틈을 타서 관중까지 병합하려고 할 것을 알았지만 맡길 만한 사람을 알지 못하였다. 마침내 등우를 전장군(前將軍)에 임명하여 휘하 정예병을 반으로 나누

어 2만 명을 주고, 서쪽으로 보내 관중으로 들어가게 하였다.

○ 【鄧禹薦寇恂守河內】

鄧禹薦寇恂守河內 蕭王以河內險要富實이라하여 欲擇諸將守河內者而難其人하여 問於鄧禹한대 禹曰 寇恂文武備足하여 有牧民御衆之才하니 非此子莫可使也니이다하니 乃拜恂河內太守하여 行大將軍事한대 蕭王謂恂曰 昔高祖留蕭何守關中이러시니 吾今委公以河內하노니 當給足軍粮하고 率厲士馬하고 防遏他兵하여 勿令北度而已로라하다

【등우가 구순을 추천하여 하내태수로 삼다】

소왕은 하내(河內) 지역이 험준하고 요충지이며 부유하고 충실하므로 여러 장군 중에서 하내를 수비할 사람을 뽑고자 하였으나, 적임자를 뽑기 어려워 등우에게 물었다. 등우가 말하기를,

"구순(寇恂)은 문무를 겸비하고 충실하여, 백성을 기르며 군대를 통솔하는 재주가 있으니 이 사람이 아니면 시킬 만한 사람이 없습니다."

하였다. 마침내 구순을 하내태수로 임명하여, 대장군의 일을 겸직하게 하였다. 소왕이 구순에게 말하기를,

"옛날에 고황제(高皇帝)께서 소하(蕭何)를 남겨 관중(關中)을 지키게 하셨는데, 나는 지금 하내를 공에게 맡기니, 군량을 충분히 보급하고 군사와 말을 인솔하여 감독하고, 다른 군대를 방어하여 북으로 건너오지 못하게 해야 할 것이오."

하였다.

○ 【寇恂調餱糧】

寇恂調餱糧 蕭王親送鄧禹至野王하다 禹既西에 蕭王乃復引兵而北하다 寇恂調餱糧治器械以供軍하여 軍雖遠征이나 未嘗乏絶하다

【구순이 마른 양식을 조달하다】

소왕이 직접 등우를 전송하여 야왕현(野王縣)까지 이르렀다. 등우가 서쪽으로 간 뒤에, 소왕은 마침내 다시 군대를 이끌고 북쪽으로 갔다. 구순이 마른 양식을 조달하고 무기를 마련하여 군대에 공급하니 군대가 비록 멀리 정벌을 나갔으나 물자가 모자란 적이 없었다.

〔부록〕

주요기사 일람표

■ **태종효문황제**(太宗孝文皇帝) **재위 23년**

연 도	주 요 사 건	면
B.C.179	文帝蚤建太子 : 문제가 태자를 미리 세우다.	15
	文帝振貸 : 문제가 구휼하다.	16
	文帝不受千里馬 : 문제가 천리마를 받지 않다.	17
	陳平專爲丞相 : 진평이 단독으로 승상이 되다.	17
	吳公薦賈誼 : 오공이 가의를 추천하다.	19
B.C.178	文帝求言 : 문제가 좋은 언론을 구하다.	20
	賈山至言 : 가산이 지언을 올리다.	20
	止輦受言 : 수레를 멈추어 진언을 받아들이다.	23
	袁盎諫馳峻阪 : 원앙이 가파른 비탈을 달리는 것에 대해 간하다.	23
	袁盎引卻愼夫人 : 원앙이 신부인을 끌어당겨 뒤로 물러나게 하다.	23
	賈誼說上積貯 : 가의가 문제에게 저축하라고 설득하다.	24
	除誹謗訞言之罪 : 비방과 요언의 죄를 없애다.	25
	賜民田租之半 : 농지 조세의 반을 경감해주다.	26
B.C.177	袁盎薦張釋之 : 원앙이 장석지를 추천하다.	26
	文帝以張釋之之諫 不拜嗇夫 : 문제가 장석지의 간언으로 색부를 승진 임용하지 않다.	27
	張釋之守法 : 장석지가 법을 지키다.	28
B.C.176	文帝召季布 : 문제가 계포를 부르다.	30
	賈誼爲長沙王太傅 : 가의가 장사왕 태부가 되다.	31
	賈誼爲梁懷王太傅 : 가의가 양회왕 태부가 되다.	31
	下周勃廷尉 : 주발을 정위에게 회부하다.	32
B.C.175	除盜鑄錢令 使民得自鑄 : 도주전령을 없애고 백성들이 스스로 주조하게 하다.	33
	賈誼諫令民鑄錢 : 가의가 백성들이 돈을 주조하는 것에 대해 간언하다.	33
B.C.174	淮南厲王長謀反 : 회남여왕 유장이 반란을 도모하다.	35
	賈誼上疏 : 가의 상소.	35

■ **효경황제**(孝景皇帝) **재위 16년**

■ **세종효무황제** (世宗孝武皇帝) **재위 54년**

B.C.135	汲黯矯制賑民 : 급암이 조서를 가탁하여 백성들을 구휼하다.	105
	汲黯社稷臣 : 급암은 사직을 유지하는 신하.	106
B.C.134	初令郡國擧孝廉 : 처음으로 군국에 명령하여 효렴을 추천하게 하다.	107
B.C.133	遣方士求神仙 : 방사를 보내어 신선을 찾다.	108
	聶壹請誘擊匈奴 : 섭일이 흉노를 유인하여 칠 것을 청하다.	108
	王恢馬邑之詐 : 왕회의 마읍의 속임수 작전.	110
	興利之臣自此而始 : 이익을 일으키자고 하는 신하가 이때부터 나오다.	112
B.C.130	作見知法 : 견지법을 만들다.	113
	公孫弘對策 : 공손홍 대책.	113
	弘對爲第一 : 공손홍의 대책이 일등이 되다.	116
	轅固議弘曲學 : 원고가 공손홍의 그릇된 학문을 논하다.	116
	公孫弘不肯面折廷爭 : 공손홍은 면전에서 비판하거나 조정에서 다투려 하지 않다.	117
B.C.129	初算商車 : 처음으로 상업용 수레까지 세금을 징수하다.	119
	衛青伐胡 : 위청이 호를 공격하다.	119
B.C.128	興廉擧孝 : 청렴한 자를 추천하고 효자를 천거하다.	120
	李廣飛將軍 : 이광은 날아다니는 장군.	121
	大臣畏主父偃 : 대신들이 주보언을 두려워하다.	121
B.C.127	主父偃請分王諸侯 : 주보언이 제후들을 분산시켜 왕으로 삼을 것을 청하다.	125
	族郭解 : 곽해를 멸족하다.	126
	禁網疏濶 未知匡改 : 금지하는 법망이 느슨해지자 바로잡아 폐단을 고칠 줄 모르다.	126
B.C.126	公孫弘山東鄙人 : 공손홍은 산동의 비루한 사람.	128
	公孫弘爲布被 : 공손홍이 베 이불을 덮다.	129
	汲黯質責張湯 : 급암이 장탕을 질책하다.	130
B.C.125	匈奴入漢 : 흉노가 한나라에 침입하다.	131
B.C.124	丞相封侯自公孫弘始 : 승상이 된 뒤에 제후에 봉해진 것은 공손홍으로부터 시작되다.	131

B.C.111	平南越 置九郡 平南夷 置五郡 : 남월을 평정하여 아홉 군을 만들고 남이를 평정하여 다섯 군을 만들다.	152
	卜式諫興利 : 복식이 이익을 일으킴을 간언하다.	153
	武帝自制封禪儀 : 무제가 스스로 봉선 의식을 제정하다.	155
B.C.110	漢武勒兵巡邊 : 한 무제가 군대를 정비하여 변방을 순행하다.	157
	卜式貶秩 : 복식이 계급이 강등되다.	158
	東越降 : 동월이 항복하다.	158
	漢武封禪 : 한 무제가 봉선 제사를 올리다.	159
	桑弘羊作平準法 : 상홍양이 평준법을 만들다.	160
B.C.109	天旱意乾封 : 날이 가문 것은 봉토를 말리려는 뜻이다.	163
B.C.108	趙破奴擊車師 : 조파노가 거사국을 공격하다.	163
B.C.106	置十三部刺史 : 13부 자사를 두다.	164
	求茂才異等 : 특이한 수재를 구하다.	164
B.C.104	造太初曆 以正月爲歲首 : 태초력을 만들어 정월로 연도의 시작을 삼다.	165
	李廣利伐宛 : 이광리가 대원국을 정벌하다.	167
	武帝無見於置將 : 무제가 장군을 세워줄 줄은 알지 못하다.	168
B.C.103	公孫賀不受相 : 공손하가 승상 벼슬을 받지 않으려 하다.	169
B.C.102	河帶山礪 : 황하가 띠처럼 마르고 태산이 숫돌처럼 닳도록 길이 보존하다.	170
	貳師破宛 : 이사장군이 대원을 격파하다.	170
B.C.101	侯李廣利 : 이광리를 제후로 삼다.	171
	西域震懼 : 서역이 떨고 두려워하다.	171
	下復讎之詔 : 복수하는 조서를 내리다.	172
B.C.100	蘇武守節 : 소무가 절개를 지키다.	173
B.C.99	李陵自請自當一隊 : 이릉이 한 부대를 맡기를 자청하다.	174
	李陵力屈而降 : 이릉이 힘이 달려 항복하다.	175
	司馬遷盛稱李陵 : 사마천이 이릉을 크게 칭찬하다.	176
	作沈命法 : 침명법을 만들다.	177
	暴勝之爲直指使者 : 포승지가 직지사자가 되다.	178

■ 효소황제(孝昭皇帝) 재위 13년

■ 중종효선황제(中宗孝宣皇帝) 재위 25년

▪ 효원황제(孝元皇帝) 재위 16년

■ **효성황제**(孝成皇帝) **재위 26년**

▪ 효애황제(孝哀皇帝) 재위 6년

▪ 효평황제(孝平皇帝) 재위 5년

2	王莽功德比周公 : 왕망의 공덕이 주공에 비견되다.	323
	梅福爲吳市門卒 : 매복이 오현 시장의 문을 지키는 군졸이 되다.	323
3	逢萌掛冠 : 방맹이 관을 걸어놓고 사직하다.	324
4	王莽爲宰衡 : 왕망이 재형이 되다.	325
5	王莽加九錫 : 왕망에게 아홉 가지 기물을 하사하다.	325
	王莽弑平帝 : 왕망이 평제를 시해하다.	325
	王莽居攝踐阼 : 왕망이 서리로 황제 섬돌을 밟다.	326

■ **유자 영**(孺子嬰) **재위 3년**

6	柳嬰爲孺子 : 유영이 유자가 되다.	328
	莽稱假皇帝 : 왕망이 '가황제'라고 일컫다.	328
7	翟義起兵 : 적의가 군대를 일으키다.	328
8	王莽卽眞位 國號曰新 : 왕망이 정식 황제에 즉위하여 국호를 신이라 하다.	329
9	王莽廢孺子 : 왕망이 유자를 폐위시키다.	330
	更制度爲疏闊 : 제도를 고쳐 간략하게 만들다.	330
10	王莽擊匈奴 : 왕망이 흉노를 공격하다.	331
11	嚴尤諫王莽擊匈奴 : 엄우가 왕망의 흉노정벌 계획에 대해 간언하다.	332
	邊隙復開 : 변방의 사변이 다시 시작되다.	333
	龔勝不食而卒 : 공승이 음식을 먹지 않고 죽다.	334
	薛方欲守箕山之節 : 설방이 기산의 절개를 지키려 하다.	334
12	王莽性躁擾 : 왕망의 성질이 조급하고 번잡하다.	335
17	綠林兵起 : 녹림산의 군대가 일어나다.	336
18	莽大夫揚雄死 : 왕망의 대부 양웅이 죽다.	336
18	樊崇起兵 : 번숭의 군대가 자칭 적미라고 하다.	337

■ **회양왕**(淮陽王) **재위 2년**

지도 목록

국역 통감절요증손교주 2

📖 譯者 社團法人 時習學舍

主編	李忠九	誠信女子大學校 研究教授
校閱	李斗熙	永同大學校 湖西文化研究所 研究員
	權奇甲	雪峰書院 講師
編譯	朴東憲	(前)서울 先史高等學校 教師
	韓允淑	韓國書家協會 常任理事
	黃鳳德	成均館大學校 漢文學科 博士課程 修了
	宣美賢	成均館大學校 漢文學科 碩士
	金奎璇	鮮文大學校 教授
	尹世衡	崇實大學校 博士課程修了
	白鎬鉉	春秋書堂 院長
	徐銀善	江南大學校 人文科學研究所 研究員
	李承容	檀國大學校 東洋學研究院 研究員
	金炫在	韓國古典飜譯院 研究員
	金甫省	成均館大學校 大東文化研究院 研究員
	姜旼廷	成均館大學校 漢文學科 博士課程
	權處隱	成均館大學校 漢文學科 碩士課程

국역 통감절요증손교주 2

2015년 6월 09일 초판1쇄 인쇄
2015년 6월 20일 초판1쇄 발행

편저자 | 사단법인 시습학사
역 자 | 사단법인 시습학사
발행인 | 김 영 환
발행처 | 도서출판 다운샘

138-857 서울특별시 송파구 중대로27길 1
전화 02 - 449 - 9172 팩스 02 - 431 - 4151
E-mail : dusbook@naver.com
등록 제17 - 111호(1993. 8. 26)

ISBN 978-89-5817-335-9 94910
ISBN 978-89-5817-310-6 (세트)

값 32,000원